Hermann Fischer

Die Forschungen über das Nibelungenlied seit Karl Lachmann

Erster Teil Die Entstehung des Nibelungenliedes

Hermann Fischer

Die Forschungen über das Nibelungenlied seit Karl Lachmann
Erster Teil Die Entstehung des Nibelungenliedes

ISBN/EAN: 9783742869067

Hergestellt in Europa, USA, Kanada, Australien, Japan

Cover: Foto ©ninafisch / pixelio.de

Manufactured and distributed by brebook publishing software (www.brebook.com)

Hermann Fischer

Die Forschungen über das Nibelungenlied seit Karl Lachmann

Vorwort.

Die Arbeit, die ich hier als Erstlingsversuch der Oeffentlichkeit übergebe, verdankt ihre Entstehung einer von der philosophischen Facultät zu Tübingen im Jahre 1871 gestellten Preisaufgabe über folgendes Thema:
„Die neuesten Theorieen über Entstehung und Verfasser des Nibelungenliedes sollen dargestellt und kritisch beleuchtet werden."
Ich habe für die Bearbeitung dieser Frage einen Hauptpreis erhalten, und veröffentliche dieselbe in einer etwas umgearbeiteten Gestalt, wesentlich zu dem Behuf, eine geordnete, möglichst vollständige und unparteiische Darstellung des Ganges und jetzigen Standes der Nibelungenfrage in allen ihren Puncten zu geben, welche vornehmlich als eine Einleitung in das Studium der Nibelungen dienen könne.

Die Entstehung der Arbeit mag die Wahl des Behandelten und die Art und Weise seiner Behandlung rechtfertigen. Als Einleitung zum Nibelungenliede würden wohl vor allem einige Andeutungen über die Sprache desselben, über seinen Vers, über die litterarhistorische Stellung des Liedes im Allgemeinen und insbesondere über seine Geschichte von seiner Widerentdeckung im achtzehnten Jahrhundert an erwartet werden, sowie von anderer Seite eine Einführung in die Nibelungensage nach deutscher, nordischer und angelsächsischer Ueberlieferung. Diese Dinge, soweit sie nicht nebenbei von der Untersuchung schon berührt waren (wie denn die Metrik der Nibelungen bei der Darstellung der Bartschischen Theorie über die Handschriften, die Sage in den sie betreffenden Abschnitten vielleicht genügend erörtert sind), konnten in den Gang derselben nicht wohl aufgenommen werden, ohne das Ganze empfindlich zu alterieren. Es genüge, für dieselben auf die bekanntesten einschlägigen Werke zu verweisen.

Die Anordnung des Ganzen nach den Theorieen der einzelnen Autoren glaubte ich nicht ändern zu dürfen. Denn eine einigermaassen gründliche Einleitung in das Lied, das eine von der homerischen kaum erreichte Litteratur aufzuweisen hat, wird wohl thun, die Ansichten der würdigsten Bebauer dieses Feldes in ausführlicher Darstellung zu bringen, um einen Wegweiser nicht nur zu bilden durch das Labyrinth dieser Litteratur, sondern auch eine nähere, nicht wenig zeitraubende Bekanntschaft mit derselben unnöthig zu machen. Durch die erwähnte Anordnung war zugleich nothwendig gegeben, dass ich in der Darstellung der einzelnen Theorieen (mit wenigen Ausnahmen solcher, die ganz kurz behandelt worden) stets die Autoren, sogar in den Noten, selbst sprechen liess, meine eigenen Einwände oder meine Billigung, soweit sie nicht in die Schlussparagraphen verschoben werden konnten, in den Noten durch das Zeichen der eckigen Klammer unterschied.

Nachdem die in manchem Puncte verwandte homerische Frage mehrere einleitende, den Stand der Frage kürzer oder ausführlicher darstellende Werke gefunden hat, mag ein ähnlicher, den Umfang, welchen eine Einleitung zu einer Ausgabe des Liedes zu haben pflegt, überschreitender Versuch auf dem Gebiet der ziemlich zum Stillstand gekommenen Nibelungenfrage, wie ihn Zarncke (Ausgabe, Aufl. IV, Einleitung LIV) als ein Bedürfnis der Nibelungenlitteratur bezeichnet, Billigung finden. Möge diese Abhandlung als in diesem Sinne veröffentlicht, als unparteiische Untersuchung, die freilich sich genöthigt sah, in der Hauptfrage sich **einer** bestimmten Hypothese anzuschliessen, Anerkennung und billige Nachsicht finden!

Meinem hochverehrten Lehrer, Herrn Professor Dr. **Adelbert von Keller** in Tübingen, welcher durch die Stellung der oben genannten Preisaufgabe meine Arbeit ins Leben gerufen hat, bin ich für manche fruchtbringende Anregung zu grossem Danke verpflichtet. Herr Geh. Hofrath Professor Dr. **Karl Bartsch** in Heidelberg hat mich schon vor dem Drucke und noch mehr während desselben mit der aufopferndsten Freundlichkeit unterstützt, indem er mir insbesondere bei der Correctur wie für die Abfassung des Anhangs mit Rath und That behilflich war, wofür ihm hier mein herzlichster Dank gesagt sei.

Stuttgart im Juni 1874.

Hermann Fischer.

Erster Theil.

Die Entstehung des Nibelungenliedes.

Erster Abschnitt.
Die Handschriftenfrage.

A. Einleitung.

1.

Bei einer jeden Untersuchung über das Nibelungenlied muss die über die Handschriftenfrage voranstehen. Denn nicht nur hat K. Lachmann auf seine Beantwortung dieser Frage seine ganze Theorie aufgebaut, welche ein Menschenalter lang die gesammte germanistische Philologie beherrschte; auch seine Nachfolger haben die Wichtigkeit dieser Frage anerkannt, und der Erste, welcher mit einer ausgedehnteren und eingehenderen Untersuchung gegen Lachmann aufgetreten ist, A. Holtzmann, beginnt seine „Untersuchungen über das Nibelungenlied" mit den Worten: „Man mag das Nibelungenlied vom historischen und philologischen oder auch vom ästhetischen Standpunct aus betrachten, immer wird es vor allem darauf ankommen, welchen der verschiedenen Texte man zu Grunde legt."

Welches aber sind die Gründe, aus welchen die Handschriftenfrage, sonst für Bestimmung der Person und Zeit eines Dichters fast gleichgiltig, hier die Priorität vor allen anderen Momenten in Anspruch zu nehmen hat? Es ist einerseits der Grund, dass bei anderen, wenigstens bei den griechisch-römischen Schriftstellern stets die Niederschreibung der auf uns gekommenen, ihre Werke enthaltenden Codices mindestens um einige Jahrhunderte später fällt als der Dichter selbst, bei unserem Liede aber möglicherweise[1]) die ältesten Handschriften

---

[1]) So nach Lachmanns Theorie, auch nach Zarncke.

fast gleichzeitig mit der Abfassung des Gedichts gesetzt werden können, keinesfalls aber mehr als 50—60 Jahre später fallen als die Abfassung oder letzte Redaction des Werkes.[2]) — Andererseits aber ist die Handschriftenfrage hier von umfassender Wichtigkeit deshalb, weil die directen äusseren Zeugnisse, die für die Entscheidung der Nibelungenfrage benutzbar sind, äusserst spärlich und für sich allein gar nicht entscheidend sind, also die ganze Frage der Hauptsache nach[3]) aus inneren, indirecten Zeugnissen beantwortet werden muss. Dass solche Zeugnisse bei der relativen Gleichzeitigkeit der Handschriften wesentlich in diesen liegen, ist an und für sich klar, und wird noch bebestätigt dadurch, dass die Handschriften nicht nur in mehr oder minder gleichgiltigen Dingen unter einander differieren, sondern auch in solchen, welche für die gesammte Nibelungenfrage von Belang sind. — Zugleich nimmt aber die Handschriftenfrage auch dadurch einen hohen Rang ein, dass je nach der verschiedenen Entscheidung derselben auch die anderen in Betracht kommenden Momente verschiedene Bedeutung erhalten.

2.

Liegt schon in dieser gegenseitigen Abhängigkeit zwischen inneren und äusseren Kriterien eine nicht unbedeutende Schwierigkeit der Entscheidung, so liegt speciell für die Handschriftenfrage eine noch bedeutendere in dem eigenartigen Verhältnisse der Handschriften unter einander. Dieselben sind nicht, wie man es sonst bei handschriftlicher Tradition zu sehen gewohnt ist, im wesentlichen übereinstimmend, von ungebildeten oder halbgebildeten Schreibern geschrieben, auf einen noch vorhandenen oder verlorenen Archetypus deutlich zurückführbar. Sie sind vielmehr mehr oder minder gleichzeitig und doch weit auseinandergehend; die besten unter ihnen sind für fürstliche Höfe bestimmt gewesen und daher prächtig ausgestattet sowie mit verhältnismässig grosser Sorgfalt geschrieben. Die Verschiedenheiten aber, die unter denselben stattfinden, sind nicht der Art, dass eine einheitliche Ueberlieferung sich noch darin er-

---

2) So fällt nach Pfeiffer und Bartsch die Handschrift *C* etwa 60 Jahre später als der Dichter; aber auch nach dieser Theorie enthalten alle Handschriften erst spätere Umarbeitungen, die nicht über 10 Jahre früher zu setzen sind als die älteste erhaltene Handschrift.
3) Auch die nach Abfassungszeit und Verfasser.

kennen liesse, aus welcher durch Depravation oder auch nebenbei geübte vermeintliche Verbesserung die einzelnen Handschriften entstanden wären; es begegnen uns vielmehr im wesentlichen zwei geschiedene Gruppen von Handschriften, in deren Abweichungen wir es nicht mit dem unwillkürlichen allmählichen Auseinandergehen jeder handschriftlichen Tradition zu thun haben;[1]) vielmehr ist die Verschiedenheit zwischen beiden der Art, dass wir nothwendig eine absichtliche Umarbeitung, sei's der einen Textesgestalt durch das Original der anderen Gruppe, sei's eines verlorenen Originals durch beide erhaltenen Redactionen, anzunehmen haben.

Es kommt nun, um die Wichtigkeit und zugleich die Schwierigkeit der Handschriftenfrage zu erhöhen, noch dazu, dass nicht etwa in gleichgiltigen Ausdrücken und Redensarten, sondern in wesentlichen Dingen, in Strophenbestand und Umfang des Ganzen, in der Behandlung des Metrums, in Stil und Darstellung die beiden Textesbearbeitungen sich bald mehr bald weniger von einander entfernen. Es sind diss Verschiedenheiten, welche zu Gunsten der einen oder der anderen Ueberlieferung gedeutet werden können und gedeutet worden sind. Ausserdem hat die verschiedene Wahl zwischen den Handschriften die verschiedenen Auffassungen des Nibelungenliedes als eines Kunstepos oder als eines Volksepos mit hervorgerufen, so dass auch für die Entscheidung dieser Streitfrage die der Handschriftenfrage von Wichtigkeit sein muss, und umgekehrt.

3.

In kurzer Zusammenstellung sind nun die Handschriften des Nibelungenliedes und ihr Verhältnis unter einander folgende.

Das Nibelungenlied ist in zehn vollständigen Handschriften und achtzehn Fragmenten überliefert. Von den zehn vollständigen Handschriften gehören drei dem dreizehnten Jahrhundert an, nach Lachmanns Bezeichnung A, B und C, eine dem dreizehnten oder vierzehnten, D, eine dem vierzehnten, J, vier dem fünfzehnten, a, b, h, k, eine dem sechzehnten, d. Von den Fragmenten fallen sechs in das dreizehnte Jahrhundert, E, M, O, P, S, T, vier in das dreizehnte oder vierzehnte, F, G, H, K, vier in das vierzehnte, L, N, Q, l, drei in das fünfzehnte, g, i, m (oder nach Zarnckes Bezeichnung w). Ausserdem sind in einem Drucke

---

[1]) Das anzunehmen, wird schon durch die relative Gleichzeitigkeit der Haupthandschriften unmöglich.

des sechzehnten Jahrhunderts, in dem Werk des W. Lazius „De gentium aliquot migrationibus", einige Strophen aus einer Nibelungenhandschrift enthalten, welche mit *c* bezeichnet werden.

Nicht alle diese Handschriften sind aber von eigentlich kritischer Bedeutung, da einige von den späteren theils Umarbeitungen der einen oder anderen Textesbearbeitung sind,[1]) theils auf solche hinweisen,[2]) welche aber die Frage nach der Entstehung des Gedichts nicht mehr berühren; da ferner eines der Bruchstücke, *T*, eine Uebersetzung des Liedes in das Niederländische, zugleich die einzige alte Uebersetzung desselben überhaupt, nichts für die Handschriftenfrage bietet.

Die Handschriften aber, welche für unsere Frage in Betracht kommen, vertheilen sich in folgende Gruppen.[3])

1) Die eine der beiden Hauptredactionen,[4]) gekennzeichnet, auch öfters benannt nach dem Schluss des Gedichts, welcher dasselbe als „*der Nibelunge liet*" bezeichnet, zugleich die vollständigste Gestalt des Liedes hinsichtlich der Strophenzahl und die feinste[5]) hinsichtlich der Lesarten enthaltend, hat zu ihrem eigentlichen Repräsentanten die Handschrift *C*, die schönste und sorgfältigste Handschrift unseres Liedes. Ausserdem gehören zu dieser Gruppe die Handschriften (und Fragmente) *E*, *F*, *G*, *R*, *a*.

2) Der genannten ersteren Bearbeitung tritt gegenüber eine zweite,[6]) ebenfalls bezeichnet durch den Schluss des Gedichts, wo dasselbe „*der Nibelunge nôt*" genannt wird. In ihr lassen sich drei Gruppen unterscheiden, welche in Beziehung auf die Zahl der Strophen sich immer weiter von der ersten Bearbeitung entfernen. Die erste Gruppe hat ungefähr achtzig Strophen weniger als jene, und besteht aus den Handschriften (und Fragmenten) *H*, *J*, *K*, *O*, *Q*, *d*, *h*, *l*. Der zweiten Gruppe fehlen gegenüber der ersten wider zwanzig Strophen;[7]) sie besteht aus den Handschriften *B*, *D*, *L*, *M*, *N*, *P*, *S*, *e*, *g*, *i*.[8]) Da aber

---

1) *b* und *k*.
2) *m*, als ein blosses Aventiurenverzeichnis, dessen Inhalt aber in mehreren Puncten nicht ganz der des Liedes ist.
3) Das Folgende im Wesentlichen nach Zarncke, Ausgabe X—XXIV.
4) Bei Bartsch „zweite Bearbeitung"; kurz „Bearbeitung *C*".
5) Vorerst davon abgesehen, ob zugleich die echteste.
6) Bei Bartsch „erste Bearbeitung", kurz „Bearbeitung *B*" oder „vulgata".
7) Wogegen dieselbe 38 eigene Strophen mit den beiden anderen Gruppen dieser Bearbeitung vor der ersten Bearbeitung voraus hat.
8) Unter diesen stimmen *D*, *N*, *P*, *S* bis Strophe 268, 1 zu *C*, von da aber zur zweiten Bearbeitung, sind also Mischhandschriften.

die Handschrift *B* verhältnismässig wenige Differenzen den übrigen Handschriften der zweiten Bearbeitung gegenüber aufweist, an Alterthümlichkeit und Güte aber alle übertrifft, so ist der engste Kreis von Handschriften, welchem *B* angehört, als Repräsentant der zweiten Bearbeitung zu betrachten, welche wegen der grossen Anzahl der ihr angehörigen Handschriften kurz als „vulgata" oder „gemeine Lesart" bezeichnet wird. Die dritte Gruppe dieser Bearbeitung besteht aus einer einzigen, aber in der Geschichte der Nibelungenfrage lange Zeit sehr wichtig gewesenen Handschrift, *A*, welche *B* gegenüber wider 63 Strophen weniger enthält und im einzelnen, obwohl manchmal selbständig redigierend, meist sehr flüchtig und fehlerhaft geschrieben ist.

Von den für die Kritik unwesentlichen Handschriften *T*, *b*, *m*, *k* gehört *T* der vulgata an; *b* ist mit *D* verwandt; *k* stimmt von Str. 1—433 und von 802—871 zur vulgata, sonst zu der anderen Bearbeitung; *m* lässt sich kaum einreihen.⁹)

B. Die vorhandenen Theorieen.

4.

Da nach dem oben Gesagten,¹) das sich auch noch weiterhin bestätigen wird, die beiden Bearbeitungen, *C* und vulgata, sich nicht einfach eine auf die andere zurückführen lassen, sondern eine Umarbeitung irgend welcher Art anzunehmen ist, so lässt sich diese entweder so denken, dass eine der beiden Redactionen im wesentlichen den ursprünglichen Text enthalte, zu welcher sich alsdann die andere als Umarbeitung verhielte, oder aber so, dass beide Bearbeitungen sich zu einem verlorenen Original als Umarbeitungen verhalten.¹)

Das Erstere haben die Früheren allgemein angenommen, nicht nur Lachmann und seine Anhänger, sondern auch Holtzmann, Zarncke u. a.; das Letztere die Späteren, besonders Bartsch.

---

9) S. Zarncke, Ausg. XXII—XXIV und LXV; Bartsch, Ausg. XX, XXI; XXV—XXIX.
1) S. Seite 4 f.

Es sollen nun, schon um die zeitliche Reihenfolge einzuhalten, die älteren Theorieen, welche die erstere Ansicht vertreten, zunächst betrachtet werden.

5.

Der Erste, welcher für eigentliche Kritik des Nibelungenliedes, insbesondere für Herstellung eines kritischen Apparats bahnbrechend war, ist

Karl Lachmann.

Vor ihm[1]) existierte das Nibelungenlied nur in der Bodmer-Myllerischen Ausgabe, welche ohne jede kritische Behandlung die erste Hälfte des Gedichts nach *A*, die zweite nach *C* widergab;[2]) ferner in Hagens Ausgaben nach *B*,[3]) und in Lassbergs Abdruck von *C*.[4]) Mit Ausnahme von Hagens Ausgaben bot keine der genannten einen kritischen Apparat. Theils unabhängig[5]), theils wohl auch in gewisser Abhängigkeit von Lachmann,[6]) herrschte in diesen frühesten Zeiten der Nibelungenstudien die Ansicht vor, dass *A* den ältesten Text enthalte,[7]) welcher in *B* überarbeitet und verbessert sei, wie *B* wiederum die letzte Redaction in *C* erfahren habe. Aber diese Ansicht war nirgends begründet, und erst Lachmann hat in der Vorrede zu seiner Ausgabe vom Jahr 1826[8]) eine kritische Begründung seiner mit der genannten identischen Handschriftentheorie gegeben, welche noch weiter ausgeführt und im einzelnen begründet wurde in seinem Werke „Zu den Nibelungen und zur Klage", erschienen 1836; dasselbe enthält zugleich Lachmanns Ansichten über die Entstehung des Liedes und der zu Grunde liegenden Sage, seine Einzelkritik und, was das Buch bis heute

---

1) D. h. vor seiner ersten Ausgabe des N. L. im J. 1826.
2) D. h. bis 1582, 1 nach *A*, dann nach *C*. S. die ausführliche Darstellung bei Zarncke, Ausg. XXV ff.
3) Wozu auch Zeunes „Feld- und Zeltausgabe" (1815) gehört. S. Zarncke, Ausg. XXXIV.
4) In dessen „Liedersaal" 1821.
5) So in den vor 1816 erschienenen Werken jedenfalls.
6) Dessen erstes Werk über das N. L. 1816 erschien.
7) Indes kannte man damals das Verhältnis der Hss. noch gar nicht; s. Zarncke, Ausg. XXXVIII.
8) Welcher noch fünf weitere, im wesentlichen unverändert, nachfolgten.

unentbehrlich macht,[9]) einen in dem damals bekannten Kreise von Handschriften vollständigen Apparat. In seiner ersten Schrift über das Nibelungenlied[10]) hat Lachmann noch keinen oder doch nur äusserst wenigen Bezug auf die Handschriftenfrage genommen. Er wollte in seinem Werke die Entstehung des Nibelungenliedes aus einzelnen Volksliedern nachweisen, welche erst durch einen Sammler[11]) zu einem Ganzen vereinigt worden seien. Zum Zwecke dieses Nachweises benutzte er damals die Handschrift A, welcher er später einzig maassgebenden Werth beilegte, nur für die Kritik des ersten Theils des Gedichtes, und hier nur obenhin. In Beziehung auf den zweiten Theil des Liedes, von welchem überhaupt seine ganze Untersuchung ausgieng, suchte er auf anderen Wegen, welche hieher nicht gehören, zum Ziele zu gelangen. Jedenfalls war also seine Ansicht über die Entstehung des Gedichts auch ohne besondere Berücksichtigung der Handschriftenfrage schon gefasst.

Dagegen tritt in Lachmanns zweitem Werke über das Nibelungenlied[12]) und in seinen Ausgaben desselben seine Ansicht über das Verhältnis der Handschriften klar zu Tage.

Lachmanns kritisches Princip, wie auf anderen Gebieten, so auch hier, war dieses: anstatt der bis auf ihn vorherrschend geübten compilatorischen Methode der Textkritik, welche aus jeder Zeile auch wohl der schlechtesten Handschrift das entnahm, was gerade am besten sich in den Context zu schicken schien, vielmehr eine oder doch nur wenige Handschriften von hervorragender Güte zu Grunde zu legen, dem dagegen, was die anderen bieten, wenig Aufmerksamkeit zu schenken, weil es, wenn besser, mit Wahrscheinlichkeit als alte Conjectur zur Besserung einer noch älteren Corruptel zu betrachten sei; eine Conjectur, die wohl an manchen Stellen das Echte widerhergestellt haben mag, der aber die Lesart der bevorzugten Handschriften vorzuziehen ist, wenn sich aus derselben auf anderem Wege, als durch Beiziehung geringerer Handschriften, ein befriedigender Sinn gewinnen lässt.

---

9) Da der zweite Theil von Bartschs grösserer Ausgabe noch nicht erschienen ist.
10) „Ueber die ursprüngliche Gestalt des Gedichts von der Nibelungen Noth"; Berlin, Ferd. Dümmler 1816.
11) „Diaskeuasten", ähnlich den homerischen.
12) „Zu den Nibelungen und zur Klage", 1836.

Dieses entschieden richtige Princip wendet Lachmann auf das Nibelungenlied folgendermaassen an. Die einzig maassgebliche Handschrift ist ihm *A*, deren Kürze, Verderbtheit und Lückenhaftigkeit[13]) am leichtesten die Aenderungen der andern Handschriften begreiflich macht.[14]) Alle Lesarten anderer Handschriften haben nicht mehr als den Werth von Conjecturen und Verbesserungen, welche mitunter das Richtige getroffen haben mögen. Allein um die Summe von Lachmanns Kritik zu finden, muss man auf seine Liedertheorie zurückgehen. Zwanzig „romanzenartige Volkslieder", gedichtet etwa in den Jahren 1190—1210, zu derselben Zeit auch schon mit einzelnen Zusätzen und Fortsetzungen versehen, wurden nach Lachmann um 1210 zu einem Ganzen vereinigt: dieses Ganze ist das Nibelungenlied in der Gestalt, wie es in *A*, freilich schlecht genug, erhalten ist. Aber diese Verbindung litt noch an vielen Mängeln; die Stellen, wo die echten Lieder an einander geflickt waren, sind oft noch nicht genügend geglättet, die einzelnen Lieder enthalten von einander abweichende Darstellungen, daher finden sich noch Widersprüche und Unebenheiten, die eben für die Zusammenschweissung heterogener Bestandtheile zeugen. Ein zweiter Bearbeiter, dessen Werk uns in *B*, d. h. der vulgata im engsten Sinn, vorliegt, unternahm daher eine Besserung dieser mangelhaften Arbeit; es gelang demselben auch wirklich so ziemlich, ein gutes Ganze herzustellen; aber alle Anstösse sind auch hier noch nicht beseitigt;[15]) erst der dritte Bearbeiter, von dem die Bearbeitung *C* herrührt, stellte ein wirklich in sich vollendetes Ganze her, dem sein erster Ursprung nicht mehr anzufühlen ist. Ein Mittelglied zwischen *B* und *C* bildet die Gruppe *J*, welche das Machwerk eines gedankenlosen Abschreibers ist, aber dennoch einige Zusätze enthält. Es bildet sich demnach folgendes Schema für die Entstehung der Handschriftengruppen:

---

13) Belege dafür s. u. bei Holtzmann und Bartsch.

14) Dieses Argument, von Lachmann selbst nicht gebraucht (er hat überhaupt eine Rechtfertigung seiner Theorie nicht gegeben), wohl aber von seinen Schülern, besonders Liliencron, war doch wohl nicht das, von dem Lachmann für *A* ausgieng; das richtige Motiv liegt vielmehr in der Brauchbarkeit von *A* für Lachmanns Liedertheorie (s. oben).

15) Als Beispiel mögen die zwei auffallendsten Widersprüche dienen, welche sich in *B* finden, in *C* nicht: Str. 854 nennt *B* den Waskenwald als Ort der Jagd, auf der Siegfried ermordet wird, statt des Odenwaldes; Str. 1272 und 1276 hat *C Treisenmâre*, die vulgata das unmögliche *Zeizenmâre* (s. u.).

I. Volkslieder, Zusätze und Fortsetzungen
II. Erste Gesammtredaction A
III. Zweite „ B u. s. w.
IV. Abschrift von III. J u. s. w.
V. Dritte Gesammtredaction C u. s. w.

Was die Zeit betrifft, in welcher die verschiedenen Bearbeitungen entstanden sein sollen, so setzt Lachmann A um 1210, C um 1220, vor 1225.[16])

Es ist nun aber aus der Thatsache, dass Lachmann die Eigenschaften von B gegenüber denen der andern Handschriften aus der in A geschehenen erstmaligen Zusammenschweissung von Volksliedern erklärt, deutlich ersichtlich, dass bei der ganzen Frage die Voraussetzung stillschweigend mit unterläuft, dass Lachmanns Liedertheorie bewiesen sei.[17]) Für uns, die wir hier nicht von dieser, sondern rein von der Handschriftenfrage allein ausgehen, entsteht dadurch ein Cirkel im Beweis:[18]) A muss die echteste Textesgestalt enthalten, wenn die Liedertheorie bewiesen ist;[19]) aber diese selbst beruht wesentlich[20]) auf der schlechten Beschaffenheit von A, so dass Haupt[21]) mit Recht sagt, dass Lachmann aus der „letzten Bearbeitung der Sammlung" die Nibelungenlieder nicht mit Sicherheit und im einzelnen überzeugend hätte nachweisen können. Wird sich also im Laufe der Untersuchung A wirklich als die beste, d. h. originalste Handschrift erweisen, so mag die Liedertheorie, die in der Priorität von A ihre festeste Stütze hat, immerhin der genauen Untersuchung werth sein; ist aber die maassgebende Bedeutung dieser Handschrift unhaltbar, so wird sich die Liedertheorie begnügen müssen, als ihres eigentlichen Fundaments beraubt den antiquierten Hypothesen beigezählt und nur kürzerer Erwähnung bedürftig erfunden zu werden.

---

16) Diss jedenfalls falsch; C fällt kaum nach 1200.
17) Diss zeigt sich schon darin (s. not. 14), dass Lachmann seine Handschriftentheorie gar nicht begründet hat.
18) Nicht der einzige bei Lachmann; s. Holtzmann, Unters. S. 17; Fischer, Nib.-Lied oder Nib.-Lieder? 141—143 u. a.
19) S. Holtzmann, Kampf um der Nibelunge Hort u. s. w., S. 55.
20) S. Fischer a. m. O.
21) S. Haupts Zeitschrift V, 505; Holtzmann, Kampf S. 21.

6.

Lachmanns Handschriftentheorie, wie überhaupt seine ganze Ansicht von der Entstehung der Nibelungen blieb lange unbestritten, und nur Wenige wagten, eine von derselben verschiedene Ansicht über diese Frage zu hegen,[1]) aber auch diese hüteten sich, dieselbe allzulaut werden zu lassen. Denn als Lachmanns Gegner sich zu bekennen, war der scharfen Feder gegenüber, die er führte, keineswegs räthlich. Der Erste, welcher, allerdings erst drei Jahre nach Lachmanns Tode[2]) (der im Jahr 1851 erfolgte), offen und zugleich in ausgedehnterer Untersuchung gegen Lachmann in die Schranken trat, war

Adolf Holtzmann

in seinen „Untersuchungen über das Nibelungenlied", welche 1854 erschienen. Holtzmann widmet den ersten Theil dieses Werkes[3]) der Handschriftenfrage.

[4])Auch er will nur eine handschriftliche Tradition unter den erhaltenen als Original zu Grunde legen, aber nicht, wie Lachmann, die Handschrift *A*, sondern vielmehr die, welche sich in allen Beziehungen am weitesten von *A* entfernt, nemlich *C*. War Lachmanns Princip, wenn man es „bitter ausdrücken" will: „je schlechter, desto besser",[5]) so sind hingegen Holtzmanns Principien die folgenden:

1) „Je umfangreicher, um so echter;"
2) „Je besser, um so echter."[6])

Den ersten Grundsatz will Holtzmann erhärten durch andere Beispiele aus mittelalterlichen Handschriften und durch die allgemeine Beobachtung, dass die Werke von Dichtern, je mehr abgeschrieben, um so kürzer geworden seien, was noch ganz besonders der Fall sei bei deutschen Werken, welche nicht dieselbe Achtung genossen wie lateinische, mit denen man daher

---

1) Z. B. W. Grimm (s. Zarncke, Ausg. XXXIX); Heinr. Kurz (s. Holtzmann, Unters. 2.); Gervinus; W. Müller („Ueber die Lieder von den Nibelungen", 1845; vgl. Gött. Gel. Anz. 1855, S. 691); J. Grimm (selbst früher Anhänger Lachmanns, entdeckte aber 1851 die Heptadengrille desselben, was der erste Schritt zum Sturze der Lachmannischen Theorie war).

2) Nicht als ob Lachmanns Tod das Motiv der nunmehrigen Reaction gewesen wäre, s. Holtzmann, Unters. VI.

3) Und zugleich etwa ein Drittel des Ganzen.

4) S. für das Folgende E. Pasch, *A* und *C*, 85—87.

5) [S. Literar. Centralblatt 1854, Spalte 116.]

6) [S. E. Pasch, *A* und *C*, 85—87.]

auch sorgloser umgieng.⁷) Den zweiten Grundsatz will Holtzmann auch beim Nibelungenlied angewandt wissen, weil er sonst überall gelte. — Beides nun, gröster Umfang und beste Lesarten, kommt entschieden der **Handschrift *C*** zu. Selbstverständlich aber müssen die allgemeinen Principien der Handschriftenkritik im concreten Falle jedesmal geprüft werden. Für die Einzeluntersuchung gibt es aber überhaupt eben jene zwei Gesichtspuncte der Quantität und der Qualität, d. h. **Strophendifferenz und Lesartenverschiedenheit**. Auf diese beiden Gesichtspuncte hin vergleicht Holtzmann die drei Hauptgruppen von Handschriften, die in Betracht kommen können, *A*, *B* und *C*, und zwar untersucht er zuerst das Verhältnis von *A* zu *B*, sodann das von *B* zu *C*.

Verhältnis von *A* zu *B*. Zunächst sind die beiden Handschriften überhaupt ihrem ganzen Charakter nach verschieden. *A* ist jünger als *B*,⁸) ist flüchtiger geschrieben und steht überdiss mit seinem Text allein gegenüber den vielen Handschriften der „vulgata". Es finden sich in *A* vielfache Auslassungen von Wörtern,⁹) unbedeutenden und entbehrlichen wie auch bedeutenden und unentbehrlichen; daneben auch ganz sinnlose Verschreibungen und Verwechslungen¹⁰), die von Lachmann meist „stillschweigend geändert" worden sind.¹¹) Diese Fehler theilen die übrigen Handschriften der vulgata, theilt insbesondere *B* nicht. Es kann somit *B* nicht direct von *A* abstammen.¹²) Schon

---

7) S. Holtzmann, Unters. 5 f. [Dagegen E. Pasch 1. c. 87; nicht die Minderachtung deutscher Werke wird es gewesen sein, weshalb sie eher verkürzt wurden, sondern die Kenntnis der Sprache in denselben, welche Auslassungen ohne Sinnesstörung erlaubte, während der Schreiber von lateinischen Werken nie wissen konnte (wenn er nicht lateinisch verstand), ob seine Auslassung nicht eine Lücke verursache. Indes konnten aus demselben Grund auch Zusätze in deutschen Werken leichter gemacht werden, so dass dieser Grund Holtzmanns sich selbst aufhebt.]

8) [*B* ist etwa um 1240 geschrieben, *A* um 1280; s. Zarncke, Ausg. XX. XXI; Bartsch, Ausg. VI, Unters. 368.]

9) S. Holtzmann, Unters. 4. [Bartsch, Unters. 75 ff., 242 ff.]

10) S. Holtzmann, Unters. 4. [Bartsch, Unters. 64 ff., 70 ff.]

11) S. Holtzmann, Unters. 3 f. [Bartsch, Unters. 75—82. — Die „stillschweigende" Aenderung besteht nur darin, dass Lachmann in seinen Ausgaben die wahren Lesarten von *A* an den betreffenden Stellen nicht mitgetheilt hat, während er dieselben in seinen Anmerkungen referiert hat.]

12) [Abgesehen davon, dass *A* jüngeren Datums ist als *B* (s. not. 8), verbietet diss schon die Masse von Fehlern in *A*, die *B* nicht hat; ein Abschreiber hätte keinesfalls alle diese Fehler richtig gebessert.]

I. Die Entstehung des Nibelungenliedes.

damit ist aber die Nothwendigkeit der Annahme, dass *A* die maassgebende Handschrift sei, mehr als problematisch gemacht. Denn weist *A* im einzelnen eine solche Menge von Fehlern auf, die in der übrigen vulgata nicht enthalten sind, so liegt die Annahme sehr nahe, dass auch die bedeutenderen Abweichungen von *A* gegenüber von *B* solche Fehler seien.

Dazu kommt, dass *A* von bedeutend geringerem Umfange ist als *B*.[13]) Diss ist zwar für Lachmann ein Beweis zu Gunsten von *A*, für Holtzmann aber umgekehrt. Möglich wäre nun immerhin, Holtzmanns erstem Princip entgegen, dass in diesem besonderen Falle der kürzere Text der echtere wäre, wenn nemlich bewiesen wäre, dass *A* direct aus dem Volksgesang stammt, da dieser eine stätige Erweiterung erfahren kann. Allein diss ist nicht der Fall; *A* stammt vielmehr zunächst jedenfalls aus einer anderen Gesammthandschrift des Nibelungenliedes,[14]) und bei der Abschrift eines Codex ruft die bei den Abschreibern durchschnittlich vorhandene Nachlässigkeit weit eher eine Verkürzung hervor.

Ist somit nach dieser allgemeinen Vergleichung die Priorität von *B* gegenüber von *A* wahrscheinlich, so folgt dieselbe ganz entschieden und zweifellos aus der speciellen Vergleichung beider nach Strophendifferenz und Lesartenverschiedenheiten.

Die Strophendifferenz[15]) beruht zum Theil auf der Nachlässigkeit[16]) des Schreibers von *A*, welcher überhaupt aus Mangel an Aufmerksamkeit seiner Vorlage gegenüber, besonders aber öfters durch graphische Aehnlichkeiten irre geleitet,[17]) wie nach dem Obigen einzelne Wörter und kleinere Wörtercomplexe, so auch ganze Strophen, ja Reihen von Strophen ausliess. Zum anderen beruht dieselbe auf der Faulheit jenes Abschreibers,[18]) welcher absichtlich, um Zeit zu gewinnen, Strophen ausliess. Es sind allerdings die in *A* fehlenden Strophen zum

---

13) [*A* hat 65 Strophen nicht, die *B* hat; dagegen 2, welche in *B* fehlen.]
14) S. not. 12.
15) [Das Fehlen von Strophen in *A* ist ganz besonders häufig in dem Abschnitt von Str. 324—667, wo 50 Lücken auf 360 Strophen kommen, während für den Rest des Gedichtes, etwa 2000 Strophen, nur 7 Lücken bleiben.]
16) [S. auch für das Folgende E. Pasch, *A* und *C*.]
17) Z. B. Nr. 102 ᵇᵛ. [s. Bartsch, Unters. 303.]
18) [Dahin sind natürlich, wenn die in *A* fehlenden Strophen echt sind, alle zwischen 324 und 667 fehlenden zu rechnen, da bei so massenhafter Auslassung von Unabsichtlichkeit nicht die Rede sein kann.]

1. Die Handschriftenfrage. Die vorhandenen Theorieen.

Theil entbehrlich;[19]) keineswegs aber ist ihre Entbehrlichkeit ein Beweis gegen ihre Echtheit;[20]) denn gerade entbehrliche Strophen konnten am ehesten weggelassen werden, ja ihre Hinzudichtung ist noch schwerer denkbar als ihre Auslassung. Zum Theil aber sind diese in A fehlenden Strophen auch wirklich unentbehrlich.[21]) Theils wurden diese Strophen in A einfach ausgelassen, so dass mitunter eine Störung der Construction eintrat;[22]) theils ist in den Fällen, wo eine solche eingetreten wäre, die Construction in A verändert worden,[23]) freilich nicht zu Gunsten dieser Handschrift; denn es sind dadurch nicht selten Feinheiten der echteren Lesart verwischt worden.

Die Mehrzahl dieser Strophen fehlt nur in A, ihre Auslassung ist also dem Schreiber von A selbst zuzuschreiben; eine kleinere Anzahl derselben muss schon in der Vorlage von A gefehlt haben, weil dieselben auch in J fehlen.[24]) Jedenfalls aber ist erwiesen, dass A nicht den Text enthält, der allen andern Handschriften vorlag, nicht Archetypus für alle Handschriften und Handschriftengruppen ist.

Den 65 in A fehlenden Strophen gegenüber hat A eine, die BC, eine, die BCD fehlt.[25]) Beide sind ihrem Inhalte nach unverdächtig, aber auch vollständig entbehrlich; da sich dieselben ausser in A nur in J, beziehungsweise DJ finden, also in Handschriften des 14. Jahrhunderts, so beweist diss, dass A schon die späteste Ueberarbeitung enthalten muss.[26])

Die Betrachtung der Lesarten ergibt folgende Verschiedenheiten zwischen A und B:

---

19) Besonders eine grössere Anzahl von solchen, welche der Ausmalung u. s. w. dienen.
20) [S. auch Bartsch, Unters. 304.]
21) Z. B. 338 be; 589 b.
22) Z. B. 338 be.
23) Z. B. 425 b [s. auch E. Pasch, A und C. 95 f.]
24) [Die Strophen 102 be.]
25) Strophe 3 fehlt in B und C, steht in ADJ; Strophe 21 fehlt in BCD, steht in AJ. [Auch sonst finden Holtzmann und Bartsch eine gewisse Verwandtschaft zwischen A und J; s. Holtzmann, Unters. 9. 15; Bartsch, Unters. 303 ff. 323.]
26) [Dem liesse sich, um die Unechtheit beider Strophen zu erweisen, etwa beifügen, dass beide nach Inhalt und Umgebung vollständig parallel stehen (3 sagt dasselbe an gleicher Stelle von Kriemhild aus, was 21 von Siegfried), so dass die beidemalige Auslassung ein unbegreiflicher Zufall wäre. Indes hat Bartsch (Unters. 323, vgl. Germania XVII, 431 ff.) wahrschein-

1) *A* versteht ältere Wörter und Constructionen, welche *B* noch erhalten hat, nicht mehr und ersetzt dieselben durch modernere.[27])

2) *A* lässt einzelne Wörter häufig aus oder verwechselt solche in ganz gedankenloser Weise.[28]) Insbesondere sind hier solche Fälle hervorzuheben, in denen *A* dasselbe Wort zweimal kurz hinter einander hat, während *B* dafür an zweiter Stelle ein anderes, richtiges Wort hat; dem gedankenlosen Schreiber von *A* lag hier das erste Wort noch in den Ohren.[28])

3) Diesen gedankenlosen Verschreibungen stehen aber auch bewusste Aenderungen gegenüber, wo *A* vermeintliche Schönheiten, zumal solche im Stile der ritterlich-höfischen Poesie, anbringen will.[29]) Auch metrische Gründe bedingten manchmal die Aenderung.[30]) Solche bewusste Aenderungen indes dürfen nicht wohl dem trägen und ungebildeten Schreiber von *A* zugeschrieben werden, sondern vielmehr dem Redactor seiner Vorlage.

4) Durchweg hat *A* den flacheren, farbloseren Ausdruck statt des bestimmten, concreten der Andern; alterthümliche Wörter oder Wendungen, die der vulgata fehlen würden, hat *A* gar nie.[31])

---

lich gemacht, dass Str. 3 echt ist: denn dieselbe steht in *D*, welche hier noch zu *C* gehört, und ihre Auslassung erklärt sich dadurch, dass sowohl Str. 2 als Str. 3 mit dem Reim *lîp : wîp* oder *wîp : lîp* schliessen. Ist Str. 3 echt, so ist die jedenfalls unechte Str. 21 des Parallelismus wegen hinzugesetzt.]

27) Wörter: z. B. 801, 3 *A gerihten* statt *empfüeren* der andern Hss.; 1148, 4 *A belîben lân* st. *ungevêhet lân BCJ*; 140, 2 *viende*, 312, 2 *geste* st. *widerwinnen* der andern; Constructionen: z. B. 1753, 3.

28) Ueber die Auslassungen s. not. 9; über die Verschreibungen s. not. 10; einige der stärksten und sinnverderbendsten sind: 473, 1 *rechen* statt *kerzen*; 1238, 2 *burgunden* st. *burgæren*; 19, 2 *wirser* st. *wie sêre*; 184, 1 *sachen* st. *stichen*; 1511, 3 *wan der starken ünden deheinz in dâ benam* statt *wand in diu starke ünde deheinez dâ benam*. Von falschen Widerholungen desselben Worts: 60, 1 *ertwingen* (zuvor einigemal vorgekommen) statt *erwerben*; 1227, 2 *mit ir gesinde als in ir gesinde bôt* statt *mit ir gesinde als in ir zuht gebôt*, u. a. m. [s. Bartsch, Unters. 72 f.]

29) So die Klimax in Str. 949, 3 *êrst dô wart ir leit* — Str. 970, 4 *ir ander herzeleit* — Str. 973, 4 *daz dô ir herze vol durhsneit*: scheinbar schön, aber keineswegs echt, sondern vielmehr nur auf einem Misverständnis des *êrst* in Str. 949, 3 beruhend. Auch 292, 1. 2 und 293, 4 sind ganz ritterlich-höfisch gehalten. [S. Zarncke, Ausg. XXI f.]

30) So soll 1014. 3. 4 der rührende Reim *sîn : sîn* vermieden werden, ebenso 1433, 1. 2 *dan : dan*; auch bringt *A* Binnenreime an, so 13 und 1681.

31) Denn das allerdings ziemlich alte *unsih* [doch s. J. Grimm, D. Gramm. I¹, 284] in Strophe 1776, 4 steht gar nicht im Text, sondern ist von Lach-

5) Zu diesen Kennzeichen eines jüngeren Alters von A kommt noch, dass diese Handschrift, wie in der Strophendifferenz, so auch in den Lesarten öfters auffallend mit DJ stimmt,[32]) welche Uebereinstimmung mit zwei Handschriften des vierzehnten Jahrhunderts nicht eben für A spricht.[33])

Fragt man aber endlich, wie Lachmann darauf verfallen konnte, gerade diesen schlechtesten aller Texte zu bevorzugen, so kann die Antwort nur die sein: weil derselbe als solcher Lachmanns Liedertheorie am meisten Vorschub zu leisten angethan war.

Verhältnis von B zu C.[34])

Fassen wir zunächst wider das Verhältnis der beiden Bearbeitungen im allgemeinen ins Auge, so ist C anerkanntermaassen besser, d. h. vollendeter, geschmackvoller und abgerundeter. Aber Lachmanns Schule behauptet, dass diese Vorzüge nicht für die grössere Originalität des Textes von C zeugen, sondern vielmehr dafür, dass in C eine Ueberarbeitung der vulgata enthalten sei. Allein diese Ansicht, noch nirgends bewiesen, stimmt keineswegs mit den sonstigen Grundsätzen der Textkritik überein, nach welchen vielmehr im allgemeinen die beste Lesart und Handschrift als die echteste zu betrachten ist. Es soll aber hier eben ein besonderer Fall vorliegen; denn das Ganze ist ja nach Lachmann aus Volksliedern entstanden, deren Zusammenschweissung in C am vollendetsten gelungen sein soll. Allein auch abgesehen von der Frage, ob Lachmanns Liedertheorie richtig sei, — die Volkslieder werden gewöhnlich im Laufe der Zeit nicht besser, sondern vielmehr immer schlechter,

---

mann eingesetzt worden, um die metrische Rohheit von A zu verdecken; denn A hat hier nur 3 Hebungen in der achten Halbzeile. Die A eigene Partikel end (= e) ist keineswegs alt [auch nicht, wie Lachmann will, thüringisch], sondern vielmehr im 13. Jahrhundert noch unerhört [und dem Süden Deutschlands eigen: s. Zarncke, Beiträge 222 ff.].

32) S. Holtzmann, Unters. 15 f.

33) [Doch macht Holtzmann die Hs. D zu schlecht; dieselbe fällt vielleicht noch in das 13. Jahrhundert und ist z. B. von Bartsch eingehend benutzt worden.]

34) [Weit bedeutender, als der Unterschied zwischen A und B, ist der zwischen B und C, indem sich derselbe auch auf Stil und Darstellung in einigen Puncten, insbesondere in metrischen Dingen (s. u.) bezieht. Daher wird die Entscheidung hier von grösserer Wichtigkeit sein, als die über A und B, welche beide nach dem Ganzen ihrer Darstellung einer Bearbeitung angehören, zugleich aber auch schwieriger.]

Fischer, Nibelungenlied.

so dass schliesslich oft nur noch die Melodie mit einem ganz entstellten und sinnlos gewordenen Text übrig ist.³⁵)
Dazu kommt ferner, dass *C* die älteste Handschrift des Nibelungenliedes ist, welche wir kennen, dass überhaupt die Handschriften der Bearbeitung *C* verhältnismässig ziemlich älter sind als die der vulgata.³⁶) Es ergäbe sich somit nach der Lachmannischen Ansicht das sonderbare und fast unglaubliche Verhältnis, dass eine neue und zwar eine vortreffliche Ueberarbeitung gerade in den ältesten Handschriften enthalten wäre, die ältere, noch minder vollkommene Form des Textes aber in den späteren und spätesten Handschriften sich noch fände. So unnatürlich aber diese Annahme an und für sich ist, so ist sie doch *a priori* nicht unmöglich; daher muss die Einzelkritik untersuchen, auf Seiten welcher Bearbeitung das Aeltere, Echtere zu finden sei, und zwar widerum nach Strophendifferenz und Lesartenverschiedenheit.

Die Strophendifferenz ergibt Folgendes:

Es finden sich in *C* verschiedene Strophen, welche in *B* aus Unachtsamkeit oder Bequemlichkeit fortgelassen sind.³⁷) Eine dieser Auslassungen in *B* ist aus graphischen Verhältnissen zu erklären.³⁸)

Dreimal³⁹) begegnet die Erscheinung, dass *C* irgend einen Gedanken in einer bei *B* fehlenden Strophe ausspricht, welcher alsdann nachher, an unpassenderem Orte, von *B* nachgeholt wird.

Was den Werth der Plusstrophen von *C* betrifft, so sind verschiedene derselben unentbehrlich oder doch schwer zu ent-

---

35) [Hier hat Holtzmann entschieden einen starken Irrthum. Die 20 Volkslieder wurden ja nach Lachmann schon in *A* zu einem Ganzen vereinigt, und dieses Ganze als solches hat nach ihm die Bearbeitungen in *B* und *C* erfahren. Wie kann also das sonst allgemeine Schicksal des Volksliedes bei diesem Ganzen überhaupt in Betracht kommen?]

36) [Abgesehen natürlich von *a*; s. Zarncke, Ausg. X—XIII; Bartsch, Ausg. VI. VII. XI. XII.]

37) Z. B. Str. 22ᵇ; 44ᵇ; 271ᵇ; 329ᵇᶜ; 423ᵇ und mehrere andere.

38) 491, 4—7; vielleicht auch 1052ᵇᶜ. [Dass dieser Fall hier so selten ist, bei *A* häufig, beweist schon, dass das Verhältnis von *B* zu *C* ein anderes ist als das von *A* zu *B*; cf. Bartsch, Unters. 303 ff. 310.]

39) Str. 94ᵇ, von *B* nachgeholt 96; 848ᵇ, von *B* nachgeholt 858, welche Strophe, wie 96, in *C* fehlt; 1076ᵇ, von *B* nachgeholt 1080 (fehlt *C*). Aus diesen Stellen erhellt zugleich die Unechtheit der Plusstrophen von *B*; s. u.

1. Die Handschriftenfrage. Die vorhandenen Theorieen.

behren,⁴⁰) viele allerdings entbehrlich, keine aber schlecht und störend.⁴¹) Zugleich hat nun ein grosser oder der gröste Theil der Plusstrophen einen ganz bestimmten Charakter, so dass offenbar entweder absichtliche Interpolation oder absichtliche Auslassung anzunehmen ist. Dahin gehören einmal überhaupt die Strophen, welche eine breitere⁴²) Ausmalung und Erweiterung enthalten.⁴³) Nahe damit verwandt sind die zahlreichen Strophen, welche halbgelehrte Notizen und Erklärungen über wunderbare oder überhaupt bedeutende Puncte der Sage enthalten⁴⁴); insbesondere aber sind hervorzuheben die Notizen geographischer oder auch historischer Art.⁴⁵) Sehr häufig hat ferner C gerade am Schlusse von Aventiuren eine oder mehrere Strophen, die der vulgata fehlen.⁴⁶)

Sprechen diese für C charakteristischen Arten von Plusstrophen weder für noch gegen die Echtheit von C, und beweisen sie nur, dass C eine vollkommnere, abgerundetere Handschrift ist als B, so sind von der grösten Wichtigkeit für die Handschriftenfrage diejenigen Strophen, welche eine Beziehung, eine Aehnlichkeit mit Stellen der „Klage" enthalten.⁴⁷)

Den ersten Rang unter diesen Strophen nehmen die ein,

---

40) Z. B. 271ᵇ; 491, 4—7; äusserst wünschenswerth: z. B. 329ᵇᶜ; 423ᵇ; 565ᵇ; 848ᵇ; 1052ᵇᶜ; 1076ᵇ. S. dagegen E. Pasch, *A* und *C*, 88—94, und s. u. §. 19, not. 2.

41) [S. E. Pasch, A und C, 88—94; und s. u. §. 19, not. 2.]

42) [Aber dem Stil des N. L. nicht unangemessene, s. Zarncke, Ausg. VIII; Beitr. 238.]

43) Z. B. 1755ᵇᶜᵈ; 1888ᵇ; 2094ᵇ.

44) Dahin u. a. 22ᵇ; 44ᵇ; 334ᵇᶜ; 1201ᵇ; 2057ᵇ.

45) Historischer Art sind 1082ᵇ⁻ⁱ; 1201ᵇ; 1755ᵇᶜᵈ (44ᵇ; 565ᵇ); geographischer Art 942ᵇ; 1237ᵇ; überhaupt ist *C* in geographischen Bestimmungen weit genauer als B; s. u. bei den Lesarten.

46) [In vollständigerer Aufzählung, als bei Holtzmann, gehören hieher: Str. 41ᵇ; (324ᵇ); 720ᵇ; 756ᵇᶜ; 858ᵇ; 942ᵇ; 1012ᵇᶜ; 1082ᵇ⁻ⁱ; 1229ᵇᶜ; 1524ᵇ⁻ᶠ; 3 Strophen für 1654 und 1655; 1755ᵇᶜᵈ; 1857ᵇ; (1858ᵇ); 1963ᵇ und 2 Strophen für 1964; 2 Strophen für 2316; also der Schlüsse von 16 Aventiuren: Av. 2. 5. 12. 13. 15. 16. 17. 19. 20. 25. 27. 29. 31. 32. 34. 38 (bzw. 39).]

47) Dahin gehören, ausser den Strophen über das Verhältnis von Hagen und Kriemhild, noch insbesondere Str. 1201ᵇ, wo gesagt ist, dass Etzel sich *vernogieret* habe, und 1082ᵇ⁻ⁱ, die Notizen über Lorsch. Beide Stellen fehlen im N. L. der vulgata; in der Klage sind von beiden Parallelen in der vulgata, in *C* nur von 1082ᵇ⁻ⁱ. [S. Bartsch, Unters. 318 f. Nach Bartsch, Unters. 320, gehört auch 2316ᵇ hierher, s. aber unten §. 13, not. 107.]

in welchen *C* Kriemhild entschuldigt, Hagen verklagt oder ihre Absicht, nur Hagen zu töten, hervorhebt."[48]) Hier muss sich zeigen, welche Bearbeitung das Echtere hat; denn *B* hat jene Strophen nicht, zeigt sich auch sonst gehässig gegen Kriemhild;[49]) einer von beiden Texten muss also eine absichtliche Aenderung enthalten. Und zwar hat nicht *C* geändert, sondern vielmehr die vulgata;[50]) denn die Plusstrophen genannten Inhalts in *C* stimmen ganz trefflich mit dem übrigen Gedichte überein, während dagegen in *B* noch verschiedene Strophen sich finden, welche Kriemhilds Sehnsucht nach ihren Verwandten,[51]) ihre Mordabsicht als nur gegen Hagen gerichtet kundgeben und daher mit der genannten Auffassung der vulgata nicht wohl übereinstimmen;[52]) erst gegen den Schluss des Liedes, nachdem sich alles in wüstes Morden aufgelöst hat, nachdem alle Verhältnisse der Zerrüttung anheimgefallen sind, wüthet Kriemhild auch gegen Gunther und tritt anstatt der Treue und Rache vielmehr der Raub des Hortes in den Vordergrund.

Ist nun die Auffassung der Rache Kriemhilds in jenen Plusstrophen von *C* nicht allein die edlere, sondern auch durch die Anschauung des Nibelungenliedes im allgemeinen bestätigt, so werden jene Plusstrophen unzweifelhaft als echt gelten müssen,[53]) und damit wird auch den übrigen Plusstrophen von *C*[54]) ihre Echtheit zu vindiciren sein.[55])

Hatte *A* der übrigen vulgata gegenüber nur zwei Plusstrophen, so hat dagegen *B* eine ziemlich bedeutende Anzahl von Strophen vor *C* voraus, nemlich 38. Diese müssen daher ebenfalls untersucht werden.

---

48) Dahin die 3 Strophen, welche *C* für 1654 f. hat; ferner 1682[b]; 1775[b]; 1837[b]; 2023[b].

49) So 1654 f.; 1649; 1334; allemal hat *C* dem gegenüber eine andere, bessere Lesart. Ganz sinnlos ist 1334, wo Kriemhild rein ins blaue hinein verdächtigt wird. [s. aber not. 69.].

50) Mit deren Charakter (s. u. bes. Zarncke) diese Aenderungen trefflich übereinstimmen; s. Str. 1849, und s. Holtzmann, Unters. 177 f. 27.

51) 1333; 1337.

52) 1703; 1846; 1962; 2041.

53) [S. dagegen Bartsch, Unters. 319—321.]

54) [S. aber unten, wornach Holtzmann selbst nicht ausschliesslich alle Plusstrophen von *C* für echt hält.]

55) Denn nichts spricht gerade bei den für *C* charakteristischen Strophen gegen deren Echtheit.

1. Die Handschriftenfrage. Die vorhandenen Theorieen.

Im allgemeinen sind dieselben so ziemlich alle entbehrlich.[56]) Im besonderen können drei Arten von Plusstrophen der vulgata unterschieden werden.[57] Erstens sucht *B* mehrmals einen Gedanken, den sie vorher ausgelassen, nachzuholen.[58]) Zweitens finden sich einige Fälle, wo *B* wegen unverständiger Aenderung der Lesart von *C* eine oder mehrere Strophen eigener Mache nachschicken muss, um wider ins Geleise zu kommen.[59]). Drittens aber zeigt sich in einer grossen Anzahl von Plusstrophen der vulgata deren allgemeiner Charakter deutlich, der Charakter der ins Maasslose übertreibenden, plumpen, populären Darstellungsart. Es werden hier von *B* frappante, abenteuerliche, oft komische oder tragisch übertriebene Situationen eingemengt, welche der maassvollen, weisen Oeconomie des Ganzen zuwiderlaufen.

Doch ist Holtzmann nicht der Ansicht, dass mit rigoroser Ausschliesslichkeit alle *C* eigenen und nur diese Strophen echt seien; z. B. hält er Str. 2305 für zugesetzt von *C*, weil dieselbe Hagen zu verdächtigen suche.[60]) Auch ist in *C* jedenfalls an einer Stelle eine Strophe ausgefallen, die in *B* erhalten ist.[61])

Die Betrachtung der Lesartenverschiedenheiten zwischen *B* und *C* führt auf dasselbe. Durchweg fast hat *C* nicht allein die schönere und bessere Lesart,[62]) sondern auch die echtere und alterthümlichere.

---

56) Z. B. 546; 711 (mag in *C* ausgefallen sein); 768 (hier verwickelte Verhältnisse); 830; 1594 u. s. w.
57) S. Holtzmann, Unters. 32 ff.
58) S. die not. 39 erwähnten drei Stellen.
59) Dahin besonders Str. 482—489 (*C* nur 4 Strophen), wo der Geiz der Brünhild hervorgehoben werden soll, ohne dass diss irgend hergehörte [s. u.]; 499 b und 500 (*C* eine Strophe): Siegfrieds unhöfliche Weigerung gegen Gunther; 643 f. soll offenbar, ohne jeden sachlichen Anlass, der Grund zu Hagens Feindschaft gegen Siegfried gelegt werden; 994 f. werden täglich hundert Totenmessen für Siegfried gelesen. [Dass *B* von Geistlichen verfasst sei (Holtzmann, Unters. 35), beweist die letzte Stelle nicht; denn nach Str. 1201 b und 1270 könnte man dasselbe von *C* behaupten wollen.]
60) [Es ist übrigens an und für sich ein gutes Motiv der dichterischen Darstellung, wenn Hagen, der alles mordende, schliesslich mit Bedacht auch noch seinen Herrn in's Verderben stürzt, womit freilich die Echtheit der Strophe nicht bewiesen ist.]
61) 1971, 4—1972, 4 fehlt in *Ca* [ist aber in *k* erhalten]; der Schreiber verirrte von dem Worte *Hagene* in 1971, 4 auf das nemliche Wort in 1972, 4.
62) Denn das ist allgemein zugegeben [s. auch Bartsch, Unters. 379 unten].

22   I. Die Entstehung des Nibelungenliedes.

Im Einzelnen sind die Verschiedenheiten folgender Art:
1). Alterthümliche oder seltene Wörter und Constructionen sind in *C* noch erhalten, in *B* dagegen verwischt.⁶³)

2) In vielen Fällen ist, ohne dass die Stellen einen bestimmten Beweis für die Priorität der einen oder der anderen

---

63) Wörter:
268, 1 *C peyen* (*baien*), *B betten* [s. Zarncke, Beitr. 158 und Bartsch, Unters. 196];

788, 3 *C wortherte, B wortræze;* *C* hat hier ein Wort von alterthümlicher Bildung, das sich nur noch bei Notker findet [diese Erklärung und die Lesart Holtzmanns überhaupt ist verlassen worden, weil *a worträsse* hat und die Schreibung in *C* verwischt ist; s. Zarncke, Ausg. 394];

327, 2 *C gevriesch, B vernam* [s. auch Bartsch, Unters. 206];

2278, 1 *C gewähenen, B muoten;*

718, 1; 1747, 4; 1662, 3 *C gedigene;* an den ersten zwei Stellen ändert *B* in *gesinde* [s. Bartsch, Unters. 190 f.], an der dritten Stelle weicht *B* ganz ab;

149, 4; 315, 2 *C widerwinnen, B viende* [s. aber Bartsch, Unters. 230];

857, 4 *C urwîse, B vürwise,* die Lesart von *B* ist schlecht, die von *C* lässt sich aus dem gothischen *arvjo — frustra* erklären [s. aber Bartsch, Unters. 194, wornach Holtzmanns Etymologie falsch ist und beide Lesarten gleich gut und alterthümlich sind; s. auch Zarncke, Ausg. 394];

1119, 1 *inlende, B herberge* [s. Bartsch, Unters. 191];

1143, 4 *C joch, B iu;* ähnlich 86, 4 *C joch,* fehlt *B* [s. Bartsch, Unters. 200 f.];

1234, 1. 2. *C pfâwenkleit von genagelten rîchen pfellen, B rîchiu kleit von gemâlet rîchen pfellen* [hier ist *C* jedenfalls echter (s. auch Bartsch, Unters. 192. 266); aber Holtzmanns Erklärung von *genagelte pfelle — tunicæ clavatæ* ist gewiss falsch; sinnlos aber ist die Citirung des altn. *negldar brynior,* denn die Brünnen sind natürlich ganz wörtlich „genagelt"];

1280, 4 *C unz an die wende, B zuo den wenden;* beides giebt keinen guten Sinn, aber *C* ist relativ echter, weil in *die wende* wahrscheinlich das ahd. *tunwinga,* mhd. *duwenge* „der Schlaf", *tempus,* verborgen ist [s. aber Zarncke, Beitr. 166 f. u. m. a.];

1784, 3 *C welt ir schaden rîten, B welt ir schâchen rîten;* in *C* ist *rîten* gen. von ahd. *rîto = febris,* „wollt ihr den Schaden eines Wundfiebers" [eine gezwungene, auch aufgegebene Erklärung; s. Zarncke, Ausg. 398 f.; Bartsch. Unters. 203];

Constructionen:
27, 3 *C dô begunde er sinnen werben schœniu wîp, B* löst diese freie Construction auf und ändert: *er begunde mit sinnen werben schœniu wîp* [s. Bartsch, Unters. 203];

549, 3. 4 *C des jach dâ manec man, daz si den prîs an schœne in manegen landen müesen hân, B des jach man âne lüge: ouch kôs man an ir lîbe dâ deheiner slahte trüge; B* verstand die Beziehung von *des* auf das Folgende nicht [dieselbe ist aber gewiss nahe liegend genug];

1890, 3 *C diu, B daz; diu* ist Instrumentalis und wurde von *B* nicht mehr verstanden [eine aufgegebene Erklärung; s. Zarncke, Ausg. 399].

1. Die Handschriftenfrage. Die vorhandenen Theorieen. 23

Handschrift enthalten, die Lesart von *C* einfach besser und schöner,[64]) daher vorzuziehen; denn sonst ist überall der Grundsatz der Textkritik, dass das Bessere auch das Echtere sei.

3) *B* hat mehrere Verschreibungen durch graphische Aehnlichkeit aufzuweisen, welche natürlich entschieden für *C* beweisen.[65])

4) Es finden sich mehrere Stellen, wo weder *C* noch *B* das Echte hat, vielmehr beide eine Verderbnis enthalten, wo aber meistens *C* mit ihrer Corruptel dem echten Texte näher steht.[66])

5) Der Ausdruck ist in *C* meist prägnanter, in *B* flacher und farbloser.[67])

6) Wie in der Strophendifferenz, so tritt auch hier die Genauigkeit und Correctheit der geographischen Angaben in *C* gegenüber der Ungenauigkeit derselben in *B* hervor, und zwar so, dass *C* zugleich das Echte haben muss.[68])

---

64) So Str. 37, 1; 181, 1; 194, 4; 230, 1; 282, 2; 564, 1; 742, 4; 897, 3; 1233, 3; 1241, 3. 4; 1270, 2; 1319, 3; 1323, 2; 1356, 1; 1549, 4; 1621, 3; 1722, 2; 1726, 4; 1739, 2. 3; 1772, 2; 1788, 2; 1918, 1; 2033, 3; 2070, 3; 2094, 3; 2165, 1—3; 2214, 4; 2256, 3. 4.

65) So Str. 725, 2; 885, 3; 1143, 4; 1213, 1; 1226, 3; 1236, 2; 2070, 3 [auch gehören einige der nach Holtzmann unter not. 64 gehörigen Fälle wohl eher hieher, z. B. 37, 1; 282, 2; 564, 1; 1319, 3; 1323, 2; 1356, 1; 1549, 4; 1722, 2; 1918, 1; 2094, 3; es sind diss diejenigen Stellen von den unter 64) aufgeführten, an denen Bartsch in seiner Ausgabe selbst den Text von *B* corrigiert; Holtzmann hat aber in den Fällen not. 64 und 65 öfters Unrecht].

66) So nach Holtzmann 857, 4 *urwîse* == goth. *aravisco* (nicht vorhanden); 1245, 3 ist *C* falsch, wahrscheinlich aber ein alter Fehler vorhanden; 1280, 4 *die wende C* = *durcenge* [s. not. 63]; 1583, 4 fehlt in *C* ein Wort, ohne das die Strophe keinen Sinn hat; daher ändert *B*; 2073, 4 ist zweifelhaft, welche Lesart echter; 1597, 2 ist *C* verdorben, *B* ändert; 1736, 4 ist *C* leicht verschrieben, *B* ändert; 2230, 3. 4 steht *B* dem Echten näher, das in *B* leicht verschrieben ist, weshalb *C* ganz änderte.

67) Nur drei Beispiele bei Holtzmann:
{ 1234, 1 *C pfâwenkleit*, *B rîchiu kleit*;
{ 1234, 2 *C genagelte pfelle*, *B gemâlet rîche pf.*;
1621, 3 *C in gezweietem muote*, *B in vrælichem muote* [s. Bartsch, Unters. 209];
1772, 2 *C küener videlære diu sunne nie beschein*, *B küener videlære wart (noch) nie dehein* [s. aber Bartsch, Unters. 26].

68) In Str. 682, 3 könnte vielleicht *C* geändert haben, um den geographischen Verstoss, der in der Nennung von *Norwœge* liegt, zu entfernen; nothwendig ist es aber nicht [s. indes Bartsch, Unters 301]. 854, 3 dagegen hat *C* allein den richtigen Namen *Otenwalt*, die vulgata *Waskenwalt*, was unmöglich, da auch in *B* die Nibelungen von Worms über den Rhein auf die Jagd

7) Auch in den Lesarten tritt mehrmals die Vorliebe für Kriemhild in *C* und die Gehässigkeit gegen dieselbe in *B* hervor.[69]) Es ist allerdings nicht zu leugnen, dass sich einige Stellen finden, wo *B* das Echtere erhalten hat;[70]) aber im allgemeinen fällt die Vergleichung in allen Puncten zu Gunsten von *C* aus. Auch in der mit dem Nibelungenliede so eng verbundenen Klage zeigt sich dasselbe Verhältnis von *B* zu *C*. Jedenfalls kann auch hier *C* keine verbessernde Ueberarbeitung von *B* sein; aber auch *C* hat nicht ganz den ursprünglichen Text, dem sie jedoch viel näher kommt. Deutlich ist, dass auch hier *B* abkürzt; doch ist *C* nicht vollständig. Die Lesarten von *C* sind fast immer besser,[71]) altertümlicher[72]) und richtiger;[73]) auch differieren die beiden Handschriften widerum hinsichtlich der Auffassung des letzten Theils, der Rache Kriemhilds, nur dass hier die vulgata in ihrer Gehässigkeit gegen Kriemhild noch weniger consequent ist. Die Erweiterungen in *B* sind meistens

---

fahren [s. aber Bartsch, Ausg. XXXII.]. Noch deutlicher ist das Verhältnis in 1272, 3 und 1276, 1; an der ersten von beiden Stellen hat *B* wie *C* das richtige *Treisenmûre*, an der zweiten ist wider *C* correct, *B* dagegen hat sinnlos *Zeizenmûre*, *C* ist also hier jedenfalls echt [s. Zarncke, Beitr. 200 ff.; Bartsch, Unters. 302, und s. u. S. 29 (§. 8, not. 12)].

69) So soll z. B. in 1334 nach *B* an Kriemhild getadelt werden, dass sie sich freundlich von Giselher getrennt habe, als sie zu Etzel zog; ein Tadel, der gar keinen Sinn hat. [Holtzmann thut hier doch der vulgata zu sehr Unrecht. Es ist nach ihrer Darstellung ein „Rath des Teufels", dass sich Kriemhild freundlich von ihren Brüdern verabschiedet hat, aber mit Groll und Rachegedanken im Herzen, dass sie durch ihre angenommene Freundlichkeit ihre Brüder in das Verderben gestürzt hat. Giselheren gegenüber ist freilich der freundliche Abschied kein Grund zum Vorwurf; denn gegen ihn ist Kriemhild immer aufrichtig gut gesinnt gewesen; s. 1039, 4; 1675, 3 u. a. Indessen liest *D* „*Gunthere*", was Bartsch herstellt.]

70) Z. B. 2230, 3. 4; 2241, 3; 2248, 1. 2.

71) Z. B. Z. 48 f., wo *B* die Construction zerreisst; 1720 ff. macht *B* aus dem Wort *schelt* (von *scheln*) misverständlich *scheiden* und ändert danach; die Lesart von *C* enthält ein durch Freidank bestätigtes Sprichwort, ist also echt; 322 ff. streut *B* einen unpassenden Witz ein [ist doch wohl kein Witz].

72) Z. B. 799 (ähnlich Nib. 1302) *C entrusten*, *B entwâfen*; 152 *C* die *küenen Rînvranken*; *küen* ist das stehende Attribut der Nibelungen, *B* aber ändert in *stolz*, um zu verschönern. (Ebenso heisst Hildebrand im Nib.-Lied in *C* gleich anfangs *meister* (sein stehender Beiname), in *B* erst später.)

73) So ist Z. 201 nach *B* Iring von Lothringen (wie im Biterolf), nach *C* von Dänemark, woher er im Nibelungenlied und auch sonst in der Klage ist [dieser Fall spricht eher gegen *C*].

1. Die Handschriftenfrage. Die vorhandenen Theorieen. 25

unfreiwillige, indem durch eine von *B* vorgenommene Aenderung der Reim alteriert wurde und daher der Gedanke in *B* oft weiter ausgesponnen werden musste, um wider mit den Reimen in's Geleise zu kommen. In *C* ist nichts willkürlich geändert; manches wohl absichtlich, weil im Nibelungenliede schon enthalten, weggelassen.[74])

Das Resultat der Holtzmannischen Untersuchung über das Verhältnis der Handschriften ist somit folgendes.

C kommt dem Urtext am nächsten, ohne ihn freilich ganz rein zu geben. Dagegen enthält die vulgata einen abgekürzten, überarbeiteten und durch viele unabsichtliche Fehler entstellten Text, von welchem *A* eine nochmalige Abkürzung und Verschlechterung ist. Das Original von *B* ist nicht *C*, aber eine *C* sehr nahe stehende, sogar in einigen Fehlern mit *C* übereinstimmende[75]) Handschrift. Schematisch stellt dieses Handschriftenverhältnis sich so dar:

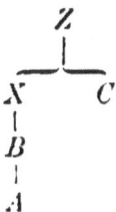

7.

Der Stoss, welchen Holtzmanns Untersuchungen dem Fundamente der Lachmannischen Lehre jedenfalls gegeben hatten, rief eine lebhafte Reaction von Seiten der Lachmannianer hervor, welche sich am heftigsten, aber nicht eben am vortheilhaftesten äusserte in dem 1855 erschienenen Werke von

Karl Müllenhoff,

„Zur Geschichte der Nibelunge Not."[1]) Seine Beweisführung, soweit sie die Handschriftenfrage überhaupt berührt, geht im

---

74) [S. auch Bartsch, Unters. 318—320.]
75) S. not. 66.
1) S. Zarncke, Ausg. XLIV; ders. im lit. Centr.-Blatt 1855, Sp. 128 ff.; Gött. Gel.-Anz. 1855, S. 689 ff. (von W. Müller); Holtzmann, Kampf u. s. w.

wesentlichen darauf hinaus, dass 'die Meisterschaft, mit der es
Lachmann gelungen sei, aus *A* nicht allein seine treffliche Ausgabe des Liedes herzustellen, sondern auch aus derselben Handschrift die zwanzig echten Volkslieder herauszuschälen, ganz
entschieden für *A* spreche, ja den Gedanken an die Priorität
irgend einer anderen Handschrift unmöglich mache. Es ist deutlich, dass diese Beweisführung nicht allein einen für andere allzustarken Autoritätsglauben verräth, sondern auch sachlich auf
der Lachmannischen Liedertheorie als einer ganz bewiesenen
Sache beruht, somit hier nicht näher zu berücksichtigen ist.
Auch war Müllenhoffs Schrift mehr ein Pasquill als eine würdig
gehaltene Streitschrift.

Ernster und sachlicher fasste

Max Rieger

die Frage in seiner Schrift „Zur Kritik der Nibelunge",[2])
welche noch vor Müllenhoffs Werk erschien. M. Rieger schlägt,
um die Priorität von *A* zu beweisen, einen ganz anderen Weg
ein als die übrigen Lachmannianer; obgleich sein Resultat mit
dem Lachmanns übereinstimmt, stellt er sich principiell gerade
entgegengesetzt zu der Frage. Ihm ist (wie Holtzmann) eine
fortgehende Verbesserung des Textes undenkbar, vielmehr nimmt
er eine fortgehende Verschlechterung an. Hatten aber alle anderen Gelehrten *C* für die beste, *A* für die schlechteste Bearbeitung erklärt, waren sie nur in der **Erklärung** dieses Verhältnisses auseinandergegangen, so erklärt vielmehr Rieger *A* für
die beste Handschrift, aus welcher durch **Verschlechterung**
B, dann *C* geworden sei. Das hiess aber nach allgemeinem
Urtheile die Sache auf den Kopf stellen, weshalb es auch hier
nicht nöthig sein wird, länger bei Riegers Schrift stehen zu bleiben.

Entschieden das Beste, was von Lachmannianischer Seite
über die Handschriftenfrage geschrieben wurde, ist

R. von Liliencron,

„Ueber die Nibelungenhandschrift *C*", 1856.[3]) Liliencron stellt
sich wider ganz auf den Boden des Lachmannischen Princips.

---

2) S. Zarncke, Ausg. XLIV; Holtzmann, Kampf u. s. w., S. 65—68;
Lit. Centralblatt 1855, Sp. 59/60.

3) S. Zarncke, Ausg. XLIV—XLVII; Lit. Centralblatt 1856, Sp. 639—
641; Bartsch an vielen Orten seiner „Untersuchungen", bes. S. 244—253.

1. Die Handschriftenfrage. Die vorhandenen Theorieen. 27

Er erkennt an, dass C den „angemesseneren, correcteren, zierlicheren und feineren" Text habe, aber eben diese Vorzüge sind ihm ein Beweis für Lachmanns Ansicht. Denn es sei, meint Lilieneron, weit schwerer anzunehmen, dass ein guter Text verschlechtert werde, als dass ein schlechter verbessert werde; denn man begnüge sich gewiss am einfachsten mit dem Vorhandenen, wenn dasselbe gut, also zur Aenderung kein Grund vorhanden sei.

Im Einzelnen hat Lilieneron verdienstliche Zusammenstellungen der Eigenthümlichkeiten der verschiedenen Texte gegeben; insbesondere sucht er eine grosse Zahl von Lesartenverschiedenheiten aus einer Abneigung des Bearbeiters C gegen gewisse Wörter, Wendungen[4]) oder Arten der Darstellung[5]) zu erklären. Als einen Beweis für die in C enthaltene Ueberarbeitung sieht ferner Lilieneron den Umstand an, dass die Senkungen in der vulgata[6]) häufiger fehlen als in C; das Auslassen derselben aber ältere Weise sei gegenüber der im dreizehnten Jahrhundert zum Gesetz gewordenen Ausfüllung aller Senkungen.[7])

8.

Während Holtzmann sich im allgemeinen damit begnügte, auf Müllenhoffs plebejische Angriffe in einer zwar ebenfalls sehr derben, aber doch weit anständiger gehaltenen Schrift „Kampf um der Nibelunge Hort gegen Lachmanns Nachtreter", 1855 erschienen, zu antworten, hat dagegen der Erste, der sich an ihn anschloss,

Friedrich Zarncke,

die Ansichten Holtzmanns eingehender begründet in zwei Abhandlungen: „Zur Nibelungenfrage", 1854, und „Beiträge zur Erklärung und Geschichte des Nibelungenlieds", in dem Jahrgang 1855 der Berichte der K. Sächs. Gesellschaft der Wissenschaften (phil.-historische Classe).[1])

---

4) S. Bartsch, Unters. 244—253.
5) S. Bartsch, Unters. 275. 289. 295.
6) Zumal in A, wo aber diese Erscheinung jedenfalls aus der nachlässigen Schreibart zu erklären ist.
7) S. dagegen Zarncke, Ausg. LI, oben: Bartsch, Unters. 366 367. — Auf andere Weise benützt Bartsch das häufigere Fehlen der Senkungen zu Gunsten der vulgata.
1) Von den „Beiträgen" beziehen sich auf die Handschriftenfrage die Nummern VII, VIII, XII, mehr indirect auch I, III, V, XI.

I. Die Entstehung des Nibelungenliedes.

Nach Zarncke ist, wie nach Holtzmann, die Bearbeitung und Handschrift C die maassgebende, als Ausgangspunct für die Kritik allein berechtigte; doch nicht so absolut, dass nicht Ueberarbeitung in einem kleinen Maassstab darin enthalten wäre.[2]) Näher bestimmt sich das Verhältnis zwischen den Handschriften der Gruppe C, schematisch dargestellt so:[3])

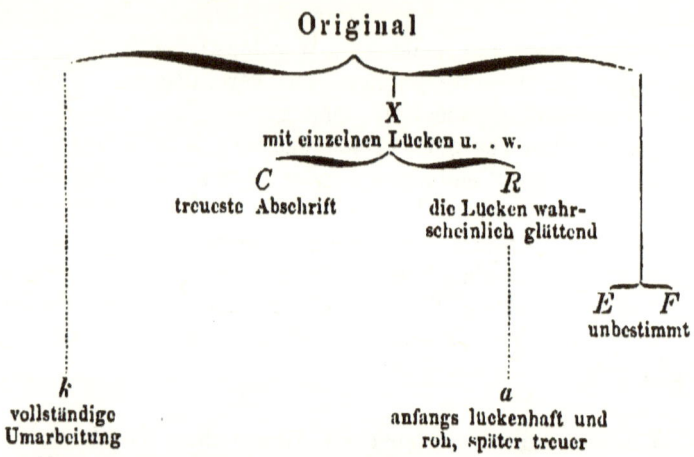

Der Bearbeitung C steht nun die vulgata als eine von einem „in Sachen des Geschmacks grobkörnigen, aber doch nicht ganz ungeschickten" Verfasser herstammende Ueberarbeitung gegenüber.[4]) Die Ueberarbeitung als solche und zugleich die Geschmacksrichtung derselben wird bewiesen durch verschiedene

---

Noch 1854 theilte Zarncke in einer Recension der Holtzmannischen „Untersuchungen" (Lit. Centr.-Blatt 1854, Sp. 115) die Handschriften in folgende Abtheilungen:

  I. 1) $BLgciM + DbNP$,
   2) $JbK\ \ \ \ + dHO$,
   3) $CEFaG$;
  II. A.

In seinem „zur Nibelungenfrage" aber hat er das richtige Verhältnis der einzelnen Gruppen festgestellt.
Auch schwankt Zarncke in der genannten Recension Holtzmanns noch zwischen B und C; er sagt jedenfalls, dass er vor Holtzmanns Schrift C für eine Umarbeitung von B, A für eine Depravation von B gehalten habe, will aber Holtzmanns Gründen weichen (vgl. zur Nib.-Frage 19).

2) S. Zarncke, Ausg. LII.
3) S. Zarncke, Ausg. 381. — G enthält nur Stellen der Klage.
4) S. Zarncke, Ausg. 390.

Umänderungen und Interpolationen, welche „nicht unwesentlich dem bänkelsängerischen Stile zuneigen;"[5]) der Interpolator geht darauf aus, ohne feinen Sinn in Auffassung der Charaktere und Situationen zu verrathen, allerlei Anekdoten einzuflechten, oder Einzelnes derber aufzutragen, mit grelleren oder gröberen Farben zu malen.[6])

Auch scheint der Ueberarbeiter Anstösse sprachlicher und technischer Art gefunden zu haben; er entfernt meistens die harten Kürzungen des Originals;[7]) auch scheinbar klingender Reim[8]) und zweite Halbzeilen mit scheinbar vier Hebungen[9]) sind ihm unangenehm; ebenso ganz durchgereimte Strophen und der Reim langer Vocale auf kurze, ausser beim *a*.[10])

Für die Zeit, in welche die Entstehung dieser Ueberarbeitung fällt, bietet sich[11]) eine Bestimmung in der fälschlichen Nennung von *Zeizenmûre* statt, wie *C* richtig hat, *Treisenmûre*.[12]) Da Zeissenmure ein ärmliches Dorf, Treisenmure aber eine Stadt und Burg war, da somit an der betreffenden Stelle sachlich nur die Lesart Treisenmure richtig ist, so kann die Aenderung der vulgata nicht von einem Oesterreicher herrühren,[13]) denn einem solchen wären gewiss die wahren geographischen Verhältnisse

---

5) S. Zarncke, Ausg. XIV.
6) S. ebenda. — Zu diesen Interpolationen gehört nach Zarncke: 482 ff., wo der Geiz Brünhilds in übertriebener und sachwidriger Weise berührt wird;
499 [b], wo sich Siegfried in plumper und unhöfischer Weise Gunthern gegenüber weigert, die Botschaft nach Worms zu übernehmen;
643 f., wo Hagen trotzige Reden gegen Kriemhild führt, ehe noch irgend eine Feindschaft zwischen beiden Theilen besteht;
1504, wo Hagen beim Uebersetzen über die Donau sein Ruder zerbricht [diese Stelle steht nach Holtzmann, Unters. 210 in *a* (*C* hat dort eine Lücke); Zarncke leugnete diss in seiner Schrift von 1854 wegen des allgemeinen Charakterunterschieds zwischen *C* und vulgata, und — die Strophe fehlt wirklich in *a*];
andere ähnliche Aenderungen finden sich 1849; 2303, 3; 2057 [b] fehlt in *B*. — Vgl. Zarncke, Zur Nib.-Frage S. 16 ff.
7) Wie *tât* für *tâtet*, *hêt* für *hêtet* u. a.
8) [S. auch Bartsch, Unters. 8 f.]
9) [S. Bartsch, Unters. 311, 161.]
10) S. Zarncke, Ausg. XVI.
11) S. Zarncke, Beitr. 205—210.
12) Str. 1272, 3 haben *CD* (hier von einander unabhängig), also beide Bearbeitungen *Treisenmûre*, die adn. Hss. *Zeiz.*; 1276, 1 hat nur *C Treis.*, alle andern *Zeiz*. [S. Bartsch, Unters. 302 oben, wo aber mehrere Druckfehler.]
13) [S. dagegen Bartsch, Ausg. XXXII.]

dazu viel zu wohl bekannt gewesen. Sie ist aber, eben weil
Zeissenmure ein ganz ärmliches Dorf ist, von einem Nicht-
Oesterreicher nur dann zu begreifen, wenn derselbe aus irgend
einem litterarischen Werke das Dorf Zeissenmure kannte. Nun
kommt dasselbe in der That in der Litteratur des dreizehn-
ten Jahrhunderts vor, und zwar in Nitharts Gedichten, unter
welchen die österreichischen kaum vor 1230 fallen können.
Dazu, dass die vulgata aus Nithart geschöpft habe, stimmt der
populäre, plumpe und derbe Charakter derselben recht wohl.
Es ist demnach die Entstehung der vulgata etwa um 1240 zu
setzen, wozu die diplomatische Beschaffenheit ihrer Handschrif-
ten recht wohl stimmt.[14])

Die Handschriften der vulgata theilen sich, wie oben be-
merkt,[15]) in drei Gruppen:
1) $HOd + JKQhl$;
2) $DNPS + BLMcyi$;
3) A.

Nach Zarncke liegt in diesen drei Gruppen eine stufenweise
Entfernung von dem in $CEFGRa$ enthaltenen Original vor.
Alle diese Handschriften gehören zur vulgata, haben deren cha-
rakteristische Eigenschaften; aber hinsichtlich der Treue der
Tradition, wesentlich in Beziehung auf die Strophenverhältnisse,
entfernen sich dieselben immer weiter vom Original.

Am nächsten steht demselben die erste Gruppe der vul-
gata, besonders HOd, während $JKQhl$ selbständiger redi-
gieren;[16]) weiter entfernt sich die zweite Gruppe; am weitesten
ab steht A.

Ohne besonderen Werth sind im allgemeinen die späteren
Ueberarbeitungen bmk; doch lässt sich besonders k für manche

---

14) [S. dagegen Bartsch, Unters. 367 f., und s. u.]
15) S. Seite 6 und 7.
16) Indes lässt Zarncke die sonst gewöhnliche Ansicht als möglich be-
stehen, dass nemlich $HJKOQdhl$ Mischhandschriften seien aus einer
Handschrift der vulgata und einer des anderen Textes [dafür spricht insbe-
sondere der (von Zarncke schon in der not. 1 genannten Recension Holtz-
manns erwähnte) Umstand, dass von den C und J gemeinsamen Strophen
manche in Jd an anderer (falscher) Stelle stehen als in C; es dürfte also
anzunehmen sein, dass J entstanden ist aus einer Handschrift des gemeinen
Textes, in welcher aus C eine Anzahl von Strophen (eben jene 20) am Rande
nachgetragen waren, die dann J an falscher Stelle einrückte; s. Zarncke,
Ausg. 365.

Stellen des Gedichts kritisch verwerthen.[17]). — Die Uebersetzung *T* gehört zur vulgata [s. o.].

9.

Der Letzte, welcher, und zwar mit siegreichem Erfolge, sich gegen Lachmanns Theorie gewendet hat, mit dessen Auftreten wirklich die Streitigkeiten von dieser Seite ein Ende gefunden haben, ist

Heinrich Fischer

in seiner Schrift: „Nibelungenlied oder Nibelungenlieder?" 1859. Er geht allerdings nicht von der Handschriftenfrage aus, weil schon Holtzmann von diesem Puncte aus Lachmanns Ansichten bekämpft habe; sondern er unterzieht vielmehr Lachmanns Theorie hinsichtlich der zwanzig Lieder, insbesondere aber hinsichtlich der zahllosen Athetesen, welche Lachmann seiner Liedertheorie zu Liebe über grosse Theile des Liedes verhängt hatte, einer genauen und wirklich vernichtenden Kritik. Nur mehr beiläufig kommt Fischer an zwei Puncten auf die Handschriftenfrage zu sprechen, soll daher hier kurz erwähnt werden. Zuerst berührt er die Frage bei Gelegenheit der Kritik von O. Vilmars „Reste der Allitteration im Nibelungenliede" (1855).[1]) Vilmar wollte durch Beiziehung dieser Allitterationsreste die Lehre Lachmanns über die echten und unechten Strophen bekräftigen, indem er behauptete, dass die von Lachmann als echt bezeichneten Strophen zugleich dadurch sich als echt zeigen, dass sehr häufig sich in denselben noch Allitterationsreste zeigen. Fischer aber weist an einigen statistischen Zahlen[2]) nach, dass diese Allitterationen, wenn sie überhaupt eine kritische Bedeutung haben sollen, weder Lachmanns Handschriftentheorie noch seine Strophenkritik bestätigen, indem sie sich am häufigsten in *C* und gleichmässig in „echten" wie „unechten" Strophen vorfinden.

Eingehender kommt Fischer auf die Handschriftenfrage zu sprechen gelegentlich der von Lachmann so vielfach für seine

---

17) S. Zarncke, Ausg. 372—376.
1) S. Fischer, S. 8—12.
2) In Lachmanns erstem „Lied" sind 56 „echte", 81 „Zusatz"-Strophen; die drei regelmässigen „Stäbe" finden sich in „echten" Strophen 2 mal, in „unechten" 8 mal, dazu kommen in *C* 3—4 weitere; das dritte „Lied" hat nach den *A* und *C* gemeinsamen Lesarten 2, nach *C* allein 11 regelmässige Allitterationen; das neunte „Lied" hat in „echten" Strophen 5, in „unechten" nach *A* 2, nach *C* 9 Allitterationen.

Theorie ausgebeuteten „Widersprüche" im Nibelungenliede. Nachdem Fischer die meisten derselben weggeräumt hat, gelangt er zu dem Resultat, dass die noch übrigen in *A* sich findenden Widersprüche[3] immer noch nicht zur Annahme von Lachmanns Liedertheorie berechtigen, vielmehr, wenn sie nicht auf handschriftlichen Fehlern beruhen, nur als *lapsus memoriæ* des einen Dichters des Nibelungenliedes zu betrachten seien. Anstatt also dieselben zur Destruction des Kunstwerks zu benutzen, was das Nibelungenlied seinem ganzen Plan und Bau nach ist,[4] soll man dieselben lieber zu beseitigen suchen; und dafür bietet sich die Handschrift *C*, welche dieselben, mit Ausnahme eines einzigen,[5] nicht enthält. Allein die Lachmannianer erklären das Fehlen derselben in *C* eben für einen Beweis der Ueberarbeitung. Aber ganz unbegreiflich ist es jedenfalls, dass erst die vierte von allen Bearbeitungen die auffallendsten Widersprüche beseitigt, einen aber selbst noch übersehen haben soll. Es ist somit der einfachste Ausweg, *C* als Original zu betrachten, und die Erklärung der Abweichungen der vulgata, wie sie Zarncke gegeben hat, ist ganz vollgenügend. Das Gedicht stammte aus vornehmen Kreisen, fand aber in höfischen Cirkeln wenig Sympathie, weil dort der Geschmack sich den französisch-britischen Sagenkreisen zukehrte, um so mehr jedoch im Volke. Daher bemächtigten sich die Fahrenden des Liedes und gaben ihm nicht allein die von Zarncke hervorgehobenen ästhetischen Veränderungen, sondern auch solche, durch welche die einzelnen Theile, welche für den mündlichen Gebrauch allein tauglich waren, getrennt, der enge Zusammenhang der Aventiuren gelockert wurde.

10.

Die bisher behandelten Handschriftentheoriecn haben, soweit dieselben auch auseinandergehen, das gemein, dass alle nur eine Handschrift, beziehungsweise Bearbeitung, zu Grunde legen, die übrigen aber als Ueberarbeitungen dieses Originals betrachten. Allerdings enthält nach Lachmann auch *A* noch nicht den ursprünglichen Text, derselbe ist vielmehr in den

---

[3] In Str. 854, 3; 664, 3; 1457, 1 f.; 1561, 3; 1417.

[4] Diesen einheitlichen Plan hat Fischer eben Lachmann gegenüber zuvor überzeugend nachgewiesen; s. u.

[5] Str. 1417, wo Volker, der doch schon im Sachsenkrieg genannt war, neu eingeführt wird.

1. Die Handschriftenfrage. Die vorhandenen Theorieen. 33

20 Volksliedern enthalten; Holtzmann nimmt[1]) eine weit ältere[2]) Grundlage des Gedichtes an, von welcher die Bearbeitung *C* eine Uebersetzung oder Umarbeitung sei. Aber darin sind alle einig, dass die letzte einheitliche Redaction des Liedes, welche also unmittelbar vor das Auseinandergehen der Handschriften fällt, in einer der erhaltenen Handschriftengruppen enthalten sei. Anders diejenigen, deren Theorieen nunmehr besprochen werden sollen. Sie nehmen alle an, dass die vorhandenen Nibelungenhandschriften eine gemeinsame Vorlage voraussetzen, zu welcher sich alle erhaltenen Bearbeitungen als Umarbeitungen verhalten; und zwar nicht eine Vorlage der Art, wie Holtzmanns „altes Gedicht" oder Lachmanns zwanzig Lieder, welche sich weit von der jetzigen Ueberlieferung entfernt hätte, sondern vielmehr eine solche, aus welcher durch relativ minder bedeutende, d. h. das Ganze des Liedes nicht alterierende, Aenderungen die jetzigen Traditionen entstanden seien. Unter den drei Schriftstellern, welche hier zu nennen sind, stimmen hinsichtlich des Endresultats Pasch und Bartsch überein, indem beide die Bearbeitung *C* und die vulgata als selbständige, von einander unabhängige, Ueberarbeitungen einer gemeinsamen Vorlage betrachten.[3]) Andererseits stimmen hinsichtlich des Motivs, das sie für die Umarbeitung annehmen, Pfeiffer und Bartsch überein, indem beide als Motiv der Umarbeitung eines um 1140 verfassten Originals, welche Umarbeitung in unseren Handschriften erhalten sei, die um 1190 nicht mehr gebräuchlichen Assonanzen des Originals betrachten. Hinsichtlich der Methode, durch welche sie zu ihrem Ergebnisse gelangen, sind Pasch und Bartsch sich darin ähnlich, dass sie dasselbe aus der Vergleichung der Handschriften selbst gewinnen,[4]) während Pfeiffer durch die Herbeiziehung von äusseren, nicht im Liede selbst gelegenen Beweisgründen[5]) zu seiner Ansicht gelangte.

---

1) S. u.
2) Der zweiten Hälfte des 10. Jahrhunderts angehörige.
3) Während Pfeiffer der Hs. *C* den Vorrang liess; s. E. Pasch *A* und *C*, S 83.
4) Und zwar Pasch nur durch die Vergleichung zweier Puncte, der Strophendifferenz und der grammaticalischen Eigenthümlichkeiten beider Bearbeitungen. Bartsch dagegen durch die Herbeiziehung aller kritischen Hilfsmittel, in erster Linie der Metrik.
5) Identität der Nibelungenstrophe mit der der Kürenbergischen Lieder und Gesetz der Nichtentlehnung der Töne.

11.

E. Pasch

hat seine Ansichten über das Verhältnis der Handschriften dargelegt in der Abhandlung: „Ueber die Nibelungenhandschriften *A* und *C*."[1]) Pasch geht aus 1) von der Strophendifferenz zwischen den beiden erhaltenen Bearbeitungen und 2) von den Abweichungen, welche beide gegenüber der gewöhnlichen mittelhochdeutschen Grammatik darbieten. Als Repräsentanten der vulgata wählt Pasch die Handschrift *A*;[2]) es können, sagt er,[3]) nur *A* und *C* in Betracht kommen, da alle andern Handschriften entweder zwischen denselben liegen oder hinter ihnen, ausserhalb des Bereichs der Streitfrage.

Zunächst kritisiert Pasch Holtzmanns kritische Principien und weist nach, dass mit denselben an und für sich gar nichts anzufangen sei. Was das Princip der Bevorzugung der umfangreicheren Handschrift betrifft, so weist die deutsche Litteraturgeschichte mehrere Beispiele auf, wo der kürzere Text entschieden echter ist;[4]) das andere Princip Holtzmanns, dass die bessere Lesart zugleich die echtere sein soll, ist nicht stichhaltig, weil der Gedanke nicht von vornehcrein abzuweisen, dass ein Ueberarbeiter, ja ein Abschreiber, wenn auch nicht poetisch befähigter gewesen sei als der Dichter selbst, so doch in einen oder anderen Falle eine bessere Wendung gefunden habe als dieser.[5]) Gelten aber beide Principien Holtzmanns, *a priori* betrachtet,

---

[1]) Erschienen 1863 als Osterprogramm der Realschule zu Perleberg; abgedruckt in der Berliner Zeitschrift für das Gymn. Wesen, Febr. 1864.

[2]) Diss hat bei ihm zu manchfachen Verwirrungen geführt, weil *A* bald gegenüber von *C*, bald gegenüber von allen andern Handschriften, also auch *B*, gestellt wird.

[3]) S. Pasch, *A* und *C*, S. 65.

[4]) Dahin die innerhalb eines Jahrhunderts vor sich gegangene Erweiterung des zwei Erzählungen enthaltenden Isegrimus zu 27 Erzählungen [dieses Beispiel passt nicht, weil es sich dabei um eine Anekdotensammlung handelt]; dahin die apokryphische Erweiterung von Luthers „Ein' feste Burg" um eine fünfte Strophe; dahin die Erweiterung von Gœthes „Unter allen Gipfeln ist Ruh" um zwei Strophen durch J. D. Falk (i. J. 1817). — Auch ist das von Holtzmann (Unters. 5/6) für die Verkürzung eines Gedichts durch Abschreiben citierte Alexanderlied Lamprechts ein zweifelhaftes Beispiel.

[5]) Von einigen Stellen gibt ja Holtzmann zu, dass die vulgata den besseren Text habe [s. S. 23 f.].

nichts, so ist es doch möglich und daher noch zu untersuchen, ob sie nicht gerade beim Nibelungenliede zutreffen. Da Pasch zunächst von der Strophendifferenz ausgeht, so ist zu untersuchen nur, ob der längere Text hier wirklich der bessere sei. Wenn diss angenommen wird, aus welchen Ursachen ist alsdann das Fehlen so vieler Strophen in *A* zu erklären? Nach Holtzmann ist es zu erklären aus der einem deutschen Gedichte gegenüber besonders natürlichen Bequemlichkeit und Gedankenlosigkeit des Schreibers. Allein die deutsche Poesie war im dreizehnten Jahrhundert gewiss hoch angesehen, also ist Holtzmanns Erklärung nicht ganz begründet.⁶) — Es sind bei Holtzmanns Theorie drei Fälle möglich, wofern als Grund der Auslassungen in *A* die Faulheit, d. h. die bewuste, absichtliche Nachlässigkeit und Bequemlichkeit des Schreibers angenommen wird: 1) entweder war der Abschreiber so träge, dass er auf das Gerathewohl, unbekümmert um das Schicksal seines Textes, ausliess; 2) oder er suchte sich die Strophen heraus, die ohne Störung des Zusammenhanges ausgelassen werden konnten; 3) oder er brachte durch Aenderung einiger Worte die durch seine Auslassungen zerrissenen Strophenzusammenhänge wider in's Gleiche.

1) Setzen wir den ersten der drei angenommenen Fälle, so wäre es gewiss mehr als Zufall, wenn durch das planlose Auslassen so vieler Strophen nicht irgendwo eine Lücke entstanden wäre. Eine solche findet sich allerdings in *A*,⁷) gehört aber, weil graphisch zu erklären, nicht hieher.⁸) Sonst sind alle Plusstrophen von *C* für den Zusammenhang entbehrlich, ja mitunter störend, was Pasch an einer grösseren Anzahl solcher Plusstrophen durchführt.⁹) Somit ist die Möglichkeit ausgeschlossen, dass die Plusstrophen von *C* in *A* weggelassen seien durch die blosse Faulheit eines auf das Gerathewohl auslassenden Schreibers.

---

6) [S. Seite 13 (§. 6, not. 7). So unerhört sind eben Abkürzungen und Verstümmelungen auch in jener Zeit nicht; das beweist *A* gegenüber von *B*; so gut nach Pasch die Achtung der deutschen Poesie das Abkürzen verbot, hätte sie auch das Zusetzen verbieten sollen; s. aber das Alexanderlied nach Paschs Ansicht.]

7) Str. 491, 4—7 [s. Seite 18 (§. 6, not. 38)].

8) Denn Versehen aus graphischen Gründen sind nicht Sache der „Faulheit", sondern der „Nachlässigkeit", d. h. des unbewusten Irrthums.

9) [Diese Strophen s. ausführlich behandelt bei der Kritik Paschs §. 19, not. 2.).]

2) Finden sich in *A* keine Lücken, ist also die erste Möglichkeit ausgeschlossen, so ist die Annahme möglich, dass das Fehlen von Strophen herrühre von einem Schreiber, der sich zuvor an jeder betreffenden Stelle überlegt habe, ob daselbst eine Auslassung möglich sei. Dass Strophen, welche ohne Schaden ausgelassen werden können, in jedem grösseren Gedichte vorkommen, ist klar. Allein die Mühe, zu untersuchen, ob diese oder jene Strophe entbehrlich sei, war wohl grösser als die des Schreibers; somit könnte hier von „Faulheit" nicht die Rede sein.

3) Also bleibt noch der dritte Fall übrig, dass nemlich in den Fällen, wo eine Strophe nicht ohne Zerstörung des Zusammenhangs, insbesondere des Satzbaus, ausgelassen werden konnte, der Schreiber von *A*, um doch auslassen zu können, geändert habe. In der That liegt der Fall öfters vor, dass *A*, wo sie eine Strophe weniger hat als *C*, zugleich in den vorangehenden oder nachfolgenden Zeilen eine andere Lesart bietet als *C*.[10]) Allein dieser Fall ist ebenso zu beurtheilen wie der zweite; denn die Mühe, zu ändern, wäre doch noch grösser gewesen, als die, die Entbehrlichkeit einer Strophe zu untersuchen.

Darf also das Fehlen von Strophen in *A* nicht auf Rechnung der **Faulheit** des Abschreibers gesetzt werden, so kommt es vielleicht auf Rechnung seiner **Nachlässigkeit und Flüchtigkeit**, ist also ein unabsichtliches? Diss ist auch ziemlich scheinbar. Vor allem sprechen dafür die vielen nachweislichen Schreibfehler und Auslassungen von *A* in Beziehung auf einzelne Buchstaben und Worte; es ist natürlich an sich ebenso denkbar, dass auch in Beziehung auf ganze Strophen dieselbe Nachlässigkeit in *A* geherrscht hätte. Wirklich hat auch *A* einmal erweislich aus Nachlässigkeit eine Strophe ausgelassen.[11]) Aber starke Gründe machen doch die allgemeine Anwendung dieses Gesichtspunctes unmöglich. Denn die Anzahl der in einem kleineren Abschnitt fehlenden Strophen[12]) ist manchmal doch gar zu gross, ebenso auch manchmal die Anzahl der unmittelbar hinter ein-

---

10) So führt Pasch an die Str. 429; 442, 4; 602, 1; 608, 1; 623, 1; 640, 4; 1053, 1; 1077, 1; 1202, 1; 1352, 4; 1408; 1849.

11) 491, 4—7. [Die Strophe fehlt indes nicht in *A* allein, wie es dem Zusammenhange bei Pasch nach scheinen könnte, wo von der nachlässigen Schreibung von *A* die Rede ist, sondern in *A* und *B*; s. Bartsch, Unters. 303.]

12) In Av. X fehlen 18 Strophen von 104, in Av. VI 16 von 48, in Av. VII 23 von 94. [S. dazu §. 6, not. 15. 18. und unten bei der Kritik.]

ander fehlenden Strophen,¹³) um den Glauben möglich zu machen, dass ein Abschreiber, unabsichtlich und ohne es zu bemerken, so viele Strophen in so kurzen Zwischenräumen ausgelassen habe. Ausserdem fehlen gerade am Ende von Aventiuren sehr häufig Strophen in A,¹⁴) also an einem Orte, wo ein Ueberschen nicht denkbar ist. Dazu kommt noch, dass die Plusstrophen von C fast alle denselben ausgeprägten Charakter der erweiternden Schilderung oder glossenartiger Notizen haben.¹⁵) Da diss nicht zufällig sein kann, da ferner das Fehlen von Strophen in A fast nie eine Lücke verursacht hat, so kann von Auslassung aus Nachlässigkeit nicht die Rede sein.

Eine dritte Möglichkeit wäre die, dass das Deficit in A die Folge einer Ueberarbeitung wäre; diese Möglichkeit ist aber weder von Zarncke noch von Holtzmann berührt worden, braucht also nicht berücksichtigt zu werden.¹⁶)

Somit kann das Deficit von A überhaupt nicht entstanden sein, d. h. die Plusstrophen von C, wenigstens deren grosse Mehrzahl, können in der Vorlage von A nicht gestanden haben, C kann nicht unmittelbare Quelle von A sein.

Holtzmann selbst gesteht zu, dass einzelne Plusstrophen von C hinzugedichtet seien, da ein Abschreiber wohl mitunter sich auch Zusätze erlaubt haben könne.¹⁷) Aber ein solcher Abschreiber ist vielmehr schon ein Ueberarbeiter. Und wirklich bietet die Annahme, dass in C eine Ueberarbeitung vorliege, keine Schwierigkeit; das Zunehmen eines Gedichts an Umfang ist ebenso möglich als das Abnehmen. Die in A etwa vorhandenen Lücken¹⁸) beweisen nur die Echtheit ganz weniger Plusstrophen von C. Ausserdem ist an und für sich einem Ueberarbeiter weit eher ein Hinzusetzen zuzutrauen als ein Abkürzen; denn das Unternehmen einer Ueberarbeitung beweist ja schon eine gewisse Achtung und Pietät gegen das Werk, das man bearbeitet, das man also wohl nicht für schlecht, sondern für gut halten wird; diese Pietät wird aber wohl dem Ueber-

---

13) 68 mal fehlt eine Str., 18 mal 2, 6 mal 3, 3 mal 4, 1 mal 5, 1 mal 8.
14) [S. §. 6, not. 46.]
15) [S. §. 6, not. 42—45.]
16) [Und doch rührt, wenn C als echt angenommen wird, das Deficit in der vulgata sicher von Ueberarbeitung her.]
17) S. Seite 21 [auch Zarncke will nicht alle Plusstrophen von C halten, s. Ausg. LII].
18) Wenn deren mehrere sind; s. not. 7 und 11.

arbeiter verbieten, seine Vorlage durch Kürzungen, zu verstümmeln.[19]) Zumal Strophen am Ende von Aventiuren, erweiternde Schilderungen u. dgl. einzufügen, konnte einem Bearbeiter leicht einfallen, und der Art sind ja so viele der Plusstrophen von C.[20]) Es werden demnach die Plusstrophen von C wohl als Erzeugnisse späterer Ueberarbeitung gelten müssen. Da aber nicht alle dieses Ursprungs sein können, vielmehr eine oder einige wenige echt sein müssen, weil sie Lücken von A ausfüllen, so kann auch A nicht der absolut echte Text, die directe Vorlage von C sein; **vielmehr sind beide aus einem gemeinsamen Grundtext hervorgegangen, zu welchem sich C als Ueberarbeitung verhält.**

Wie sich A zu diesem Grundtexte verhält, zeigt die Betrachtung der Plusstrophen von A. Dieselben sind entweder 1) alle echt, oder 2) alle unecht, oder 3) theils echt theils unecht.

1) Sind sie sämmtlich **echt**, so müssen sie von C aus Faulheit oder aus Nachlässigkeit ausgelassen sein. Ersteres ist unmöglich, weil **einmal**[21]) C die Construction bei Auslassung einer Strophe verändert haben muss;[22]) letzteres ist ebenfalls unmöglich, weil sich in C keine Lücken finden, und wegen der eben erwähnten Stelle. Ferner können dieselben in C auch durch Ueberarbeitung fehlen; eine Verkürzung durch Ueberarbeitung ist zwar (s. o.) minder wahrscheinlich als das Gegentheil, aber doch nicht unmöglich. Allein auch diss ist nicht glaublich.[23])

---

19) [Pasch arbeitet auch hier, wie meistens, mit allgemeinen Sätzen, die im concreten Falle ebensogut falsch als wahr sein können. So auch hier, sogar wenn der Satz allgemein bleibt. In verzerrender Gestaltung des Einzelnen (A) und in entstellenden Zusätzen liegt auch wenig „Pietät", wenn überhaupt im Mittelalter viel von Pietät des Schreibers gegen das Werk die Rede sein kann.]

20) Als besonders eclatante Beispiele führt Pasch an: 475 b,c, die Notiz über die Tarnkappe, und 1052 b–f, die Notizen über das Kloster Lorsch.

21) 642, 4 *B Kriemhilt dô senden began* 643, 1 *nâch Hagenen von Tronege* u. s. w.; C 642, 4 *daz was ir liebe getân*, 643 und 644 fehlen in C.

22) Denn das Aendern von Lesarten lässt sich (s. Seite 36) nicht mit der Faulheit des Abschreibers vereinigen.

23) Liliencron behauptet das Weglassen in C durch Ueberarbeitung **sicher** nur von Str. 3; 546; 610; 1825; bei 12 andern ist es ihm wahrscheinlich, bei 1594 gesteht er das Gegentheil zu. Aber bei mehreren der Strophen ist ein Weglassen durch Ueberarbeitung unbegründet.

1. Die Handschriftenfrage. Die vorhandenen Theorieen.

2) Als zweite Möglichkeit wäre denkbar, dass alle Plusstrophen von A unecht wären, also erst durch Ueberarbeitung in den Text gekommen. Diss ist aber auch keineswegs der Fall.[24]) Auch nach Holtzmann ist die Zudichtung bei einer ganzen Anzahl von Plusstrophen der vulgata nur wahrscheinlich; einige sind nach seinem Zugeständnisse in C ausgefallen.[25]) Es sind also nicht sämmtliche Plusstrophen von A unecht, somit ist

3) ein Theil derselben echt, der andere unecht.[26]) Sind aber einige echt, andere unecht, so muss auch A sich zu dem Grundtexte als Ueberarbeitung verhalten.

Dasselbe Resultat ergibt sich aus der Vergleichung von A und C hinsichtlich der grammaticalischen Eigenthümlichkeiten beider Handschriften. Beide stimmen manchmal nicht mit den Regeln des Mhd. im dreizehnten Jahrhundert überein, und noch häufiger weichen nicht beide, sondern nur eine von beiden davon ab, durch Anwendung einer älteren oder späteren Form sowohl in der Schreibung einzelner Wörter als in Flexion und Syntax.[27]) Daraus, dass die höhere Alterthümlichkeit bald auf der einen, bald auf der anderen Seite ist, folgt, dass beide Handschriften aus einem älteren Grundtext als Ueberarbeitungen hervorgegangen sind.

12.

Franz Pfeiffer

gehört nicht eigentlich zu Denen, welche in der Handschriftenfrage thätig waren; er hat, im Anschluss an Holtzmann, der Handschrift C den Vorzug gegeben. Aber seine Schrift: „Der Dichter des Nibelungenlieds", 1862, ist darum auch für diese Frage nicht unwichtig, weil sie den ersten Anstoss zu der neuesten,

---

24) Z. B. die von Holtzmann (Unters. 32) als Beweis der Ueberarbeitung benutzten Str. 452—459 sind vielmehr in der vulgata echter als die vier dafür in C stehenden Strophen; von Geiz der Brünhild kann auch in A nicht die Rede sein, denn auch nach der Darstellung von A will sie ihr Gold mit nach Burgund nehmen, um es dort zu vertheilen [s. u. bei der Kritik.]
25) Jedenfalls 1971, 4—1972, 4; wohl auch 711.
26) Echt z. B. 768; unecht 1193 f.
27) [Paschs zahlreiche Beispiele anzuführen, ist werthlos; dieselben sind von gar keiner Beweiskraft; am wenigsten kann die Orthographie einzelner Wörter hier etwas beweisen, denn C und A liegen fast ein Jahrhundert aus-

durch Bartsch weiter ausgeführten Theorie gegeben hat, dass
nemlich im Nibelungenliede, auch nach seiner besten Redaction,
eine Umarbeitung eines um 1140 verfassten Gedichtes enthalten
sei, und weil Pfeiffer als Beweis für diese Ansicht ausser anderen, nicht im Liede selbst gelegenen Gründen[1]) besonders auch
die in demselben noch vorkommenden alterthümlichen Reime[2])
benutzt und die Entfernung dieser in dem alten Original weit
zahlreicher vorhandenen Reime als Motiv der Umarbeitung betrachtet.

13.

Karl Bartsch

ist wohl unter den Neueren der Bedeutendste, der sich mit der
Nibelungenfrage, insbesondere mit der Handschriftenfrage, befasst hat. Zeichnete sich Holtzmann durch Originalität der Anschauungen, Fülle der Phantasie und Geneigtheit zu neuen, weitgreifenden Schlüssen und Problemen aus,[1]) so zeigt Bartsch
scharfe Betrachtung des Einzelnen und besonders grossen Fleiss
im Sammeln der einzelnsten Einzelheiten. Seine Ansichten über
die Nibelungenfrage überhaupt, die aber bei ihm so ziemlich
ganz von der Handschriftenfrage abhängig ist, hat Bartsch zuerst
1862 auf der Augsburger Philologenversammlung vorgetragen,
sodann aber eingehend ausgeführt und begründet in seinen
„Untersuchungen über das Nibelungenlied", 1865, kurz dargelegt,
endlich in seinen zwei verschiedenen Ausgaben des Liedes.[2])

Bartsch legt, wie Holtzmann, der Handschrift *A* gar keinen
maassgebenden Werth bei. *A* hatte allerdings eine sehr alte
Vorlage,[3]) ist aber selbst zugegebenermaassen sehr nachlässig

---

einander, und kein Schreiber hat alterthümliche Züge seiner Vorlage beibehalten (s. Bartsch, Unters. 365); ferner ist hier *A* wider einmal als einzelne
Handschrift gefasst; und endlich führt Pasch Beispiele von älterem und
jüngerem Gebrauch an, die, vor- oder rückwärts, fast über die Grenzen des
Mhd. hinausfallen, somit als zufällige Abweichungen zu betrachten sind.]

1) S. §. 10, not. 5.
2) Von denen Bartschs Untersuchung ihren Ausgangspunct nimmt.

1) Diss tritt in dem zweiten Theile seiner „Untersuchungen" noch weit
mehr hervor als in dem ersten, wo allerdings in einzelnen Conjecturen viel
Kühnheit ist; am meisten aber in seinen „Kelten und Germanen".

2) Die kleinere erschien 1866, 1869 und 1872 in Pfeiffers „Deutsche
Classiker des Mittelalters"; von der grösseren ist bis jetzt erst der erste
Band (1870) erschienen.

3) Diss beweisen die Schreibungen *sc* und irrthümlich *s* = *sch*, *a* = *w*,
o = *œ*, *uo* = *üe*, *uu* = *w*, *v* nach einem Consonanten = *w*.

geschrieben. Manche Fehler von A erklären sich durch die Schriftzüge der Vorlage.⁴) Die Nachlässigkeit der Schreibung von A wird auch dadurch bestätigt, dass in A oft ein Wort fälschlich steht, das in der Nähe schon einmal vorkam. Weiterhin zeigt sich der jüngere Charakter von A darin, dass sie statt veralteter Wörter neuere setzt. Besonders aber finden sich in A Versetzungen von Wörtern in einer Art, aus welcher erhellt, dass A 1) die prosaische Wortstellung anstatt der um des Verses willen gewählten und in den Vers allein passenden wählt, 2) nicht das mindeste Gefühl für die Feinheiten des Rhythmus hat.⁵) — Lachmann hat diesen Fehlern von A gegenüber einen ganz falschen Weg eingeschlagen. Er ergänzt viele ausgelassene Wörter, deren Auslassung nur als Nachlässigkeit zu erklären ist; er hat auch Ergänzungen aufgenommen, die nur für den Vers nothwendig sind, war aber gerade hierin vollständig inconsequent, sein Verfahren subjectiv. Ebenso verfuhr er inconsequent gegenüber von den in A fehlerhaft zugefügten Wörtern.

Wenn auch von den Fehlern von A manche schon der Vorlage von A eigen sind, indem sie von B oder D, seltener von J, getheilt werden, so kommen doch die meisten allein auf Rechnung von A. Es ist somit diese Handschrift keineswegs auch nur als Repräsentant der vulgata anzusehen, was vielmehr unter allen am meisten B ist; es kann sich also bei der Untersuchung über die Handschriften wesentlich nur um B und C handeln, als die Repräsentanten der beiden Bearbeitungen.⁶)

Bartsch beginnt seine Untersuchung mit der Frage, ob im Nibelungenliede die Reime auf eine Umänderung aus freieren Reimen hinweisen oder nicht. Diese Frage ist eine Cardinalfrage der Lachmannischen Kritik gegenüber, denn Lachmann nahm keine Umarbeitung der Reime beim Uebergange von den Volksliedern zum Sammler an. Er wäre aber widerlegt, sobald

---

4) So Consonanten- und Vocalvertauschungen, Vertauschung und zugleich Auswerfung von Buchstaben, Wegfall von Buchstaben und Silben, Hinzufügung, Verwechselung von Buchstaben, Verwechselung von Wörtern; s. dafür und für das Folgende Bartsch, Unters. 63—83.

5) Dahin gehören besonders, was für die Metrik wichtig ist, Wörter mit kurzer Penultima in der Cäsur; am besten wird das junge Alter von A in metrischen Dingen dadurch bewiesen, dass A häufig achte Halbzeilen von nur 3 Hebungen hat, wie solche von 1250 an üblich wurden.

6) Die Bearbeitung B (vulgata) bezeichnet Bartsch als „erste Bearbeitung", kurz „I", die Bearbeitung C als „zweite Bearbeitung", kurz „II".

sich eine solche Umarbeitung nachweisen liesse, weil alsdann jedes Kriterium der „Echtheit" der einzelnen Strophen wegfallen müste; denn die Aenderung der Reime muste nothwendig auch eine grössere oder kleinere Aenderung im Innern der Verse mit sich bringen.

Es führen aber wirklich die Reime des Nibelungenliedes auf eine solche Umarbeitung. Die Besonderheiten des Reims, welche zu dem Schlusse auf eine solche berechtigen, sind

1) **die ungenauen und alterthümlichen Reime**, welche im Nibelungenliede noch erhalten sind,

2) **die Abweichungen der beiden Bearbeitungen im Reime auch wo beide genau reimen.**

1) **Zu den erhaltenen Alterthümlichkeiten in den Reimen** gehören:

a) **Die stumpfen Reime, in denen die eigentliche Reimsilbe nicht die letzte, sondern die drittletzte ist**, wie *Hágenè, ságenè* u. ä.; dieselben sind theils genau,[7]) theils ungenau,[8]) letzteres an den meisten Stellen nur in einer von beiden Bearbeitungen. Die grössere Schwere der Endsilben, die sich in diesen Reimen zeigt, ist im dreizehnten Jahrhundert nicht mehr vorhanden. Die ungenauen Reime dieser Art sind bald consonantisch, bald vocalisch ungenau. In den meisten Fällen lässt sich nicht erklären, wie eine der beiden Bearbeitungen dazu gekommen sein sollte, den genauen Reim der andern in den ungenauen eigenen zu verwandeln. Es ist vielmehr die einzig mögliche Erklärung dieser Differenzen die, **dass beiden Bearbeitern ein noch in freieren Reimen verfasstes Original zu Grunde lag, dass beide Bearbeiter diese freien Reime beseitigen wollten, dass jedoch beide diss nicht consequent thaten.**

b) **Die zweisilbigen, scheinbar klingenden Reime**, wie *märè : wærè*; in der strophischen erzählenden Poesie des dreizehnten Jahrhunderts bilden dieselben nur eine Hebung, im Nibelungenliede noch, wie früher, zwei Hebungen. Doch ist dieser Beweis für das höhere Alter desselben nicht stringent,

---

7) So *Hágenè : trágenè, : dágenè, : jágenè, : ságenè, : erslágenè, : klágenè; dégenè : engégenè, : zegégenè.*

8) So *Hágenè : hábenè, : gádemè, : dégenè, : zesámenè, : ménegè;* also in beiden Fällen fast lauter Reime auf den Namen *Hágenè*.

1. Die Handschriftenfrage. Die vorhandenen Theoricen. 43

da in der volksthümlichen lyrischen Poesie der klingende Reim auch später noch als zwei Hebungen zählte.[9])

Jene ungenauen Reime weisen in eine Zeit zurück, wo überhaupt die Reimfreiheiten noch häufiger waren; es ist nicht denkbar, dass nicht noch mehr solche im Original gestanden wären. Dieselben blieben, während sonst die Reime geglättet wurden, unverändert stehen, weil auf den häufigen Namen *Hagene*[10]) genaue Reime nicht immer zu finden waren.

c) Auch an den gewöhnlichen stumpfen Reimen zeigen sich Spuren der Alterthümlichkeit. Hieher gehören vollere Formen der Flexionsendungen,[11]) auch ungenaue Reime, welch letztere aber nie in beiden Bearbeitungen stehen.[12]) Es ist ganz wohl denkbar, dass noch ein Dichter der späteren, genau reimenden Zeit auf einen freien Reim verfiel; aber undenkbar ist, dass ein Bearbeiter einen ihm vorliegenden genauen Reim in einen

---

9) Besonders häufig sind diese klingenden Reime in *C*, namentlich in den Plusstrophen von *C* (11 mal gemeinsam, 8 mal in *C*, worunter 7 Plusstrophen); diss könnte einen Beweis für die Echtheit derselben abgeben, wenn nicht sonst deren Unechtheit wahrscheinlicher wäre. *C* brachte diese klingenden Reime in seinen Plusstrophen an, weil der Bearbeiter *C* sie in seiner Vorlage schon fand; „er hielt sie eben für unanstössig und suchte durch sie eine Abwechselung hineinzubringen, wie sie die gewöhnlichen Reimpaare, bei denen das Verhältnis von stumpfen und klingenden ein ganz gleiches wie im Nibelungenlied ist, ebenfalls haben" (Bartsch, Unters. 9).

10) Auf den (s. not. 7. 8.) sich diese dreisilbigen Reime fast alle beschränken.

11) Partic. præter. in-*ôt* — 953, 3; 1685, 3 — kommen allerdings bei österreichischen Dichtern noch später vor, noch viel später bei alemannischen; aber wo, wie beim N. L., alles auf das 12. Jahrhundert weist, dürfen sie mit als Zeugnisse für höheres Alter gelten. Superl. in-*ôst* (1466, 1; 1957, 2); kommen bei österreichischen Dichtern im 13. Jahrhundert nicht mehr vor, bei alemannischen noch im 13. 14. [S. dagegen Zarncke, Ausg. CXIII ** und ***; auch Beitr. VIII, wo überhaupt die österreichische Abstammung des Liedes bestritten wird.]

12) Vocalische Ungenauigkeiten: *Gêrnôt : tuot* 2033, 1, eine im 12. Jahrhundert nicht seltene Bindung; *C* änderte. Consonantische (im 13.—15. Jahrhundert noch vorkommend, hier aber Zeugnisse für höheres Alter): *m : n* (13. Jahrhundert nicht selten) in *sun : frum*, und sonst 1226, 1 (nicht in *CJ*); 1637, 2 in *a*; 1511, 4 in *B* allein gegen alle andern, welche unabhängig von einander auf einen genauen Reim kommen konnten [doch hat Bartsch in seiner Ausgabe die Lesart von *CA* aufgenommen]; 327 in *J*; *b : g* 717, 1 in *C*; 2118, 2 *AJ* gegen *BCD*, aber falsch; einmal falsch in *D*; *c : t* 769, 4 in *A*, 2209, 1 *J*, beidemal entstellt; aber echt sind ganz sicher die Stellen 717, 1 (*C* echt) und 1226, 1 (*ABDJ* echt).

44 I. Die Entstehung des Nibelungenliedes.

ungenauen geändert hätte, was man annehmen muss, wenn man
eine Bearbeitung direct aus der anderen stammen lässt.

2) Auf dasselbe Resultat führt die Betrachtung der vielen
Fälle, wo beide Bearbeitungen im Reime abweichen
und beide genau reimen. Meist weicht nur der Ausdruck
ab, während der Sinn derselbe ist, so dass ein Grund zur Aen-
derung aus der einen Lesart in die andere nicht abzusehen wäre.
Besonders die Anhänger von .1 lassen Ueberarbeitungen am
Nibelungenliede stattfinden, wie sie in der ganzen mittelalter-
lichen Litteratur unerhört sind. Denn bei allen uns bekannten
Umarbeitungen sind Gründe der Form,[13]) nicht des Inhalts, gel-
tend, vor allem aber die ungenauen Reime der Originaldich-
tungen. Es wäre ein grosser Theil der Schwierigkeiten gehoben,
wenn man auch für das Nibelungenlied formale Gründe der
vielfachen Aenderungen annähme. Dieselben werden, nach den
Fingerzeigen, welche die noch erhaltenen Assonanzen
geben, wesentlich in Assonanzen der Vorlage zu suchen sein.

Die Reimabweichungen classificieren sich unter folgende Fälle:

1) Der in die Augen springendste Fall[14]) ist der, dass beide
Bearbeitungen für sich genau reimen, dass aber ein Vers der
einen auf einen der anderen assoniert.[15]) In diesem Fall ist am
einfachsten anzunehmen, dass eben diese Assonanz den ur-
sprünglichen Reim darstellt.[16])

---

13) Entweder die ungenauen Reime des Originals, welche zum Theil
noch im 12., zum Theil im 13. Jahrhundert entfernt wurden; oder mund-
artliche Eigenheiten; oder veraltete Ausdrücke im Reim, diss besonders in
den Abschriften des 15. Jahrhunderts.

14) 16 Beispiele.

15) Schema [$a:a$ = genauer Reim; $a:b$ = Assonanz; $a,:a,$ und $a_{,,}:a_{,,}$
= zwei Reime von gleichem Klang, aber mit verschiedenen Reimwörtern]:

I. (*AB*)   II. (*C*)
a b
a b

Z. B. Str. 1336, 1 B *Des willen in ir herzen kom si vil selten abe,*
si gedâht 'ich bin sô riche und hân sô grôze habe'.
C *Daz si daz rechen möhte, des wunschtes alle tage:*
'ich bin nu wol sô riche, swem iz ouch missehage.

16) Somit Schema für das Original:
$\begin{cases} a \\ b \end{cases}$ oder $\begin{cases} b \\ a \end{cases}$

In dem angeführten Beispiel 1336, 1. 2. also:
Daz si daz rechen möhte, des wunschtes alle tage,
si gedâht 'ich bin sô riche und hân sô grôze habe'.

1. Die Handschriftenfrage. Die vorhandenen Theorieen.

2) Ein weiterer, einfacher, aber minder sicherer Fall[17]) ist der, dass beide Bearbeitungen in dem einen Reimworte stimmen, in dem anderen nicht. In dem Fall,[18]) wo das erste Reimwort gleich ist, wird natürlich am wahrscheinlichsten sein, dass dieses Reimwort im Original stand, das aber ungenau darauf gereimt war.[19]) Ebenso in dem Fall,[20]) wo das zweite Reimwort gleich ist.[21])

3) Selten[22]) ist der Fall, dass beide Reimwörter in den Bearbeitungen verschieden sind, aber denselben Reimklang haben;[23]) hier ist die Herstellung des Originals noch schwieriger, da kein gemeinsames Reimwort vorhanden; als wahrscheinlich

---

17) 159 Beispiele.
18) 117 Beispiele; Schema:

	I.	II.
	a	a
	a_I	a_{II}

Z. B. Str. 32, 3 *B Der wirt der hiez dô sidelen vil manegen küenen man ze einen sunewenden, dô Sifrit ritters namen gewan.*
C ze einen sunewenden, dô er die hôchzît wolde hân.

19) Schema für das Original:
$$\begin{cases} a \\ b \end{cases}$$

In dem angeführten Beispiel 32, 3. 4:
Der wirt der hiez dô sidelen vil manegen küenen man ze einen sunewenden, dô sîn sune swert genam.

20) 42 Beispiele.
21) Schema:

	I.	II.
	a_I	a_{II}
	a	a

Z. B. Str. 213, 3 *B An den küenen Sahsen, der man vil wunder sach; hei waz dâ liehter ringe der küene Dancwart zebrach!*
C 3: An den küenen Sahsen, die dolten ungemach.
4 wie *B*.

Schema für das Original:
$$\begin{cases} b \\ a \end{cases}$$

In dem angeführten Beispiel:
An den küenen Sahsen, swie vil der was; hei waz dâ liehter ringe der küene Dancwart zebrach!

22) 7 Beispiele.
23) Schema:

	I.	II.
	a_I	a_{II}
	a_I	a_{II}

ist aber doch anzunehmen, dass der Klang beider oder eines Reimwortes derselbe war.[24])

4) Weit häufiger ist es, dass beide Reimwörter verschieden sind und zugleich verschiedenen Klang haben.[25]) Hier ist die Herstellung am leichtesten, wenn der **Gedanke** nach beiden Lesarten derselbe ist;[26]) weicht derselbe ab, so ist sie schwieriger, doch nicht unmöglich.[27])

Z B. Str. 67, 3 *B Sô wil ich wol gelouben, swie ez dar umbe stât,*
daz ez sî der recke, der dort sô hêrlîchen gât.
C sô wil ich wol getrouwen, swiez sich gefüeget hât,
sô ist ez der recke, der dort sô hêrlîchen stât.
Str. 532, 1 *B Sehs und ahzec frouwen sach man für gân,*
die gebende truogen. zuo Kriemhilde dan
kômen die vil schône.
C Sehs und ahzec frouwen hiez man komen dan,
die gebende truogen, zuo Kriemhilde stân;
dô kômen die vil schœnen.
Str. 688, 3 *B Mit sînen hergesellen, Guntheres man.*
Gêren den vil rîchen bat man an den sedel gân.
C und sîne hergesellen. bî der hende dan
Kriemhilt fuorte Gêren: daz was durch liebe getân.
24) **Mögliche Schemata für das Original:**
$$a, \quad a_{,,} \mid a, \mid a_{,,} \mid b \mid b$$
$$a_{,,} \quad a, \mid b \mid b \mid a, \mid a_{,,}$$
Von diesen möglichen Schematen hat indessen Bartsch nur das erste, zweite und sechste angewendet, indem er 87, 3. 4. *stât : stuôt*, 532, 1. 2. *dan : dan* reimen lässt und 688, 3. 4. so herstellt:
mit sînen hergesellen. bî der hende nam
Kriemhilt den rîchen Gêren: daz was durch liebe getân.
25) **Schema:**

      I.   II.
      a b
      a b

Von den vielen Beispielen sei nur Str. 87, 1. 2. angeführt:
B Alsô sprach dô Hagene 'ich wil des wol verjehen,
swie ich Sîfriden nie mêre hân gesehen'.
C Alsô sprach dô Hagene 'als ich mich kan verstân,
swie ich Sîfriden noch nie gesehen hân';
wo Bartsch so restituiert:
Alsô sprach dô Hagene 'ich mac daz wol sagen,
swie ich Sîfriden nie gesehen habe'.
26) 85 Beispiele.
27) 46 Beispiele; in 19 Fällen will hier Bartsch das Original mit Sicherheit herstellen, in 27 nur mit einiger Wahrscheinlichkeit errathen können, zumal da hier nicht mehr zu entscheiden ist, inwieweit bei den Aenderungen der Bearbeitungen die Rücksicht auf den **Inhalt** mitwirkend (oder allein wirkend) war. Im Wesen der Assonanz als eines **freien** Reims liegt es

1. Die Handschriftenfrage. Die vorhandenen Theorieen. 47

Dass mit der Entfernung der alten Assonanzen die beiden Bearbeiter auch in der Darstellung des Gedankens auseinandergiengen, ist nicht zu verwundern. Bei anderen Fällen doppelter Umdichtung findet sich dieselbe Erscheinung. Eine solche Analogie bieten unter verschiedenen anderen die Umdichtungen von des Pfaffen Konrad K a r l einerseits durch den S t r i c k e r , andererseits durch den niederrheinischen Dichter, dessen Werk in die Compilation des K a r l m e i n e t aufgenommen wurde.²⁸) Ein anderes Beispiel ist die K a i s e r c h r o n i k mit ihren beiden Umdichtungen aus dem dreizehnten Jahrhundert. Die im Nibelungenliede erhaltenen und die aus den Reimdifferenzen mit Sicherheit folgenden Assonanzen weisen auf eine Zeit, die dem Jahre 1150 näher liegt als dem Jahre 1190. In dieselbe Zeit etwa weisen auch die im Liede noch besonders häufig erhaltenen, weil von den Bearbeitern nicht beachteten, u n g e n a u e n C ä s u r r e i m e ; solche sind auch in anderen Gedichten des zwölften Jahrhunderts nachweislich.²⁹) Gereimt wurde die Cäsur in der Regel nicht; wo sich aber von selbst ein Reim ergab, wurde derselbe nicht vermieden. Obgleich sich daher auch in späteren Gedichten zufällig noch ungenaue Cäsurreime finden, so werden dieselben doch im Nibelungenliede nicht für zufällig, sondern für Zeugnisse einer älteren Form gelten dürfen. Auch die g e n a u e n Mittelreime, soweit sie beiden Bearbeitungen gemeinsam sind, sind als ursprünglich zu betrachten; sind sie nicht gemeinsam, so gehören sie mit Wahrscheinlichkeit dem betr. Bearbeiter an, da die späteren Bearbeitungen, wie überhaupt die spätere Zeit, den Cäsurreim als einen Schmuck der Darstellung lieben und häufiger anwenden. Darauf weist auch hin, dass die Zahl der nur in den einzelnen Bearbeitungen vorkommenden genauen Cäsurreime die der beiden gemeinsamen weit überwiegt.³⁰)

überdiss, dass auf e i n e n Reimklang eine Menge von ähnlichen Klängen assonieren können; daher ist die Herstellung der Assonanzen nie ganz sicher; da aber der Sinn (und, kann man hinzusetzen, der an Wortreichthum arme Stil des Volksepos) eine Menge von Wörtern ausschliesst, so ist eine z u grosse Abweichung vom Original für die Conjecturalkritik nicht zu befürchten.
28) Der Stricker dichtet freier um, der nrh. Dichter getreuer; ähnlich ist das Verhältnis zwischen C und der vulgata.
29) Kürenberg; Meinloh von Sevelingen.
30) Beiden Bearbeitungen gemeinsam sind die g e n a u e n Cäsurreime etwa 41 mal; in I allein finden sich 18, in II allein bis 22, in den Plusstrophen von C 45; somit sind die nicht gemeinsamen mehr als das Doppelte

Das Ergebnis der Untersuchung über die Reime ist also dieses. Weder die eine noch die andere Bearbeitung repräsentiert das Original, sondern beide enthalten eine wegen der ungenauen Reimformen des Originals, das aus dem zwölften Jahrhundert stammt, vorgenommene Ueberarbeitung. Beide Bearbeitungen fallen so ziemlich in dieselbe Zeit, beide Bearbeiter waren inconsequent, indem beide mitunter eine Alterthümlichkeit im Reime stehen liessen; eine Inconsequenz, welche auch bei den meisten analogen Umarbeitungen jener Zeit[31]) hervortritt.[32])

Als Grundsatz der weiteren **Vergleichung beider Bearbeitungen unter sich und mit dem Original** muss natürlich gelten, dass, was der zweiten Bearbeitung mit der ersten, namentlich mit *BD*, gemeinsam ist, in der ursprünglichen Form erhalten sei. Weniger wichtig ist die Uebereinstimmung der Bearbeitung *C* mit *J* und den dieser verwandten Handschriften, da diese von dem Einflusse jener Bearbeitung nicht ganz frei sind.

Weiterhin sucht Bartsch das Verhältnis der Bearbeitungen unter einander und zu ihrem Original festzustellen durch die Betrachtung der **metrischen Gesetze** des Nibelungenliedes, welche hinwiderum wesentlich auf das schon erkannte Verhältnis der Handschriften gebaut werden. In diesem Theile der „Untersuchungen" werden sehr schöne und eingehende metrisch-rhythmische Bemerkungen dargeboten; aber relativ wenig bietet derselbe in seinen ersten Abschnitten für die Erkenntnis des Handschriftenverhältnisses. Dagegen sind die letzten Abschnitte der metrischen Untersuchungen in dieser Beziehung um so wichtiger, da in denselben derjenige Punct der Metrik besprochen wird, welcher einen wesentlichen Unterschied zwischen den Bearbeitungen bildet, das Vorhandensein oder Fehlen der Senkungen.

Das Verhältnis der jüngeren Texte zum Original zu ergründen, gibt es kein besseres Mittel, als die Betrachtung ihrer metrischen Beschaffenheit, welche zwar bei den Dichtern jener Zeit

---

der gemeinsamen. Dagegen ist die Zahl der gemeinsamen **ungenauen** Cäsurreime mehr als das $1\frac{1}{2}$fache der nicht gemeinsamen.

31) S. Bartsch in Pf. Germ. XIII, Seite 217 ff.

32) Bei diesem Verhältnis der Bearbeitungen begreift es sich auch leicht, dass beide bisher einander gegenüberstehenden Parteien, Lachmannianer und Holtzmannianer, genug Beweisgründe für sich aufbringen konnten, da wirklich jede Bearbeitung manchmal das Echte erhalten hat.

im allgemeinen den gleichen Gesetzen folgt, deren Anwendung aber und deren Ausbildung im Einzelnen doch von dem feineren oder gröberen Gefühle der einzelnen Dichter abhängig sind. Ein den hochdeutschen Dichtern jener Zeit gemeinsames Gesetz ist das der **Einsilbigkeit der Senkung**. Von dieser Einsilbigkeit darf nur der **Auftact** eine Ausnahme machen, ihm ist Zweisilbigkeit, ja Dreisilbigkeit gestattet; an den anderen Stellen des Verses werden stets zweisilbige Senkungen entfernt. Der Betrachtung der Mittel, durch welche diss geschieht, und der Betrachtung des Auftacts widmet Bartsch die Abschnitte a) — n) seiner metrischen Untersuchungen.

Die einfachsten Mittel zur Entfernung zweisilbiger Senkungen sind die Auswerfung a) eines kurzen, unbetonten Vocals (*e*) am Ende eines Wortes, d. h. **Apokope**, b) die eines solchen in der Mitte des Wortes, d. h. **Synkope**.

c) **Verschleifung zweier *e* in der Senkung zu einer Silbe** soll nach Lachmann erlaubt sein; eine Behauptung, welche sich nur auf den rohen, zu keinen metrischen Schlüssen berechtigenden Text von *A* gründet; vielmehr sind Wörter von der Form – ⏑ ⏑ (wie *kreftege* u. ä.) stets rhythmisch zu lesen /\ ᷉.[33])

d) Werden **zwei unbetonte *e* durch eine Liquida getrennt**, so ist im gewöhnlichen Mhd. des dreizehnten Jahrhunderts das zweite *e* stets stumm; im Nibelungenliede dagegen finden sich noch vielfache Spuren des älteren, noch im zwölften Jahrhundert herrschenden Gebrauchs, beide *e* lauten und das erste hebungsfähig sein zu lassen.[34])

e) **Verschleifung auf der Hebung** ist ganz unbedenklich bei zwei kurzen Silben, deren erste den Hochton und deren zweite unbetontes (stummes) *e* hat; auch hier ist im gewöhnlichen Mhd. die Auswerfung dieses *e* Regel, wenn eine Liquida, namtlich *l* oder *r*, vorhergeht; im Nibelungenliede ist diss noch nicht der Fall.[35])

---

33) *C* sucht bei solchen Wörtern die Senkung zwischen der hochbetonten und der tiefbetonten Silbe nicht selten auszufüllen (s. u.). Schon hier zeigt sich beträchtliche Verschiedenheit zwischen Bearbeitungen und Original, wie zwischen den Bearbeitungen unter sich. Der Dichter selbst ist am strengsten; *A* ist am laxesten.

34) Im gewöhnlichen Mhd. z. B. *ander'n* = / ⏑; im 12. Jahrhundert und noch im N. L. *anderen* = /\ ⏑.

35) Liliencrons Behauptung, dass *C* die Verschleifung auf der Hebung nicht liebe, ist falsch; denn *C* hat sie mitunter, wo sie in I fehlt.

f) Weiterhin dient zur Einsilbigmachung der Senkung die **Anlehnung kurzer Pronomina** an betontere Wörter.[36])

g) Ein weiteres Mittel für diesen Zweck ist die **Elision**, welcher h) der **Hiatus** gegenübersteht; oft ist zweifelhaft, ob auf der Hebung zu elidieren oder Hiatus anzunehmen sei; im allgemeinen spricht der Gebrauch der guten Dichter mehr für das Erstere.[37])

i) Unter den Fällen, wo Elision eintritt, ist besonders hervorzuheben der, dass dadurch ein einsilbiges Wort Auftact, erste Hebung und erste Senkung vertritt, was bei wirklich einsilbigen Wörtern häufig ist, unter gewissen Bedingungen, welche aus dem logischen Werth des Wortes sich ergeben.[38])

k) Von der Regel der einsilbigen Senkung macht, wie bemerkt, der **Auftact** eine Ausnahme, indem hier Zweisilbigkeit unter gewissen Bedingungen gestattet ist; dreisilbiger Auftact ist sehr selten.[39]) l) Der Auftact der zweiten Vershälfte hat im Wesentlichen dieselbe Behandlung, wie der der ersten. Bei vocalischem Auslaut der ersten und vocalischem Anlaut der zweiten Vershälfte tritt häufig Synalöphe ein, wodurch zweisilbiger Auftact vermieden wird. Es finden sich aber auch wirklich zweisilbige Auftacte in der zweiten Vershälfte.[40])

m) Zur Herstellung des richtigen Verhältnisses zwischen Hebungen und Senkungen dient ferner die logisch und grammaticalisch **unrichtige Betonung** nicht nur einzelner Wörter (z. B. *zwischén der wénde und einen schrín* 620, 4), sondern auch kleinerer Wortgruppen (z. B. *daz sín sun kómen wólde*

---

36) *C* hat meistens das Richtige.

37) Den Hiatus auf der Cäsur scheint *C* einigemal zu entfernen.

38) *A* hat auch gegen diese Regel die meisten Verstösse.

39) Einige Fälle von schwerfälligem Auftact werden meistens in *C* vermieden, der z. B., dass der Auftact durch 2 einsilbige Wörter gebildet wird, von denen das erste besonders starkes logisches Gewicht oder das zweite stärkeres als das erste oder dritte hat. Dagegen hat *C* allein einige schwerere Fälle des Auftacts, wie den, dass ein zweisilbiges Wort den Auftact bildet, dessen zweite Silbe stärker betont ist als die erste; ebenso findet sich ein dreisilbiges Wort mit Elision der dritten Silbe im Auftact in einer Plusstrophe von *C* (1517 b), und endlich zwei fehlerhafte Fälle von dreisilbigem Auftacte (1597, 2; 576, 1).

40) Die Bearbeiter suchen, gegen den Gebrauch des Dichters, der hier zwischen erster und zweiter Vershälfte keinen Unterschied macht, die Unregelmässigkeiten in der zweiten einzuschränken, offenbar damit nicht der Unterschied zwischen der 2. 4. 6. und der 8. Halbzeile durch zu grosse Ausdehnung der drei ersteren verwischt werde.

648, 2 *BD*; *swâ diu tier hine gânt* 857, 3; Kürenb. 8, 7 *er muoz mir diu lant rûmen*), nach Lachmann „schwebende Betonung" genannt.⁴¹)

n) In die letzte Senkung des Verses können nur solche zweisilbige Wörter fallen, die im Mhd. des dreizehnten Jahrhunderts der Regel nach einsilbig sind.⁴²)

Die zweite Hälfte der metrischen Untersuchungen ist weit wichtiger für die Erkenntnis des Handschriftenverhältnisses, und soll daher hier eingehender behandelt werden. Sie beschäftigt sich mit denjenigen Fällen und Stellen des Verses, wo eine Senkung fehlen darf; Bartschs Resultat ist, dass beide Bearbeitungen, im höchsten Grade aber *C*, die Senkungen auszufüllen suchen,⁴³) die im Original unausgefüllt waren.

o) An und für sich kann die Senkung an jeder Stelle des Verses fehlen; aber einige besonders charakteristische Fälle sind hervorzuheben. Alle Senkungen einer Halbzeile fehlen im gemeinsamen Texte nicht, die meisten Stellen dafür finden sich nur in *A*, und zwar meist fehlerhaft. Zweifelhaft ist auch, ob bei vorhandenem Auftacte die Senkungen alle fehlen dürfen. Dagegen ist häufig, dass der Halbvers nur eine einzige Senkung hat. Es gibt dafür zwei Fälle: entweder die Senkung steht nach der zweiten Hebung⁴⁴) oder sie steht nach der ersten.⁴⁵) Im letzteren Falle liebt es der Dichter namentlich dreisilbige, antibacchische Wörter vor die Cäsur zu setzen.⁴⁶) Erwähnung verdienen dreisilbige an dieser Stelle stehende Wörter, deren zweite Silbe ein *e* hat, so namentlich participia praesentis, welche seit dem Ende des zwölften Jahrhunderts nicht mehr als klingende Reime verwendet werden.⁴⁷) Schliesst die

---

41) Die Hss. entfernen diese Freiheit gern; namentlich entfernt *C* häufig die schwebende Betonung solcher Wörter, deren zweite Silbe kein tonloses e hat.
42) Die Bearbeitungen unterschieden sich hier kaum merklich vom Original; nur *A* zeigt wider ihre Unkenntnis der metrischen Gesetze.
43) Hieher Nr. o — q der metrischen Untersuchungen.
44) Vordere Vershälfte = $/ / \smile / /$;
hintere Vershälfte = $/ / \smile /$.
45) Vordere Vershälfte = $/ \smile / / /$;
hintere Vershälfte = $/ \smile / /$.
46) Vor allem Namen von der Form $- - \smile$; von Appellativen besonders oft *juncfrouwe*; adjj. auf -*liche* und Zusammensetzungen mit *un*-.
47) [S. Holtzmann, Unters. 71; Bartsch, Unters. 136, not. 2. Eine Alterthümlichkeit sind diese Formen allerdings, insofern sie in das zwölfte Jahr-

vordere Vershälfte mit einem zweisilbigen Worte, so darf ein demselben vorangehendes einsilbiges betont werden, wenn es mindestens· gleich hohen Ton mit dem folgenden hat,[48]) so dass hier grammaticalisch und logisch tonlose Wörter vor einer höher betonten Silbe ausgeschlossen sind. In der zweiten Vershälfte[49]) stehen, wenn die einzige Senkung nach der ersten Hebung steht, zwei Hebungen am Schlusse; diss ergibt, wenn dieselben durch ein zweisilbiges Wort mit betonter Penultima gebildet werden, die scheinbar klingenden Reime.[50]) Schliesst aber der Vers mit einem einsilbigen Worte, so muss die vorangehende Silbe, um ohne dazwischentretende Senkung an dieser Stelle stehen zu können, einen mit der folgenden mindestens gleich hohen logischen Ton haben.

p) Noch in viel höherem Grade als bei allen anderen Halbzeilen zeigt sich das Bestreben, die Senkung zwischen der zweiten und der dritten Hebung auszulassen, in der achten Halbzeile, deren Behandlung, wenigstens für die Handschriftenfrage, weitaus der wichtigste Punct von Bartschs metrischen Beobachtungen ist. Auch hier besteht das Verhältnis, dass, wenn zwischen zweiter und dritter Hebung die Senkung fehlt, die zweite Hebung mindestens gleich hohen logischen Ton mit der dritten haben muss; so dass ein ungemein häufiger Fall der ist, dass diese beiden Hebungen auf ein Wort fallen. Die Structur verändert sich je nach der Silbenzahl des Wortes, das den Versschluss bildet. Häufig ist, dass ein einsilbiges Wort am Schlusse steht, welchem ein dreisilbiges mit der Betonung ∧ ‿ vorangeht, dessen zweite Silbe jedoch auch ein unbetontes *e* sein kann, das durch den Versbau Betonung erhält.[51]) Ferner kann der Vers

---

hundert zurückweisen, und in dieser Hinsicht ist Müllenhoffs Beispiel der Betonung *vliegénde* unrichtig; aber eine grössere Altertümlichkeit als die, welche in der Behandlung später klingender Reime als zweimal gehoben liegt, sind sie nicht; und vielleicht hat Müllenhoff das gemeint.]

48) Ueberhaupt ist nach Bartsch Regel, dass eine Senkung zwischen zwei Silben nur dann fehlen darf, wenn die erste logisch mindestens ebenso betont ist wie die zweite.

49) Abgesehen von der des vierten Verses.

50) Welche aber vielmehr 2 Hebungen bilden; dieselben erscheinen im dritten und vierten Verse nicht, s. Bartsch, Unters. 149/150.

51) Somit ist zu lesen (Str. 3, 4):
zierten ánderiu wíp, nicht wie Lachmann wollte: *zierten ánderiu wip*. — Ausserdem stehen an dieser Stelle sehr häufig adjj. auf *liche*, wo *C* gegen-

mit einem zweisilbigen, jambisch betonten Worte schliessen, dem ein zweisilbiges, trochäisch betontes mit langer Penultima vorangeht. *C* weicht hier öfters von der Form mit fehlender Senkung ab,[52]) auch die andere Bearbeitung manchmal. In allen diesen Fällen kann über den Rhythmus kein Zweifel sein: es fehlt deutlich die Senkung zwischen zweiter und dritter Hebung. Schon die unter die beiden aufgezählten Fälle gehörenden zahlreichen Stellen würden darlegen, dass, wenn überhaupt eine Senkung ausgelassen werden soll, die Auslassung an dieser Stelle als Regel gilt. Es wird auch dann über diese Betonung kein Zweifel herrschen können, wenn die zweite Hebung auf ein einsilbiges Wort fällt, welches logisch höher betont ist als das folgende.[53])

Es fragt sich aber, ob die Senkung nicht auch an einer anderen Stelle des achten Halbverses fehlen könne. Wäre das Fehlen derselben zwischen erster und zweiter Hebung erlaubt, so würden sich ohne Zweifel solche Fälle finden, in welchen auf ein die erste Hebung allein einnehmendes Substantiv oder Adjectiv die Partikel *unde* folgen würde.[54]) Diss ist auch der Fall in *A* 264; allein da dort die besseren Handschriften abweichen, so ist die Lesart von *A* als durch blosse Nachlässigkeit entstanden zu betrachten. Auch sonst finden sich die meisten Fälle nur in *A*, und alle Fälle dieses unerlaubten Gebrauches lassen sich beseitigen. Zwischen dritter und vierter Hebung, wo in der zweiten, vierten und sechsten Halbzeile die Senkung fehlt,[55]) fehlt sie in der achten Halbzeile nie;[56]) darum sind auch die klingenden Reime auf die erste und zweite Zeile beschränkt.

über von 111 gemeinsamen Fällen 51 mal glättet oder die Bearbeitungen stärker abweichen (s. auch Bartsch in Pf. Germ. XIII, 227); auch adjj. auf *-ige*; ferner sehr häufig Namen von der Form /\ ◡.

52) An 89 Stellen gegenüber von 300 gemeinsamen.

53) Z. B. *gáb er rós únt gewánt;* überhaupt diejenigen Fälle, in denen auf die zweite Hebung ein einsilbiges Substantiv (oder Adjectiv) fällt, dem die Partikel *unde* nachfolgt.

54) Was in den anderen Halbzeilen häufig der Fall ist.

55) D. h. in zweiter, dritter und sechster Halbzeile zwischen der zweiten und dritten Hebung, so dass am Schluss sich zwei Hebungen folgen.

56) Allerdings finden sich am Schluss der achten Halbzeile in *C* die Worte *Dietrich* und *spilmán;* aber diese sind dreisilbig zu lesen [s. die Controverse zwischen Bartsch und Zarncke, Pf. Germ. XIII, 231 und 447 f.]; in *J* steht falsch *wigant;* in *ABD helmbant,* was aber zu lesen ist *helmebant.*

Kann aber eine einzige Senkung nur an **einer** Stelle dieser Halbzeile fehlen, so gibt es nur **einen** Fall, in welchem das Fehlen mehrerer Senkungen erlaubt ist, wenn nemlich die drei ersten Hebungen der achten Halbzeile auf ein Wort fallen, dessen Betonung in absteigender Linie geht (z. B. Str. 1997, 4: *der mórtgrímmige mán*); aber keiner der Fälle ist gemeinsam.

Das Resultat dieser Untersuchung ist, dass **für den achten Halbvers nur zwei Formen zulässig sind: entweder werden alle Senkungen ausgefüllt oder wird die zwischen zweiter und dritter Hebung ausgelassen.** Wichtig ist aber dieser Punct für die Handschriftenfrage dadurch, dass **nach Bartsch der Dichter die entschiedene Neigung hat, jene Senkung auszulassen, die Bearbeiter aber, und ganz besonders** *C*, **dieselbe auszufüllen suchen.**[57]) Es hat aber die Erscheinung, dass die Senkung gerade nur an dieser Stelle fehlen darf, ihren Grund in der musicalischen Wirkung des Strophenschlusses, welcher durch diese Form etwas feierlich Verhallendes erhält.

Die Untersuchung, welche Lachmanns Metrik in einem wesentlichen Puncte als falsch darstellt, beweist zugleich die Roh-

---

[Das Mhd. Wörterbuch führt nur *helmbant*, nicht *helmebant* an; da aber auch *helme*, als schwaches subst., vorkommt, so ist letztere Form berechtigt; sie wird ausserdem durch andere Compositionen mit *helme-* gestützt.]

57) Bartsch sucht diss an einigen statistischen Zahlen nachzuweisen:

Beide Bearbeitungen haben die Senkung nicht	913 mal;
Dazu die Fälle, wo ein e zu elidieren	52 mal;
C füllt aus etwa	210 mal;
Beide Bearbeitungen weichen im Texte ab, füllen aber nicht aus	53 mal;
I füllt aus, *C* nicht	33 mal;
Dasselbe bei abweichendem Reim	20 mal;
I füllt nicht aus bei abweichendem Reim	71 mal;
Zusammen	1352

Fälle, wo für das Original die Form mit fehlender Senkung vorausgesetzt werden darf; wahrscheinlich ist nun, dass, wo die Originalform verloren ist, dieselbe die Form mit fehlender Senkung gehabt habe. Bei abweichendem Reime haben grossentheils beide Bearbeitungen die Senkung ausgefüllt, nemlich 87 mal, wobei die Form mit fehlender Senkung für das Original höchst wahrscheinlich ist; dasselbe wird auch gelten, wenn die Bearbeitungen bei beiderseits ausgefüllter Senkung anderswo als im Reime abweichen, was 86 mal der Fall ist, die Addition dieser 87 + 86 = 173 Stellen zu den obigen 1352 ergibt 1525 Stellen, wo die Senkung im Original gefehlt haben wird, also etwa **zwei Drittel aller Strophen**.

1. Die Handschriftenfrage. Die vorhandenen Theorieen. 55

heit der Handschrift *A*, welche auch noch besonders hervortritt in dem in *A* häufigen Erscheinen von **nur drei Hebungen in der achten Halbzeile**. Dieser Fehler findet sich indes vereinzelt auch in besseren Handschriften, wobei oft die Halbzeile scheinbar vier Hebungen hat, deren erste aber zu schwach ist, um ohne die (fehlende) nachfolgende Senkung eine Hebung bilden zu können. Gemeinsam ist aber keiner dieser Fälle. Die Fehler in *A* sind zum grösten Theile durch Auslassung von Wörtern zu erklären.

Den fehlerhaft verkürzten Halbzeilen stehen auch **fehlerhaft verlängerte** gegenüber. So vordere Vershälften in *A* und *B*; weit häufiger aber sind die hinteren Vershälften verlängert.[58]) Simrocks Annahme, dass diese Fälle Ueberreste einer älteren Form seien, welche in allen Halbzeilen vier Hebungen gehabt habe, ist unrichtig; ebenso die Holtzmanns[59]), dass alle Halbzeilen mit klingendem Reim vier Hebungen haben; denn wenn so die achte Halbzeile nicht ganz streng von der zweiten, vierten und sechsten geschieden wäre, so wäre kein Grund vorhanden, das Vorhandensein von nur drei Hebungen für die achte Halbzeile auszuschliessen; beides miteinander aber müste jeden regelmässigen Strophenbau zerstören.[60]) Die Annahme von vier Hebungen muss also auf einzelnen handschriftlichen Fehlern beruhen, was auch durch die Vergleichung der Lesarten an den betreffenden Stellen bewiesen wird.

9) Der letzte Punct, welcher bei der Untersuchung über das Fehlen der Senkungen in Betracht kommt, ist die Behandlung der **Cäsur**. Dieselbe ist meistens klingend, d. h. zwischen der dritten und vierten Hebung der ersten Vershälfte fehlt die Senkung in der Regel. Doch ist diss keineswegs immer der Fall,

---

58) Der letztere Fall ist nur einmal gemeinsam, Str. 2209, 2, wo wahrscheinlich durch die Annahme einer etwas freieren Construction im Original, welche die Bearbeiter zu entfernen suchten, die fehlerhafte Verlängerung zu erklären ist [s. Bartsch, Unters. 161; anders emendirt Holtzmann, während Zarncke die La. von *C* beibehält]. Sonst finden sich diese Fälle nur in einzelnen Hss., bald in einer einzigen (*C*, *B*, *D*), bald in mehreren (*Ca*, *ABD*).
59) Holtzmann, Unters. 74.
60) [Holtzmanns Ansicht ist besonders verkehrt; denn auch die klingenden Versausgänge werden im Nibelungenliede zwei Hebungen gleich gerechnet, unterscheiden sich also gar nicht von den stumpfen; somit müste Holtzmann consequenter Weise das Vorhandensein von vier Hebungen auch für die stumpf reimenden Halbzeilen gelten lassen.]

und die Fälle, wo diese Senkung ausgefüllt ist, beweisen, **dass der vordere Halbvers immer vier Hebungen haben muss.**[61])

Lachmanns Regeln über die Behandlung der Cäsur sind total verkehrt und beruhen nur auf Fehlern der Handschrift *A*. (Dieselben sind: 1) es können in der Cäsur die dritte und vierte Hebung auf ein Wort von zwei kurzen Silben, fallen;[62]) 2) ein Wort von zwei verschleiften kurzen Silben kann die vierte Hebung nur dann bilden, wenn es in Composition als Grundwort steht.)[63]) — Denn beide Regeln widersprechen sich in ihren Grundlagen: darf *komen* als einzelnes Wort nur gleich zwei Hebungen gebraucht werden, wozu unorganische Verlängerung des *o* nöthig ist, so ist nicht einzusehen, warum dasselbe Wort in der Zusammensetzung, in dem Worte *willekomen* etwa, nur eine Hebung bilden soll. Beide Regeln Lachmanns beruhen, wie bemerkt, auf den Fehlern von *A*, welche oft Wörter mit kurzer Penultima in Cäsur setzt, was fehlerhaft auch andere Handschriften, aber nur vereinzelt, thun.[64])

Allerdings gibt es gewisse, aber auch nur gewisse ganz bestimmte Wörter, deren Penultima verlängert werden darf, um dieselben in Cäsur setzen zu können; diss sind:

1) Die Namen *Gunther, Giselher, Sivrit*, wo in der Cäsur gelesen werden darf: *Gúnthéré, Giselhéré, Sivrídé*;[65]) 2) das

---

61) Abgesehen von den gewöhnlichen klingenden Cäsuren sind hier zu unterscheiden folgende Fälle:
1) Die Senkung fehlt, aber die letzte Silbe hat einen betonten Vocal, also stumpfe Cäsur; so am häufigsten bei Namen: *Sivrit, Gúnthér* u. ä.; auch die Adjectivendung *-iu*, welche im zwölften Jahrhundert noch keinen klingenden Reim bildet, im dreizehnten nur vereinzelt; ausserdem noch verschiedene andere Wortformen an dieser Stelle;
2) die Senkung ist zwar ausgefüllt, aber die letzte Silbe hat tonloses *e: Hágené, kómendé*; da solche Wörter als klingende Reime verwendet werden, so werden diese Cäsuren als klingend bezeichnet werden dürfen;
3) die Senkung ist ausgefüllt, die letzte Silbe hat kein tonloses *e*. Dahin besonders Namen, wie *Sigemúnt, Blúedelín* u. a.; auch andere Wörter, besonders solche, die im dreizehnten Jahrhundert einsilbig sind, im zwölften aber noch zweisilbig (*arebeit, spileman*). Dabei darf die letzte Silbe aus zwei verschleiften bestehen (*willekómen*), was auch erlaubt ist, wenn die Senkung vor der vierten Hebung fehlt (*vríthóve*);
4) die letzte Hebung ist ein einsilbiges Wort.
62) Also z. B. *sehën* = ⌢ u. ä. m.
63) Also *swésterśune*, aber nicht *Hágnen sune*.
64) *BD* einmal, *D* achtmal, *J* dreimal, *C* dreimal durch Schreibfehler.
65) *C* entfernt 5—7 mal gegenüber von über 10 gemeinsamen Fällen das Wort *Sivrídé* aus der Cäsur. [Vgl. Germania XIII, 240.]

1. Die Handschriftenfrage. Die vorhandenen Theorieen. 57

im Mhd. allgemein so behandelte Wort *pâlas*, ohnehin ein Fremdwort; 3) das Wort *bitten*,[66]) in welchem die Verdoppelung des *t* organisch ist;[67]) 4) die Formen *hete* u. s. w. gehören eigentlich nicht daher, weil fast allen Dichtern mehrere Formen des præt. von *haben* geläufig sind. Aber diese wenigen Ausnahmen bestätigen nur die Regel, nach welcher als dritte und vierte Hebung der ersten Vershälfte nur ein Wort mit langer Penultima dienen kann.[68])

Das Enjambement in der Cäsur, eigentlich dem Wesen derselben, als eines Ruhepunctes, zuwider, ist nicht selten, auch im gemeinsamen Texte. Es fehlt öfters in *C*, manchmal mit Recht; am häufigsten ist es in *A*.[69])

r) Den letzten Theil der metrischen Beobachtungen bei Bartsch bildet die Behandlung des Reims, soweit sich derselbe innerhalb der in der Zeit des genauen Reims erlaubten Freiheiten hält. Der Reim eines kurzen Vocals auf den entsprechenden langen ist nicht selten,[70]) auch der eines kurzen Vocals auf einen verwandten Diphthong.[71]) Nicht unwichtig für die Handschriftenfrage ist der rührende Reim. Da derselbe von den guten Dichtern der classischen Zeit meist sorgfältig gemieden wird, so ist er auch im Nibelungenliede nicht häufig.

---

66) 1193, 1, von *CD* entfernt.
67) Das Mhd. W. B. (I 168b) sagt: „Wenn auch in den Hss. häufig *tt* neben einfachem *t* stehen mag, so entscheidet der Reim doch durchaus für das einfache *t*". „Im Präsens ist, wie schon ahd., die schwache Form eingetreten; es lautet aber nicht mehr, = ahd. *pitju*, ,*bitte*', sondern vielmehr ,*bite*'". [S. dagegen Germania XIII, 235.]
68) Den besten Beweis dafür liefert der häufige Fall, dass das zu einem Substantiv gehörige Adjectiv nachgestellt wird und in die Cäsur tritt, wenn das Substantiv kurze Penultima hat (so 1078, 2: *Kriemhilt ir schœnen grôzen*), wobei alsdann *A* aus Vorliebe für die prosaische Wortstellung (s. S. 41) das Adjectiv voranzustellen liebt (a. a. O.: *Kriemhilt ir grôzen schœden*). Es ist bekannt, dass das Gefühl für Quantität immer mehr abstarb; daraus, dass *A* die Verletzung dieser am häufigsten hat, geht deutlich das junge Alter und die Unbrauchbarkeit dieser Hs. hervor.
69) Die noch stärkere Verletzung der Abschnitte durch Hinüberziehen des Satzes über das Strophenende s. u.
70) Besonders *a:â*, was auch sonst ganz unanstössig ist, aber von *C* 2 mal entfernt wird, jedoch sich in einer Plusstrophe von *C* findet; *e:ê* 1 mal in I, 1 mal in *C*; *o:ô* nur in einer Plusstrophe von *C*.
71) *i:ie* ist österreichisch ganz ohne Anstoss; *u:uo* in *sun:tuon* ist 5 mal gemeinsam, 5 mal in *C*, 2 mal in I.

Gemeinsam allen Texten sind nur wenige Beispiele;[72] ziemlich viele aber finden sich, wo bald die eine bald die andere Bearbeitung den rührenden Reim hat. Durchschnittlich wird derselbe als das Ursprüngliche anzusehen sein, das die Bearbeitungen änderten, um dem strengeren Gebrauche ihrer Zeit zu folgen.[73]

Neben den metrischen Eigenthümlichkeiten der einzelnen Texte benutzt Bartsch noch verschiedene andere Hilfsmittel, um das Verhältnis derselben zu bestimmen. Dahin gehören zunächst die **sprachlichen Eigenthümlichkeiten**, soweit sie durch Reime gesichert sind. Es ist indes, schon weil das Nibelungenlied rein oberdeutsche Sprache hat, hier nicht viel zu gewinnen.[74] Manches weist auf österreichischen Ursprung hin.[75]

Wichtiger für die Kritik ist der **Wortbestand** des Liedes. Auch in diesem Puncte ist, wie in den metrischen und Reim-

---

[72] Gar kein Fall, wo Wörter von **ganz** gleichem Klang reimen würden, sondern nur Composita auf Simplicia, Namen auf Appellativa.

[73] In I 14, in II 9 Fälle; in *B* und *C* 4 mal, entschieden echt; einigemale *A*, aber unrichtig. Instructiv ist 1433, 1. 2, wo *BJ* den rührenden Reim haben, den *C* und *AD*, unabhängig von einander, beseitigen.

[74] *a* steht statt *o* einmal gemeinsam, einmal echt in *C*; *e* reimt öfters auf *ě*; Abwerfung von *e* im Reim kommt nach langem Vocal nur vor in *mīlt* und *klein*, nach kurzem in den Wörtern, welche auf *Sīvrit* reimen; *o* statt *u* haben *Cd* einmal; *ei* = *age* oder *ege* ist sehr häufig; *ou* für *iu* kann nicht bewiesen werden; *uo* statt *ō* findet sich in *duo : fruo* 2 mal, wahrscheinlich alterthümlich, da auch *Gêrnôt : tuot* vorkommt (s. not. 12) und *ō : uo* eine im 12. Jahrhundert nicht seltene Bindung ist. *ch* steht einigemal im Auslaut statt *c*, aber nur nach *l* und *r*; *h* wird nur in *vâhen* ausgeworfen; vor *t* steht *h* statt *c* im partic. und praet. schwacher Verba mit Rückumlaut. **Flexion**: ob *si* lang gebraucht wird, ist nicht sicher; *nieman* nur in *A*, aber falsch, sonst -*en*; gen. -*annes* von *C* geändert; *kein* ist nicht gemeinsam, sondern nur *dehein*; neben *drî* auch *drîe*; II. pl. vom Verbum hat -*t*, nicht -*nt*; III. sg. von *werden* lautet *wirdet* und *wirt*; praet. von *schrîen* ist *schrê*, nicht *schrei*; *gân* und *stân* sind häufiger als die Formen mit *ê*, im conj. nur *ê*; *gie* ist häufig, *lie* häufiger als *liez*, welches 5 mal vorkommt, worunter einmal nur *C*; *gegangen* im Cäsurreim, *gegân* im Endreim; ebenso *gestanden* und *gestân*; *gesîn* und *gewesn* als inf. neben *sîn* und *wesen*, II. pl. *ir sît* und *ir birt*; *megen* inf. *C* unecht, der Dichter brauchte wohl die Formen mit *ô*, *û* und die mit *a*, *e* promiscue; *wellen*: *du wil*, *ir welt*, *wellet*, I. und III. pl. einsilbig 1 mal *C*, 1 mal *BDJ*, sonst zweisilbig. **Partikeln**: *mêr* und *mê* öfters; *mêre* 4 mal im Binnenreim (darunter 2 Plusstr. von *C*); *sît*, *sint*, *sider* sind alle drei durch Reime belegt; ebenso *sâ* und *sân*.

[75] So der Reim von *a* auf *o* [s. aber Zarncke, Ausg. CXIII.], d. h. *a* statt *o*; *duo* ist österreichisch häufig.

1. Die Handschriftenfrage. Die vorhandenen Theorieen.

Gesetzen zwischen dem zwölften und dem dreizehnten Jahrhundert ein beträchtlicher Unterschied. Es erloschen im dreizehnten verschiedene dem zwölften noch ganz geläufige Wörter; dieses Symptom zeigt sich zuerst im ritterlichen Epos, im höfischen Volksepos erhielt sich manches Alte noch länger. Spätere Handschriften entfernen dann dasselbe häufig, und diss ist, wie es bei anderen Dichtern nachweislich ist, so auch beim Nibelungenliede anzunehmen.[76]) Dabei kommt aber nicht bloss die Alterthümlichkeit in Betracht, sondern auch metrische Rücksichten.

Zunächst werden betrachtet alterthümliche Worte und Wortformen. Die Synkopierung von dreisilbigen Superlativen, wie *bezziste*, *eriste*, *græziste*, ist etwa seit 1200 erfolgt[77]) In manchen Fällen, wo die Bearbeitungen von einander abweichen, werden diese Formen wohl von denselben entfernt worden und daher in den Text zu restituieren sein.[78]) Ebenso werden noch andere alte Formen zu erschliessen sein aus den Abweichungen der Bearbeitungen, welche eben zur Vermeidung der Alterthümlichkeiten den Text änderten.[79]) Neben diesen Alterthümlichkeiten, welche nur zu vermuthen sind, haben sich aber auch noch solche in den Bearbeitungen erhalten, bald in der ersten, bald in der zweiten,[80]) bald, doch seltener, in beiden.[81])

---

76) So entfernen z. B. die späteren Bearbeitungen der Maria und des Roland neben den Alterthümlichkeiten im Reim auch viele im Wortbestande.
77) Bei *beste* schon früher; *êrest* findet sich noch in Hss. des 13. Jahrhunderts; *græziste* haben sogar die Bearbeiter meist beibehalten. Es sind aber im zwölften Jahrhundert diese Formen noch zum Reime auf –*iste* tauglich.
78) So z. B. 1550, 4 *ABDJg*: *sô ich aller beste kan*, a (Lücke von *C*): *mit triwen sô ich beste kan*; offenbar ursprünglich: *sô ich bezziste kan*; ähnlich 226, 1 *ABJ*: *ze ernest unt ze strîte*, *C*: *ze vorderst an dem strîte*; offenbar ursprünglich: *ze êrest an dem strîte*: die vulgata verschrieb, während *C*, die dem Gebrauch ihrer Zeit gemäss *ze êrst an dem strîte* las, ändert, um die Senkung auszufüllen (doch ist ⌣ / ⌣ / / auch in *C* keine seltene Form].
79) So *same* statt *sam*, *samet* statt *samt*; von *niu* ist zu erschliessen aus den handschriftlichen Lesarten *durh waz*, *war umbe*, *wâ von* (a hat einmal *von neu*); ebenso *nâch wiu* aus ähnlichen Lesartenverschiedenheiten. So erschliesst Bartsch an ganzen Wörtern das Wort *laren* = „schaden" zur Herstellung von Assonanzen (s. auch Bartsch in Pf. Germ. XIII, S. 224).
80) [*C* hat entschieden den Vorzug, die meisten derselben aufzuweisen; s. das Verzeichnis not. 81 und s. o. §. 6, not. 63].
81) Bartsch führt an: *beyegene* statt *engegene*, meist in *C*; *zegegene* einmal I, einmal II; *eigendiu* nur *BC*; *gedigene* nur einmal gemeinsam, sonst

I. Die Entstehung des Nibelungenliedes.

Minder sicher ist die Entscheidung über den ursprünglichen Wortlaut in den Fällen, wo es sich nur um **seltene Worte** oder **seltenen Wortgebrauch** handelt. Auch hier war öfters eben die Seltenheit Grund zur Aenderung, welche bald von der einen bald von der andern Bearbeitung vorgenommen wurde; öfters aber waren auch andere Gründe zur Aenderung vorhanden.[82]) Abgesehen von den beiden Bearbeitungen gemeinsamen seltenen Wörtern finden sich dieselben in beiden einzeln ungefähr in gleicher Zahl.

Auch darin weichen die Bearbeitungen nicht selten von einander ab, dass dieselben **Wörter von ähnlicher Bedeutung unter einander vertauschen**, welche weder als selten noch als eigenthümlich gebraucht erscheinen können. Mitunter mag hier der Grund der Abweichung darin liegen, dass das Original einen älteren, im dreizehnten Jahrhundert obsoleten Ausdruck enthielt, welcher von beiden Bearbeitungen, unabhängig von einander, in die Sprache von 1190—1200 übersetzt wurde.[83]) Wo diese Annahme nicht statthaft ist, ist natürlich zwischen den abweichenden Lesarten zu wählen und der minder gewöhnlichen, der prägnanteren, mehr episch gefärbten der Vorzug zu geben.[84])

---

in *C*, in dem Sinne wie im Nib. Lied kommt das Wort nur noch im 12. Jahrhundert vor; *gegen* c. gen. (nur noch einmal im Rother [s. Holtzmann, Unters. 53 f.]); *herte* = „Schulterblatt" in *C*. im 13. Jahrhundert veraltet; *hunt* = *hundert*, was von Lachmann für *A* angenommen wurde, ist falsch, weil viel zu alt; *inlende*, *C*, ist im 13. Jahrhundert veraltet; *iteniuwe*, von *AJ* einigemal entfernt; *genagelte pfelle C*; *niemanne*, acc., gesichert, meist in *C*; ob die 2silbige Form von *niht* dem Dichter geläufig war, ist unsicher; statt *niun* noch *niwen*, was der Schreibfehler *niwan* beweist; *ritter* ist in den Hss. 2silbig, es finden sich aber noch Spuren der im 13. Jahrhundert veralteten dreisilbigen Form; *taren* = „schaden" (s. not. 60), zur Gewinnung von Assonanzen zu vermuthen, handschriftlich nicht erhalten; *vürwise* I, *urwise* II beweisen, welches nun echt sein möge, beide das hohe Alter des N. L.; *wine* = „Gattin" ist im 13. Jahrhundert obsolet, findet sich im N. L. 2 mal, als masc. 1 mal gemeinsam, sonst in einzelnen Hss.

82) Besonders metrische oder Assonanzen des Originals.

83) So nimmt Bartsch das alte Wort *magen* an für die handschriftlichen Abweichungen zwischen *kraft*, *ellen*, *sterke*; so *ruochen* [was indes ein im N. L. häufiges Wort ist] für die Abweichung zwischen *wellen* und *gern*; so *lichen* für die zwischen *gevallen* und *behagen*.

84) Von besonderer Wichtigkeit für die Hss.-Frage ist hier nur der Wechsel der Wörter *helt*, *degen*, *ritter*, *herre* und *recke*. *recke*, *degen* und *helt* wurden in der höfischen Poesie des 13. Jahrhunderts fast gar nicht mehr oder doch meist nur in bestimmten Bedeutungen und Beziehungen, nicht wie im N. L. als blosse epitheta ornantia, gebraucht. Es lässt sich bei der ver-

Unwesentlich sind diejenigen Wortvertauschungen, welche graphischer Natur sind[65]); von grösserer Wichtigkeit dagegen sind die Vertauschungen von Wörtern aus metrischen Gründen. Hier war von dem grösten Einflusse das Bestreben die Senkungen auszufüllen, besonders in *C*, was sich am deutlichsten zeigt an den Adjectiven auf *-lich* und auf *-ic* (*ec*), welche von *C* wegen des in ihnen häufigen Zusammenstossens zweier Hebungen oft vermieden werden. Die Aenderungsversuche sind aber auch hier keineswegs einseitig auf Seiten von *C*; nur ändert *C* consequenter. Sonst hat *C* noch manche Vertauschungen zu Gunsten der Ausfüllung von Senkungen aufzuweisen.

Ebenfalls dieser Ausfüllung dient die Einschiebung von Worten, welcher auf der anderen Seite die Auslassung von Worten gegenübersteht. Auch hier steht *C* nicht einseitig da. Natürlich werden meist einsilbige Wörter eingeschoben und solche von unwichtiger Art, wie besonders Partikeln, doch auch einige zweisilbige; oder es werden statt eines Wortes zwei andere gesetzt, welche denselben Sinn geben. Das Auslassen von Wörtern lässt sich am sichersten von *A* behaupten, welche davon die zahlreichsten Beispiele bietet.

Liliencron hat[66]) der Handschrift *C* eine „Abneigung" gegen gewisse Wörter und Wendungen zugeschrieben, aus welcher er verschiedene Abweichungen zwischen den Bearbeitungen zu erklären sucht. Diese Annahme ist schon principiell unwahrscheinlich und wird es noch mehr dadurch, dass unter den Ausdrücken, gegen welche die Abneigung von *C* gerichtet sein soll,

---

schiedenen metrischen Beschaffenheit der fünf Wörter (/ oder ⌣⌣, ⌣/, /⌣, /⌣, /⌣) aus dem Bestreben, die Senkungen auszufüllen, welches besonders in *C* herrscht, manche Variation des Ausdrucks erklären. So setzt *C* statt des im 13. Jahrhundert einsilbigen *helt* nicht selten einen der andern vier Ausdrücke; doch fehlt es an Belegen des Gegentheils nicht. Metrische Gründe können auch bei der Vertauschung von *degen* und *ritter*, *degen* und *recke*, gewaltet haben. In einem Fall wird sich das Erste sicher finden lassen, wenn nemlich die (uralte) Alliteration von *helt* und *hant* sich findet, und *C* statt *helt* ein anderes Wort setzt. In solchen Fällen ist natürlich *helt* die echte Lesart; aber abgesehen von diesen Fällen und von denjenigen, wo metrische Gesichtspuncte ins Spiel kommen, lässt sich das Echte nicht mehr entscheiden.

85) Dahin besonders der Wechsel von *mit* und *unt*, wobei *C* meistens *unt* hat; am meisten tritt in diesem Abschnitte hervor die häufige Verwechselung von *tûr* und *turn*, wo immer Metrum und Sinn das letztere Wort verlangen und wo nur *B* immer das Echte bewahrt hat (das Nähere s. Bartsch, Unters. 223. 224).

86) [S. Seite 27].

fast lauter ganz gewöhnliche und gebräuchliche sind; begreiflich und häufig ist die Vorliebe eines Dichters für gewisse Wendungen. Aber Liliencrons Behauptung wird durch den Thatbestand vollständig widerlegt. Von allen bei ihm aufgeführten Wörtern und Redensarten hat *C* mehrfache Beispiele, ja *C* hat viele derselben mitunter an Stellen, wo dieselben in den andern Handschriften fehlen.⁸⁷) Etwas anderes ist es natürlich, wenn aus metrischen Gründen in *C* gewisse Wörter, in denen zwei Hebungen zusammenstossen, seltener sind.

Umgekehrt aber ist es natürlich, dass auch in den Ausdrücken der Bearbeitungen, denen ja die Umänderung der alten Assonanzen vielfach noch weiter gehende Veränderungen der Verse nothwendig machte, manches vom Sprachgebrauche des Dichters, wie er aus den gemeinsamen Partieen sich ergibt, Abweichende begegnet, in welchem sich die Vorliebe jedes Bearbeiters für gewisse Ausdrücke manifestiert.⁸⁸)

Ebenso werden auch viele den Bearbeitern mit dem Original gemeinsame Wörter von den Bearbeitungen in einem besonderen Sinne gebraucht. Diese Abweichungen sind nicht so aufzufassen, als ob die betreffenden Wendungen dem Dichter unmöglich gewesen wären; ihr Nichtvorkommen im Original ist

---

87) Die bei Liliencron angeführten Ausdrücke sind folgende: *al, aller* vor Superlativen; *beginnen* c. inf. als blosse Umschreibung des verb. finit.; *edele, liep, guot* als auszeichnende Epitheta; *küene* als Epitheton von Siegfried; *riche* = „kostbar"; die adv. *harte, rehte, sère, starke* bei Häufung von Adverbien; das Adjectiv *künde; vriunt* = *man* oder *mâc; pflëgen* = „handeln", „verfahren"; *tuon* in gewissen Verbindungen. Alle diese Ausdrücke sind *C* ganz geläufig. Eine einzige Behauptung Liliencrons hat einen gewissen Grund, die nemlich, dass *C* die Bezeichnung *schœne*, auf ältere Frauen bezüglich, entferne; allein an den betr. Stellen ändert öfters nicht allein *C*, sondern auch *J* oder *D; A* hat zweimal allein diese Bezeichnung. Verliert schon dadurch die Behauptung Liliencrons an Werth, so kommt dazu, dass *C* auch da, wo dieser specielle Anlass, das adj. *schœne* zu entfernen, nicht vorlag, das Wort nicht hat, so dass Liliencrons Satz sich selbst aufhebt.

88) So hat z. B. *C* eine besondere Vorliebe für folgende Wörter: *angest* und *angestlich* (weil = /⌣, /⌣/); *behagen* (gemeinsam 3mal, *A* 1mal, I 1mal, *C* 4mal; doch wohl nicht echt, vielmehr [s. not. 63] das alte Wort *lichen* zu vermuthen); *gar* (Ausfüllwort); *ger* (1mal gemeinsam, *C* 3mal, aber nicht echt); *jâmer* und *jâmerhaft* (weil = /⌣, /⌣ ; gemeinsam 19mal, *C* 15mal); *lobesam* (gemeinsam 1mal, I 1mal, *C* 4mal); *riuwe* (gemeinsam 1mal, *C* 2mal); *triuwe* (metrische Rücksichten, = /⌣); *mit vröuden; zuht* (zum Theil metrische Rücksichten); Umschreibungen durch *mit; wert* als ehrendes Epitheton.

ein Zufall, aber immerhin ein charakteristischer.⁸⁹) Ausserdem findet sich in den Bearbeitungen noch eine ziemliche Anzahl von Wörtern, welche dem Original fehlen.⁹⁰) Mit wenigen Ausnahmen sind jedoch dieselben nicht besonders selten oder auffallend. Manche mögen dem Original zu vindicieren sein, die meisten aber sind durch selbständige Aenderung der Bearbeiter in den Text gekommen.

Verschiedene Abweichungen zwischen den Handschriften zeigen sich ferner in der Syntax.⁹¹) Das Verhältnis der Handschriften ist hier dasselbe, wie in den anderen Puncten: das Echte ist nicht auf Seiten einer einzigen Bearbeitung, sondern es hat sich, aus dem Original herüber, bald in der einen bald in der anderen erhalten. C, durch planmässigere Glättung als vollkommenere und geschmackvollere Handschrift sich darstellend, steht doch im allgemeinen dem Original ferner, als die vulgata. A bietet wiederum den nachlässigsten Text, doch nicht ohne absichtliche Aenderungen. Auch von einigen syntaktischen Eigenthümlichkeiten behauptet Liliencron eine Abneigung bei C; diss sind 1) die Setzung des pron. *er* und seiner Formen, um pleonastisch einen folgenden Begriff im voraus anzudeuten; 2) Tautologieen und Widerholungen, 3) die Sätze mit „leichter Ironie", welche gerade eine Eigenthümlichkeit des Nibelungenliedes seien. Alle diese Behauptungen sind falsch; denn pleonastisches *er* findet sich ohne metrische Nothwendigkeit in einer Plusstrophe von C; Tautologieen und Widerholungen, welche in der vulgata fehlen, hat C in ziemlicher Zahl; die ironischen Sätze finden sich vielfach nur in C.⁹²)

Auch in der Behandlung der Namen des Nibelungenliedes

---

89) Manches Singuläre im Wortgebrauch findet sich in beiden Bearbeitungen, nur nicht gemeinsam, noch mehr nur in beiden einzeln; Bartsch zählt für B 11, für C 35 dem Original fremde Wortgebräuche auf.

90) Gemeinsam sind beiden Bearbeitungen 5 solche Wörter, der ersten Bearbeitung eigen 3, der zweiten 7. Noch zahlreicher sind die ἅπαξ εἰρημένα beider Texte, d. h. die Wörter, welche nur in einer Bearbeitung vorkommen und auch in dieser nur einmal; in 1 überhaupt finden sich 42 ἅπαξ εἰρημένα, in mehr als einer Hs. von 1 8, in B allein 3, in D und J mehrere, in A allein 27 (was von der moderneren Färbung dieser Hs. herrührt, welche jüngere, lyrische Ausdrucksweisen und Formen, was die ἅπ. εἰρ. von A meist sind, liebt); in II finden sich ἅπ. εἰρ. 44, in CJ 2.

91) Vieles hieher Gehörige lässt sich noch unter den besonderen Wortgebrauch der einzelnen Bearbeitungen subsumieren.

92) S. auch Dressel, Charakter Kriemh. etc. S. 8.

64 I. Die Entstehung des Nibelungenliedes.

zeigt sich gewissermaassen das Verhältnis der Dichtungsgattung des Originals zu der der Bearbeitungen. Denn in der ritterlichen Poesie des dreizehnten Jahrhunderts wurden die Namen weit sparsamer verwendet, als im Volksepos, und eine Spur dieser Verschiedenheit findet sich auch in dem Verhältnis des Nibelungen-Originals zu seinen Bearbeitungen. In den letzteren sind öfters Namen entfernt, die wohl im Original standen, doch nicht allein aus jenem sozusagen ästhetischen Grunde, sondern häufig auch aus anderen, vorzugsweise metrischen Gründen, zumal bei den zahlreichen Namen,[93]) in welchen zwei Hebungen zusammenstossen.[94]) Zugleich aber finden sich einzelne Namen in den Bearbeitungen, welche das Original nicht kennt.[95])

Von grosser, ja von der grössten Wichtigkeit für das Handschriftenverhältnis ist endlich die **Verschiedenheit des Strophenbestandes**. Es sind hier zwei Hauptgruppen von Strophen zu unterscheiden:

1) solche, welche alle Handschriften ausser *A* haben;[96])
2) solche, welche die Bearbeitung *C* allein hat.

Die ersteren werden nach dem Bisherigen, nach welchem Uebereinstimmung von *B* und *C* Zeichen der Echtheit ist, als echt gelten müssen. Die Betrachtung ihres Inhalts führt zu nichts;

---

[93]) So die Namen *Dâncwart*, *Etzel* (in den cas. obliq.), *Gernôt*, *Hagene*, *Kriemhilt*, *Sivrit*, *Volker*, *Wolfhart*, *Dietrich*, *Gunther*, *Ortwin*, *Prünhilt*, *Burgonden* u. a. m.

[94]) Beide Bearbeitungen entfernen sich manchmal ohne einen anderen denkbaren Grund als die allgemeine Abneigung gegen oftmalige Nennung von Namen. Aus metrischen Gründen werden dieselben natürlich von *C* am häufigsten entfernt. Auch stehende epische Formeln und Verbindungen von Namen entfernen die Bearbeiter; z. B. die Formel *Hagene von Tronege* ist in *C* öfters entfernt. Ersichtlich wird ein Name von den Bearbeitern getilgt, wenn der Redende sich selbst nennt oder der Name des Angeredeten in einem anderen Casus als im Vocativ steht; ebenso wird ein Name entfernt, wenn schon vorher Bezug auf ihn genommen ist.

[95]) Dieselben sind: *Dancrât* (nur in Str. 7 gemeinsam, sonst nur in *C*); *Lôrse* (in *C*); *Pledelingen* (*C*); *Otenhein* (*C*); *Otenwalt* (*C*); *Winelint* (*C*, *Sigelint B*; in *C* wohl geändert, weil *Sigelint* schon der Name von Siegfrieds Mutter war); *In* (nicht in *C*); *Niderlende* (*A*); *Norwæge* (nicht in *C*); *Treisenmûre* und *Zeizenmûre* (*Treis.* ist offenbar das Richtige und auch das Echte, was Zarncke treffend nachgewiesen hat; aber Z.s Schlüsse auf das Alter der vulgata sind falsch, weil diese aus anderen Gründen älter als Nitharts Gedichte ist [s. o. S. 10. 24. 29 f.]).

[96]) [Ueber die ungleichmässige Vertheilung dieser Lücken über das Gedicht s. Seite 14 (§ 6, not. 15)]. Sodann fehlen in *A J* 2 Strophen, in *B A J* eine, alle diese echt und durch graphische Versehen ausgelassen.

1. Die Handschriftenfrage. Die vorhandenen Theorieen.

denn die Hinzufügung entbehrlicher Strophen ist ebenso denkbar wie deren Auslassung. Gegen die Echtheit der in *A* fehlenden Strophen beweist die Entbehrlichkeit derselben nichts.[97] Graphische Erklärung der Auslassung passt auf etwa ein Drittel der in *A* fehlenden Strophen.[98]) Zweimal führt eine von *A* weggelassene Strophe den Satz weiter. Hier ist natürlich beabsichtigte Auslassung in *A* wahrscheinlich; denn auch sonst vermeidet *A* dieses Hinüberlaufen des Sinnes. Ein weiterer Grund für die Echtheit dieser Strophen ist, dass dieselben in jeder Hinsicht ganz vollkommen mit dem Gebrauch in den gemeinsamen Strophen übereinstimmen. Insbesondere finden sich in denselben ganz die nemlichen Differenzen zwischen den Bearbeitungen, wie in den allen Handschriften gemeinsamen Strophen. Die metrische Behandlung, besonders die der letzten Halbzeile, ist ganz dieselbe, ebenso die der Namen und des Reims. Einiges Abweichende zeigt sich allerdings im Wortbestande[99]), ist aber zu unbedeutend gegenüber der sonstigen vollkommenen Uebereinstimmung.

Ganz anders verhält es sich mit den Strophen, welche nur der Bearbeitung *C* eigen sind. Nur einmal ist eine graphische Erklärung möglich, warum eine Plusstrophe von *C* in der vulgata ausgefallen sein könnte.[100]) Dabei ist der Charakter der Plusstrophen von *C* und der der gemeinsamen sehr verschieden. Die Senkung zwischen zweiter und dritter Hebung der achten Halbzeile fehlt nur in $\frac{1}{9}$ der Plusstrophen von *C*.[101]) Daneben zeigt sich unverkennbare Vorliebe für den Cäsurreim.[102]) Die Verschiedenheiten im Wortbestande gegenüber den gemeinsamen Strophen sind nicht unbedeutend.[103]) Es ist daher kein Grund

---

97) Denn gerade da, wo in *A* die meisten Strophen fehlen, hat *A* auch die meisten Fehler.

98) Bald war es gleicher Strophenanfang, bald gleiches Strophenende, was den Schreiber irreleitete.

99) Zwanzig ἅπαξ εἰρημένα, aber nur 2 mal abweichender Gebrauch von auch sonst vorkommenden Wörtern.

100) Str. 423^b.

101) Auch sonst ist das Fehlen von Senkungen selten; drei Hebungen ohne Senkung vor der Cäsur finden sich in den 320 Zeilen 8 mal, in den *A* fehlenden Strophen dagegen (= 256 Zeilen) 14 mal; sonst fehlende Senkungen in 25 Zeilen; also etwa $\frac{1}{13}$. Eine andere metrische Abweichung sind die geraden Halbzeilen zu 4 Hebungen.

102) Derselbe kommt 19—20 mal vor, worunter 4 ganz durchgereimte Strophen.

103) 34 ἅπαξ εἰρημένα und 39 sonstige Abweichungen von dem gemeinsamen Wortgebrauche.

vorhanden, dem Princip gegenüber, dass nur das beiden Bearbeitungen Gemeinsame echt sei, die Echtheit dieser Plusstrophen zu behaupten.

Am nächsten in Beziehung auf die Behandlung des Metrums und den Sprachgebrauch stehen den Plusstrophen von *C* diejenigen 20 Strophen, welche sich neben *C* auch in der Gruppe *J* finden. Diese Gruppe gehört aber der vulgata an; es ist somit nur die Annahme möglich, dass der Schreiber des Originals dieser Gruppe neben dem Text der vulgata auch einen nach der Redaction *C* vor sich hatte. Ob derselbe nun diese 80 + 20 = 100 Strophen alle in dieser Handschrift vorfand, oder ob seine Vorlage bloss eben die 20 enthielt, die er in seinen Text aufnahm, lässt sich nicht mehr entscheiden. Im letzteren Falle wäre eine Doppelredaction der Bearbeitung *C* anzunehmen, indem der Bearbeiter erst eine kleinere Anzahl (20), dann eine grössere Menge (80) von Strophen zugedichtet hätte. Für diese Annahme spricht eine wirklich vorhandene formelle Verschiedenheit zwischen den Plusstrophen von *C* und denen von *C J* : den in den ersteren so häufigen Cäsurreim haben die letzteren gar nicht.[104]

Ergeben somit die äusseren Gründe die Unechtheit der Plusstrophen von *C* und *J*, was waren dann wohl die inneren Gründe, aus welchen diese Strophen zugesetzt worden sind? Bei den meisten derselben lässt sich nur im allgemeinen die seit dem Ende des zwölften Jahrhunderts herrschende Neigung zu ausmalenden, erweiternden Schilderungen anführen. Daneben wurden Unwahrscheinlichkeiten der Darstellung entfernt, zum Theil selbständig, zum Theil aus der wirklichen Sage und ihrer damaligen Gestaltung heraus.[105] Es lässt sich aber auch

---

104) [Dieses Argument beweist nichts; denn *J* scheint überhaupt eine Abneigung gegen den Cäsurreim zu haben, da sie alle durchgereimten Strophen entfernt (s. Zarncke, Ausg. CXVIII); es können also Cäsurreime in den Plusstrophen von *J* auch deshalb fehlen, weil *J* keine Strophen mit Cäsurreim aus *C* aufnahm. Eigenthümlich ist jedenfalls die Annahme, dass der Bearbeiter von *C* zuerst 20 Strophen ohne jeden Cäsurreim gedichtet habe, dann 80 mit vielen solchen Reimen. Der Bearbeiter *C* soll doch nach Bartsch sonst in metrischen Dingen so consequent sein; woher hier diese Inconsequenz? — Es ist also wohl besser anzunehmen, dass die 20 Strophen von *J* aus *C* ausgewählt sind.]

105) So hat *C* Unwahrscheinlichkeiten beseitigt durch die Plusstrophen 475[bc]; 2057[b] [s. aber über diese Str. Zarncke, Beitr. S. 240 ff. und Zarncke in Pf Germania IV, S. 437 ff.]; 22[b].

noch eine positive Quelle anführen, aus welcher C geschöpft hat. Diss ist die Klage. C sucht nemlich die Angaben dieser mit den manchmal etwas abweichenden des Liedes zu vereinigen, überhaupt beide Gedichte in näheren Contact zu bringen. Daher sind aus der Klage mehrere einzelne Züge in den Text des Liedes nach C gekommen, welche dann C als hier schon vorhanden in der Klage ausliess.[106]) Insbesondere aber ist nicht nur Manches im Stile des Liedes durch den Einfluss der Klage gefärbt,[107]) sondern die ganze Auffassungsweise von Kriembilds Verfahren, ihre Absicht, die Brüder zu schonen und nur Hagen an das Leben zu gehen, die Idee ihrer Treue gegen Siegfried als des Motivs ihrer Rache, stammt aus der Klage.[108])

Gegenüber den Plusstrophen von C stehen die 38, welche die vulgata vor C voraus hat. Dieselben stehen in Hinsicht des Metrums und Wortgebrauchs auf demselben Standpuncte wie die in A fehlenden, wären also darnach als echt zu betrachten, wenn nicht dem eben das Fehlen in C widerspräche, da ja nur das Gemeinsame echt sein soll. Auch geht das Bestreben von C sichtlich dahin, das Gedicht zu bereichern; es ist also unwahrscheinlich, dass C diese Strophen, wären sie im Original vorhanden gewesen, getilgt haben würde.

---

106) So hat C die Notiz, dass Etzel Renegat gewesen, aus Kl. 491 ff. in das N. L. Str. 1201^b gebracht, jene Stelle der Klage sodann auslassend; ebenso hat C die Stelle Kl. 1540 ff., wo Lorsch als Utes Wohnsitz genannt wird, gekürzt, weil sie diese Notiz in das N. L. Str. 1082^{b-i} aufgenommen hatte; ebenso wurde Kl. 1953—1963 ausgelassen, weil N. L. 2228 anticipiert. — Eine Parallele für dieses vorn-zusetzen und hinten-weglassen s Bartsch in Pf. Germania XIII, 229.

107) [Dahin zählt Bartsch u. a. den Schluss des N. L.: *daz ist der Nibelunge liet*, welcher aus dem Schlusse der Klage entlehnt sei. Diss will nicht recht einleuchten. Wie brauchte C, um diesen einfachsten und gewöhnlichsten aller Liederschlüsse anzubringen, ihn aus der Klage zu entlehnen? Gewiss leuchtet W. Grimms Ansicht mehr ein, nach welcher C änderte, weil *N. nôt* nur auf den zweiten Theil zu passen schien.]

108) So stammen aus der Klage die Str. 1775^b; 2023^b; 1837^b. — [Schematisch lässt sich das Verhältniss zwischen Kl. und N. L. nach Bartschs Ansicht etwa so darstellen:

```
     Orig.-Nib.            Orig.-Kl.
    ⌒⎯⎯⎯⎯⎯⎯⌒         
     |         |            /|
   I.-Nib.   II.-Nib.   /  I.-Kl.
                |
              II. Kl.]
```

68   I. Die Entstehung des Nibelungenliedes.

Unwesentlich ist die Betrachtung der in einzelnen anderen Handschriften fehlenden oder nur in einzelnen stehenden Strophen. Das Resultat der Untersuchung ist also: 1) Die nur in *A* fehlenden Strophen sind echt. 2) Die nur in *C* stehenden Strophen sind unecht. 3) Die in *C* fehlenden Strophen sind unecht.

Für das Gesammtverhältnis der Texte folgt auch hieraus wider, dass *B* dem Original näher steht als *C*; ebenso auch, dass der Titel des Originals *der Nibelunge nôt* war, da die letzte Strophe von *C* aus der Klage stammt.[109])

Hatte schon die Betrachtung der Strophendifferenz auf die Klage und ihr Verhältnis zum Nibelungenliede geführt, so zieht Bartsch jenes Gedicht noch besonders und ausdrücklich in den Kreis seiner Forschung. Auch die Klage ist in *C* anders überliefert als in der vulgata, und die Unterschiede zwischen den Bearbeitungen sind im wesentlichen dieselben wie im Nibelungenliede. Es finden sich noch, bald in *C* bald in *B*, alterthümliche[110]) und ungenaue[111]) Reime; ebenso häufige Abweichungen der Bearbeitungen im Reime, die aber grösser und schwerer auf das Echte zurückzuführen sind als beim Nibelungenlied, weil die freiere Form der Reimpaare, welche leicht zu handhaben war, umfassendere Aenderungen möglich machte und wirklich hervorgerufen hat, als die schwerfällige Strophenform. Diese Verhältnisse führen auch hier auf die Annahme einer doppelten, selbständigen Umarbeitung aus formellen Gründen; so dass das Verhältnis der Bearbeitungen hier dasselbe ist wie im Nibelungenliede.[112]) Dieses Verhältnis wird

---

109) [S. not. 107; nach Bartsch sollen überhaupt die Ausdrücke dieser letzten Strophe in *C* der Reihe nach aus denen des Schlusses der Klage genommen sein. Und doch soll *C* einen nicht unfähigen Mann zum Verfasser haben; wie soll einem solchen zuzutrauen sein, dass er ganze Strophen aus Worten eines anderen Gedichts zusammengesetzt habe?]

110) So die Reime *â : œ*, *uo : üe*, welche beweisen, dass zur Zeit der Abfassung, wenigstens in den betr. Wörtern, noch *â* und *uo* gesprochen wurde; ferner partic. præt. auf — *ôt*, ptc. præt. auf — *unde;* superl. *minnist* u. ä.

111) So die Reime *ougen : gelouben; Wienen : niemen C; darinne : grimme ABD; swester : laster ABD; henden : winden a; tagen : begraben BDJ (A* und *C* ändern) u. a.

112) [Und natürlich wird, da die Unterschiede von *B* und *C* hier dieselben sind wie im Nibelungenliede, diese doppelte Umarbeitung denselben Bearbeitern zuzuschreiben sein, welche das Nibelungenlied umarbeiteten; die

bestätigt durch die noch nach 1200 erlaubten Reimfreiheiten.¹¹³) Weisen so beide Bearbeitungen auf ein älteres, gemeinsames Original hin, so weist der gemeinsame Text beider Bearbeitungen auf ein noch älteres Buch hin, aus dem der Dichter der Klage geschöpft habe. Dieses Buch ist offenbar das alte Nibelungenlied; die dagegen vorgebrachten Gründe sind nichtig,¹¹⁴) hingegen sprechen zahlreiche Uebereinstimmungen auch in ganz einzelnen Dingen, wie im Wortlaut vieler Stellen, dafür. Die umfangreiche Zusammenstellung, welche Bartsch von diesen gibt,¹¹⁵) beweist, 1) dass auch der erste Theil des Liedes dem Verfasser der Klage vorlag,¹¹⁶) 2) dass auch die nach Lachmann unechten Strophen in demselben enthalten waren, ehe die Klage gedichtet wurde; dass also das Nibelungenlied vor 1180 verfasst sein muss, da das Verhältnis der Bearbeitungen in der Klage das Original derselben etwa in das Jahr 1180 verweist. Es fällt aber auf, dass die Ausdrücke des Nibelungenliedes in *C* genauer zu denen der Klage stimmen, als die in der vulgata. Daraus würde die Priorität von *C* für das Lied folgen, wenn nicht die nachgewiesene Unechtheit der Plusstrophen von *C* bewiese, dass diese Bearbeitung für das Nibelungenlied mehrfach aus der Klage geschöpft hat. Ueberhaupt steht auch in der Klage *C* dem Original ferner als *B*.

Nachdem somit alles auf das von Bartsch aufgestellte Verhältnis zwischen Bearbeitungen und Original bestätigend hingewiesen, fragt sich noch schliesslich, welcher Zeit das Original, welcher seine Bearbeitungen angehören. Die im Liede erhaltenen Assonanzen weisen auf die Zeit vor 1150,¹¹⁷) wir erhalten aber, wenn wir auch an allen Stellen, wo die Reime der Bearbeitungen auseinandergehen, Assonanzen

---

Klage war also mit dem N. L. schon verbunden, ehe die Doppelbearbeitung stattfand, d. h. vor 1190; s. u.].

113) *a : â* unangefochten; *e : ê* von jedem Bearbeiter einmal beseitigt; *i : î; o : ô C*, einmal I. Rührender Reim häufig, doch nur ein gemeinsamer Fall, in welchem dasselbe Wort reimt.

114) [Gehört in die Frage nach den historischen Antecedenzien; s. daher unten.]

115) S. Untersuchungen S. 339 ff.

116) [Gegen Lachmanns Ansicht; s. Lachmann, Ueber die ursprüngliche Gestalt etc. § 12 ff.; Anmerkungen S. 288 ff.]

117) [Dahin weist auch, was aber in die Handschriftenfrage nicht gehört, die Identität des Verfassers des N. L. mit dem der kürenbergischen Strophen, welche Bartsch behauptet (s. u.); s. über die Frage bei der Kritik und im Nachtrage.]

annehmen,[118]) doch noch bei weitem nicht so viele, als ein um oder vor 1150 verfasstes deutsches Gedicht durchschnittlich aufzuweisen pflegt.[119]) Diese Incongruenz weist mit Nothwendigkeit darauf hin, **dass zwischen der Originaldichtung und den beiden uns erhaltenen Bearbeitungen eine erste Umarbeitung stattgefunden hat**; dieselbe mag etwa um 1170, auch 1180, anzusetzen sein, vielleicht auch sich über die Reime hinaus auf die Zudichtung von Strophen erstreckt haben.[120]) Dass in noch kürzerer Zeit das Bedürfnis einer Umarbeitung empfunden wurde, in jener Zeit, wo sich die strengeren Ansprüche an die poetische Form rasch steigerten, zeigt die Litteraturgeschichte des zwölften Jahrhunderts.[121])

Was die Zeit betrifft, in welche die beiden letzten, parallelen **Umarbeitungen** fallen, so ist dieselbe nicht später, als 1190—1200 anzusetzen. Die **Bearbeitung** *C* setzt die **Klage** voraus, die in der Gestalt, welche ihren Bearbeitern vorlag, nicht nach 1180 fällt. Diss der *terminus a quo*; der *terminus ad quem* lässt sich schärfer bestimmen 1) durch die Sprachformen der Lassbergischen Handschrift (*C*);[122]) 2) dadurch, dass Wolfram von

---

118) [Eine übertriebene Annahme; denn nach Bartsch lag der Grund der Abweichungen nicht selten in Anderem, manchmal wohl in Sinnesverschiedenheiten, in alterthümlichen Ausdrücken im Reim und ausserhalb desselben, öfters auch in einem rührenden Reim, der entweder in einer Bearbeitung erhalten oder für das Original anzunehmen ist.]

119) [Werden überall, wo die Reimworte abweichen, Assonanzen angenommen, so fallen auf das ganze Lied (mit den noch erhaltenen) etwa 360 Assonanzen auf etwa 4800 Reimpaare, also eine Assonanz etwa auf 12—13 genaue Reime. (Einige willkürlich gewählte Beispiele bestätigen ungefähr dieses Verhältnis. In Avent. II kommen (bei allen Reimverschiedenheiten Assonanzen angenommen) auf 46 Reimpaare 2 Assonanzen, in Av. XIII auf 72 Reimpaare 2 Assonanzen, in Av. XXIII auf 70 Reimpaare 8—9 Assonanzen, in Av. XXVIII auf 176 Reimpaare 10—12 Assonanzen. In dem unter den genannten Fällen also, wo am meisten Assonanzen anzunehmen wären, kommt eine Assonanz auf etwa 7 genaue Reime.) Dagegen kommen in den 30 Reimpaaren des Kürenbergers auf 13 Assonanzen 17 genaue Reime: der Kürenberger hat also etwa zehn mal so viel Assonanzen im Verhältnis zu den genauen Reimen, als das Original der beiden Bearbeitungen des N. L.]

120) Woraus sich mehrere kleinere Widersprüche des Gedichts einfach erklären liessen.

121) Es wurde z. B. Wernhers Maria, um 1170 gedichtet, schon zwischen 1180 und 1190 umgearbeitet.

122) Z. B. *habete*, *helet*, welche schon im ersten Viertel des 13. Jahrhunderts obsolet waren. Diese Formen lassen sich nicht so erklären, dass *C* sie aus ihrer Vorlage herübergenommen hätte; denn jeder Schreiber über-

1. Die Handschriftenfrage. Die vorhandenen Theorieen.

Eschenbach im achten Buche des Parcival eine unverkennbare Beziehung auf eine Plusstrophe von *a* (d. h. *C*) hat.[123]) Das achte Buch des Parcival ist etwa um 1205 geschrieben, und um die Anspielung möglich und verständlich zu machen, musste die Bearbeitung *C* damals schon einigermaassen verbreitet, also doch ein paar Jahre alt sein.[124]) Was man gegen dieses Alter von *C* gesagt und für eine spätere Entstehung geltend gemacht hat, ist nicht stichhaltig. Das Kloster Lorsch konnte um 1190 cher als bedeutende Abtei[125]) genannt werden als um 1220[126]); seine Nennung spricht, wenn der Ausdruck *des dinc vil hôhe an êren stât* nicht blosses, müssiges Beiwort ist,[127]) gerade für ein hohes Alter der Bearbeitung *C*. Der Beweis, den Liliencron aus der

---

trug ohne weiteres solche Worte in die ihm geläufigen Formen. Es muss also *C* in einer Zeit geschrieben sein, wo jene Formen noch nicht veraltet waren, d. h. um 1200; die diplomatische Bestimmung lässt als möglich erscheinen, dass die Handschrift *C* noch dem 12. Jahrhundert angehöre [s. Holtzmann, Unters. S. 61].

123) Die vielgenannte Stelle des Parcival (VIII; 420, 25) lautet:
wurdet ir mirs nimmer holt,
ich tæte ê als Rûmolt,
derm künic Gunthere riet,
do er von Wormze gein den Hiunen schiet:
er bat in lange sniten bæn
und imme Kezzel umbe drœn;
Diese Stelle kann sich nur beziehen auf Nib. 1406 bc, wo *a* (Lücke von *C*) hat:
Ob ir niht anders hêtet des ir möht geleben,
ich wolde in einer spîse den vollen immer geben,
snîden in öl gebrouwen : deist Rûmoldes rât,
sît ez sus angestlîchen erhaben dâ zen Hiunen stât.
Ich weiz, daz mîn frou Kriemhilt iu nimmer wirdet holt.

124) [Zwingend ist dieser Schluss nicht; möglich, dass die ausführliche Erzählung bei Wolfram eben beweist, dass das Gedicht um 1205 noch nicht besonders bekannt war.]

125) S. Nib. 1082 b, 4:
des dinc vil hôhe an êren stât.

126) [In welche Zeit etwa Lachmann *C* versetzt (schon wegen der diplomatischen Bestimmung von *C* als Handschrift unmöglich). Die Daten für die Geschichte von Lorsch sind folgende:
Früher eine mächtige Abtei (Brun, Ottos I. Bruder, war Abt von Lorsch; s. Holtzmann, Unters. 129), verlor Lorsch 1125 seine besten Ländereien und seit 1167 alle Bedeutung, nachdem es sich unter Heinrich VI (1153—1167) etwas gehoben hatte; 1229 verlor es sogar seine Selbständigkeit, indem Gregor IX. Verwaltung und Reform des Klosters dem Erzbischof Siegfried von Mainz übertrug; s. Lachmann, Anmerkungen S. 51; Holtzmann, Unters. S. 129.]

127) [Wie so viele im Epos überhaupt und in den Nibelungen speciell.]

metrischen Beschaffenheit von *C* führen will, dass nemlich für die Zeit um oder vor 1200 in *C* der Versbau schon zu sehr geglättet, zu viele Senkungen ausgefüllt seien, ist ebenfalls nichtig; denn schon in Gedichten aus den Jahren 1190—1200 werden die Senkungen in umfassendem Maasse ausgefüllt.[128]) Da nach dem Obigen Wolfram in seinem Parcival *C* benutzt hat, so kann auch *Azagouc* (Nib. 417ᵇ, 2) und *Zazamanc* (Nib. 353, 2) nicht, wie Lachmann will, aus dem Parcival in die Nibelungen gekommen sein, sondern nur umgekehrt.

Auch die Bearbeitung *ABDJ* ist nicht jünger als *C*. Diss beweist die Str. 1292, 4 noch gebrauchte Form des Wortes *riter* s. *ritter*,[129]) auch die durch das Metrum geforderten Formen *helet*, *samet*, *Gunthere*, *beidere*, *niemenne*, *eriste* u. a.[130]) Jedenfalls macht Zarncke[131]) die Bearbeitung zu jung; seiner Annahme widerspricht schon die diplomatische Bestimmung der Handschrift *B*, welche diese eher vor als nach 1240 weist.

14.

Bartschs Untersuchungen sind die letzte über die Handschriftenfrage erschienene Schrift.[1]) Er hat mit denselben vielfach Anklang gefunden,[2]) und keine grössere Arbeit ist gegen seine Theorie erschienen. Zarncke ist der Einzige, der sich mehrmals gegen ihn gewendet hat;[3]) seine Einwände werden unten bei der Kritik Bartschs Erwähnung und Betrachtung finden.

---

128) In dem in diese Zeit fallenden Gedicht „Athis und Profilias" kommen S. 433 auf 33 Reimzeilen nur 3, denen eine Senkung fehlt; der niederrheinische Morant, zwischen 1190 und 1210 verfasst, hat weitaus mehr Verse ohne fehlende Senkungen als solche mit fehlenden. [S. auch Zarncke, Ausg. LI.]

129) Nur *B* hat dort das Echte, *A* und *C* füllen den Vers aus durch Einschiebung eines Adjectivs. Mag nun *rittēre* oder *ritērē* (so *B*) das Echte sein, jedenfalls sind beide Formen im 13. Jahrhundert obsolet.

130) S. Bartsch, Ausg. XXV.

131) S. § 8, not. 11—14 (Seite 29 f.).

1) Das Werk von Karl und Nikola Mosler, „Der Nibelunge Noth. Heldengedicht des 12. Jahrhunderts etc." (Leipzig 1864), dessen Verfasser eine noch über *A* zurückgehende Textgestalt annehmen, aus welcher *A* erweitert sei, wird nicht als wissenschaftliche Arbeit bezeichnet werden und daher mit der blossen Nennung abgethan werden können. S. die Kritik in Pf. Germania, Band IX.

2) S. Bartsch in Pf. Germania XIII, 216.

3) Zarncke, Ausg. XLVIII—LI; dagegen Bartsch in Pf. Germ. XIII, 216—240; Zarnckes Antwort ebenda S. 445 ff.

C. Kritik und Resultate.

Kritik.

15.

Bei Lachmanns Theorie lange stehen zu bleiben, wäre verlorene Arbeit gegenüber den vollständigen Widerlegungen, welche derselben durch Holtzmann und besonders durch Bartschs erschöpfende Zusammenstellung der Mängel der Handschrift A geworden sind. Eines nur wurde bisher nicht genügend zur Kritik von A verwendet, obwohl es Zarncke in seiner Recension über Holtzmanns Untersuchungen als kritisches Hilfsmittel hervorhob; nemlich die ungleiche Vertheilung der in A sich findenden Lücken über das Gedicht hin, da sich von Av. VI—XI (= Str. 324—666) 50 Lücken, im übrigen Liede nur 7 finden.

Diese Thatsache ist allein schon genügend, die Echtheit der in A fehlenden Strophen und damit die kritische Unbrauchbarkeit dieser Handschrift zu beweisen. Denn es ist wohl denkbar, dass der Schreiber von A bei der Niederschreibung von Av. VI—XI gerade besonders wenig Fleiss zeigte (dieselben können etwa an einem Tage geschrieben sein), was auch dadurch sich bestätigt, dass in VI—XI A die meisten andersartigen Fehler aufzuweisen hat.[1]) Undenkbar aber ist, dass ein Umarbeiter gerade mitten im Gedichte so eminent viel mehr Zusätze gemacht hätte als sonst; diss wäre etwa denkbar am Anfang des Gedichtes, wo noch die Kraft des Bearbeiters am frischesten sein musste.[2])

16.

Anders steht es mit der Frage über B oder C. Hatte Holtzmann hinsichtlich der Vergleichung von A und B unstreitig das Richtige getroffen (obgleich Holtzmanns Beweisführung ungenügend und lückenhaft ist), so ist diss entschieden weniger,

---

1) S. Bartsch, Unters. 304. Die Bemerkungen Müllenhoffs (Zur Geschichte der Nibelunge Not S. 965 f.) werden unseren Schluss nicht umstossen können, da vorher bewiesen sein müsste, dass in dieser Partie des Gedichts gerade besonders viel Anlass zu Einschiebungen gewesen sei; M. stützt sich wesentlich auf Lachmanns Textkritik.
2) S. Bartsch, Unters. 3.

der Fall bei der Vergleichung von *B* und *C*. An die Stelle der kritischen Betrachtung tritt hier nicht selten das blosse ästhetische Gefühl.[1]) Dass *C* vollendeter, schöner, besser sei als *B*, hat Holtzmann nachgewiesen, wenn diss überhaupt dem allgemeinen Zugeständnisse der Gegner gegenüber noch nothwendig war; dass an vielen Stellen *C* zugleich das **Echtere** biete, ist nach Holtzmanns Untersuchungen gar nicht mehr zu bezweifeln. Aber dass mitunter auch *C* hinter *B* zurücksteht, an Güte oder auch an Originalität,[2]) hat Holtzmann selbst widerum deutlich dargethan, und es liessen sich den von ihm beigezogenen Stellen noch viele beifügen.[3]) Wie ist nun diss zu erklären? Wie ist, und diese Frage ist weit wichtiger, ferner zu erklären die grosse Entfernung der vulgata von *C*? Denn der Einwurf der Lachmannianer, vor allem Liliencrons, dass aus einer guten, durchaus befriedigenden Lesart nicht wohl eine schlechte durch bewuste Aenderung entstehen könne, ist doch nicht so ungegründet, als Zarncke meint.[4]) Die von Zarncke für eine solche

---

1) Welches (s. auch Bartsch, Unters. 384) in kritischen Dingen keine Stimme hat.
2) S. die Zusammenstellung bei Rieger.
3) Falsche Erklärungen und Misverständnisse finden sich bei Holtzmann nicht selten; er hat z. B. Str. 2214, 4 die Worte *dô sluoc er Wolfharten, daz er stieben began B* nicht verstanden und ihnen die LA. von *C*: *daz er strûchen began* vorgezogen; mit Recht haben Rieger S. 54 und Bartsch S. 203 f. darauf hingewiesen, dass *stieben* hier gebraucht ist von dem Manne, der den Funken sprühenden Panzer trägt, statt von diesem selbst — eine sehr unbedeutende Licenz —, und dass *C*, weil sie diss nicht verstand, daraus *strûchen* machte, was nicht einmal in den Context passt. So noch verschiedene Stellen, wo eher *B* das Echte hat; z. B. 194, 4; 742, 4; 1233, 3, u. a.
4) Ausg. XLV ff. und Lit. Centr. Bl. 1856, Sp. 639 ff. Wenn Zarncke insbesondere an der erstgenannten Stelle (S. XLVII) sagt: „Offenbar hat „Liliencron einen richtigen philologischen Grundsatz unrichtig angewandt. Es „ist eine wohlbegründete Annahme der Kritik ..., dass von zwei Lesarten die „schwierigere und dunklere die grössere Wahrscheinlichkeit für sich habe; „aber nimmermehr darf dieser Satz so gewandt werden, als ob die schlechtere, „die unpassendere sich dieses günstigen Vorurtheils zu erfreuen habe", so hat hierin doch wohl Liliencron Recht. Denn der Grund des *difficilior lectio recipienda* ist doch nur der, dass aus der schwierigeren LA. die leichtere gemacht werden konnte, der Verständlichkeit zu Liebe, nicht umgekehrt; und dasselbe wird auch bei gut und schlecht gelten dürfen. Dass Zarncke a. a. O. in Parenthese setzt: „— Annahme der Kritik (die **natürlich auch nicht ohne Ausnahme gilt**)", beweist nur, dass er die principielle Identität beider Sätze stillschweigend anerkannt hat.

1. Die Handschriftenfrage. Kritik und Resultate. 75

Verschlechterung des Textes aus der mittelalterlichen Litteratur angeführten Beispiele,[5]) die Klage Sebastian Brants über die Corruptelen seines „Narrenschiffs", sowie die Feifalikische Handschrift (*k*) des Nibelungenliedes selbst, fallen viel später, als die vulgata entstanden ist;[6]) sie fallen in die Zeit der Formverwilderung, der Poetasterei und Meistersingerei, wo jeder Unbegabte dichten zu müssen meinte; diss war aber im dreizehnten Jahrhundert und besonders zu Anfang desselben ganz anders. Insbesondere aber kann der Text von *C*, welcher *k* zu Grunde lag, durch Schreibfehler u. dgl. so entstellt gewesen sein (was im Lauf von zwei bis drei Jahrhunderten wohl denkbar ist), dass sich daraus die Aenderungen in *k* ergaben; auch diss ist bei der vulgata anders, welche kaum ein paar Jahre, höchstens Jahrzehnte,[7]) später als *C* entstand. Die grosse Verschiedenheit im ganzen Wortlaut grösserer und kleinerer Stellen, die zwischen *B* und *C* herrscht, hat nothwendigerweise die Anhänger von *C*

---

5) Denn die Beispiele Veldeckes und Heslers beweisen nichts. Veldecke sagt nur, dass das Gedicht, weil es ihm entwendet worden, in anderer Gestalt erschienen sei, als wenn es ihm geblieben wäre; er braucht also nicht nothwendig von Umarbeitungen zu reden, sondern er spricht wohl gerade von der Abschrift des Gedichts in dem unvollendeten Zustande, in dem es bei dem Diebstahl sich befand und an den er sonst noch Hand gelegt hätte. Hesler aber spricht von *misseschriben*; diss ist wohl nichts anderes, als wenn ein Autor unserer Zeit sich über Druckfehler in seinem Werke beklagt, die entstanden seien, weil er die Correctur nicht geleitet habe. Am ehesten hätte Zarncke den Schluss der Kindheit Jesu des Konrad von Fussesbrunnen für seinen Beweis benutzen können:

> *Swer sich nu dar an richet*
> *unt ez baz oder anders sprichet*
> (*al. swer ir uns mê berihtet*
> *unt si baz oder anders tihtet*)
> *unt setzet sîniu spel dar zuo,*
> *des dunket mich, er missetuo,*
> *wan er 'ntêrt selbe sich*
> (*al. unt vâlschet selbe sich*).
> *Der ir begunde daz bin ich* u. s. w.

(S. Hahn, Gedichte des XII. und XIII. Jahrhunderts, Seite 102 und 146). Doch auch dieses Beispiel deckt sich mit dem, was Zarncke für die Nibelungen annimmt, nicht völlig; Konrad scheint mehr von Eindichtungen und Erweiterungen in der Art, wie sie etwa bei den Reinhartserzählungen stattfanden, als von blosser Ueberarbeitung zu reden. Ueberhaupt ist diese eine Beispiel nicht beweisend.

6) Narrenschiff 1494; *k* ebenfalls 15. Jahrhundert.
7) S. u.

dazu getrieben, *B* als aus *C* überarbeitet anzusehen. Auch
ein Motiv der Ueberarbeitung ist gefunden worden: es war die
Zustutzung des Liedes zum Gebrauche der *varnden*, um welcher
willen nun verschiedene Zusätze und Aenderungen gemacht
wurden, welche theils den Zusammenhang der Aventiuren
lockern theils durch populär gehaltene Uebertreibungen „im
bänkelsängerischen Stile", durch „arge Effecthaschereien" u. dgl.
die für höfischen Gaumen berechnete Speise dem derberen Ge-
schmacke des Publicums der Jahrmärkte und Kirchweihen
geniessbar machen sollten. Beides ist entschieden nicht über-
zeugend. Dass der Zusammenhang der Aventiuren durch das
vielfache Fehlen von Strophen am Schluss von Aventiuren*)
gelockert würde, lässt sich nicht sagen. Was aber die Ver-
änderungen und Zusätze der vulgata betrifft, welche einen derb
auftragenden, plumpen Ton und Charakter haben sollen, so ist
häufig dieser Ton gar nicht zu finden oder jedenfalls nicht
störend gegenüber dem Ganzen des Gedichts; „verkehrt"[9]) sind
diese Aenderungen und Zusätze mindestens nicht.[10]) Was aber

---

8) S. oben § 6, not. 46.
9) So Zarncke, Ausg. XV, 6 v. u.: „wenn auch nicht Alles gleich ver-
kehrt ist."
10) Die von Zarncke (Ausg. XIV. XV.) für die plumpe Geschmacksrichtung
der vulgata angeführten Stellen beweisen eine solche nicht. 482 ff. enthält,
wie Rieger S. 4 und Pasch S. 104 richtig bemerken, keine Andeutung über
Brünhilds Geiz, sondern nur einen leichten Spott über Dankwarts „belustigende
reckenhafte oder jugendliche Maasslosigkeit"; dieser Spass ist wohl nicht
eben fein und steht an sonderbarer Stelle, aber eben deshalb mag *C* geändert
haben; Zarncke selbst nennt (Lit. Centr. Bl. 1854, Sp. 115 ff.) Dancwart
einen „Grünschnabel", wird also gegen Riegers Erklärung nichts einwenden
können. — Str. 499ᵇ (fehlt merkwürdigerweise, doch gewiss zufällig, auch
in *A*) ist allerdings unhöfisch und unhöflich, aber „plump"? Ebenso gut
kann *C* ausgelassen haben, um den Anstoss zu beseitigen. — Str. 643,644
ist allerdings auffallend; aber was Zarncke darin findet, liegt nicht noth-
wendig darin; Hagen sagt: *wan ir wol bekennet der Tronegœre site*, beruft
sich also darauf, dass die Herren von Tronege nie in fremden Dienst ge-
treten seien; trotz der Worte 643, 3: *do gewan dar umbe Hagene ein
zornlîchez leben*, ist seine Rede weder „trotzig" noch „spottend". — Str. 1504,
wo Hagen bei der Ueberfahrt über die Donau sein Ruder bricht und er es
mit seinem Schildfessel binden muss, ist nach Zarncke, Ausg. 370, ein
„geschmackloser Einfall", nach Lachmann, Anmerkungen S. 195, ein „sehr
schöner und ohne Zweifel aus der Sage genommener Zug". Wer hat hier
Recht? — Dass die Lesart der vulgata 2303, 3 *unz si ir bruoder houbet hin
für Hagenen truoc*, eine „arge Effecthascherei" sei, ist nicht wahr: sie thut
das hier Gesagte nachher auch in *C* (s. auch Dressel S. 22). — Str. 1849

1. Die Handschriftenfrage. Kritik und Resultate.

den Hauptpunct betrifft, in welchem B und C auseinandergehen sollen, dass nemlich C Kriemhild entschuldige, B sie zu verdächtigen suche, so hat wohl Dressel nachgewiesen, dass auch B diejenigen Gesinnungen kennt, welche C der Kriemhild zuschreibt, dass ferner auch C derselben einen bitteren Hass gegen Gunther als den Helfershelfer des Mordes an Siegfried nachsagt. Die hier in Betracht kommenden Verschiedenheiten sind somit unbedeutend, berühren jedenfalls den Charakter der beiderseitigen Texte nicht. Die betreffenden Strophen und Lesarten von C und von B beweisen somit weder für C noch für B, und ihr Schicksal wird von der sonstigen Ansicht eines Jeden über das Verhältnis der Bearbeitungen abhängig sein müssen.

Aber selbst, wenn wirklich die durchgreifende Geschmacksverschiedenheit zwischen B und C herrschen sollte, die Zarncke hauptsächlich behauptet, so würde die Annahme, dass die vulgata eine Umarbeitung aus wesentlich ästhetischen Motiven sei, die Schwierigkeiten noch lange nicht beseitigen, welche die grossen Abweichungen beider Texte an einzelnen Stellen der Ableitung der vulgata aus der Bearbeitung C nothwendig bereiten müssen. Wenn nachgewiesen wäre (was es nicht einmal ist), dass die vulgata eine Umarbeitung aus ästhetischen Gründen enthalte, so würden sich dadurch Zusätze, Auslassungen und Aenderungen, wie die not. 10) berührten, begreifen, auch wohl Entfernung mancher unpopulären Wörter und Wendungen. Aber so indifferente und doch nothwendig absichtliche Abweichungen und Aenderungen, wie sie sich in Hunderten von Versen zwischen

---

wird die Lesart von B bestätigt durch die Thidrekssaga und durch das bei Dressel S. 19 aus dem Anhange zum Heldenbuch Mitgetheilte.' ‚Mögen auch diese beiden Quellen von der vulgata abhängig sein, so ist doch vielleicht dieser beiderseits überlieferte Zug sagenmässig. Dass die Darstellung in B nicht recht passt, ist dabei leicht erklärlich; ebenso ist durch die Weglassung des früheren Verhältnisses zwischen Siegfried und Brünhild Manches darauf Bezügliche verwirrt und unverständlich geworden. — Str. 2057[b], wo das Gewölbe des von Kriemhild angezündeten Saales erwähnt ist, fehlt in der vulgata vielleicht mit Unrecht; dass diss aber Folge übertreibender Effecthascherei sei, ist unbeweisbar.

Dass es gefährlich ist ästhetische Puncte in die Textkritik hereinzuziehen, zeigt Str. 1408[b], wo die Erwähnung der Oelschnitten in C gewiss auch recht wohl einer „verschnörkelnden Ueberarbeitung" (Zarncke, Ausg. XIV) zugeschrieben werden könnte; ferner könnten auch Str. 622[b-c] füglich als eine plumpe Erweiterung des in B kürzer erzählten nächtlichen Ringens gelten.

B und *C* finden, können weder aus der Nachlässigkeit und Unbildung des Verfassers der vulgata, noch aus der Geschmacksrichtung derselben erklärt werden.

Es bleibt somit Liliencrons Einwurf in seinem vollen Rechte, und damit ist die Möglichkeit aufgehoben, dass *B* (d. h. die vulgata) aus *C* stammen könne, auch wenn Ueberarbeitung von Seiten der vulgata angenommen wird.

17.

War so Holtzmann mit seinen Resultaten keineswegs glücklich, so waren doch auch die Repliken, die er von Lachmannianischer Seite fand, keineswegs dazu angethan, ihn zu widerlegen, noch weniger, Lachmanns Theorie der seinigen gegenüber wider plausibel zu machen.

Von Müllenhoffs Schrift kann hier abgesehen werden; denn was sie für die Handschriftenfrage bietet, ist gleich Null; darauf recurrieren, dass Lachmanns Text als der beste vorhandene zugleich für *A* als die Handschrift, aus welcher er geschöpft sei, beweise, hiess, wie Holtzmann (Kampf etc. 54 ff.) bitter, aber wahr entwickelt hat, den Kampf mit den Waffen der Wissenschaft aufgeben und an deren Stelle die der Autorität setzen.

Auch Liliencrons und Riegers Repliken haben entschieden nicht für *A* bewiesen. Denn wenn Holtzmanns und Zarnckes Schriften noch nicht genug bewiesen hatten, dass *A* aus *B* verderbt ist, so hat es für uns Bartschs Werk bewiesen. Auch hat bei den beiden Vertheidigern der Lachmannischen Lehre das kritische Princip, das jeder von ihnen anwandte, ihre eigene Ansicht widerlegt. Liliencrons richtiger Einwand, dass man aus dem Vorhandenen nicht wohl etwas Schlechteres mache, beweist nicht die Entstehung von *C* aus *B*; denn auch *B* hat an vielen Stellen eine bessere Lesart als *C*,[1] und die zahlreichen Stellen, wo beide eine gleich gute und doch wesentlich verschiedene Lesart bieten, bleiben unerklärt. Wird also Liliencrons Princip an dem wirklichen Handschriftenverhältnis durchgeführt, so beweist es nur die Unmöglichkeit, irgend eine der beiden Bearbeitungen aus der anderen entstehen zu lassen. Rieger aber hat nicht nur darin gefehlt, dass er *A* für die beste Handschrift hielt, *C* für die schlechteste, sondern auch

---

[1] S. schon Holtzmann; noch mehr Rieger.

darin, dass er, der selbst eine Reihe von Stellen angeführt hatte, wo C besser sei als AB, dennoch schliesslich nach dem Grundsatze, dass das Bessere stets das Echtere sei, A den Vorzug gab. Consequenterweise konnte er nur an den betreffenden einzelnen Stellen B oder C für echt halten. Er hat also einen **möglicherweise** falschen Grundsatz auf ein im Ganzen **jedenfalls** falsch aufgefasstes Verhältnis inconsequent angewendet.

18.

Zarnckes Theorie hat wegen ihres vollständigen Anschlusses an die Holtzmannische für das Wesentliche und Allgemeine nichts oder nicht viel Neues gebracht, ist daher auch oben (§ 16) zugleich mit der Holtzmannischen behandelt worden. Verdienstlich waren Zarnckes Leistungen mehr für das Einzelne, und hier verdienen zwei Puncte kritische Betrachtung.

1) Zarncke hat die Gruppe J als Mittelglied zwischen C und B betrachtet. Das oben Bemerkte[1]) wird wohl die gegnerische Ansicht mehr plausibel machen, dass die Gruppe J aus einer Mischhandschrift stamme. Auch die Weglassung aller durchgereimten Strophen in J, sowie einige Aenderungen im ritterlich-höfischen Stile[2]) beweisen das jüngere Alter dieser Gruppe.

2) Die **Zeitbestimmung der vulgata** bei Zarncke ist gewiss geistreich, aber nicht zwingend. Es ist wahr, dass wir über die Schwierigkeiten des Schreibfehlers in 1272 und 1276 hinauskommen könnten, wenn wir berechtigt wären, die vulgata später anzusetzen als Nitharts Gedichte. Diese Frage soll unten eingehender erörtert werden; zunächst lässt sich aber gegen Zarncke Folgendes wohl mit Recht einwenden. Die Schwierigkeit, wie ein ortskundiger Oesterreicher hätte dazu kommen sollen, Zeisselmauer als Ort eines dreitägigen Aufenthaltes einer Fürstin zu nennen, ist nicht viel grösser, als die, wie Jemand hätte darauf verfallen sollen, aus Nitharts Gedichten, wo Zeisselmauer als Wohnort von Schweinehirten und anderem Gesindel mit Spott übergossen wird, eben dasselbe Zeisselmauer in der genannten Weise im Nibelungenliede zu verwenden. Die ganze Frage mag also unentschieden bleiben bis zur Discutierung der Theorie Bartschs, welcher der Ansicht Zarnckes entgegengetreten ist.

---

1) S. § 8, not. 16.
2) S. Bartsch, Unters. 382; Ausg. XXII.

19.

Paschs Handschriftenuntersuchung wurde etwas ausführlich behandelt, weil sie von einem ganz anderen Gesichtspuncte aus zu einem ähnlichen Resultate gelangt, wie die Bartschische. Denn im Einzelnen ist Paschs Arbeit wohl nicht von grosser Bedeutung. Sie ist jedenfalls **sehr** flüchtig gemacht und enthält starke Verstösse.¹) Die Kritik der Holtzmannischen Principien wäre gelungen zu nennen, wenn nur Holtzmann von denselben überhaupt umfänglichen Gebrauch gemacht hätte. Holtzmann hat dieselben zwar ausgesprochen, und seine Resultate stehen in Uebereinstimmung mit denselben; aber zu diesen Resultaten gelangte er auf Grund der Einzeluntersuchung. Pasch hat die letztere nur in **einem** Puncte zu widerlegen versucht, in Beziehung auf die Plusstrophen von *C*, welche er ihrem grösten Theile nach für überflüssig hält. Es ist ihm indes sein Nachweis nicht gelungen; unentbehrlich ist freilich keine der Strophen, die er für überflüssig hält, aber als schlecht und störend hat er keine davon nachzuweisen vermocht.²) Dazu kommt aber, was die Hauptsache ist, dass Pasch *A* und die

---

1) S. Pasch S. 97: „Rechnen wir dazu, dass bei $\overset{*}{A}$ sogar am Anfange des ganzen Liedes eine Strophe fehlt, die 3!", als ob nicht vielmehr Str. 3 in *A* stände, in *BC* aber fehlte! S. 99 hat Pasch bei Holtzmann „unwahrscheinlich" gefunden und druckt so ab, scheint aber zu meinen, es heisse „wahrscheinlich"!

2) Str. 94ᵇ ist nach Pasch überflüssig, Holtzmanns Gründe für diese Str. nichtig. Die Str. wird nicht eben vermisst; allein ganz richtig ist, was Holtzmann zu dieser Strophe bemerkt, Pasch aber nicht berührt hat, dass nemlich das Schwert Balmunc in *C* 94ᵇ steht, von der vulgata erst in Str. 96, welche *C* fehlt, nachgeholt wird, was eher für als gegen *C* spricht. S. Rieger S. 6.

Str. 271 wird gesagt, dass Gunther von der stillen Liebe Siegfrieds zu Kriemhild wohl gewust habe; 272 sagt Ortwin, dass, wenn Gunther das Siegesfest (nach dem Sachsenkriege) recht feiern wolle, er die Jungfrauen seines Hofes öffentlich dazu beiziehen müsse, besonders auch Kriemhild. Zwischen beiden Str. steht in *C* eine dritte (271ᵇ), worin Gunther seine Mannen auffordert, ihm über die rechte Art, das Fest zu halten, Rath zu ertheilen. Pasch behauptet, dass durch diese Str. ein feiner Gedanke verwischt werde: Gunther weiss, dass Siegfried Kriemhild liebt und denkt deshalb, er wolle sie zum Feste beiziehen; Ortwin hat denselben Gedanken und spricht ihn 272 aus. — Allein wie dieser „feine Gedanke" durch die Str. 271ᵇ verwischt werden soll, ist nicht abzusehen. 271ᵇ spricht Gunther **keineswegs aus**, dass er Kriemhild um Siegfrieds willen beiziehen

vulgata fortwährend verwechselt, bald solche Strophen anführt, die *B* mit *C* gemein hat, bald solche, welche nur in *C* stehen;

---

wolle; er fragt nur, wie es sich gehört, seine Magen um Rath wegen des Festes; Kriemhild oder überhaupt die Frauen werden 271[b] mit keinem Worte erwähnt. Ob Ortwin überhaupt denselben Gedanken hat wie Gunther, ist zweifelhaft. Das Beiziehen der Damen gehörte wohl zu jedem solchen Hoffeste; Ortwin kann also seinen Rath auch aus Schicklichkeitsgründen geben. Will aber wirklich der Dichter Ortwin jenen Gedanken haben lassen, so ist diese Auffassung nach *C* ebenso möglich wie nach *B*. — S. Rieger S. 6.

Str. 329 widerräth Siegfried den Zug nach Island mit den Worten: *jâ hât diu küneginne sô vreislîche site, swer umbe ir minne wirbet, daz ez im hôhe stât*; darauf räth 330 Hagen dem Könige, Siegfried zur Theilnahme an dem Zuge aufzufordern, *sît im daz ist sô kündec, wiez umbe Prünhilde stât*. Zwischen diesen beiden Str. hat *C* 2 weitere und *dk* eine dritte, in welchen drei Str. Siegfried auseinandersetzt, dass 4 Männer nicht gegen Brünhild aufkommen könnten, und Gunthern räth, wenn ihm sein Leben lieb sei, nicht hinzugehen. Pasch hält diese Strophen für überflüssig, während Holtzmann meinte, die Worte *sît im daz ist sô kündec* etc. könnten sich nicht auf 329 allein beziehen. Dennoch dürften die 3 Strophen zu halten sein (wenn auch beide Gründe dafür nicht eben zwingende sind), 1) um des Sinnes willen. Denn wenn Siegfried einmal mit so vagen Worten wie 329 von Brünhilds Gefährlichkeit geredet hat, so hat Hagens Vermuthung, dass Siegfried genau um Brünhild wisse, keine besonders genügende Begründung. Allerdings hat Pasch darin Recht, dass, was Siegfried 329[c] über Brünhild sagt, nicht stärker ist oder auf nähere Bekanntschaft mit ihr deutet als 329; aber die mehrmalige Warnung Siegfrieds in *Cdk* gibt Hagen erst genügende Veranlassung zu der Vermuthung, dass Siegfried genau um Brünhild wisse (denn ihre frühere Bekanntschaft kennt Hagen nicht, da er Str. 87—102 nichts davon erzählt) 2) Sind die 3 Strophen festzuhalten wegen ihrer handschriftlichen Ueberlieferung. Dass *d* und *k* dieselben haben, während diese Handschriften sonst (*k* jedenfalls in diesem Theile) zur vulgata gehören, macht ihre Echtheit nicht unwahrscheinlich. In *J* stehen die 3 Strophen nicht, sie fanden sich wohl in *O*, dem Original von *d*, und stammen alsdann jedenfalls aus dem 13. Jahrhundert, wenn sie nicht älter sind. — S. Rieger 16.

Str. 338 fragt Gunther, ob er nicht Recken in Brünhilds Land mitführen solle; 30000 (*C* 2000) könne er bald zusammenbringen. Darauf entgegnet Siegfried 339: *der gesellen bin ich einer, der ander soltu wesen, der dritte daz sî Hagene (wir mügen wol genesen), der vierde daz sî Dancwart, der vil küene man; uns endurfen ander tûsent mit strîte nimmer bestân*. Dazwischen stehen in *C* und *B* noch zwei Str., worin Siegfried sagt, wenn sie auch noch so viel Volkes mitnähmen, so würden doch alle vor dem *übermuot* Brünhilds sterben. Daher soll Gunther nur selb viert *in recken wîse* nach Island fahren. — Pasch behauptet, diese 2 Str. seien störend. Auf 338, 4 könne Siegfried nicht entgegnen: „Nicht 30000, sondern 4 wollen wir mitnehmen", sondern er könne nur sagen „Du und ich und 2 andere wollen gehen". [Was das heissen soll, ist nicht zu verstehen.] Nach 338[b] sollen keine 30000 mitgenommen werden, weil doch alle umkommen würden; diss ohne die Verschiedenheit dieser beiden Verhältnisse irgend gewahr zu werden.

---

stehe im Widerspruche mit 339, 4. Allein auch hier hat Pasch ganz falsch gesehen. Abgesehen davon, dass Siegfried gar nicht ausdrücklich als redend eingeführt wird, wenn die beiden Strophen fehlen, so ist doch ganz undenkbar, wie er auf die Frage (338) Gunthers antworten sollte: *der gesellen* etc., damit weist er ja die 30000 gar nicht ausdrücklich zurück, gibt auf Gunthers Frage gar keine Antwort. Was aber den Widerspruch betrifft, der zwischen 338[b] und 339, 4 stattfinden soll, so ist derselbe gar nicht vorhanden, und wenn vorhanden, sehr unbedeutend. Lässt sich nicht denken, dass Siegfried abräth, Mannen mitzunehmen, weil diese doch alle umkommen würden? und lässt sich damit nicht vereinigen, dass er sagt, gegen sie vier als besonders tapfere Helden werden 1000 nichts ausrichten? Diss ist eine im Epos jener Zeit nicht unerhörte Prahlerei. — Ohnehin stehen die 2 Str. in *B*, m ü s s e n also echt sein. — S. Rieger 21 f.

Str. 428[b] s t e h t i n *B*, ist also echt. Die Gründe für und gegen, sofern sie aus dem Sinn und Zusammenhang genommen sind, sind unbedeutend. — S. Rieger 26.

(Str. 491, 4 — 491[b], 3 ist wirklich durch graphisches Verfahren in *A* [und *B*] ausgefallen.)

Str. 565[b] wird der altgermanischen Sitte gedacht, nach welcher vor einer Verlobung die Verwandten um ihre Zustimmung befragt wurden. Die Str. wurde nach Holtzmann in der vulgata ausgelassen, weil diese jene Sitte nicht mehr kannte. Allein es berechtigt nichts zu der Annahme, dass im 13. Jahrhundert diese Sitte nicht mehr bekannt gewesen sei. Im Gegentheil konnte sie der Dichter leichter zu erwähnen vergessen als der Bearbeiter *C*, welcher überhaupt liebt, solche erweiternde Strophen einzufügen. — Man wird diesem Einwand Paschs nicht widersprechen können; aber er beweist nur die Entbehrlichkeit, damit aber nicht auch die Unechtheit der Strophe. S. Rieger 7.

Str. 589[b] wird erzählt, dass Brünhild in der Brautnacht den Gunther bis an den Tag habe hängen lassen; nach Holtzmann wird diese Str. durch Str. 600 gefordert, wo Gunther eben diss erzählt. Allein die Str. ist nach Pasch nicht nothwendig; *A* s e t z t e b e n v o r a u s, dass Gunther bis an den Tag gehangen sei; diss erhellt aus Brünhilds Frage 590. — Auch hier ist Paschs Argumentation falsch. E n t w e d e r hängt Gunther bis an den Tag (nach 600 nothwendig), dann ist in *A* ungeschickt erzählt; denn die ganze Darstellung in *A*, besonders das *dô* 599, 1 macht den Eindruck, als ob Gunthers Bitte in 589 gleich nach dem Aufhängen geschehen sei, und Brünhilds Frage 590 ist gleich nach dem Aufhängen ebenso möglich wie am Morgen; denn wenn sie ihn nicht löst, so finden ihn seine Kämmerer j e d e n - f a l l s gebunden. O d e r aber, Gunther hängt nach *A* n i c h t bis an den Tag; dann Widerspruch mit 600. Die Strophe ist also echt, zumal da sie a u c h i n *B* steht. — S. Rieger 25.

Str. 848[b]. Auf die Verabredung und Ankündigung des falschen Sachsenkriegs hin geht Hagen zu Kriemhild, welche zu Siegfrieds Sicherung im Kampfe auf sein Gewand ein Kreuz näht und Hagen bittet, diese einzig ver-

1. Die Handschriftenfrage. Kritik und Resultate. 83

Mit dem ganzen Spielen mit den Begriffen von „Faulheit"
und „Nachlässigkeit" ist nicht viel zu erreichen; der Schreiber

---

wundbare Stelle Siegfrieds zu beschirmen. Hagen verspricht diss in Str. 848
und geht *træliche dan.* 849 fährt fort: *des küneges ingesinde* (= Hagen;
s. Zarncke, Beitr. 161) *was allez wol gemuot* etc. Darauf folgt die falsche
Heerfahrt und wird durch Boten Hagens wieder vereitelt; Gunther ladet
Siegfried zur Jagd ein. Nach 848 hat nun *C* allein eine Str., worin gesagt
wird, dass Hagen dem Könige den unfreiwilligen Verrath Siegfrieds durch
dessen Weib und seinen darauf gegründeten Plan mitgetheilt habe, der König
aber damit einverstanden gewesen sei. Denselben Inhalt hat Str. 858, welche
in *C* fehlt. — Pasch folgert hier ganz falsch: „Hagen sei fröhlich, weil,
nachdem er Siegfrieds verwundbare Stelle erfahren, die Heerfahrt unnöthig
sei." Es ist aber gar nicht denkbar, dass dieselbe jemals nöthig, jemals
ernstlich gemeint gewesen wäre; wie sollte man einen Kampf veranstalten,
in dem Siegfried vielleicht gar nicht fallen, sondern nur den verkappten
Burgunden recht viel schaden konnte! Der einzige Zweck, um dessen willen
der Scheinkrieg überhaupt angekündigt und vorbereitet wird, ist offenbar
kein anderer, als, wie es auch hernach geschieht, durch Kriemhild Siegfrieds
verwundbare Stelle zu erfahren. Ganz genau dieser Zweck der Scheinfahrt
ist bei der ersten Verabredung derselben Str. 818. 4 erwähnt, in *C* deutlich,
in *AB* minder klar, aber unzweideutig. — Die Str. 848[b] kann also unecht
sein; aber Paschs Bemerkung dazu ist unsinnig. — S. Rieger 17.

Str. 1614 sagt an Rüdigers Hofe Volker, wenn er ein Weib wollte, so
würde er ohne Bedenken Rüdigers Tochter wählen; 1615 „antwortet" Gernot,
sein Sinn wäre derselbe. Dazwischen haben *C* und *B* eine Str., worin
Rüdiger sagt, ein König würde ja doch eines Verbannten Tochter nicht zum
Weibe nehmen wollen. Nach *C*, in welcher sich mehrere Ausdrücke von
1615 auf 1614[b] beziehen, ist letztere unentbehrlich, nach dem Wortlaut der
vulgata nicht. Die Str. kann allerdings fehlen, ist aber jedenfalls echt,
weil in *BC* stehend. S. dazu die schöne Auseinandersetzung bei Zarncke,
Nib.-Frage 29—32. S. Rieger 23.

Str. 1835[bc]. Volker hat im Turnier einen Hunen getödtet; es erhebt
sich ein Streit, den Etzel abbricht. Man geht zu Tische, Str. 1835, und
Z. 4 wird gesagt: *dâ heten die von Rîne starker viende genuoc.* Es dauert
(1836) lange, bis man sich gesetzt hat; inzwischen bespricht sich Kriemhild
mit Dietrich über ihr Vorhaben u. s. w. Nach Str. 1835 haben nun *CJ*
2 Strophen, welche eine Erläuterung zu 1835, 4 bilden, indem sie aussagen,
dass sich aus Hass viele bewaffnet an die Tische gedrängt haben und dass
Etzel allen Unfug verboten habe. Diese Str. sind nach Pasch entbehrlich.
Allerdings, doch damit noch nicht unecht. — S. Rieger 17.

Str. 1939[bc]. Die Unparteiischen, Etzel, Dietrich und Rüdiger verlassen
den Saal. Volker tötet einen Hunen und Etzel klagt (1938/1939) über
diesen Mann, der ihm alles tot schlage. Nachdem sich die drei Genannten
entfernt, geht der Kampf weiter. Nach 1939 hat *C* 2 Strophen, worin gesagt
wird, dass Dietrich und Rüdiger in ihre Herberge gegangen seien. Diese
2 Strophen sind nach Holtzmann unentbehrlich, weil beide nachher aus ihrer
Herberge kommen und man sonst nicht wisse, dass sie überhaupt dort

6*

von *A* war jedenfalls **sowohl** faul als nachlässig. Der ganze Haupt-Schluss des ersten Theils beweist nicht viel oder gar nichts; der zweite Theil noch weniger, da das meiste hier als „grammaticalische Eigenthümlichkeiten" Erwähnte — orthographische Besonderheiten sind, die keinen Schluss gestatten (s. oben § 11, not. 27).

20.

Ganz anders Bartsch. Seine Theorie bietet vor allem das Wohlthuende einer in sich ruhenden, abgeschlossenen und einheitlichen, auf Grund sämmtlicher in Betracht kommenden Verhältnisse aufgebauten Totalanschauung. Es sind, und man kann sagen durchweg mit Glück, alle kritischen Handhaben, sogar mit peinlicher Genauigkeit, verwendet und auf das Endresultat des Ganzen bezogen. Dem allem kommt eine ausgedehnte Kenntnis der zeitgenössischen Litteraturgeschichte zu Hilfe, welche den Verfasser vor kühnen und haltlosen Schlüssen[1]) bewahrt; so dass Bartschs Theorie mindestens — und das werden auch alle ihre Gegner von ihr zugeben müssen — als keineswegs unmöglich, vielmehr als sehr plausibel und, wenn bewiesen, als höchst willkommen und befriedigend erscheinen muss, namentlich da diese Theorie eine versöhnende Vermittlung zwischen den beiden extremen Parteien zu bilden trefflich geeignet ist.

Es kommt aber darauf an, die Beweise Bartschs näherer Betrachtung zu unterwerfen. Was gegen dieselben vorzubringen war, hat Zarncke in der dritten Auflage seiner Ausgabe (S. XXXIX—XLIII) beigebracht; Bartsch antwortete, nicht eben fein, in Pfeiffers Germania (Band XIII, 217—240), damit zugleich eine Kritik des Textes von Zarnckes Ausgabe verbindend, auf welche letztere Zarncke in derselben Zeitschrift (Band XIII, 445 ff.) antwortete. In der vierten Auflage seines Nibelungenliedes (1871) druckte Zarncke das in der dritten gegen Bartsch Vor-

---

gewesen. — Pasch wendet richtig ein, dass sie ja schon 1932 und 1935 gegangen seien, so dass nicht nothwendig dazustehen brauche, wohin. Ausserdem seien 1939[bc] störend, 1939[b], 3 sei zu wenig innerlich [wie so? „*sine wolden mit dem strite niht ze schaffen hân*"], und es seien Widerholungen in den Versen enthalten. — Die Strophen sind allerdings entbehrlich; aber inwiefern sie schlecht oder störend sein sollen, ist nicht einzusehen; sie stehen an ganz guter Stelle. S. Rieger 10.

1) Wie etwa die Holtzmanns in dem zweiten (und dritten) Theile seiner „Untersuchungen".

gebrachte wider ab (S. XLVIII—LI). Es soll im Folgenden auf Zarnckes Einwände Rücksicht genommen werden.

Bartschs Theorie war gewissermaassen durch die vorher allein vorhandenen Theorieen geboten. Beide streitenden Parteien hatten sich und ihren Stoff zum Ueberdruss erschöpft; beide hatten einander trotz alles angewandten Scharfsinns, der freilich nicht selten mit einer minder wünschenswerthen Zugabe von Grobheit und beissenden Ausfällen auf den Gegner versetzt war, nicht überzeugen können. Man hat in der That bei der Lectüre der Untersuchungen Holtzmanns, Zarnckes und ihrer Gegner das Gefühl, dass beide Theile Recht haben, d. h. richtiger keiner von beiden. Im Gebiete der Strophendifferenz und der Lesarten, auch in dem Wenigen von Metrik, was Holtzmann (Unters. S. 62—81) und Rieger (Nibelungen S. 91—100) beibringen, haben beide Parteien Hunderte von Stellen für sich beigebracht, jede mit demselben Recht und an einzelnen Stellen beide überzeugend. Daraus muste sich dem Unparteiischen die Folge ergeben, dass wohl keiner der bis dahin einseitig vertretenen Texte das absolut Echte, d. h. die Quelle der anderen darstelle, dass vielmehr alle Texte mit einander auf ein von allen verschiedenes Original hinweisen. Und diese Verschiedenheit des Originals von seinen Bearbeitungen kann nicht als eine so unbedeutende erscheinen, wie auch die extremsten Vertreter einer der feindlichen Ansichten eine solche annehmen musten und annahmen, sondern sie muss eine durchgreifendere gewesen sein, will man aus ihr die manchfachen, nicht unbedeutenden Einzelverschiedenheiten der beiden Haupttexte genügend ableiten können. Ferner aber muss natürlich an den Stellen, wo die Texte abweichen, ein Wortlaut im Original angenommen werden, welcher die beiderseitigen Aenderungen begreiflich macht und erklärt.

Auf diesen Gesichtspunct hin hat denn auch Bartsch wirklich alle in Betracht kommenden Puncte und alle eine Lesartenverschiedenheit enthaltenen Stellen des Gedichtes betrachtet und wirklich bewiesen, dass in allen Puncten beide Bearbeitungen des Gedichts abwechslungsweise echtere Gestaltungen des Textes der einzelnen Stellen darbieten, dass sich kein Punct findet, in welchem wirklich eine Bearbeitung absolut echter wäre als die andere.

Aus allen den vielen Gesichtspuncten, die Bartsch der Textkritik zu Grunde legt, ragen durch Wichtigkeit zwei hervor:

1) Die freien Reime, 2) die Senkungsgesetze, namentlich die Behandlung der achten Halbzeile.

1) Durch die Betrachtung der freien Reime gewinnt Bartsch das Verhältnis der Bearbeitungen unter sich und zu dem verlorenen Original. Zarncke glaubt vielleicht nicht mit Unrecht, dass in den freien Reimen, die noch im Nibelungenlied erhalten sind, kein Beweis liege. Denn solche Reime finden sich noch bei späteren Dichtern und in grösserer Anzahl als im Nibelungenliede. Ausserdem beschränkt sich weitaus der grösste Theil dieser Reimfreiheiten auf Reime auf den Namen *Hagene*; Bartsch bemerkt (Pf. Germ. XIII, 221) zwar mit Recht, dass auf diesen Namen genug genaue Reime möglich gewesen wären; aber sollte nicht der Name als solcher (denn Namen geniessen ja stets gewisse metrische Freiheiten, wenn auch sonst nicht eben im Reime) vielleicht auch noch in einer Zeit genauerer Reime einen ungenauen Reim gestattet haben? Dass nun gerade die auffallendsten, alterthümlichsten und freiesten Reime sich durch zwei formelle Umarbeitungen hindurch sollten erhalten haben, ist auffallend und schwer glaublich. Allein sind denn wirklich jene von Bartsch als besonders alterthümlich bezeichneten Reime, wie *Hagene* : *gademe*, *Hagene* : *menege*, so ganz besonders frei und ungenau? Bartsch sagt, dass sich solche doppelt-consonantisch und dazu vocalisch ungenaue Reime, deren Reimsilbe die drittletzte sei, nur vor 1150 noch finden. Das mag sein; aber es ist vielleicht ein Zufall. Bartsch sagt selbst, dass gewiss ursprünglich in solchen Wörtern die letzte Silbe gereimt habe,[2]) dass aber im zwölften Jahrhundert die drittletzte Silbe die Reimsilbe gewesen sei. Das letztere mag wahr sein; aber wie soll dann eine Unregelmässigkeit des Reims in dieser Silbe, die inmitten des Verses steht, schwerer wiegen als eine solche in der letzten Silbe des Verses, d. h. eine Ungenauigkeit im stumpfen Reime? Das Nibelungenlied kennt noch keine klingenden Reime, somit reimt, genau genommen, in jenen Wörtern die letzte Silbe — *e*, welche in allen jenen Wörtern gleich ist; Gleichklang der vorhergehenden Silben muss natürlich wegen des Worttons schon gewünscht werden, damit nicht diesem zuwider der Accent zu einseitig auf die kurze letzte Silbe falle; aber gefordert werden kann gewiss der Gleichklang der vorhergehenden Silben

---

2) Bartsch, Unters. 2.

nicht. Es ist also gewiss ein Zufall wenn solche freie Reime nur vor 1150 sich finden.³) Sind also jene dreisilbigen Reime nicht als freier zu betrachten als die freien stumpfen Reime, die das Nibelungenlied enthält, so fällt jener Einwand gegen Bartsch weg, dass sich gerade die **allerfreiesten** Reime sollten erhalten haben. Es fällt aber auch der Schluss weg, den Bartsch aus diesen **erhaltenen** freien Reimen auf das hohe Alter des Liedes ziehen wollte. Beweisen somit die erhaltenen Reimfreiheiten kein höheres Alter des Liedes, also keine Nothwendigkeit, über die handschriftliche Tradition auf eine ältere Gestalt zurückzugehen; so würde wohl auch der Umstand, dass gerade an allen Stellen, wo sich ungenaue Reime finden, nur **eine** Bearbeitung einen solchen aufweist, noch nicht genügen, um das von Bartsch aufgestellte Verhältnis der Bearbeitungen zu beweisen. Denn auch wer einer einzelnen Bearbeitung absoluten Vorrang zuerkennt, wird, ohne seinen Standpunct noch verlassen zu müssen, zugeben können, dass an den wenigen Stellen, wo die andere Bearbeitung einen freien Reim aufweist, diese das Echte erhalten habe; denn das auf diese Weise sich ergebende Original wird von der als echtest erwählten Handschrift nicht sehr viel verschieden sein, die letztere also immer noch so ziemlich das Original darstellen. — Die **erhaltenen** Assonanzen werden also das von Bartsch aufgestellte Handschriftenverhältnis noch nicht beweisen, wohl aber, wenn es anderswoher wahrscheinlich gemacht wird, den Beweis wesentlich unterstützen können.

Und diss ist auch wirklich der Fall. An den Stellen, wo noch **eine** Bearbeitung einen freien Reim erhalten hat, war glaublich, dass die andere Bearbeitung eben die Lesart der ersten geändert habe, um des Reimes willen; hier also brauchte man im einzelnen Falle — und der Fälle sind wenige — noch nicht über **eine** von beiden Bearbeitungen hinauszugehen. Anders an den Stellen, wo die Bearbeitungen im Reime von einander abweichen und beide genau reimen. Hier hat keine von beiden etwas Auffallendes oder Alterthümliches, keine etwas, was Anlass zur Aenderung gegeben haben könnte. Somit kann keine Originaltext sein; dieser muss vielmehr, um die Aenderungen begreiflich zu machen, irgend etwas Auffallendes, etwas

---

3) S. auch Zarncke, Ausg. CXIII f. S. über die ganze Frage im Nachtrag.

Alterthümliches gehabt haben. Für dieses Etwas nun bieten sich bei einem Gedicht, dessen erhaltene Redactionen an den Schluss des zwölften Jahrhunderts weisen, die **freien Reime** fast von selbst, für deren Entfernung durch Ueberarbeitungen älterer Gedichte es ja an Parallelen gerade aus **jener Zeit** nicht fehlt. Und sind die noch im Nibelungenliede erhaltenen Reime nicht als **besonders** alterthümlich anzusehen, so wird auch (s. o.) der Einwand fallen müssen, dass ein Stehenbleiben gerade der freiesten Reime nicht denkbar sei. Fällt nun dieses Moment weg, so wird auch, wenigstens vom Standpuncte der Handschriftenfrage aus,[4]) jene erste von Bartsch angenommene und um 1170 angesetzte Umarbeitung nicht mehr nöthig sein. Jedenfalls aber fällt Zarnckes Einwurf,[5]) dass „das beiden Bearbeitungen gemeinsam Verbleibende einen Stil und eine Darstellungsweise zeige, wie sie vor 1190 nicht möglich seien." Denn nicht nur macht die Persönlichkeit des Dichters, welche beim Nibelungenliede doch entschieden eine bedeutendere ist als bei den andern Epikern der Zeit um 1170, eine grosse Verschiedenheit des Stils möglich; nicht nur muss der Stil eines strophisch gehaltenen Gedichtes nothwendig ein anderer sein[6]) als der eines in Reimpaaren verfassten; sondern es ist überhaupt gewagt, in der Diction einen solchen zeitlichen Unterschied statuiren zu wollen. Des Kürenbergers Lieder werden in die Zeit um 1140 gesetzt; wie viele Anklänge an die Sprache des Nibelungenliedes haben darin Franz Pfeiffer,[7]) Thausing[8]) und Bartsch[9]) nachgewiesen! Wenn endlich Zarncke die Versart und den Stil des Liedes mehrfach lyrisch sein lässt,[10]) so darf hier nur wider an den Kürenberger erinnert werden, dessen Lyrik wohl nicht für minder modern gelten darf als die des Nibelungenliedes, trotz der nach Zarncke vorhandenen zeitlichen Distanz von einem halben Jahrhundert.

Wir dürfen also gewiss ohne Bedenken Bartschs Ansichten über die doppelte Umarbeitung einer um 1170 anzusetzenden

---

4) Denn die Kürenberger-Theorie verlangt nach Bartsch diese Mittelstufe.
5) Zarncke, Ausg. XLVIII.
6) S. Zarncke, Ausg. VIII; 389 f.; Beitr. 239 f.
7) S. Freie Forschung S. 25—28.
8) S. Bartsch, Unters. 363.
9) S. Bartsch, Unters. 362 f.
10) S. Zarncke, Beitr. 240.

1. Die Handschriftenfrage. Kritik und Resultate.

Gestaltung des Gedichts, welche noch wesentlich in freien Reimen gehalten war, adoptieren, umsomehr als Bartsch zugleich für alle Fälle der Reimdifferenzen[11]) und für alle Arten von Assonanzen, die er dafür annimmt,[12]) hinreichend viele Parallelen aus den Umarbeitungen der zweiten Hälfte des zwölften Jahrhunderts beigebracht hat. Neben den freien Reimen des Originals hat jedoch Bartsch auch andersartige Alterthümlichkeiten angenommen und auch dafür Parallelen angeführt.[13])

Für das hohe Alter des Nibelungenliedes führt Bartsch[14]) ferner noch die ungenauen Cäsurreime derselben an. Dieselben wurden von den Bearbeitern selten entfernt, jedenfalls nicht um ihrer selbst willen, weil auf diese Reime nicht geachtet wurde. Allein wenn Bartsch sagt, dass „sie überhaupt für zufällig zu halten, ihr häufiges Vorkommen verbiete",[15]) so ist das doch nicht streng beweisend. Es sind etwa 132 Stellen des Liedes, die Bartsch anführt und deren Binnenreime er durch ähnliche Endreime des zwölften Jahrhunderts als beglaubigte Reimfreiheiten documentiert. Wie viele von diesen Reimen mögen rein zufällig sein, umsomehr als Bartsch darunter Reimwörter von sehr unähnlichem Klange aufgeführt hat! Können also diese „freien Cäsurreime", nachdem das hohe Alter des Liedes erwiesen, als Reste älterer Form gelten, so ist jedenfalls an und für sich ebenso möglich die Annahme, dass dieselben ganz zufällig seien; jedenfalls also kann aus denselben kein Schluss auf höheres Alter gezogen noch auch ein solcher verstärkt werden.

2) Durch die Betrachtung der Senkungsgesetze und ihrer Beobachtung an den gemeinsamen Stellen und an den jeder Bearbeitung eigenen, hat Bartsch das Verhältnis der Bearbeitungen ihrer grösseren oder geringeren Treue gegen das Original nach festzustellen gesucht. Auch die hier von Bartsch gezogenen Schlüsse hat Zarncke a. a. O. bekämpft. Wenn wir[16]) aus ästhetischen Gründen, die in der Auffassung des Ganzen, in der gesammten Stilart und Darstellung liegen, einer von beiden Bearbeitungen den Vorzug nicht geben können, vielmehr beide als wesentlich gleich und gleichberechtigt betrachten müssen, so

---

11) S. Pf. Germ. XIII, 221—223.
12) S. Bartsch, Unters.
13) S. Pf. Germ. XIII, 224; Unters. 45 f.
14) Wie schon Holtzmann, Unters. 67—70.
15) S. Bartsch, Unters. 53.
16) S. oben, Seite 76 f.

wird der letzte Grund geschwunden sein, *C* irgend einen kritisch in Betracht kommenden[17]) Vorzug vor der vulgata zu geben. Bartsch hat wohl auch hier richtig gesehen, wenn er *C*, weil sie den Versbau möglichst zu glätten sucht, den geringeren Anspruch auf Originalität zuerkannte. Am deutlichsten ist diss bei der Behandlung der achten Halbzeile. Zarncke hat hier Bartschs Beweise nicht zu entkräften vermocht. . Dass der kretische Rhythmus des Strophenschlusses nicht gewollt, sondern nothwendig herbeigeführt sei durch die in der letzten Halbzeile häufigsten Worte,[18]) hat Bartsch durch Verweisung auf den Kürenberger, bei dem nothwendig meist andere Worte, als im Epos, den Schluss der Strophen bilden müssen und der doch den kretischen Strophenschluss vorwiegend anwendet, genügend widerlegt.[19]) Dass *C* so sehr oft im letzten Halbverse nichtssagende Aenderungen (die also nicht um des Sinnes willen unternommen sein können) anbringt, durch welche der Rhythmus jambisch wird, beweist wohl deutlich, dass *C* den kretischen Rhythmus mehr oder minder vermied, um die Senkung auszufüllen.

Mit der Behandlung der achten Halbzeile hängt das Schicksal der Plusstrophen von *C* eng zusammen. Hat der Bearbeiter *C* eine deutlich ausgeprägte Individualität in der Behandlung des Textes verrathen, deren Hauptzug das Streben nach Glättung ist, so wird diese Individualität in den Plusstrophen derselben besonders deutlich heraustreten müssen, wenn dieselben sein eigenes Machwerk sind. Diss ist auch wirklich der Fall: metrische Behandlung und Wortgebrauch weisen wesentliche

---

17) Etwas anderes ist es, wenn *C* mit Recht in ästhetischen Dingen, als Grundlage zu Uebersetzungen, Vorlesungen u. ä., bevorzugt wird als der umfangreichste und im allgemeinen auch beste und feinste Text.

18) Zarncke führt folgende Fälle an, wo kretischer Rhythmus nothwendig sei und neben denen freiwillige Kretici ganz selten seien:

1) Die Doppelhebung liegt auf einem Eigennamen von der Form /\ (⌣), wohin die meisten des N. L. gehören: *Búrgónden* u. a. [s. § 13, not. 93.];

2) Sie ruht auf Appellativen oder Adjectiven von dieser Form, wie *hérlicher*, *bluotiger*, *víande* u. ä.; auch diese waren nur bei kretischer Form an dieser Stelle unterzubringen;

3) Sie ruht auf einem trochäischen Wort, dem ein jambisches folgt: *rítter gemeit*, *wólde gestán* u. ä. Auch hier musste nothwendiger Weise kretischer Rhythmus eintreten.

19) S. Pf. Germ. XIII, 229.

Unterschiede auf gegenüber der Metrik und dem Wortgebrauche des gemeinsamen Textes. Kretischer Rhythmus der achten Halbzeile findet sich unter den 80 Strophen nur neunmal, also ist das Verhältnis der jambischen Schlüsse zu den kretischen das von 8:1, während in den Strophen, die C mit B gemein hat, das Verhältnis das von 6:5 ist.[20]) Auch sonst ist das Fehlen der Senkungen selten. Der Wortgebrauch weist ebenfalls mancherlei Besonderheiten auf; doch sind dieselben wohl nicht der Art, dass sich aus ihnen allein ein Schluss ziehen liesse. — Die Erklärung, welche Zarncke für diese auffallend grosse Minderheit der kretischen Schlüsse in den Plusstrophen von C gegeben hat, dass nemlich diese Strophen fast alle der Betrachtung und Reflexion dienen und dass für diese der jambische Rhythmus mehr geeignet sei, weil die den kretischen Rhythmus hervorrufenden Wörter meist nur in der epischen Erzählung vorkommen, genügt offenbar nicht, und Bartsch hat[21]) mit Recht darauf hingewiesen, dass einmal kein Grund vorhanden sei, warum die Betrachtung und Reflexion die betreffenden Wörter und Wendungen weniger anwenden sollte als die epische Erzählung, und dass zweitens auch in den gemeinsamen Strophen die Schlusszeile sehr häufig eine Reflexion des Dichters enthalte, ohne dass deswegen hier der jambische Rhythmus, auch in C, vorwiegen würde.

Es wird demnach nichts dagegen beizubringen sein, dass die Plusstrophen von C eigenes Machwerk dieses Bearbeiters seien (ebenso auch die denselben metrischen Charakter tragenden von CJ), worauf auch schon der gemeinsame Charakter aller dieser Strophen einigermaassen hinweist. Mehrere dieser Strophen können allerdings sehr erwünscht erscheinen; aber nothwendig ist deren keine;[22]) manche stören durch ihren glossenmässigen Charakter sehr. Was am meisten für diese Strophen sprechen könnte, sind die vielen klingenden Reime; aber Bartschs Erklärung dafür dürfte genügen.[23])

Ebenso werden aber auch nach dem Grundsatze, dass nur das beiden Bearbeitungen Gemeinsame echt ist, die Plusstrophen der vulgata als unecht gelten dürfen.

---

20) S. § 13, not. 57.
21) S. Pf. Germ. XIII, 228.
22) S. § 19, not. 2.
23) Bartsch, Unters. 9. S. § 13, not. 9.

Der doppelten Zudichtung von Strophen durch den Bearbeiter von *C*, welche Bartsch annehmen will, tritt die Unwahrscheinlichkeit gegenüber, dass derselbe Bearbeiter zuerst 20 Strophen ohne Cäsurreime, sodann aber 80 Strophen, in denen auf alle vier Strophen ein Cäsurreim kommt, sollte gedichtet haben. Wenn also die 20 Strophen, welche *J* mit *C* gemein hat, diese Reime nicht enthalten, so ist diss so zu erklären, dass der Bearbeiter des Originals der Gruppe *J* nur solche Strophen aus *C* auswählte, welche keinen Cäsurreim boten.[24])

Was die Entlehnungen aus der Klage betrifft, welche Bartsch der Bearbeitung *C* zuschreibt, so sind dieselben keineswegs unmöglich, und dieses Verhältnis mag sich dadurch bestätigen, dass *C* in der Klage manche Stellen auslässt, deren Inhalt sie im Nibelungenliede hinzugedichtet. Aber zu weit geht Bartsch, wenn er die Entlehnungen bis auf die einzelsten Ausdrücke ausdehnt, unter welchen viele sind, die gar nichts besonderes an sich haben. — Die übrigen Bemerkungen Bartschs über die Klage gehören nicht hieher. Natürlich, dass in ihr das Handschriftenverhältnis dasselbe ist wie im Nibelungenlied.

Noch Einiges über das Alter der beiden Bearbeitungen.[25]) Dass die Bearbeitung *C* etwa 1190—1200 entstanden ist, wird durch die von Bartsch und von Anderen beigebrachten Zeugnisse bewiesen. Minder sicher ist die Zeitbestimmung der vulgata. Einen *terminus ad quem* erhalten wir hier aus dem Umstande, dass die falsche Schreibung von *B* 1494, 1: *vil niulich gehit* statt *vil müelich gesit*, in der Thidrekssaga zu einer ganzen Erzählung von dem Weibe des Fährmanns Veranlassung geworden ist.[26]) Ist die Thidrekssaga um 1250 verfasst, wie Holtzmann und Zarncke[27]) angeben, so fällt *B* als Handschrift (denn *A* theilt jenen Schreibfehler nicht) vor 1250, noch früher natürlich die Bearbeitung. Diss streitet noch nicht mit Zarnckes Zeitbestimmung, auch das nicht, dass nach Bartsch *B* eher vor als nach 1240 geschrieben ist.[28]) Holtzmanns Angabe,[29]) dass *O* noch im zwölften Jahrhundert geschrieben

---

24) S. § 13. not. 104.
25) Ueber das des Originals s. u.
26) S. Holtzmann, Unters. 210.
27) Holtzmann, Unters. 174; Zarncke, Ausg. LXXXIII
28) Bartsch, Unters. 368.
29) Holtzmann, Unters. 62.

sein könnte, bestätigt sich durch Zarnckes und Bartschs Angaben nicht. Dagegen fällt nach Bartsch[30]) die Handschrift S an den Anfang des dreizehnten Jahrhunderts, wodurch natürlich die Entstehung der vulgata in eine weit frühere Zeit gerückt wird. Dazu kommt, dass die in der vulgata erhaltenen Formen: *ritere* oder *ritære, samet, Gunthere, beidere, niemenne, èriste* nach Bartsch bestimmt auf das zwölfte Jahrhundert deuten. Zarnckes Theorie von der Entstehung der vulgata nach Nitharts österreichischen Liedern, d. h. nach 1230, ist somit zu verlassen. Daraus folgt auch etwas über die Heimat der vulgata. Hat diese den Namen *Zeizenmûre* nicht aus Nithart geschöpft, so muss ihr Redactor ein Oesterreicher sein, weil ein Nichtösterreicher gewiss nichts von der Existenz von Zeisselmauer wissen konnte; wenigstens wird er so lange dafür gelten müssen, bis ein Werk des zwölften Jahrhunderts wird gefunden werden, das diesen Namen enthält, aus dem also der Verfasser der vulgata geschöpft haben könnte.

Resultate.

21.

Kurz zusammengefasst, sind somit die Resultate dieser Untersuchung folgende:

1) A ist schlechter als B und von geringerem Werthe; B ist der eigentliche Repräsentant der vulgata.

2) Weder die Bearbeitung C noch die vulgata sind absolut echt; beide sind vielmehr Bearbeitungen einer älteren, vor 1190 fallenden Gestalt des Gedichtes, der Form wegen unternommen.

3) Ob diese ältere Gestalt nicht selbst schon eine Bearbeitung des Originals, dieses also noch älter ist, kann die Handschriften-Untersuchung nicht entscheiden.

4) Inwieweit die beiden Bearbeitungen B und C neben den Assonanzen ihres Originals noch andere Alterthümlichkeiten beseitigt haben, lässt sich nicht mehr entscheiden.

5) Beide Bearbeitungen sind etwa in den Jahren 1190—1200 entstanden.

6) Der Verfasser der vulgata war ein Oesterreicher.

---

30) Ausgabe S. XI.

94 I. Die Entstehung des Nibelungenliedes.

7) In der Bearbeitung C lassen sich keine weiteren Redactionen mehr unterscheiden.

8) Dagegen sind einige Handschriften der vulgata, die der Gruppe J, von einer Handschrift des anderen Textes in manchen Dingen abhängig; insbesondere haben dieselben von den Plusstrophen des Textes C zwanzig herübergenommen.

9) Für die Handschriftenvergleichung im Einzelnen gilt, dass nur, was beiden Bearbeitungen gemeinsam ist, als echt gelten kann; was nicht gemeinsam ist, ist Eigenthum der Bearbeitungen.

10) Daher sind die Plusstrophen beider Bearbeitungen nicht dem Original zuzutheilen; wohl aber sind die in A allein fehlenden Strophen echt.

11) Das Verhältnis der Handschriften in der Klage ist dasselbe wie im Nibelungenliede.

12) Daraus ergibt sich folgende Genealogie:

Zweiter Abschnitt.
Die Nibelungensage.

22.

Die Sage als der Inbegriff des in dem Gedichte Dargestellten muss uns natürlich hier auch berühren, da auch sie zu den Entstehungsmomenten und Bedingungen des Gedichts gehört. Es soll aber hier nicht eine Darstellung der Nibelungensage nach ihren verschiedenen Gestaltungen in den eddischen Liedern und Prosastücken, in den angelsächsischen Epen, in der Thidrekssaga, im Nibelungen- und Siegfriedsliede gegeben werden, sondern es soll gefragt werden: 1) wie ist die in der Nibelungensage offenbar vorliegende Verschmelzung eines historischen Elements (in der Sage von Attila und den Burgunden) und eines mythischen (in der Sage von Siegfried und den Nibelungen) zu erklären; 2) welche ursprüngliche Bedeutung ist der Siegfriedssage zuzuschreiben; 3) in wie weit ist die alte Gestaltung der Sage im Nibelungenliede noch erhalten, beziehungsweise besser erhalten als in den andern Aufzeichnungen der Sage, in wie weit ist sie getrübt oder völlig zerstört?

1. Der historische Theil der Sage.

23.

Dass in der Nibelungensage, so wie sie uns in allen vollständigen Ueberlieferungen vorliegt, zwei Theile bestimmt zu unterscheiden sind, einerseits die Geschichte Siegfrieds bis zu seinem Tode und andererseits die von dem Untergange der Burgunden durch Attila, ist allgemein anerkannt. Ebenso ist klar, wo die Verbindungspuncte zwischen beiden Theilen liegen müssen; beiden sind jedenfalls gemeinsam die Personen Kriemhilds und der Nibelungen. Es gehen aber eben in der Erklärung dieser Verschmelzung von ursprünglich getrennten Personen und Erzählungen die Ansichten der Gelehrten auseinander. Den wesentlichsten Streitpunct bildet die Frage, ob nach der älteren Fassung der Sage Kriemhild oder Etzel die Schuld an dem Untergange der Burgunden getragen habe. Die nordische Sage weicht in diesem Puncte wesentlich von der deutschen ab, indem jene Atlis Gier nach dem Horte Siegfrieds den Untergang der Burgunden herbeiführen, Gudrun aber (= Kriemhild) auf der Seite ihrer Brüder kämpfen und zuletzt, um diese zu rächen, ihren Gatten Atli ermorden lässt.

24.

Karl Lachmann

hat zuerst genauere Forschungen über die Trennung des historischen und des mythischen Theils der Sage angestellt.¹)

Ein historisches Ereignis, das alle Darstellungen haben, ist die Besiegung der Burgunden²) durch die Hunen. Dieser Vorgang, obwohl in allen Darstellungen der Sage an einen falschen Ort versetzt, ist doch ganz entschieden historisch und gut bezeugt. Die Burgunden (in mehreren Quellen wird *Gundicarius*, d. h. ahd. *Gundahari*, mhd. *Gunthere*, als König derselben bezeugt) wurden im Jahre 435 oder 436 von Aetius besiegt und 437 von den Hunen gänzlich geschlagen und ihr Königshaus vernichtet;³) wahrscheinlich östlich vom Mittelrhein,

---

1) „Kritik der Sage von den Nibelungen", aus dem Rhein. Museum von 1829; später in die „Anmerkungen" aufgenommen, S. 333—349.

2) oder Nibelungen (so in der Siegfriedssage) oder Gibichungen (nord. Gjukungen).

3) [Die Stellen dafür s. Müllenhoff, Zur Gesch. der Nib. Sage, in Haupts Zeitschr. X, 148 f.; bei Idacius: Burguudiones, qui rebellaverant, a Romanis duce Aetio debellantur (136); Burgundionum caesa viginti milia (437); bei Prosper Aquitanus: Gundicarium Burgundionum regem intra Gallias habitantem Aetius bello obtrivit, pacemque supplicanti dedit; qua non diu potitus est, si quidem illum Huni cum populo suo ac stirpe deleverunt; Attila als Führer der Hunen erscheint erst bei Paulus Diaconus.]

2. Die Nibelungensage. Der historische Theil der Sage.

auf dessen beiden Seiten die Burgunden damals wohnten.⁴) Dazu kommt ferner, dass König Gundobald in der lex Burgundionum tit. 3 als seine Vorfahren *Gibica*, *Godomarus*,⁵) *Gislaharius* und *Gundaharius* nennt. Diese Namen treffen mit denen der Nibelungen zusammen,⁶) und ihr Nebeneinanderstehen in beiden Theilen der Sage verstärkt den Beweis, dass an diesem Puncte die Verschmelzung zwischen Sage und Geschichte stattgefunden hat; denn die Nibelungen als solche gehören der Siegfriedsage unmittelbar an und nur ihr allein, wie schon der Name „Nibelungen"⁷⁾ beweist.

Dass die Nibelungen eigentlich der Geschichte der Burgunden vollständig ferne stehen, beweist der Umstand, dass sie nur in den deutschen Gedichten jüngeren Alters⁸) und nur einmal in der Edda Burgunden heissen, aber in allen Darstellungen der Sage zugleich als Franken gelten. Dazu kommt, dass der Name *Nibelung*, der allen Darstellungen der Sage gemeinsam ist, als historischer Personenname, wenigstens in älterer Zeit, lediglich ein fränkischer ist.⁹)

Lachmann beweist des Weiteren, dass Siegfried und die Nibelungen gar nicht historische, sondern rein mythische Persönlichkeiten sind; darüber s. u.

Aber auch die Sage von dem Untergange der Burgunden ist als Sage schon sehr alt; sie war wohl schon vor der Vernichtung des burgundischen Reichs Eigenthum des Volksgesangs, d. h. vor 538, da nach dieser Katastrophe sich an jene frühere das Gedächtnis wohl kaum mehr erhalten hätte ohne vorherige Festhaltung durch Sage und Lied.

---

4) [S. Müllenhoff, Nib. Sage 146 ff.; Zarncke, Ausgabe II. — Ob Attila wirklich der Führer der Hunen war (s. Müllenhoff 150 f.), ist gleichgiltig, da er jedenfalls in Sage und Geschichte Repräsentant des Hunenvolks ist.]
5) So oder *Godomaris* (?), *Gundomarus*.
6) *Gibich* (nord. *Giúki*, mhd. *Gibeke*) heisst Gunthers Vater in allen Aufzeichnungen, ausser in Nibelungen, Klage und Biterolf; *Gunther* (nord. *Gunnarr*) ist gemeinsam; aber *Gundomar* (nord. *Guttormr*) und *Giselher* gehören nur der Geschichte an, finden sich daher auch nicht in allen Aufzeichnungen; statt Gundomars steht meist *Gernót* als dritter Bruder da.
7) Opp. *Völsungar*; s. u.
8) Nibelungen, Klage, Biterolf.
9) Auf das fränkische Worms, das in der deutschen Sage von den Nibelungen und in der von Walther erscheint, sowie auf die Abstammung Hagens von Troja (Nib. „Tronege"; s Lachmann, Anm. S. S. 336), woher nach der Sage die Franken stammen, ist wenig Gewicht zu legen.

Mit der Sage vom Untergang der Burgunden durch Etzel ist auch Dietrich verbunden, welcher ganz unstreitig mit dem historischen Ostgothen Theodorich dem Grossen identisch ist. Er hält sich auf seiner durch die Sage ganz unhistorisch als sehr lange dauernd dargestellten Flucht vor Odoaker[10]) bei Attila auf. Das eigenthümliche Verhältnis, in welchem er in der Sage zu der Katastrophe steht, ist das, dass überall, wo Dietrich bei derselben erscheint, der Mord der Burgunden als Kriemhilds Werk dargestellt wird, während in den Darstellungen, nach denen Attila selbst Urheber des Mordes ist, Dietrich fehlt.

Wie kam aber überhaupt die Sage dazu, Attila mit Siegfrieds Witwe oder mit der Schwester der Burgunden vermählt sein zu lassen? Am natürlichsten erklärt sich diss, wenn man annimmt, dass Attila und die Burgunden in der Sage schon als verbunden fixiert waren, ehe diese mit den Nibelungen identificiert wurden.[11]) Wenigstens hat die ungarische Volkssage[12]) uns als den Namen einer der vielen Gemahlinnen Attilas, einer deutschen Princessin, den Namen Cremild[13]) aufbewahrt, während dieselbe weder von Gunther noch von den Nibelungen etwas weiss. Da nun die ungarische Sage auch von Dietrich[14]) etwas weiss als einem Freunde Attilas, so wird auch Dietrich schon in der Burgundensage figuriert haben, ehe sie mit der Nibelungensage combiniert wurde. Damit erhält aber zugleich die deutsche Darstellung des Untergangs der Burgunden, nach welcher Kriemhild die Schuld an dem Morden trägt, den Vorrang vor der nordischen. Doch können beide Darstellungen gleichzeitig und unabhängig von einander existiert haben.

Die Veranlassung aber, beide Sagen, die burgundische und die fränkische, zu combinieren, lag offenbar sowohl in der Gemeinsamkeit des Namens Gunthers als auch in der Unvollständigkeit

---

10) S. Lachmann, Anmerk. S. 337.

11) Es ist sogar nach Lachmann nicht unmöglich, dass die Vermählung Attilas mit einer burgundischen Fürstentochter vor 437 historisch sei; wenigstens seien 435 Hunen und Burgunden befreundet gewesen.

12) [Nach Simon von Keza; s. Wilhelm Grimm, Deutsche Heldensage, No. 63 (S. 163—166).]

13) [Bei Grimm l. c. S. 165: de illustri prosapia Germaniæ ducum orta, domina Kremheylch vocitata; ibid. S. 166: Crumhelt.]

14) S. Grimm l. c. 164: Detricus de Verona; — — Hungarorum in idiomate halhatatlan Detreh dici meruit, præsentem usque in diem (Keza schrieb in der 2. Hälfte des 13. Jahrh).]

2. Die Nibelungensage. Der historische Theil der Sage.

der Sage von Siegfried, wenn diese mit seiner ungerochenen Ermordung schloss.¹⁵) Wann die Verbindung beider Sagen geschah, ist nicht mehr zu entscheiden; jedenfalls liegt kein Grund vor, sie bis zu Karl dem Grossen oder über denselben hinaufzurücken.

25.

Ganz unabhängig von Lachmanns Ansicht und vielfach derselben entgegengesetzt ist die (jetzt freilich veraltete) von

Wilhelm Grimm,

in dessen Werk „Die deutsche Heldensage" (Göttingen 1829)¹) entwickelt.

W. Grimm hält die nordische Darstellung vom Untergange der Burgunden für die echtere: Kriemhild erhält von ihren Brüdern ein Wergeld für Siegfrieds Tod²) und kann somit nach altgermanischer Anschauung, wie solche der Norden noch reiner erhalten hat, nicht mehr auf Rache gegen dieselben sinnen. Damit hängt es zusammen, wenn Grimm den nordischen Atli von dem historischen Attila vollständig trennt und glaubt, dass eine Identificierung beider erst später erfolgt sei. Grimm glaubt somit, dass schon vor dem Eindringen des historischen Elementes die ganze Nibelungensage bis zu Atlis Tod ein Ganzes gebildet habe und dass eben durch die Aehnlichkeit von Atlis und Attilas Namen und die zwischen der burgundischen Katastrophe von 437 und der Vernichtung der Gjukungen der historische Attila und die historischen Burgunden in die Sage eingedrungen seien. Attila erscheint in der Edda noch als kleiner, unbedeutender Fürst, nicht als der welthistorische Hunenkönig der deutschen Sage und der Geschichte;³) auch

---

15) Nach dem ursprünglichen Sinn des Siegfried-Mythus, wie ihn Lachmann darstellt, ist diese Unvollständigkeit nicht vorhanden, sondern die Sage und ihr mythischer Gehalt schliesst mit Siegfrieds und Brünhilds Tod.

1) Lachmanns „Kritik" und Grimms „Heldensage" erschienen fast gleichzeitig (s. Lachm., Anm. S. 349).

2) Davon scheint ein halb unverstandener Rest die *suone* im Nib. Lied (1046—1055) zu sein.

3) Dass auch Atli König von Hunaland heisst, wäre eben durch das Hereindringen der historischen Vorstellungen von Attila zu erklären; ebenso das einmalige Vorkommen des Namens der Burgunden.

zeigt sich sein Charakter in beiden Darstellungen der Sage verschieden; er erscheint im Norden als tückisch, habgierig, schwach und feig, was er in der deutschen Sage nicht ist.¹)

26.

A. Giesebrecht¹)

hat zwar im allgemeinen für die Erklärung der Sage selbst wenig Bleibendes gewirkt; er steht vollständig auf dem Boden des reinen Euhemerismus²) und damit auf einem ganz allgemein verlassenen Posten; aber ein Punct seiner Untersuchungen und gerade ein auf die Verschmelzung von Siegfriedssage und Burgundengeschichte bezüglicher ist es, was der hieher gehörigen Abhandlung dieses Gelehrten noch für heute dauernden Werth verliehen hat.

Giesebrecht glaubt, dass der erste und ursprüngliche Held der Siegfriedssage Arminius sei, dessen Ende durch Verrath seiner nächsten Verwandten, durch welchen Weib und Kind in der Gewalt feindlicher Mächte gelassen werden, mit Siegfrieds Schicksal überraschende Aehnlichkeit habe. Die Sage wurde später in die Gegend von Santen verpflanzt, zu des Claudius Civilis Zeiten dort befestigt und erneuert. Zu Chlodwigs Zeit kam der Hort als wesentliches Moment hinzu. Die Sage aber von Kriemhilds Rache, und damit kommen wir an den erwähnten Punct, der diese Untersuchung für uns wichtig macht, welche die unvollendet gebliebene Geschichte von Thusnelda abschloss, war veranlasst durch die Geschichte von Chlodwigs I. Gattin Chrodichilde. Diese war die Tochter Chilperichs von Burgund, den sein Bruder Gundobald sammt Weib und Söhnen getötet

---

4) [Indes erscheint im Nib. Lied Etzel wenigstens nicht als eine Heldengestalt.].

1) In der Abhandlung: „Ueber den Ursprung der Siegfriedssage", in Hagens Germania II, S. 203—234.

2) Alberich soll der von Chlodwig besiegte Westgothenkönig Alarich, Hagen der Dämon des fluchbeladenen fränkischen Königshauses, die Namen der Völsungen und Nibelungen von den Flüssen Vahalis und Nabalia, an welchen Civilis kämpfte, abgeleitet sein; der von Siegfried getödtete Drache ist die Bezeichnung des römischen Heeres, das sich gepanzert durch Gebirgsschluchten hindurchwindet und fremd redet, Siegfrieds Hornhaut die römische Kriegsrüstung, welche Armin sich angeeignet hat, sein Verstehen der Vögelsprachen Armins Kenntnis der lateinischen Sprache; u. dgl. m.

hatte. Chrodichilde wurde von ihrem Oheim trotz der Warnung eines gewissen Acidius[3]) und trotz ihrer eigenen Weigerung[4]) dem noch heidnischen[5]) Chlodwig vermählt. Schon bei ihrem Abzug aus Burgund liess sie durch Chlodwigs Leute das Gebiet ihres Oheims verheeren. Später forderte Chlodwig die Schätze seines Schwiegervaters.[6]) Als in Chrodichilds hohem Alter Gundobalds Sohn Sigmund seinen Sohn Siegerich ermorden liess, rief Chrodichilde ihre Söhne zum Kriege auf, der mit der Vernichtung des burgundischen Reiches im Jahre 538 endigte. Die Geschichte der Chrodichilde schien die Lücke in der Sage von Armin und Thusnelda auszufüllen; zugleich aber, da mit ihrer Geschichte der Untergang Burgunds verknüpft war, erinnerte man sich dabei an die durch Attila vor einem Jahrhundert geschehene Besiegung der Burgunden und verband beide Katastrophen mit einander. Das tragische Ende des austrasischen Siegbert († 575) frischte das Gedächtnis der Sage wider auf; vielleicht kam damals Hagen von „Tronege" herein durch die beiden *pueri* „*Taraconenses*" (d. h. von Tornach), welche Fredegunde mit Siegberts Ermordung beauftragte. Aus jener Zeit erst stammt der Zank der Schwägerinnen.

27.

Karl Müllenhoff

hat Lachmanns Ansichten einer eingehenden Prüfung unterworfen und ist zu ziemlich verschiedenen Resultaten gelangt.[1])

Müllenhoff weist nach, dass, Worms als fränkische Stadt aufzufassen, die in die burgundische Geschichte erst durch sagenhafte Verknüpfung hereingekommen sei, kein Grund vorliege; denn die Stärke der Burgunden muste zu der Zeit, da Aetius sie schlug, gerade etwa in der Gegend von Worms liegen. Die Sage hat also mit der Nennung von Worms durchaus das Historische aufbewahrt. Ebenso ist diss der Fall, wenn sie Gunther von Worms aus ostwärts Etzeln entgegenziehen lässt; denn die Grenze zwischen Burgunden und Hunen fiel zu jener

---

3) Wie Hagen im Nib. Lied Str. 1398 ff. und schon Str. 1143 ff.
4) Ebenso Kriemhild im Nibelungenliede, Str. 1158 ff.
5) Ebenso Etzel im Nib. Lied.
6) So Atli in der nordischen Sage.
1) In Haupts Zeitschrift X, 146—180.

Zeit etwa mit der heutigen zwischen Baiern und Böhmen zusammen. Gundicarius, von Aetius geschlagen, floh ostwärts und fiel dem Hunenheere in die Hände. Wenn nun sicher erwiesen ist, dass Gunther eigentlich zwei Personen vereinigt, den nibelungischen Bruder der Gattin Siegfrieds und den burgundischen König,[2]) so gab diese Besiegung des Gundicarius einen trefflichen Anlass, die poetische Gerechtigkeit walten zu lassen und beide Personen zu verschmelzen. Diss muss aber aller Wahrscheinlichkeit nach unmittelbar nach 437 geschehen sein;[3]) dafür spricht schon die grosse Theilnahme, mit welcher noch das Nibelungenlied den Untergang der Burgunden behandelt. Jedenfalls ist anzunehmen, dass die Verschmelzung beider Theile der Sage vor 453 vor sich gieng, in welchem Jahre Attila starb. Der Tod Attilas aber brachte die Sage zum Abschluss. Es ist nemlich an ein Bündnis zwischen Burgunden und Hunen um 436/7 nicht zu denken, da die historischen Zeugnisse dagegen sprechen. Somit wird auch die Heirat mit einer burgundischen Princessin nicht als historisch zu betrachten sein. Dagegen kam Kriemhild in das Verhältnis, in dem sie zu Etzel steht, durch die Nachricht von Attilas Tode. Die älteren Quellen geben an, dass Attila in der Nacht nach seiner Vermählung mit Ildikô an einem Blutsturze gestorben sei, während jüngere Schriftsteller als die im Volksmunde gewöhnliche Darstellung angeben, Attila sei in der Brautnacht von Ildikô ermordet worden. War nun schon vor 453 die Sage von den Nibelungen mit dem Untergange des Gundicarius verbunden, so gieng ihre weitere Ausbildung, die Einflechtung von Kriemhilds Hochzeit mit Etzel, offenbar von Attilas Tode aus; denn Ἰλδικώ ist nach einem ganz gewöhnlichen Schwanken der Anwendung des Spiritus gleich mit Ἱλδικώ und diss, *Hildikô*, ist Deminutiv von *Hildja*, Hilde; nicht selten wurde von zusammengesetzten Namen nur der zweite Theil benutzt. Diese Hilde, durch die Attila nach der Volkstradition fiel, schien mit Niemand besser zu vereinigen, als mit Gunthers Schwester Kriemhilde, welche somit nach der echt

---

2) Müllenhoff fügt zu Lachmanns Beweisen noch diesen: Kriemhild hat wie Brünhild zwei Namen; der Name *Grimhild* steht parallel zu *Brunihild*, während *Gudrûn* (*Gundrûn*) offenbar zu Gunther gehört; ebenso ist der andere Name Brünhilds, *Sigurdrîfa*, offenbar parallel dem Namen *Sigufrid*. Damit ist Gunthers Name als zur Siegfriedssage gehörig erwiesen.

3) Dass in noch kürzerer Zeit die Sagenbildung sich an historische Begebenheiten heftet, s. Müllenh. 156 f.

heidnischen Anschauung der Blutrache, dass auch der Rächer eines Mordes selbst wider als Opfer der Schuld fällt, welche auf ihn gekommen ist, an ihrem Gatten Etzel den freilich wohlverdienten Untergang ihres eigenen Geschlechtes rächt. Dass durch Attilas Tod erst die Sage ihre volle Ausbildung erreicht hat, beweist auch die Grösse des Weltbeherrschers, in welcher Attila in der Sage dasteht; nach dem Untergang der Burgunden brauchte nothwendig die Sage noch ein weiteres grosses Ereignis, um das Bild von Attilas Weltherrschaft festzuhalten, und diss führt nothwendig auf seinen Tod, welcher zugleich den jähen Untergang der hunischen Macht bezeichnet.

In der Darstellung des Untergangs der Burgunden durch Atlis Habgier steht die nordische Fassung der Sage der Geschichte näher als die deutsche; ebenso damit, dass sie Atli durch Gudrûn fallen lässt, wenigstens der zeitgenössischen Volkstradition über Attilas Tod. Es ist demnach mit Sicherheit anzunehmen, dass die nordische Darstellung die originalere ist. Nun erscheint aber auch in der nordischen Sage schon Dietrich an Attilas Hof und zwar in unzweifelhaft gut bezeugter Weise. Die Wanderung der deutschen Sage in den Norden war etwa mit dem Jahre 600 entschieden abgeschlossen und begann erst wider seit dem elften und noch mehr dem zwölften Jahrhundert. Somit muss Dietrich in der Sage mit Attila verbunden gewesen sein schon im sechsten Jahrhundert.[4]) Damit entstand aber eine Unzuträglichkeit in der Darstellung der burgundischen Katastrophe. Dietrich stand von Anfang an als einer der ersten Helden der nationalen Sage da, trat also in der Erzählung von dem Untergange der Burgunden entschieden in den Vordergrund gegenüber von Etzel. Mit Dietrichs Hervortreten bei dem Kampfe konnte aber die ursprüngliche Darstellung der Sage, dass Etzel aus Habgier die Burgunden vernichtet habe, nicht zusammenbestehen; vielmehr muste damit das Hervortreten Kriemhilds als der Rächerin ihren Gatten verbunden sein. Im siebenten Jahrhundert war schon die Ansicht verbreitet, dass mit dem Ende des sechsten Jahrhunderts auch das Heldenalter zu Ende sei. Die Heldensage war somit zugleich mit dem Anfang des siebenten Jahrhunderts ausgestorben, bildete sich nicht

---

4) S. auch Koch, Nib. Sage 51 f.: „Die Form *Thjôdrek*, ags. *Theódric*, weist noch auf die gothisch-ahd. Vocalfülle zurück, während aus dem mhd. *Dietrich* im Nordischen ein *Thidrik* oder *Thidrek* wurde."

weiter. Dietrich nahm also schon um 600 dieselbe Stellung ein wie im Nibelungenliede. Es muss demnach die Sage schon vor 600 in den Norden gewandert sein, zugleich aber muss für die Umänderung der Sage, nach welcher Kriemhild aus Rache die Burgunden vernichtet, ein Ereignis des sechsten Jahrhunderts den Anlass gegeben haben, und als solches bietet sich die Geschichte der Chrodichilde, als mit der Vernichtung Burgunds verbunden, sehr geschickt dar. Wenn auch längere Zeit verflossen sein mag, bis diese neue Auffassung der Burgundensage durchbrach, so war doch dieselbe durch das Hervortreten Dietrichs mitbedingt; es kann also die Wanderung der Sage in den Norden nicht später als 600 gesetzt werden.

28.

Die übrigen Gelehrten, welche noch über den historischen Theil der Sage geschrieben haben, gehen wesentlich nur in ihren Ansichten über die grössere Originalität der deutschen oder der nordischen Darstellung der burgundischen Katastrophe auseinander.

Wilhelm Müller[1])
hat im Anschluss an Giesebrecht, die nordische Darstellung bevorzugend, die Geschichte der Chrodichilde als Anlass zu der Umformung des letzten Theils der Sage betrachtet. Somit muss er eine Verpflanzung der Sage in den Norden vor 538 annehmen oder doch bald nachher, zu einer Zeit, wo die veränderte Darstellung der Sage noch nicht in Deutschland durchgedrungen war. Indes spricht für eine sehr frühe Wanderung auch der Umstand, dass der Name Giselhers, d. h. eines historischen Burgunden, im Norden fehlt, woraus geschlossen werden mag, dass die Wanderung der Sage nach Norden zu einer Zeit stattfand, wo die Combinirung von Burgunden und Nibelungen noch nicht fest fixirt, sondern noch in einem schwankenden Stadium befindlich war. Auch wären wohl bei einer späteren Wanderung der Sage die Namen „Worms" und „Burgunden" schon mehr durchgedrungen gewesen. Die Siegfriedssage hält Müller wie Lachmann für eine ursprünglich fränkische.

---

1) W. Müller, „Versuch einer mythologischen Erklärung der Nibelungensage", Berlin 1841.

Max Rieger[2]) hat sich dagegen an die Lachmannische Ansicht angeschlossen, dass Kriemhilde als Rächerin ihres Gatten die ursprüngliche Urheberin der burgundischen Katastrophe gewesen sei. W. Grimms Ansicht, dass die Zahlung des Wergelds von Seiten der Nibelungen die Rache Kriemhilds unmöglich mache, beweist nichts, weil nicht abzusehen ist, warum im zwölften und dreizehnten Jahrhundert die Sühne ohne Wergeld weniger heilig gewesen sein sollte, als in früherer Zeit mit Wehrgeld. Die Sage wollte vielmehr ursprünglich, dass Kriemhild trotz der ihr aufgedrungenen Sühne ihren Gatten rächte. Diss konnte die Sage um so mehr annehmen, als der Mord der ursprünglichen Sage nach — und hierin ist die nordische Sage originaler — wohl auf Anstiften der Kriemhild, aber nicht durch sie selbst, sondern vielmehr durch Etzels Habgier, welche von Kriemhild nur als Werkzeug benutzt wurde, erfolgte. Auch darin ist dann die nordische Sage echter, dass Kriemhild zuletzt mit Etzel stirbt,[3]) nachdem sie das Werkzeug ihrer Rache der poetischen Gerechtigkeit zu Liebe vernichtet hat, sich selbst den Tod gibt; diesen Ausgang verlangt schon die Parallele mit Brünhild, welche nach Siegfrieds durch sie selbst veranlasster Ermordung sich selbst mit Siegfrieds Schwert ersticht.

Die nordische Darstellung aber, nach welcher Kriemhild unschuldig ist, stammt aus einer fehlerhaften Vermischung mit der Sage von den älteren Völsungen. Völsung vermählt seine Tochter Signy wider ihren Willen an Siggeir. Signy weissagt Unheil. Siggeir lädt Völsung mit seinen zwölf Söhnen zu einem Feste. Signy warnt sie vor ihrer Ankunft, aber umsonst. Siggeir tödtet alle; nur Völsungs jüngster Sohn, Sigmund, entrinnt durch Signys List. Diese opfert der Rache an Siggeir zu Liebe ihre beiden Kinder auf, verschafft dem lebendig begrabenen Sigmund ein Schwert, mit dem er sich heraussscharrt. Sigmund zündet Siggeirs Halle an und Signy stirbt freiwillig mit ihrem Gatten. Die Aehnlichkeit dieser Sage mit der Nibelungen Untergange hat die nordische Darstellung des letzteren veranlasst.

Chrodichilds Geschichte ist somit für die Nibelungensage unwesentlich, da die Darstellung der Sage, welche Kriemhild

---

2) „Die Nibelungensage", in Pf. Germ. III, 163 ff.
3) Denn ihre Vermählung mit Ermanrich ist offenbar späterer Zusatz.

zur Rächerin Siegfrieds macht, echt und daher schon älter ist. Wohl aber hat gewiss die Nibelungensage die uns überlieferte Gestalt von Chrodichilds Geschichte hervorgerufen; denn Gundobald von Burgund war „eines der edelsten Fürstenbilder jener Zeit" daher von ihm der Mord seines Bruders nicht glaublich ist;⁴⁾ dass aber der katholische Clerus ihn zu verleumden trachtete, lässt sich leicht begreifen, da Gundobald Arianer war.⁵⁾

E. Koch⁶⁾

hat sich im allgemeinen an Müllenhoff angeschlossen, namentlich in der Frage nach Kriemhilds oder Etzels Schuld. Er hat aber die Geschichte Chrodichilds nicht als Anlass der Umänderung in der Darstellung dieses Punctes betrachtet, da dieselbe unter den vielen bei Gregor von Tours berichteten Greueln des burgundischen und des fränkischen Hauses „nicht besonders bedeutend hervortrete", da auch die burgundischen Fürsten, deren Untergang Chrodichilde bewirkte, nicht ihre Brüder, die von Gundobald Gemordeten nicht ihr Gemahl gewesen seien. Dagegen glaubt Koch, dass diese Umänderung der Sage nicht gar lange vor der Zeit des Nibelungenlieds vor sich gegangen sei,⁷⁾ womit zugleich Dietrich in den Vordergrund getreten sei. Die Ermordung Attilas fiel weg, weil diese Geschichte, historisch ohnehin unwahr, den Boden im Volksbewustsein allmählich verlor.

29.

Kritik.

Mag die Siegfriedssage geschichtlichen oder mythologischen Ursprungs sein, so viel ist gewiss sicher, dass Nibelungen und Burgunden, Siegfriedsage und Burgundensage ursprünglich voll-

---

4) S. auch Avitus: flebatis quondam pietate ineffabili funera germanorum (Rieger S. 198).

5) [S. dagegen Müllenhoff, Nib. Sage S. 154.]

6) „Ueber die Sage von den Nibelungen", Programm der K. Landesschule zu Grimma, 1868; im Buchhandel erschienen in zweiter, veränderter Auflage unter dem Titel: „Die Nibelungensage nach ihren ältesten Ueberlieferungen erzählt und kritisch untersucht"; Grimma 1872.

7) [In der ersten Auflage des Schriftchens schreibt Koch dieselbe dem Dichter des N. L. selbst zu, was er als jedenfalls unmöglich in der zweiten zurückgenommen hat, da im Jahre 1131 schon ein Lied von der notissima Grimildae erga fratres perfidia erwähnt wird (s. u.).]

ständig getrennt waren. Zarncke hat zwar,[1]) vielleicht mit Recht, gegen Lachmann behauptet, dass die Verschweissung einer fränkischen und einer burgundischen Sage unbewiesen sei; Müllenhoff hat allerdings Worms als eine ehemals burgundische Stadt nachgewiesen; allein so viel ist doch gewiss sicher, dass beide Theile ursprünglich disparat sind. Diss beweist schon der Name der „Nibelungen". Ist die Siegfriedssage (wie z. B. Giesebrecht will) historisch, also auch der Name „Nibelungen" historisch, so weist letzterer auf fränkischen Ursprung[2]) ganz entschieden hin. Ist aber die ganze Sage burgundisch, so muss der Name der Nibelungen mythologisch sein, denn als historischer Name der älteren Zeit ist er nur in Franken bekannt.

Dass die Zusammenfügung beider Sagen sich an das Ereignis von 437 anknüpft, ist klar. Aber die Gründe der Anknüpfung und ihre Art und Weise können verschieden gedacht werden. Dass Etzel und Atli gar Niemand anders sind als der historische Attila, hat gewiss Müllenhoff hinlänglich bewiesen. Damit wird auch mehr als wahrscheinlich, dass der ganze zweite Theil der Sage in der ursprünglichen Gestalt der Nibelungensage überhaupt nicht vorhanden war. Denkbar wäre ja immerhin, dass Kriemhilds zweite Vermählung und das Strafgericht über die Nibelungen schon in der ursprünglichen Sage vorhanden gewesen und nur durch das Ereignis des Jahres 437 historisch gefärbt und mit den Namen Attilas und der Burgunden versehen worden wären. Allein sind so viele der Züge aus dem zweiten Theile der Sage nachweislich historisch, findet sich ferner in diesem Theile kein einziger mythologisch erklärbarer oder nur so erklärbarer Zug (wie sich deren im ersten Theile so viele finden), lässt sich ferner ein historisches Ereignis bestimmt nachweisen, welches eine Anschweissung des zweiten Theils an den ersten möglich, ja wahrscheinlich macht; so wird der Schluss berechtigt, ja einzig möglich sein, dass kein dem zweiten Theile der Nibelungensage analoges und ähnliches Element in der ursprünglichen Sage vorhanden war,[3]) dass vielmehr der ganze zweite Theil erst aus der Anschweissung eines historischen Elements an die alte Sage entstanden ist.

---

1) Zarncke, Ausg. III.
2) S. Lachmann, Anmerkungen S. 334.
3) Die Herstellung des mythologischen Gehalts der Siegfriedssage beweist jedenfalls, dass diese Sage mit Siegfrieds und Brünhilds Tod schloss; s. daher unten.

Ist also der ganze zweite Theil der Sage historischen Ursprungs und historischer Art, so wird auch diejenige Darstellung der Sage Anspruch auf grössere Originalität haben, welche der geschichtlichen Wahrheit näher steht. Und di**s** ist ganz entschieden der Fall bei der nordischen Sage. Denn diese ist zwar in der Hauptsache ebenso sagenhaft wie die deutsche, in dem Morde der Schwäger Attilas, da die Burgunden jedenfalls nicht Attilas Schwäger waren, auch nicht durch Verrath an seinem Hofe fielen, sondern in der Schlacht. Allein die ganze Darstellung, wonach durch **Attilas** Schuld die Katastrophe herbeigeführt wird, ist mindestens dem Geschichtlichen näherstehend. Ferner sind einzelne Züge der nordischen Sage, die in der deutschen fehlen, historisch; so die Gier Attilas nach Gunthers Hort, d. h. Reich,¹) und die Ermordung Attilas durch sein eigenes Weib.⁵) Riegers Ansicht, nach welcher beide Sagendarstellungen, die von Kriemhilds Rache und die von Attilas Habgier und seiner Ermordung durch Kriemhild zu combiniren sind, um die ursprüngliche Gestalt zu erhalten, ist freilich nicht widersinnig; allein beide Darstellungen, die deutsche und die nordische, sind jede in sich so abgeschlossen und abgerundet, dass wohl jede für eine selbständige Gestaltung der Sage gelten muss. Ist Etzel der Thäter, so erheischt die poetische Gerechtigkeit seinen Tod durch einen Verwandten der Nibelungen, und dieser kann dann nur seine gezwungene Gattin Kriemhild sein. Ist aber Kriemhild die Thäterin, so muss nothwendig **sie** fallen, da die Sage stets verlangt, dass der, welcher die Blutrache ausübt, selbst eine Schuld auf sich lädt und an dieser zu Grunde gehen muss. Mehr aber, als eine der beiden Darstellungen bietet, verlangt die Vollständigkeit der Sage nicht;⁶) wir haben somit kein Recht, beide zu combiniren. Also muss **eine** der

---

4) Ueber die Identität beider Begriffe siehe Müllenhoff, Nib. Sage S. 155.

5) D. h. letztere Darstellung von Attilas Tod ist nicht historisch wahr; aber sie wurde im Volksmunde schon im sechsten Jahrhundert überliefert. Will man sie erst aus der Nib.-Sage stammen lassen, so wird damit eben die Originalität der nordischen Darstellung der Sage zugegeben.

6) Gegen die Vollständigkeit der deutschen Sage beweist es nicht, dass Hildebrand, freilich keine passende, auch keine dieser Sage eigentlich zukommende, Persönlichkeit, Kriemhild tötet; ihr Mörder kann der über den Bruch des Gastrechts erzürnte Etzel gewesen sein, an dessen Stelle H. trat, nachdem die Nib.-Sage zu einer Episode in Dietrichs Geschichte herabgesunken war.

2. Die Nibelungensage. Der historische Theil der Sage.

beiden Darstellungen für sich genommen echt sein, und wenn eine, alsdann jedenfalls die nordische. Dass, damit die Sage „Hände und Füsse" habe, Kriemhild die Rächerin ihres Mannes sein müsse (wie Rieger S. 196 meint), ist falsch; es ist ebenso schön poetisch, ja dem Wesen der Sage, die das geheimnisvolle Walten göttlicher Mächte darstellen will, mehr angemessen, wenn der δαίμων ἀλάστωρ des Nibelungengeschlechts sich einen Dritten, eigentlich Unbetheiligten, als Werkzeug der Rache erwählt, durch welchen die Schuldigen aus denselben Motiven wider fallen, aus denen sie ihre Frevelthat begangen.[7]) Durch diese Vermittlung eines Dritten wird die Sage gewissermaassen ironisch, ihre Gerechtigkeit noch grausamer, aber auch noch gerechter, als wenn der Schuldige eben durch den fällt, den er beleidigt hat. Was Rieger aber damit sagen will (S. 196), dass „bei der nordischen Ansicht die Ehe des Rächers mit der Witwe des Gemordeten ein␣zweckloses Motiv bleibe", dass „die Sache ebenso verlaufen könnte, wenn Atli eine andere Frau genommen hätte", ist nicht abzusehen. Erstlich wurde eben einmal Attila als Schwager der Burgunden betrachtet, nachdem die Nachricht von seinem Tode durch Hildiko verbreitet war, da Hildiko mit Kriemhild schon der Namensähnlichkeit wegen identificiert werden konnte; und dann war Etzel zur Ermordung der Burgunden in keiner Weise veranlasst, wenn er nicht in irgend einer Beziehung zu ihnen stand, und Beziehungen zwischen den Helden der Sage denkt sich diese gemeiniglich als verwandtschaftliche.

Ist also die nordische Darstellung der Sage zu bevorzugen, wie kam dann die deutsche Sage dazu, Kriemhild zur Rächerin ihres Mannes zu machen? Müllenhoff geht wohl zu weit, wenn er behauptet, dass eine Umänderung der Sage nur durch ein Ereignis des sechsten Jahrhunderts herbeigeführt werden konnte, weil mit dem siebenten die Heldensage abgeschlossen war. Denn wurden auch keine Personen des siebenten und achten Jahrhunderts mehr in die Sage aufgenommen, so ist damit doch noch nicht gegeben, dass nach dem sechsten Jahrhundert eine Umwandelung der Sage nicht mehr möglich gewesen sei. Allerdings tritt schon im siebenten Jahrhundert Dietrich als Hauptheld der deutschen Nationalsage auf, war also wohl frühe mit dem

---

[7]) Denn es war jedenfalls die ältere Darstellung der Siegfriedssage die, dass die Nibelungen, um Siegfrieds Hort zu erhalten, ihn umbrachten; ebenso Etzel gegenüber den Burgunden. (S. u.)

Untergange der Burgunden als selbstthätig verbunden; mit dieser Darstellung aber war die Etzels als des Schuldigen nicht vereinbar. Somit ist die Umänderung des letzten Theils der Sage nicht nothwendig, aber mit Wahrscheinlichkeit in das sechste Jahrhundert zu setzen. Ist diss der Fall, so ist Chrodichilds Geschichte wahrscheinlich eben die Veranlassung dieser Umbildung gewesen; denn ihre Aehnlichkeit mit der Nibelungensage ist nicht zu verkennen: durch ein fremdes Herrscherhaus, dessen Haupte eine burgundische Princessin vermählt ist, wird das burgundische Herrscherhaus, das aus früheren Zeiten mit Fluch beladen ist, vernichtet. Was Koch gegen die Einmischung von Chrodichilds Geschichte beigebracht hat, beweist nicht dagegen. Dass die durch Chrodichilde Vernichteten nicht ihre Brüder, die durch Gundobald Gemordeten nicht ihr Gatte waren, sind unbedeutende Differenzen. Dass unter den Greueln des burgundischen Hauses Chrodichilds Geschichte nicht besonders hervortritt, beweist auch nichts. Jedenfalls tritt doch der 538 erfolgte Untergang Burgunds stark genug hervor; identificierte die Sage, was bei ihrem naiven Walten so einfach anzunehmen ist, diesen mit dem 437 durch die Hunen erfolgten, so muste sie auch die Veranlassung desselben in's Auge fassen; damit war also die Vermengung der in Chrodichilds Geschichte treibenden Motive mit der Nibelungen- und Burgundensage in ihrer früheren Gestalt gegeben. Wir brauchen somit diese Umbildung der Sage nicht erst späteren Jahrhunderten zuzuschreiben. Wohl möglich indes, aber mit dem Gesagten keineswegs streitend, ist, wie Rieger glaubt, dass die Geschichte Chrodichilds erst durch die Einwirkung der Nibelungensage so dargestellt worden sei, wie sie uns bei Gregor von Tours vorliegt. Wir können diss annehmen, wenn mit Gundobalds Charakter der ihm zugeschriebene Brudermord unvereinbar ist, ohne aber deshalb die Ansicht aufzugeben, dass Chrodichilds Geschichte die Umänderung der Nibelungensage verursacht habe. Denn die wenigen, aber bedeutenden Aehnlichkeiten zwischen beiden (S. 175 f.), welche jedenfalls vorhanden sind, auch wenn Chrodichilds Geschichte nicht historisch rein überliefert ist, genügen vollständig, um eine Identificierung beider durch die Sage glaublich zu machen. Ein Resultat gewinnen wir aber, wenn Rieger mit seiner Ansicht Recht hat, dass Chrodichilds Geschichte durch die Darstellung, welche Kriemhild. als Rächerin behandelt, beeinflusst worden sei: es muss nemlich in diesem Falle, da Gregor von Tours die ersten Bücher seiner fränkischen Geschichte um 577 geschrieben hat,[8]) schon vor 577 diese Darstellung der Nibelungensage gäng und gäbe gewesen sein; die Sage kann also nicht lange nach 538 in den Norden gewandert sein, spätestens um die Mitte des sechsten Jahrhunderts; Grenzen für diese Wanderung der Sage sind also, wenn wir Riegers Ansicht in diesem einzelnen Puncte uns aneignen wollen, die Jahre 526 (als Theodorichs Todesjahr) und etwa 550 oder 560.

Kurz zusammengefasst, sind die Resultate dieser Untersuchung etwa folgende:

1) Die Sage von Siegfried und den Nibelungen ist vollständig zu trennen von der Sage vom Untergange der Burgunden durch Attila; letztere ist jedenfalls unbedingt historischen Ursprungs.

2) Die Combination beider erfolgte nicht lange nach der 437 erfolgten Niederlage der Burgunden unter Gundicarius durch die Hunen.

3) Sie erfolgte vermöge der Namensgleichheit des nibelungischen und des burgundischen Gunther, ferner vermöge der Unvollendetheit, in welcher die Siegfriedssage, als Heroensage gefasst, dastehen muste.

4) Die Verheiratung Attilas mit der burgundischen Kriemhild, sowie sein Tod durch dieselbe, kam in die Sage erst nach Attilas Tod im J. 453, den die Volkstradition durch seine Vermählte Hildiko herbeigeführt sein liess.

5) Da in Punct 2) und 4) die nordische Darstellung der Sage in ihrem zweiten Theile der Geschichte näher steht als die deutsche, so ist jene älter und echter.

6) Die deutsche Fassung der Sage ist aber vermuthlich durch ein Ereignis des sechsten Jahrhunderts bewirkt worden, weil Dietrich schon um jene Zeit die Hauptfigur des deutschen Epos war, sein Auftreten bei dem Untergange der Burgunden aber mit der nordischen Darstellung unvereinbar ist.

7) Dieses Ereignis war aller Wahrscheinlichkeit nach die 538 erfolgte Vernichtung Burgunds durch die Burgundin Chrodichilde, Chlodwigs I. von Franken Witwe.

8) Alsdann muss die Sage nicht lange nach 538, jedenfalls vor 600, nach dem Norden gewandert sein.

---

8) S. W. S. Teuffel, Röm. Litt. Gesch. I. Aufl. S. 1013 = § 454 not. 4; die Geschichte der Chrod. erzählt Gregor in seinem zweiten Buche

9) Ist übrigens anzunehmen, was nicht unmöglich, dass Chrodichilds Geschichte, wie sie in Gregors Geschichtswerk dargestellt ist, selbst durch die deutsche Fassung der Nibelungensage gefärbt erscheint, so muss die Wanderung der Sage vor 577, etwa um 550 oder 560 stattgefunden haben.

10) Andererseits aber fällt dieselbe nach 526, da Dietrich in ihr bereits erscheint.

2. Die Siegfriedssage.

30.

Wie jede Sage, wenn sie nicht, wie die Burgundensage, allzu deutlichen historischen Ursprung zeigt, entweder historisch oder rein mythologisch erklärt werden kann und erklärt worden ist, so hat auch die Sage von Siegfried und den Nibelungen bald eine euhemeristische bald eine mythologisierende Erklärung gefunden. Wir dürfen aber alle euhemeristischen Auslegungen für entschieden veraltet erklären, schon deshalb, weil keine einzige historische Person sich findet, welche eine auch nur einigermaassen scheinbare Identification mit Siegfried zuliesse. Würde aber diese Incongruenz noch nicht gegen den geschichtlichen Gehalt der Siegfriedssage beweisen, da die Sage frei schaltet und ihre Charaktere wie deren Schicksale verändern kann; so wird die rein mythologische Natur der Sage unwiderleglich bewiesen durch die vielen Züge, welche rein mythologischen Charakter haben, wie der Drachenkampf, die Waberlohe, der Hort mit Andvaranaut, die Riesen und Zwerge, einzelne elbische Namen, die durchgängige Beziehung, insbesondere Opposition zwischen den Namen der Sage. Das sind lauter Züge, die z. B. dem zweiten Theil der Sage, der Burgundensage, vollständig fehlen, welche also auf rein mythischen Gehalt hindeuten. Damit soll nicht eben ausgeschlossen sein, dass einzelne, aber nur untergeordnete Züge der Siegfriedssage historischer Natur seien; so vielleicht die Ermordung Siegfrieds auf der Jagd, welche wohl aus der Ermordung des austrasischen oder ripuarischen Siegbert stammen mag. Denn es ist ja eben der Sage, gerade der rein mythologischen, eigen, sich stets den Anschauungen der Zeit anzuschmiegen; daher wird sie im Lauf der Zeit stets historisch gefärbt, lehnt sich auch gerne an geschichtliche Personen an, deren Charaktere und Schicksale Analogieen mit denen sagenhafter Figuren haben, entnimmt auch wohl aus den Geschicken dieser historischen Persönlichkeiten diss oder jenes zur Modification ihrer Darstellung. Somit beweisen auch die Uebereinstimmungen, die die Siegfriedssage etwa mit der Geschichte historischer Persönlichkeiten zeigen mag, nicht für den historischen oder gegen den rein mythologischen Ursprung dieser Sage.

Aber auch wenn wir nur die mythologischen Erklärungen der Sage in's Auge fassen, so sind hier noch beträchtliche Differenzen zwischen den Erklärern vorhanden. Während die Einen auf germanischem Boden stehen blieben und eine eingehende, sei's mehr physikalische, sei's mehr ethische, Deutung der Sage versuchten, haben sich andere über das germanische Gebiet hinausgewagt und eine Deutung der Sage als eines indogermanischen Mythus versucht. Zunächst berücksichtigen wir hier die Ersteren.

31.

Auch hier ist Karl Lachmann

bahnbrechend gewesen, indem er zuerst eine vollständige mythologische Deutung der Sage aufstellte, welche in ihren Hauptpuncten vielfach recipiert wurde.[1])

Wenn die Gibichungen nach Burgund, die Nibelungen, als historischer Name gefasst, an den fränkischen Rhein weisen, so lässt sich dagegen Siegfrieds Geschlecht, die Völsungen, historisch und geographisch nirgends unterbringen. Vielmehr sind die Völsungen rein mythisch. Dahin weist ihr Name[2]), der in bezeichnendem Gegensatz zu den „Nibelungen", den „Nebel-

---

1) In seiner „Kritik der Sage von den Nibelungen", Anmerkungen S. 339—345. [S. dagegen Wilhelm Müller, „Ueber Lachmanns Kritik der Sage von den Nibelungen", in Pfeiffers Germania XIV, S. 257 ff.; vgl. unten § 38, not. 8.]

2) [Lachmanns Ableitung von *vols* „Pracht" ist unrichtig; nach Koch, Nib. Sage 75, u. a. kommt der Name von goth. *valis* „auserwählt"; eine andere Erklärung s. Holtzmann, Unters. 195, welche aber keineswegs überzeugend ist, da, gemäss Holtzmanns Theorie von der Identität der Kelten und Germanen, Völsung als Patronymikon des gallischen Gottes *Belus* betrachtet wird; s. darüber Müllenhoff, Zur Gesch. der Nib. Noth Seite 949 (Monatsschrift f. W. u. L. 1854). — Wenn eine Erklärung des Namens möglich ist, so weist sie auf Hoheit und Herrlichkeit des Geschlechtes hin.]

kindern", ein Geschlecht von göttlicher Hoheit bezeichnet. Ebenso weisen dahin ihre durchweg übermenschlichen Eigenschaften und Thaten.³)

Diesen gegenüber weiss die Sage von den Nibelungen nichts Eigenthümliches und Charakteristisches zu berichten. Diss weist vielleicht auf eine heilige Scheu vor denselben hin. Nimmt man dazu, dass *Niflheimr* und *Niflhel* in der nordischen Mythologie den kalten Erdtheil und das Totenreich bezeichnen, dass ferner die deutsche Sage verworrener Weise ausser Gunther und den Seinigen noch frühere Besitzer des Horts kennt, welche ebenfalls Nibelungen heissen; so kann nicht bezweifelt werden, dass letztere beide identisch sind, dass **die Nibelungen ein übermenschliches Geschlecht aus dem kalten, neblichten Totenreiche sind, welchem der Schatz ursprünglich gehört und zu welchem er schliesslich wider zurückkehrt.**⁴) Siegfried, ein Völsung von götterähnlicher Kraft, gewinnt das Gold, das einst den Nibelungen geraubt⁵) und von ihnen mit einem Fluche für den Besitzer belastet war;⁶) er geräth durch dieses Gold in die Knechtschaft der unterirdischen Mächte; was er auch durch eigene Kraft und durch die Wundermacht des Goldes ausführen mag, alles wird der Macht der Nibelungen zinsbar. Die Valkyrie Brünhild, der er sich einst verlobt und die er für sich erobern will, gehört nicht ihm, sondern dem Nibelungenkönige Gunther; er selbst wird mit dessen Schwester vermählt. Durch Brünhilds Rache, welcher Kriemhild selbst, des Helden böser Engel,⁷) den Betrug entdeckt, fällt Siegfried, und der Schatz kehrt zu seinen wahren Herren zurück, die ihn in die Tiefe des Wassers versenken.⁸)

---

3) Sigmund erschlägt nach dem Beowulf einen Drachen, er trinkt ohne Schaden Gift. Siegfried trinkt das Blut des Drachen, oder er bestreicht sich damit. Der Hort, den Siegfried erwirbt, hat ebenfalls besondere Eigenschaften: die Tarnkappe (der Oegishelm), der Fluch, der auf dem Golde, speciell auf dem Ringe Andvaranaut, lastet. — Auch Siegfrieds sonstige Thaten bieten viel Merkwürdiges: seine Jugendstreiche, sein Verhältnis zu Brünhild, seine Dienstbarkeit, sein Gestaltentausch mit Gunther, die Gewinnung Brünbilds für diesen, Siegfrieds Tod durch Brünhild; die Versenkung des Schatzes.

4) Dadurch erklärt sich, warum in der Siegfriedssage der Tod Siegfrieds nicht gerächt erscheint: das Fluch bringende Gold gehört den Nibelungen selbst, bringt also ihnen kein Verderben.

5) Durch die drei Asen Odhinn, Hönir und Loki.

6) Der sich zuerst an Hreidhmars Geschlecht äussert.

7) [S. Rieger, Nib. Sage S. 194.]

8) [Woher derselbe ursprünglich stammt; s. Rieger l. c. S. 181—183].

Aber auch die so geläuterte Sage ist noch nicht die ursprüngliche; es ist in ihr für den Gedanken des Mythus Vieles überflüssig. Siegfrieds und Brünhilds Tod ist jedenfalls nicht passend in die Sage verwoben. Wozu brauchen beide zu sterben, nachdem sie schon in der Gewalt des Totenreiches sind, nachdem durch sie der Hort wider seinen Besitzern anheimgefallen ist? Auch kommen bei ihrem Tode sittliche Motive herein; es tritt hier zuerst Siegfrieds Mörder, Hagen, auf, der vorher keine Rolle gespielt hat. Auch der Anfang der Sage bietet Abweichungen, indem der Beowulf nicht Siegfried, sondern Sigmund als den Drachentöter nennt. Der Erwerb des Hortes nach der deutschen Sage passt widerum nicht in das Ganze; Nibelungenland ist hier nicht willkürlich mit dem kalten, nördlichen Norwegen identificiert; Andvari ist selbst aus Schwarzalbenheim, welches hinwiderum als Norwegen erklärt wird. Somit ist wohl die Sage von den drei Asen in der nordischen Sage nicht echt überliefert, vielleicht auch ganz eine nordische Umbildung. Ferner kommt der Name *Sigufrid* vor dem Ende des siebenten Jahrhunderts nicht vor, war also wohl ursprünglich Beiname eines Gottes. Nimmt man diss an, so ist wohl sogleich an Baldr zu denken, welcher auch als gestorben gedacht wurde. Durch diese Erklärung der Person Siegfrieds lässt sich auch eine befriedigende für seinen Mörder Hagen finden. Derselbe ist in der nordischen Sage selbst ein Nibelung; sein Vater ist ein Alb oder hat einen elbischen Namen; weist diss auf mehr als heroischen Ursprung hin, so gestattet Hagens Name (*hagan = Dorn*), wie seine Einäugigkeit (im Waltharius),[9] ihn mit dem blinden Bruder Baldrs, Hödr, zu identificiren, welcher Baldr mit einer Mistel erschiesst.

Weiter als bis hieher kann die Erklärung der Sage nicht vordringen, und auch die Vergleichung mit Baldr „soll keine rohe Identification sein."[10]

32.

Lachmanns Auslegung der Siegfriedssage fand vielfache Zustimmung. Mit einzelnen weniger wesentlichen Modificationen[1])

---

9) [Gegen beides s. Koch, Nib. Sage S. 77 f.]
10) Lachmann, Anm. S. 344.
1) Die besser unten ihre Stelle finden, wo über die mehr oder minder treue Bewahrung der Sage im N. L. gehandelt wird.

sind ihm **Max Rieger** und **E. Koch** gefolgt, letzterer nur in der ersten Ausgabe seiner Abhandlung.

Eine andere, tiefer in das Reich der Göttersage zurückreichende Erklärung hat

Wilhelm Müller

gegeben.²)

Die erste Frage und auch die Cardinalfrage über das **Wesen des Siegfriedsmythus** ist die: Ist derselbe ursprünglich schon eine **Heroensage** oder ist er eine entstellte und im Christenthum herabgedrückte urprüngliche **Göttersage**? Die Untersuchung über die Zeit seiner Wanderung nach dem Norden kann hierüber nichts lehren.³) Wohl aber kann die Art, wie die Götter in der Siegfriedssage auftreten, uns in dieser Frage aufklären. Gehören sie nothwendig in dieselbe, so muss die Sage eine eigentliche Heroensage sein, weil das Auftreten zweier Götter in derselben Rolle in einer wirklichen Göttersage unmöglich ist. Es ist diss aber in Wirklichkeit nicht der Fall; das Auftreten Odhins als des Gönners Siegfrieds ist überall bedeutungslos und die Geschichte von Odhinn, Hönir und Loki ist ohne Zusammenhang mit dem Mythus, also ein nordischer Zusatz zu demselben. Es muss somit im Siegfriedsmythus nicht nothwendig eine echte Heroensage enthalten sein; vielmehr ist die Annahme, dass derselbe eine entstellte Göttersage sei, wenn anderswoher bewiesen, unbedenklich.

Die localen Anknüpfungen der Sage sind für die Frage nach ihrem Gehalte werthlos, da dieselben nur die fränkisch-burgundische Heimat der Sage beweisen. Vielfache Anklänge in anderen Sagen und in Märchen beweisen die allgemeinere Bedeutung des Mythus. Eben diese Anklänge und noch mehr die Uebereinstimmungen mit der Göttersage müssen das Echte vom Unechten scheiden helfen. Der so gereinigt hergestellte

---

2) „Versuch einer mythologischen Erklärung der Nibelungensage"; Berlin 1841. Vgl. ferner W. Müller „Siegfried und Freyr", in Haupts Zeitschrift 1843, S. 43 ff. Derselbe in Pfeiffers Germania XIV (1869), S. 257 ff.: „Ueber Lachmanns Kritik der Sage von den Nibelungen."

3) Götter treten in der Nibelungensage nur nach der nordischen Ueberlieferung auf; dieselben können daher entweder ursprünglich darin vorhanden oder erst im Norden, wo das Heidenthum sich vieles länger hielt, als in Deutschland (vgl. hierüber W. Mannhardt, die Götter der deutschen und nordischen Völker III.) hineingekommen sein.

2. Die Nibelungensage. Die Siegfriedssage.

Mythus muss alsdann nach seiner ursprünglichen Bedeutung erforscht und diese durch die nordische Götterlehre begründet werden.

Mythologischen Gehalt hat anerkanntermaassen nur der erste Theil der Sage, die Siegfriedssage. Die einzelnen Theile derselben, welche untersucht werden müssen, sind: Drachenkampf, Vermählung mit Kriemhild, Ermordung durch Hagen, besonders aber die Geschichte von Brünhild mit der Waberlohe.

In der Darstellung des Drachenkampfes ist entschieden die nordische Darstellung die bessere. Drache und Hort gehören nothwendig zusammen. Der Riese im Nibelungenlied[4]) ist identisch mit Fafnir und dieser selbst mit dem Drachen; ebenso sind Albrich und Regin identisch. Auch hat das Siegfriedslied darin etwas Echtes, dass es den Drachen früher einen schönen Jüngling sein lässt. Die übrigen Accidentien des Hortes, die Göttergeschichte und Andvaranaut, sind nordische Zusätze.

Unter den Nibelungen, mit denen Siegfried verschwägert wird, ragt Hagen hervor. Seine Abstammung von Troja und der Name Hnifl'úngr seines Sohnes beweisen, dass er als Mörder Siegfrieds und Verwandter Kriemhilds in einer früheren fränkischen Sage wichtig war. Die dämonische Natur Hagens zeigt sich deutlich noch überall;[5]) sein Gegensatz gegen Siegfried bezeichnet ihn als ein finsteres Wesen; er ist daher als ein *iötunn* anzusehen. Daraus folgt, dass Kriemhild, als seine Verwandte, neben ihrer freundlichen Seite auch eine düstere gehabt haben muss. Diss lehrt die Betrachtung der Person Brünhilds. Auffallend ist, dass die nordische Sage eine zweimalige Befreiung Brünhilds enthält;[6]) zuerst muss Siegfried durch ihre Schildburg brechen, dann, in Gunthers Gestalt, durch die Waberlohe reiten. Dabei fällt besonders auf, dass bei dem ersten Besuche von keinen Hindernissen des Eindringens die Rede ist, da doch Siegfried der Einzige war, welcher dasselbe ausführen konnte. Es ist also gewiss anzunehmen, dass der Ritt durch die Waberlohe eigentlich gleich nach dem Drachenkampfe folgen muss. Bei dem zweiten Besuche begreift man

---

4) Str. 454 ff.
5) In der Thidrekssaga ist sein Vater ein Alb; im N. L. erscheint Hagen schrecklich anzusehen; der Waltharius nennt ihn einäugig; im Rosengarten ist er ein Riese.
6) Denn der Besuch bei Heimir ist unecht.

die Waberlohe nicht; Brünhild ist schon erlöst, also das Hindernis des Eindringens überflüssig. Allein doch darf man die Brautwerbung für Gunther nicht fallen lassen, da sie für das ganze Geschick des Helden verhängnisvoll ist, sondern man muss annehmen, dass die Begebenheiten hier von der Sage in einen falschen Zusammenhang gebracht sind. Der wahre Mythus muss der sein, dass Siegfried gleich nach dem Drachenkampfe durch die Waberlohe reitet, Brünhild erweckt, sich mit ihr vermählt ohne sie zu berühren oder sie mit Gewalt zur Minne zwingt und darauf sie verlässt. Das Sträuben der Jungfrau kehrt in anderen Mythen wider,⁷) und hat stets den Grund, dass der Held verkleidet, d. h. unter einer widerwärtigen Gestalt erscheint und deshalb von der Jungfrau nicht als der von ihr erwartete Gatte anerkannt wird. Andere Sagen stellen statt des in unangenehm veränderter Gestalt erscheinenden Helden (diss ist natürlich die echte Gestalt des Gedankens) eine zweite Person hin, ein hässliches Wesen, welches sich für den Helden selbst ausgibt. Das ist der Fall fast in allen Erzählungen von Drachentötern. Der Held kommt entweder nicht selbst zu der Jungfrau oder er verlässt sie wider, nachdem er sich mit ihr vermählt hat. In beiden Fällen stellt sich statt seiner ein Anderer ein, der sich für den Drachentöter ausgibt; aber der wahre Held wird bald gefunden, oder kehrt nach einem Jahre zurück, und feiert seine Vermählung. Aus dieser Fassung des Gedankens scheint das Auftreten Gunthers zu erklären. Er ist der falsche Drachentöter, d. h. Siegfried in seiner widerwärtigen Gestalt.

Warum aber verlässt der Held die Jungfrau wider? Weil er die Schuld, die er durch die Tötung des Drachen auf sich geladen hat, abbüssen muss.⁸) Daher erklärt sich auch Siegfrieds Dienstbarkeit, welche in den Quellen so verworren überliefert ist.

Ist aber hiemit hinreichend begründet, dass Siegfried seine Braut verlässt, so ist noch das unbegreiflich, warum er nach abgelaufenem Dienstjahre nicht zu ihr zurückkehrt und seine Vermählung feiert, vielmehr sich mit Kriemhild verheiratet. Entweder muss Brünhild auch die nachmalige Gattin Siegfrieds oder muss Kriemhild auch die von ihm aus der Waberlohe

---

7) So besonders in dem von Odhinn und Rindr (Freyr und Gerdhr); Anklänge bei König Rother, bei Rüdiger und Herka (Helche), bei Hugdietrich und Hildegard.

8) Ebenso Kadmos, und Apollon nach der Erlegung des Python.

befreite Jungfrau sein. Eines von beiden muss richtig sein; denn wie Gunther und Siegfried, so sind auch Brünhild und Kriemhild nur zwei Seiten desselben Wesens.[9]) Brünhild zeigt sich dem ganzen Mythus nach und besonders, weil sie Siegfrieds Tod veranlasst, als finsteres, rauhes Wesen, Kriemhild als ihr Gegentheil. Die Befreiung Brünhilds aus der Waberlohe würde einen in den analogen Sagen nicht vorhandenen[10]) Widerspruch in den Mythus bringen. Es ist also vielmehr Kriemhild die aus den Flammen geholte Jungfrau; sie sträubt sich gegen Siegfried, weil er ihr in anderer Gestalt erscheint.[11]) Brünhild nun, als die falsche Kriemhild, strebt nach dem Besitze des Helden während des Jahrs seiner Dienstbarkeit;[12]) aber er berührt sie nicht. Während desselben Jahres ist Kriemhild von dem falschen Drachentöter, von Gunther, umworben, stösst ihn aber zurück. Beide Fassungen der Sage sind ganz parallel.

Der einfache Gang des Mythus ist also dieser: Siegfried tötet Fafnir, nimmt den Hort an sich, fängt Grani und reitet auf demselben durch die Waberlohe; er erweckt Kriemhild, bezwingt sie trotz ihres Sträubens und verlässt sie dann, um den Mord Fafnis zu sühnen, während welcher Zeit Brünhild sich um ihn umsonst bewirbt; nach Ablauf der Sühnungsfrist kehrt er zurück und vermählt sich mit Kriemhild.[13])

Wer ist aber Kriemhild und was hat der Drachenkampf mit der Waberlohe zu thun? Odhins Einmischung in den Mythus ist (s. o.) späterer Zusatz, ebenso natürlich, dass er Brünhild mit dem Schlafdorn sticht. Damit kann auch die

---

9) Die Personification zweier Seiten eines Wesens und somit die Verdopplung desselben ist der Sage auch sonst geläufig.

10) Denn in den analogen Sagen erscheint immer zuerst die schöne Jungfrau: Freyr vermählt sich mit der schönen Gerdhr, Tristan mit der schönen Isolde, Pipin mit der echten Bertha.

11) So kommt auch die Darstellung des Siegfriedsliedes zu ihrem Rechte.

12) Ebenso bewirbt sich die falsche Bertha um Pipin, die weisshändige Isolde um Tristan.

13) Es begreift sich aus dem Gesagten auch, dass die Waberlohe an Brünhild haftete, zu welcher sie gar nicht gehört. Siegfried verlässt Kriemhild, um sich zu reinigen; er verlässt Brünhild, um sich mit Kriemhild zu vermählen. Das zweite Verlassen, als für den Fortgang des Mythus folgenreich, behielt die Sage bei und theilte nun auch der Brünhild die Waberlohe zu. — Auch die drei Kampfspiele des N. L. erklären sich nun: um Kriemhild zu erhalten, muss Siegfried den Drachen töten, Grani fangen und durch die Waberlohe reiten.

Nachricht der Sage unbeachtet gelassen werden, nach welcher
Brünhild eine Valkyrie ist. Für Kriemhilds Wesen mag eine
andere Andeutung der nordischen Sage erklärend sein. Hreidhmarr, der Vater Fafnis, hat zwei Töchter, Lyngheidhr und
Lofnheidhr, von welchen die erstere bei dem Streite zwischen
Fafnir und Regin zur Versöhnung räth. In der späteren Sage
verschwinden die beiden Schwestern. Ihr Verschwinden, sonst
unbegreiflich, ist erklärt, wenn andere Wesen als im Mythus an
ihre Stelle getreten nachzuweisen sind. Es ist nicht unberechtigt,
anzunehmen, dass diss eben Kriemhild und Brünhild waren.
Kriemhild trat an die Stelle der Lofnheidhr, Brünhild an die
der Lyngheidhr.[14]

Somit wäre Kriemhild die Schwester des ihr feindlichen
Fafnir, und ebenso muss Hagen mit demselben verwandt sein.
Darauf führt die Namensähnlichkeit zwischen Oegir, dessen Helm
Hreidhmarr besass, mit dem dieser also identisch oder doch
verwandt sein muss, und Hagens Vater, der im Waltharius Agazi
heisst. Wenn für Oegir eine ältere Form, etwa Oegtir, angenommen wird, so kann Agazi mit dem altnordischen Riesen-
und Adler[15]-Namen Egdhir zusammenhängen; Hagen wäre also
darnach der Sohn eines Sturmriesen.

Diese Verwandtschaft lässt auch vermuthen, dass es Kriemhilds eigene Verwandte waren, welche dieselbe in die Waberlohe
einschlossen, also entweder Hagen oder Hreidhmarr. In verwandten Sagen steht der feindliche Vater als Verfolger der
Tochter fest.[16] Somit ist die echte Form der Sage diese:
Kriemhild, von ihrem Verwandten (Vater), einem *iötunn*, eingeschlossen, wird von Siegfried befreit und vermählt sich mit ihm
nach Ablauf des Jahrs seiner Dienstzeit; aber ihre finstere

---

14) Beide Paare stehen durch ihre Namen im Gegensatz zu einander;
auch das doppelte — *hilde* (parallel — *heidhr*) und die ähnliche Bedeutung
des ersten Compositionstheils bezeugt die Schwesterschaft beider Frauen.
So würde sich erklären, warum N. L. und Thidrekssaga gegen den sonstigen
Brauch Brünhilds Eltern nicht nennen (die Schwesterschaft Atlis ist nordischer
Zusatz, da Atli durchweg historisch ist.)
15) Vgl. Kriemhilds Traum Nib. 13, 2. 3; Lachm., Anm., S. 10.
16) So in der Sage von Freyr und Gerdhr der Vater Gerdhs, Gymir;
der Vater Sidrats in der Otnitsage; der Hagen der Gudrun (hier macht die
Namensgleichheit zugleich die Vermuthung wahrscheinlich, dass Hagen selbst
Kriemhilds Vater ist, zumal da sein Name an den Schlafdorn erinnert, mit
dem Brünhild nach der Sage gestochen wurde).

2. Die Nibelungensage. Die Siegfriedssage.

Schwester Brünhild reizt den Verwandten aus Neid auf, dem Gotte den Tod zu geben und den Hort wider zu nehmen.[17]) Diese Herstellung der Sage wird als richtig erwiesen durch mehrere ganz nahe Analogieen, wie die Sage von Ortnit, von Hilde (in der Gudrun), von Tristan und Isolde.[18])

---

17) Unwesentlich sind einige Einzelheiten des Mythus. Regins Eingreifen ist mehrfach zweifelhaft, besonders seine Bruderschaft mit Fafnir, da das Schmieden (Regins) keine Sache der Riesen ist. Sicherer ist Regin als Siegfrieds Erzieher. Etwas Eigenthümliches weiss die Thidrekssaga von Siegfrieds Geburt. Seine Mutter Sisilie, fälschlich der Untreue gegen Sigmund beschuldigt, soll im Walde sterben. Aber die mit dem Mord Beauftragten entzweien sich, und während dessen gebiert sie den Siegfried. Sie legt ihn in ein Glasgefäss, in welchem früher Meth gewesen. Einer der Streitenden stösst daran und es rollt in's Wasser. Aus Schrecken darüber stirbt Sisilie. Das Gefäss zerschellt an einem Felsen; der Knabe wird von einer Hindin gesäugt und wird in einem Jahre so stark wie ein vierjähriges Kind; Mimir (= Regin) findet und erzieht ihn. — Diese Sage ist jedenfalls nicht romanischen Ursprungs; da die Sage von dem zum Tode in den Wald geführten Weibe häufig ist, so mögen mythologische Ideen darin enthalten sein. Die Einschliessung in ein Gefäss ist bemerkenswerth; sie erinnert an Wolfdietrich, Dionysos und Perseus. Dass es ein Methgefäss ist, könnte die segnende Kraft des Gottes andeuten; ebenso wird Sceáf auf einer Garbe an das Land getragen.

18) Ortnit entführt die von ihrem Vater Machaol eingeschlossene Sidrat mit Hilfe seines Vaters Albrich; Machaol sendet Drachen in sein Land, deren einer den Ortnit verschlingt; Wolfdietrich tötet den Drachen und vermählt sich mit Sidrat. Offenbar gebührt die Tötung des Drachen dem Ortnit und muss vor dessen Brautfahrt fallen. Dass Ortnit von dem Drachen verschlungen wird, ist mythologisch ebenfalls richtig.

Ganz ähnlich ist die Sage von Hilde; es fehlt aber der Drachenkampf und der Tod des Helden. Unbedeutende Differenz ist es, wenn Hettel, der Brautwerber, die Brautfahrt nicht selbst unternimmt, sondern seine Helden zu Hagen schickt. (Merkwürdig ist die nordische Erzählung, dass Hilde nach dem Kampfe ihres Vaters und ihres Geliebten die erschlagenen Krieger in der Nacht durch Zauberei immer wider erweckt; dieser Zug ist in der deutschen Gudrun in gemilderter Form auf den arzneikundigen Wate übertragen worden; ähnlich ist es, wenn in Sct. Oswalds Leben, das mit der Ortnitssage in Berührung steht, durch Oswalds Gebet alle erschlagenen Heiden wider lebendig werden.)

Tristan, nach seiner Eltern Tode in Abgeschiedenheit erzogen, befreit das Land seines Oheims Marke durch Zweikampf mit Morolt von einem grausamen Menschenzins. Die in diesem Kampfe ihm geschlagene Wunde kann nur Isolde, Morolts Nichte, heilen. Unter dem Namen Tautris (= Tan-tris = Tris-tan) geht er als Spielmann zu ihr und kehrt geheilt zurück. Als Brautwerber für seinen Oheim reist er wider zu ihr. Einen Drachen, der das Land verwüstet, erschlägt Tristan, sinkt aber, von dem Kampfe ermattet, zu Boden. Ein Marschall gibt sich für den Sieger aus

I. Die Entstehung des Nibelungenliedes.

Es handelt sich nunmehr darum, für den dergestalt gereinigten und auf seine echteste Form zurückgeführten Mythus eine Bedeutung und Erklärung zu finden.

Der Angelpunct der ganzen Sage ist offenbar Brünhilds Befreiung aus der Waberlohe. Die Edda bezeichnet dieselbe als etwas ganz Ausserordentliches, bei dessen Vollbringung die Erde erbebt und die Lohe zum Himmel wallt.[19])

Anklänge an denselben Mythus sind in Märchen häufig.[20]) Ueberall ist die von der Waberlohe, dem Zaun oder Gestrüpp umgebene oder unter dem Baum sitzende Jungfrau **eine wider Willen in der Unterwelt hausende Göttin, welche der Held befreit.**[21]) Eine sichere Anknüpfung findet das

---

und soll mit Isolde vermählt werden. Diese aber erkennt in Tristan den wahren Drachentöter, zugleich jedoch den Mörder ihres Oheims. Ihn zu töten, wird sie von ihrer Mutter verhindert. Tristan wirbt für seinen Oheim um ihre Hand. Die Mutter Isoldes gibt einer Dienerin einen Liebestrank, um jener die Liebe Markes zu sichern; aber Tristan und Isolde geniessen unwissend davon und sind nun für immer an einander gekettet. Tristans Liebe wird entdeckt und er von Markes Hofe verbannt. Wider Willen vermählt er sich mit der weisshändigen Isolde, die er aber nicht berührt. Ihr Bruder bittet ihn um Beistand zur Ausführung eines Liebesabenteuers; aber sie werden entdeckt, der Bruder der weisshändigen Isolde getötet und Tristan mit einem vergifteten Speere verwundet. Er lässt die schöne Isolde zu seiner Heilung herbeirufen und bittet, wenn dieselbe wirklich komme, ein weisses, im andern Falle ein schwarzes Segel aufzuziehen. Die schöne Isolde kommt wirklich, aber die weisshändige zieht aus Eifersucht ein schwarzes Segel auf, und Tristan stirbt vor Schmerz. — Morolt ist nach Namen und Charakter ein Jötunn; ist er mit dem Drachen widerum identisch, so ergibt sich folgender richtigerer Zusammenhang: Tristan erlegt den Dämon, kommt verwundet unter verstelltem Namen zu der schönen Isolde; sie weist ihn als Mörder ihres Verwandten ab, wird aber nach einiger Zeit seine Gemahlin (ihre Verbindung mit Marke scheint Verderbnis). Die weisshändige Isolde ist hier als Gegensatz der schönen, mit der sie identisch ist, klar gehalten; ihr Bruder führt im Bunde mit ihr den Helden zum Tode. — Nicht zu verkennen sind die Aehnlichkeiten mit der Theseus-Sage. Morolt ist = Minotauros, auch der an ihn sich knüpfende Menschenzins ist beiderseits vorhanden. Neben Ariadne steht eine Nebenbuhlerin, Aigle oder Phaidra. Das weisse und schwarze Segel erscheint beiderseits. Das Eindringen von Tristan und dem Bruder der weisshändigen Isolde in eine verschlossene Burg ist ähnlich (vielleicht mythologisch gleich) dem Raub der Persephone durch Theseus und Peirithoos.

19) Aehnlich in dem Mythus von Freyr und Gerdhr.

20) Dornröschen, das Marienkind unter dem Baume, Sneewittchen u. a. m.

21) Es erklärt sich damit von selbst, warum die Thidrekssaga an die Stelle der Waberlohe eine feste Burg setzt (ebenso das N. L.); das ist eben die durch das Gitterthor der Hel verschlossene Unterwelt.

Märchen von dem sieben Jahre unter dem Baume sitzenden Marienkinde in dem Mythus von **Idhunn**, welche von der Weltesche Yggdrasil fällt.[22]) Dieser Mythus ist von Uhland richtig als Naturmythus gedeutet worden. Idhunn ist die schöne Göttin, die im Sommer in der Pflanzenwelt herrscht, im Herbste aber verschwindet. Andere Züge in verwandten Sagen bestätigen diss.[23]) Vorzüglich kommt hier der Mythus von Freyr und Gerdhr in Betracht. Auch hier erscheint die Waberlohe, durch welche Skirnir für Freyr hindurchdringt. Gerdhr widersteht Freys Werbung, nimmt auch seine goldenen Aepfel nicht an, wird aber durch Drohungen bewogen, nach neun Tagen mit ihm sich im Haine Barey zu vermählen. Zum Lohne erhält Skirnir Freys Schwert; Freyr tötet mit der Faust den Beli, der wahrscheinlich Gerdhs Bruder ist.[24]) — Die Bedeutung dieses Mythus ergibt sich aus Freys Wesen. Er ist ein milder Naturgott, der Regen, Sonnenschein und Fruchtbarkeit verleiht. Gerdhr dagegen ist ein doppelseitiges Wesen, einerseits die schöne Braut Freys, andererseits aber die Tochter des wilden Gymir und die Schwester Belis, des winterlichen Sturmes,[25]) den Freyr im Frühjahr erlegt, wo die Stürme aufhören. Auch Freys Vermählung fällt demnach in den Frühling. Im Winter sind Freyr und Gerdhr getrennt; Gerdhr wohnt in der Unterwelt; aber Freyr lässt sie heraufholen, vermählt sich ihr in dem Haine Barey, d. h. dem „grünenden", und die goldenen Aepfel sind der Lohn dieser Verbindung.[26])

---

22) Unter der Esche Yggdrasil befindet sich die Unterwelt. Idhunn weilt unter derselben in Thälern, wo es ihr nicht gefällt; diese Thäler, die verwandte Nörwis, der Fluss Gjöll u. a. weisen bestimmt auf Idhuns Aufenthalt in der Unterwelt. Unter der Esche Yggdrasil hausen Schlangen, darunter Ofnir und Sváfnir, die vielleicht an Fafnir erinnern dürfen. Wenn Siegfried den Drachen unter einer Linde tötet und selbst unter einer solchen ermordet wird, so ist dieser Baum vollständig an die Stelle der Esche getreten; nordische Esche und deutsche Linde entsprechen sich auch sonst.

23) Wie Odhinn in die Unterwelt reitet, bebt die Erde. — Freya umgibt die Hyndla mit Flammen, d. h. wirft sie in die Unterwelt, wohin die Riesen von den Göttern geworfen werden.

24) Gerdhr hat einen Bruder, der erschlagen wird; bei Skirnis Ankunft nimmt sie diesen für den Mörder.

25) Beli ist = „der Brüllende", „der Stier", d. h. der Sturmwind, nach einem gewöhnlichen Bilde.

26) [Auch Idhunn besitzt goldene Aepfel; über ihr Verweilen in der Unterwelt s. o.]

I. Die Entstehung des Nibelungenliedes.

Durch diese Parallelen wird wahrscheinlich, dass auch der Siegfriedmythus ursprünglich eine Beziehung auf die Natur hatte. Siegfried ist ein milder Naturgott, der den Drachen oder Riesen, d. h. die ungebändigte schädliche Naturkraft,[27]) erlegt. Der Schatz Siegfrieds sind alsdann nicht Gold und Edelsteine, sondern vielmehr der Schatz der mütterlichen Erde, der Pflanzensegen. In den Besitz dieses Schatzes gelangt, muss der Gott zunächst die schöne, in der Unterwelt wohnende Göttin heraufholen und sich mit ihr vermählen. Aber er besitzt sie nur kurze Zeit, d. h. nur während des Sommers; dann wird er von dem finsteren Dämon ermordet, seiner Gemahlin von demselben der Hort geraubt, der nun wider in die Tiefe zurückkehrt; auch seine Gattin muss wider in die Unterwelt eingehen.

Diese Erklärung der Sage wird durch mehrere Einzelheiten derselben bestätigt. Zwar treffen die Jahreszeiten, in welche Siegfrieds Schicksale fallen, nicht ganz zusammen mit denen, in welche sie nach der Erklärung der Sage eigentlich fallen müssen.[28]) Einiges bietet jedoch die Etymologie der Namen.[29])

Brünhild tritt im Mythus besonders hervor in der Zeit zwischen dem Drachenkampf und Siegfrieds Vermählung. Fällt ersterer in den Anfang, letztere in die Mitte des Frühlings, so ist der Sinn der, dass in der Zwischenzeit die Winterstürme

---

Die gegebene Erklärung des Freyrmythus ist gesichert dadurch, dass Freyr im Frühling mit seiner Gemahlin in Schweden seinen fruchtbringenden Umzug hielt. — Aehnlich ist die meistens erloschene Sitte des Mairitts; auch die Austreibung des Winters oder der Kampf zwischen Winter und Sommer, wie diese an mehreren Orten aufgeführt wurden.

27) Für diese sind Drachen und Riesen ein sehr geläufiges Bild; vgl. Apollon und Python, Thors Kämpfe mit den Riesen, besonders den Steinriesen.

28) Dass Siegfried *zeinen sunewenden* (N. L. Str. 32) Ritter wird, könnte auf die Erlegung des Drachen zur Zeit der Frühlingssonnenwende (= ?) hinweisen; aber der Schluss wäre zu kühn. Dem Mythus entsprechender ist, dass er Kriemhild an einem Pfingsttag zuerst sieht. Aber seine Ermordung fällt nicht in den Herbst, sondern in den Frühling.

29) *Völsúngar* hängt nicht zusammen mit *vols*, sondern mit *valis* = γήσιος. — Siegfrieds Name bezeichnet den nach dem Sieg über die Stürme des Winters der Natur Frieden gebenden Gott. Der nordische Name seiner Mutter, Hjördis, deutet, wenn er mit *iördh* zusammenhängt, auf eine Erdgottheit (siehe dagegen Rieger, Nib. Sage S. 183: Hjördis gehört nicht zu Sigmund, Siegfried etc., sondern vielmehr gehört hieher Sigelind; Hjördis ist offenbar Gattin Hjörwardhs, des Vaters von Helgi). Brünhild und Kriemhild sind an die Stelle von Lyngheidhr und Lofnheidhr getreten, ihre Namen beweisen also nichts.

noch nicht völlig gebändigt sind, dass vielmehr, mythisch ausgedrückt, der Gott noch den Joten dienen muss und von der finsteren Schwester seiner Braut zum Gatten verlangt wird. Aber beide Weiber sind, wie oben bemerkt, identisch. Kriemhild im Sommer ist Brünhild im Winter; ähnlich, wie sich Demeter und Erinys verhalten.[30])

Ebenso muss auch Siegfried mit dem Drachen, den er erlegt, identisch sein.[31]) Aeussere Beweise dafür fehlen allerdings. Sich einen Gott in seiner finsteren Gestalt unter dem Bilde eines Drachen zu denken, ist der nordischen Mythologie keineswegs fremd.[32]) So ist also der grollende Gott selbst das finstere Wesen, welches den Menschen die Früchte der Erde entzieht. Kriemhild, als finstere Göttin gedacht, will ihn wider haben, wie Persephone der Aphrodite den Ares neidet. Da der Drache aber mit Fafnir identisch ist, so ist Siegfried zugleich Kriemhilds Gemahl und ihr Bruder.[33])

Der Wechsel der Natur zwischen Sommer und Winter wurde also als das Leben zweier innig mit einander verbundenen Gatten und Geschwister dargestellt. Dieselben sind im Sommer über der Erde, mild und freundlich, im Winter unter derselben, grollend und finster. Die freundliche und die finstere Seite dieser Gottheiten wurde dann von der Sage in zwei verschiedene Wesen gespalten.[34])

---

30) Darauf deutet noch ein Zug der Sage. Nach N. L. Str. 1042—1406 sitzt Kriemhild 3½ Jahre einsam in einem *gezimber*; nach der nordischen Sage weilt sie 3½ Jahre bei Hjalprekr und webt. Die sieben Halbjahre sind die sieben Wintermonate; das *gezimber* ist die Unterwelt. — Im roman de Berte spinnt die echte Bertha, wie Otnits Gemahlin nach dessen Tode; Hildegard wird von dem als Frau verkleideten Hugdietrich in einem verschlossenen Gemache in weiblicher Stickerei unterrichtet. Dieses Weben könnte die still schaffende Thätigkeit der Göttin in der Unterwelt andeuten, und ist jedenfalls dem Schmieden Siegfrieds in seiner Jugend analog. Aber auch die Nornen und Valkyrien, welche die naturhistorische Bedeutung von Siegfrieds Gattin nicht haben, weben; Kriemhild führt also diese Thätigkeit als die finstere Herrin der Unterwelt.

31) [S. W. Schwartz, Die altgriechischen Schlangengottheiten (Berliner Programm von 1858).]

32) Die Schlangen-Namen Ofnir und Sváfnir (s. not. 22) sind zugleich Beinamen Odhins; dieser wurde bei den Langobarden unter dem Bild einer Schlange verehrt und kommt als solche zu Gunnlöd.

33) Wichtig für das Weitere; s. daher unten.

34) Grosse Aehnlichkeit hat die Sage mit dem Mythus von Dionysos und Persephone. Es zeigen sich aber bei genauerer Vergleichung widerum Verschiedenheiten zwischen beiden.

Für den so erklärten Mythus muss nun noch eine Stelle in dem germanischen Göttersystem gefunden werden, damit die Einreihung in dasselbe die gegebene Erklärung als richtig erweisen könne.

Es finden sich in der nordischen Mythologie alle die Ideen, welche der Siegfriedssage zu Grunde liegen. Das Princip des Gegensatzes, mythisch als **Kampf** aufgefasst, ist eine Grundanschauung der gesammten nordischen Mythologie. Analogieen der nordischen Mythologie sprechen dafür, dass Siegfrieds Vermählung richtig als die Verbindung mit einer **tellurischen Göttin** aufgefasst ist; denn die Gattinnen der bedeutendsten nordischen Götter sind tellurische Wesen.³⁵) Das Heraufholen der schönen Göttin aus der **Unterwelt** tritt hervor in dem Mythus von **Gerdhr**, das **Bändigen der unwilligen Braut** in dem von Odhinn und Rindhr, wo auch das Schmieden Siegfrieds seine Analogie findet.³⁶) Eine treffende Parallele zu der Vermählung Siegfrieds bietet ferner der Mythus von Odhinn und Gunnlöd.³⁷) — Der Tod eines Gottes im Herbste ist der nordischen Mythologie nicht fremd; besonders hervortretend ist

---

35) Odhins Gattin, Frigg, ist Tochter des Fjörgyn, — goth. *fairguni* „Berg"; Fjörgyn oder Jördh heisst Thors Mutter. Sif, die Gattin Thors, ist tellurisch: wenn Loki derselben ihr schönes Haar abschneidet, für das ihr dann Zwerge ein goldenes machen, so ist das deutlich Bezeichnung der goldenen Feldfrucht, die zur Zeit der Hitze geschnitten wird und im Winter unterirdisch wider emporkommt.

36) Odhinn kommt als Schmied verkleidet zu Rindhr, ihre Verbindung findet im Winter statt. Parallel dem Spinnen der Göttinnen, ist das Schmieden die Thätigkeit des Gottes im Winter.

37) Unter dem Meth ist gewiss mehr zu verstehen als der Dichtertrank. Kvåsir, aus dem er gemacht ist, scheint nach seiner Etymologie (= anhelitus) das **Lebensprincip in der Natur** darzustellen. Die Lebenskraft der Gewächse dringt aus ihnen im Herbste in die Erde zurück und kommt im Frühjahr wider zum Vorschein durch die Hilfe der Zwerge, der im Verborgenen schaffenden Naturkräfte, welche die belebenden Säfte wider neu zubereiten. Allein die rauhe Jahreszeit hemmt diesen Gang; sie müssen den Lebenstrank an Suttûngr abgeben, der ihn in seiner Höhle verschliesst. Auch Odhinn muss dem Bruder des Riesen dienen, die rauhen Elemente eine Zeit lang herrschen lassen, sich mit der Riesenjungfrau Gunnlöd verbinden. Diese Verbindung dauert nicht lange; nachdem Odhinn den Meth ausgetrunken, die Lebenskräfte den Riesen wider genommen hat, verlässt er Gunnlöd. Diese ist also auch dämonischen, tellurischen Wesens. Zu bemerken ist bei diesem Mythus die Dienstbarkeit und die Schlangengestalt des Gottes.

hier der Mythus von Baldr, dem Siegfriedsmythus noch analoger der von Odhr.[38])

Wir kennen nur ein nordisches Göttersystem, das dazu noch aus der letzten Zeit des Heidenthums stammt. Nach der Analogie anderer heidnischer Religionen ist aber anzunehmen, dass die Götter der einzelnen Stämme erst allmählich in ein System vereinigt wurden und dass erst dabei ihr Wesen so scharf bestimmt, ihre Charaktere so fest gegen einander abgegrenzt wurden, während dieselben früher allgemeiner und unbestimmter gehalten sein musten. In den vielfachen Berührungen im Wesen einzelner Götter liegt dafür ein sicherer Beweis.

Odhinn, Thôrr und Freyr scheinen ursprünglich identisch zu sein;[39]) alle sind Himmelsgötter und Gatten von tellurischen Wesen; sie treffen in mehreren Eigenschaften, namentlich in der Verleihung von Regen und Sonnenschein, zusammen. Ob Odhinn und Thôrr zu einer gewissen Zeit des Jahres in die Unterwelt hinabstiegen, ist ungewiss. Von Freyr aber lässt sich mit Sicherheit vermuthen, dass er im Herbste starb und im Winter als grollender Unterweltsgott gedacht wurde, obgleich die Edden davon nichts berichten.[40])

Wenn nach dem Gesagten keine der im Siegfriedmythus enthaltenen Ideen der nordischen Götterlehre fremd ist, so fragt sich, mit welchem der nordischen Götter Siegfried zu identificieren sei.

---

38) Freya war mit einem Manne, Odhr, vermählt. Er verliess sie und sie suchte ihn unter vielen Namen, wie Aphrodite ihren Adonis. Es ist anzunehmen, dass Odhr ein Naturgott war, welcher starb; daher wird er nicht ein Gott, sondern ein Sterblicher genannt. Zweifelhaft ist, ob er nicht mit einem anderen Gotte identisch sei. Freya ist durch ihre Verbindung mit Freyr schon als milde Naturgöttin bezeichnet; sie ist aber auch eine Unterweltsgöttin und berührt sich mit Hel, wie Artemis u. a. mit Persephone.

39) Es ist z. B. die Scheidung zwischen Thôrr und Odhinn ganz unnatürlich und unecht, nach welcher die gefallenen Fürsten zu Odhinn, die Knechte zu Thôrr kommen. Valhöll war früher eine allgemeine Totenbehausung; die Stämme, welche Odhinn verehrten, behielten die Oberhand, und dadurch entstand jene unnatürliche Scheidung.

40) Darauf führt die Schwesterschaft Freyas als einer Unterweltsgöttin; der Mythus von Gerdhr lässt diese Auffassung zu; die Eberopfer und Ebergelübde in Freys Cultus sind Sühnopfer für den in der Unterwelt wohnenden, grollenden Gott; ferner die eigenthümliche Erzählung der Ynglingasaga von Freys Tode; die Menschenopfer, die ihm nach der Olafssaga gebracht wurden, passen zu einem bloss freundlichen Gotte nicht.

Der Mythus von **Baldr**, an welchen Lachmann gedacht hat, stimmt in wichtigen Puncten mit der Siegfriedssage nicht überein.⁴¹) Es wird sich daher nur um **Odhinn** oder **Freyr** handeln können. Odhinn bietet nicht wenige Parallelen;⁴²) aber manches dem Siegfriedmythus Eigenthümliche fehlt bei Odhinn. Es bleibt somit noch **Freyr** übrig und wirklich stimmt der Mythus von Freyr und Gerdhr vollkommen mit der Siegfriedssage überein.⁴³)

Ebenso handelt es sich darum, eine Göttin zu finden, mit welcher **Kriemhild** zu identificieren wäre. Ihr Diener Eckewart ist offenbar identisch mit dem treuen **Eckhart**, welcher vor dem Heer der Frau **Holla** warnt. Letztere lässt sich ihrem allgemeinen Charakter nach (denn sie ist eine Unterweltsgöttin) und in einzelnen Zügen ganz wohl mit Kriemhild gleichsetzen.⁴⁴) Welcher nordischen Göttin entspricht aber Holla? Nach Grimm ist sie identisch mit **Frigg**; wahrscheinlicher ist, dass sie mit **Freya** zusammenfällt.⁴⁵) Freyr und Freya stimmen ihrem

---

41) Der blinde Hödr erinnert an Hagen; besonders die Geschichte von Balderus und Hotherus bei Saxo Grammaticus bietet viele Analogieen; auch Baldr ist ein Licht- und Naturgott. Aber das Wichtigste, der Drachenkampf und die Vermählung Siegfrieds, fehlt bei Baldr.

42) Siegfried stammt von Odhinn ab; Odhinn führt mit *sig* zusammengesetzte Namen, wie Siegfrieds Familie; die Schlangen Ofnir und Sváfnir als Beinamen Odhins; der Gunnlödmythus bietet verschiedene Parallelen, der Meth kommt, wie der Nibelungenhort, von den Zwergen an die Riesen; die verlassene Gunnlöd erinnert an Brünhild; das Bezwingen der Jungfrau im Mythus von Rindhr, s. o.

43) Nur das ist abweichend, dass Beli nicht als Drache auf dem Golde liegt; allein der Kampf mit ihm ist überhaupt nur kurz angedeutet. — Der Kampf mit Beli ist Freys einziger Kampf, sonst ist er ein Gott des Friedens; ebenso Siegfried nach dem Siege über den Drachen. — Freyr ertheilt Orakel; Siegfrieds Geschlecht hat die Gabe der Weissagung. — Beide sind, wie es scheint, Söhne der mütterlichen Erdgöttin.

44) Holla ist eine Naturgöttin, ihr Hörselberg = der Unterwelt; sie spinnt im Winter; als die "Dunkle" ist sie der Gegensatz zu Berchta, der "Glänzenden", deren Sage viel Analoges bietet.

45) Darauf führen zunächst die Umzüge der Holla, wie solche nur von Freyr und seiner Mutter Nerthus bekannt sind; bei der nahen Verwandtschaft mit Freya lassen sie sich auch von dieser vermuthen. Die Umzüge der Holla fallen um die Zeit der Zwölfnächte und der Fastnacht, wo im Norden Freys Cult am meisten hervortritt. Dietrich mit dem Eber, welcher mit Holla umzieht, ist unverkennbar identisch mit Freyr. Wenn Grimm mit Recht die Isis des Tacitus (Germania cap. 9) mit Holla identificiert, so führt dieselbe ebenfalls auf Freya. Das Schiff, unter welchem Isis verehrt wurde,

2. Die Nibelungensage. Die Siegfriedssage.

Wesen nach so gut zur Siegfriedssage, dass die Identität
der Sagen und Personen höchst wahrscheinlich wird. Aber jene
sind in der nordischen Sage nur Geschwister, nicht Gatten. Es
ist also die Frage aufzuwerfen, ob nicht früher oder bei anderen
germanischen Stämmen beide, ähnlich wie Liber und Libera,[46]
zugleich als Gatten gedacht worden seien.

Freyr und Freyja nebst ihrem Vater Njördhr waren ursprünglich nicht Asen, sondern Vanen. Diss scheint eine Erinnerung
daran zu enthalten, dass sie nicht so ursprünglich sind wie die
anderen Götter, sondern erst später in den nordischen Glauben
eintraten. Umgekehrt lässt Odhinn die im Schöpfungsmythus
und nachher nicht mehr auftretenden Götter Vili und Ve in
Asgard zurück; Mimir und der besonders in älteren Mythen
auftretende Hönir werden den Vanen zu Geiseln gegeben; offenbar
hat diss keinen anderen Sinn, als dass sie im Cult hinter den
neu aufgetauchten Göttern zurücktraten, was sich auch sonst
bestätigt.

Nach der Ynglingasaga kamen die Vanen vom Don her;
auch andere Nachrichten deuten bestimmt auf ihr Eindringen
von Osten her. Freys Cult deutet auf Schweden. Ebenso ist
es in Deutschland der Osten, wo sich diese Götter nachweisen lassen. Die Nerthus des Tacitus (Germania cap. 40),
die Verehrung der Göttermutter unter dem Bilde des Ebers bei
den Aestiern (ibid. cap. 45) weisen ebenfalls in den Osten. Ist
die Isis identisch mit Freya, so bestätigt diss den Freyrcult als
Eigenthum der Ostgermanen. Bei den nicht suevischen Stämmen
Deutschlands lässt sich derselbe nicht nachweisen, ja er ist bei

---

erinnert an Freys Schiff Skidhbladhnir, welches die Wolken bezeichnet.
Dasselbe erkennt man in verdunkelten deutschen Sagen wider; der Gott
machte durch dasselbe die Aecker fruchtbar. Hat nun Tacitus nicht geirrt, so
gebührt dasselbe auch der Freya. Der Hörselberg, der die Unterwelt bedeutet,
passt gut zu Freya. Wie die Valkyrien Dienerinnen der Freya, sind die Hexen
Hollas Dienerinnen. Valkyrien und Hexen fallen vielfach zusammen; diss
beweist u. a. die Hexenprobe, dass die, welche auf dem Wasser schwammen,
ohne zu sinken, Hexen waren; denn diese waren alsdann Schwanjungfrauen,
d. h. Valkyrien. Durch ihre Künste führen die Hexen das Wetter herbei, sie
reiten in den Wolken durch die Luft. Liegt nun den Hexenfahrten ein
orgiastischer Cult zu Grunde, so mögen die daran betheiligten Frauen geglaubt
haben, dass die Göttin selbst mit ihren Valkyrien sich unter ihnen einfinde,
ja dass sie selbst zu Valkyrien würden.

46) Auch griechische Götterpaare, die zugleich Geschwister sind, z. B.
Zeus und Hera.

Fischer, Nibelungenlied.

diesen nicht denkbar; denn des Tacitus Nachricht von der Bildlosigkeit des deutschen Götterdienstes steht im Widerspruch mit den Götterbildern der Nerthus, Isis und Göttermutter, wenn diese nicht allein den Sueven zuzutheilen sind; da aber jene Götterbilder bestimmt auf Freyr und Freya deuten, so sind diese den Nicht-Sueven entschieden abzusprechen. Auch lässt sich von den drei Hauptgöttern, welche Tacitus den Germanen zuspricht, Mars, Mercur und Hercules, keiner auf Freyr deuten, während doch Odhinn, Thôrr und Freyr im nordischen Göttersystem die hauptsächlichste Trilogie bilden.

Die suevischen Stämme wanderten später gegen Süden und nahmen das südliche und das mittlere Deutschland ein.[47]) Freyr war also besonders im südlichen und mittleren Deutschland, Wuotan ist noch jetzt im nördlichen besonders hervortretend.

Die Verbindung von Geschwistern galt im Asencult für anstössig; daher wurde die zwischen Freyr und Freya im Mythus aufgelöst, als sie Asen wurden. Odhr ist, wenn er ein Mensch ist, gar nicht als Gemahl der Freya denkbar, er muss also Beiname eines bekannten Gottes in einem verdunkelten Mythus gewesen sein; er kann demnach einfach mit Freyr identificiert werden, dessen Mythus durch den seinigen ganz passend vervollständigt wird.

Wir dürfen also annehmen, dass die Siegfriedssage aus einem älteren deutschen Mythus von dem Gotte Freyr erwachsen ist. Durch diese Annahme erklärt sich auch, warum der Siegfriedmythus im Norden nicht vorhanden war, und später erst, als er schon zur Heldensage geworden war, dorthin verpflanzt wurde und doch so grossen Anklang fand; es wird sich dadurch auch seine Localisierung am Rhein erklären, weil die Burgunden, die früher an der Ostsee wohnten, wo der Freyr-Cultus vorzugsweise herrschte, ihn in ihre neue Heimat verpflanzten und mit ihrer Königsgeschichte verflochten.

33.

Auf demselben Boden wie Wilhelm Müller weiterarbeitend, sind Neuere zu anderen Resultaten gekommen. Namentlich

---

[47]) Anglier und Variner (Hermunduren) sind Thüringer; die Langobarden wandten sich nach Süden, mit den Baiern vielfach verbunden; die Gothen folgten nach.

2. Die Nibelungensage. Die Siegfriedssage.

war hier der Nachweis wichtig, welchen W. Schwartz in seinem Programm „über die altgriechischen Schlangengottheiten" (Berlin 1858) mit genügender Evidenz geliefert hat, dass nemlich alle Mythen von Schlangen oder Drachen ursprünglich Gewittermythen sind, indem die Schlange, welche „nicht auf Erden gezeugt ist", das einfache, naive und treffende Bild des am Himmel sich „hinschlängelnden" Blitzes ist.

Statt der Schlange oder des Drachen treten in den Mythen, die schon mehr anthropomorphischen Charakter haben, auch menschenartigere Wesen, Riesen oder Ungethüme verschiedener Art,[1] auf. Gerne werden diese Drachen oder ihre Stellvertreter im Besitz eines Schatzes[2] oder einer von ihnen geraubten Jungfrau[3] gedacht, die sie entweder fressen oder zur Liebe zwingen wollen. Kann der Schatz verschieden gedeutet werden,[4] so ist die Deutung der Jungfrau, statt oder neben welcher mitunter auch ein Jüngling auftritt, auf Sonne oder Mond, wie sie Schwartz gegeben hat, mindestens sehr plausibel. Dem Drachen (oder sonstigen Ungethüme) tritt ein göttliches Wesen gegenüber, welches denselben tötet, den Schatz ihm entreisst, die Jungfrau befreit.[5] Zugleich lehrt aber die Betrachtung dieser Schlangenmythen, dass nach dem in der Mythologie fast stehenden Gesetze, das auch die oben besprochene Theorie W. Müllers so vielfach zur Geltung gebracht hat, der Gott, der das Ungethüm überwindet, mit diesem selbst identisch ist, dass der Schlangentöter nichts anderes ist, als die Schlange, welche „im eignen Feuer stirbt".

Somit wäre Siegfrieds Drachenkampf nichts anderes als eine mythische Darstellung des Gewitters nach seiner wohlthätigen Seite, die Vernichtung der Verderben drohenden Gewitterwolke

---

1) So die Gorgo, die Chimaira; menschlichere Wesen Python, Tityos Porphyrion u. a., die Riesen, welche Thörr bekämpft.
2) Das goldene Vliess, die goldenen Aepfel der griechischen Mythen; daneben in Hellas wie in Deutschland die allgemeinere Vorstellung von goldhütenden Drachen.
3) In Hellas Hesione, Andromeda u. a.
4) Die Vorstellung von dem Golde kann stammen aus dem Anblick des goldenen Blitzes (Schwartz), des Wetterleuchtens, das die Wolken in goldenen Glanz hüllt (Koch), oder kann das Gold das von der Wolke bedeckte Sonnenlicht, in einer höheren Anschauung vielleicht auch die durch die Selbstvernichtung des Gewitters in Blitz und Regen erweckten Schätze des Bodens bedeuten.
5) Herakles befreit die Hesione, Perseus die Andromeda.

durch sich selbst, durch den aus ihr zuckenden Blitz, und die segensreiche Befreiung der Sonne durch die Entfernung der sie verhüllenden Wolke.⁶) Aber der freundliche, durch seinen Sieg über die Gewitterwolke Frieden spendende Gott (*sigu-frid*) ist selbst mit dem besiegten Ungethüm identisch, er fällt, indem er dasselbe erlegt.⁷)

Bei dieser Deutung des Siegfriedmythus können nicht alle Einzelheiten der ausgebildeten Sage ihre Stelle finden. Daher hat E. Koch in der zweiten Auflage seines Schriftchens die verschiedenen Momente der Siegfriedssage getrennt und sie als erst später zusammengeschweisst betrachtet. Eine kurze Darstellung seiner Analyse folge hier.

Was von Siegfried erzählt ist, lässt sich im Wesentlichen unter die drei folgenden Momente zusammenfassen:

1) Siegfried erschlägt Fâfnir und gewinnt dessen Hort;
2) er durchreitet die Waberlohe, erweckt Brünhild und verlobt sich mit ihr;
3) er wird hinterlistig ermordet.

1) Fâfnir, der Drache, ist die Gewitterwolke, welche von dem Sonnengotte Siegfried vernichtet wird.⁸) Siegfrieds strahlende Augen sind ein Ueberrest von dem Wesen des Lichtgottes; Thôrs Donnerkeil ist zu einem von Zwergeshand geschmiedeten Schwerte geworden. Der von Siegfried dem Riesen abgenommene Schatz des Sonnengoldes wurde später nach Vermenschlichung der Sage am Rhein, welcher Gold führte, localisiert, da die Sage in derselben Gegend ihre Entstehung gefunden hatte.

2) Ueber den Mythus von Siegfried und Brünhild geben die Mythen von Odhinn und Rindhr, Freyr und Gerdhr Aufschluss: die im Winter gefesselte, gefangene Natur wird von

---

6) So kommt die Darstellung des Siegfriedsliedes zu ihrem Recht, welche die von dem Drachen geraubte Kriemhild von Siegfried geraubt werden lässt. S. u.

7) Thôrr fällt, während er die Midgardschlange erlegt, zugleich selbst, wird von Grûngnir, den er getötet, zu Boden geworfen. — Ueber das in der ausgebildeten Sage dem Tode Siegfrieds Vorausgehende s. u.

8) Der rothe Glanz der Wolke erweckt die Vorstellung von einem dahinter verborgenen Schatze; das Gewitter ist der Kampf des Sonnengottes mit dem Drachen, welcher als Regen zur Erde sinkt [s. u.]; der Schatz kommt in die Hände des Siegers und erscheint hier als das Gold der Sonne. Analoge Mythen: Indra und Vritra; Thôrr und die Midgardschlange; Thôrr und die Riesen.

dem Sonnengotte wider befreit, belebt und befruchtet.⁹) Im Mythus von Freyr ist Skirnir nur eine Hypostase des Gottes selbst, wie auch Odhinn selbst es ist, welcher in den verschiedenen Verkleidungen zu Rindhr kommt. Sobald aber der Mythus historisiert wurde, übertrug die dichterische Phantasie dem **Freunde** des Gottes alle wichtigeren Functionen, wie uns denn diese Gestaltung der Sage in der ausgebildeten Siegfriedssage vorliegt. Diese Freundestreue ist Gegenstand einer besonderen Sage geworden, der von **Amicus** und **Amelius**.¹⁰) — Die Tarnkappe ist verhältnismässig späten Datums, in die Sage gekommen erst zu der Zeit, als man den einem Gotte natürlich leichten Gestaltenwechsel nicht mehr für möglich hielt. Diese Tarnkappe muste aber irgendwo gewonnen sein; so kam es, dass sie unter die dem Drachen abgenommenen Kleinode gerechnet wurde.¹¹)

3) Die Ermordung Siegfrieds ist identisch mit Baldrs Tod.¹²) Ein mythischer Gegensatz von „Nibelungen" und „Völsungen" ist nicht anzunehmen; „Nibelung" ist ein historischer, fränkischer Name. Ebenso ist **Hagen** nicht mythisch; Tronia (Kirchheim) ist eine historische Oertlichkeit. Hagens Name stammt von *hag* „Verhau"; er ist also eigentlich ein *hagestalt* („Hagestolz"), ein im Grenzwald angesiedelter Lehnsmann. Jedenfalls ist diss wahrscheinlicher, als seine Identificierung mit dem fränkischen Grossen Eunius Mummolus.

Wahrscheinlich ist der zweite Mythus, der von Siegfried und Brünhild, der Grundstock des Ganzen. An ihn hat sich der erste, zur Verherrlichung des Helden dienend, leicht angeschlossen; schwieriger war die Anschweissung des dritten, welche erst durch das Eindringen der Freundschaftsage direct veranlasst war. Der Gedanke von der Verderblichkeit des

---

9) Die Waberlohe ist die Glut des Scheiterhaufens, wie der griechische *Πυριφλεγέθων* [s. aber unten].

10) Ueberliefert bei Vincentius Bellovacensis und Albericus trium fontium; Deutsch in „der Seele Trost"; letztere Darstellung s. bei Koch S. 69—71.

11) Der Mythus von Siegfried und Brünhild ist selbständig erhalten in dem Märchen vom Dornröschen; auch das vom Sneewittchen beruht auf demselben. Die Freundschaftssage findet sich in dem Märchen von den zwei Brüdern.

12) Baldr ist Sonnengott, Odhins Sohn, wie Siegfried unverwundbar; Hagens und Lokis List; Nanna und Brünhild sterben freiwillig mit dem Gatten.

Schatzes ist specifisch nordisch und unursprünglich; daher ist die ganze Vorgeschichte des Schatzes als nordischer Zusatz anzusehen, veranlasst durch das Bestreben der Nordmänner, einerseits alle Einzelheiten möglichst zu concentrieren, andererseits alles Wichtige bis auf die Götter zurückzuführen.

34.

Haben schon die bisher (§§ 32. 33) betrachteten Deutungen der Sage in der Erklärung der einzelnen sagenhaften Momente den specifisch germanischen Boden nicht selten überschritten, so hat P. E. Müller seine allegorisierende Auslegung des Mythus zwar rein aus der germanischen Tradition desselben geschöpft, dem Mythus selbst aber in seinem allegorischen Charakter indogermanischen Ursprung vindiciert; Leo und Holtzmann endlich haben, ohne eine Deutung des Mythus zu geben, denselben durch Parallelisierung mit einer indischen Heroensage in die Zeit der indogermanischen Völkergemeinschaft zurückgerückt.

35.

Peter Erasmus Müller

hat in seiner Sagabibliothek eine allegorisierende Auslegung der Siegfriedssage gegeben, welche in kurzem folgende ist.

Der „Rhein", in welchen das Nibelungengold geworfen wird, ist — „Fluss" überhaupt. Das Gold, welches aus den Flüssen gewonnen wurde, ist wohl überhaupt das älteste. Die Frage musste nahe liegen, wer wohl dasselbe daselbst hinein geworfen habe. Die Antwort darauf war: die Missgunst, welche den Menschen diesen Schatz zu entziehen trachtete. In Uebereinstimmung mit persischen und indischen Mythen wurde die Heimat dieses in den Fluss geworfenen Goldes im Norden gesucht. Der dasselbe holte, war ein Jüngling von Göttergeschlecht, siegreich (*sigurdr*), ein Sohn der Gewalt (*Völsúngr*), der den Schatz durch Tötung der denselben bewachenden Ungeheuer (*Fáfnir — fiofner*, „Schatzes Inhaber") gewann. Das Gold aber bringt nur Unheil über seinen ersten Besitzer. So lange der Held seine Kraft entfaltet, indem er der Kriegsjungfrau (*Brynhild*) dient, ist er siegreich durch Stärke und Weisheit.

2. Die Nibelungensage. Die Siegfriedssage. 135

Bosheit (*Grim-hild*) führt ihn in die Arme der Wollust (*gudr runa*), und nun verlässt ihn sein Glück. Die Söhne der Finsternis (*Niflûngar*) überwältigen ihn; sie bewahren das Gold in der Tiefe; aber auch sie, trotzend auf ihre Stärke, fallen durch die Blutrache (*Atli*).

Es ist aus dieser Darstellung klar, dass P. E. Müller die ganze Nibelungensage als ein Ganzes zusammenfasst; damit ist auch gegeben, dass er jede geschichtliche Anlehnung ausschliesst. Zugleich verlegt er die ganze Sage in die vorgermanische Zeit und in die asiatisch-arische Heimat der Germanen in der Gegend der Wolga.

36.

Heinrich Leo

hat, ohne eine wirkliche Auslegung der Sage zu versuchen, eine Parallele derselben mit einer altindischen Heroensage gezogen und beide Sagen als ureins dargestellt.[1]) Die genannte indische Sage ist folgende.

Das Mahabharata[2]) enthält als Episode die Geschichte des Kuruingen Karna. Kunti, Pandus spätere Gemahlin, gebiert dem Sonnengotte einen Sohn, mit Namen Karna, der, wie sein Vater selbst, mit einem undurchdringlichen Goldpanzer zur Welt kommt. Das Kind wird ausgesetzt und von Adhiratha, Dhritarashtras Wagenlenker, gefunden und erzogen. Karna verschafft seinen Verwandten, den Kauravas (Kuruingen) Sieg, so lange er lebt. Kunti vermählt sich mit König Pandu und gebiert ihm drei Söhne: Yudhishthira,[3]) Bhima und Ardshuna,[4]) von welchen der letztgenannte der Hauptheld auf Seiten der Panduinge ist. Bei der Kampfprobe zwischen den Freiern Draupadis verschmäht diese den Karna, obwohl er den besten Schuss thut, und wählt Ardshuna zum Gemahl. Karna und Ardshuna sind von nun an Todfeinde. Ardshuna muss aber die Braut

---

1) „Die alt-arische Grundlage des Nibelungenliedes", in J. W. Wolfs Zeitschrift für deutsche Mythologie und Sittenkunde, I, 1 (1853).
2) Die Darstellung des Kampfes zwischen den Geschlechtern der Kauravas und der Pandavas (vulgo Kuruinge und Panduinge).
3) = „Standhaft im Kampf"; ähnlich Gunther von *gunt* = *pugna*.
4) A. bedeutet zugleich einen weissblühenden Baum mit rothen Beeren; — Hagen = „Weissdorn".

dem älteren Bruder Yudhishthira abtreten, und sie wird gemeinsame Gattin der Söhne Pandus. Dhritarashtras[5]) Sohn, Duryodhana, hat von Yudhishthira sein ganzes Reich im Würfelspiel gewonnen, mitsammt Draupadi, welche er aber frei lässt. Es entbrennt der Krieg zwischen Panduingen und Kuruingen. Die Letzteren sind siegreich, so lange Karna lebt. Dieser aber kann nicht getötet werden, so lange er seinen Goldpanzer und die kraftverleihenden Ohrringe hat. Indra, der Begünstiger der Panduinge, bittet ihn in Gestalt eines Brahmanen um beides, und Karna, welcher gelobt hat, einem Brahmanen keine Bitte abzuschlagen, gibt ihm beides trotz der Warnungen des Sonnengottes, aber unter der Bedingung, dass er als Pfand dafür Indras unfehlbar treffenden Speer[6]) erhält. Sowie jedoch Karna mit einem Speerwurfe getroffen, soll Indra den Speer wider bekommen. Krishna, der Helfer der Panduinge, weiss Karna durch List dahin zu bringen, dass er den Speer Indras gegen einen Andern als Ardshuna verschiesst. Ardshuna erschiesst den Karna meuchlings, während dieser ein Rad seines festgefahrenen Wagens losmachen will; Karna ist noch nicht tot und verwundet seinen Feind; aber Krishna heilt Ardshunas Wunde schnell und ein zweiter Schuss von diesem tötet den Karna.

Die zahlreichen Parallelen dieser Sage sind folgende.

Karnas Panzer entspricht Siegfrieds Hornhaut; die kraftverleihenden Ohrringe der Tarnkappe; wie dem Karna die drei Panduinge feindlich gegenüberstehen, so dem Siegfried die drei Nibelungen; die Warnung Karnas durch seinen Vater ist ähnlich der Siegfrieds durch Kriemhild; Siegfried und Karna werden von ihrem Feinde meuchlings erschossen; der Grund ihres Hasses ist beidemale ein Weib, in der indischen Sage Draupadi, in der deutschen Brünhild. Wenn in der nordischen Sage nicht Högni, sondern Guttormr auf dessen Rath den Mord verübt, so ist ein ähnliches Verhältnis zwischen Krishna und Ardshuna. In beiden Sagen steht ein Lichtgeschlecht einem Geschlechte des Abgrunds[7]) gegenüber und unterliegt diesem. Karnas scheinbare Abstammung von einem Wagenlenker, wegen

---

5) Dhritarashtra und Pandu sind Brüder.
6) [Welcher mit Thörs Hammer identisch ist; s. W. Mannhardt, Germanische Mythen S. 105—114; wie überhaupt Indra und Thörr, s. Mannhardt l. c. 1—242].
7) Krishna bedeutet „schwarz".

welcher ihn Draupadi verschmäht, ist Siegfrieds Dienstbarkeit analog. Die Zeugung Karnas durch einen Gott ist in der Thidrekssaga von Siegfried auf Hagen übertragen, dessen Mutter von einem Alb schwanger wird; ein Bruder Högnis heisst merkwürdigerweise Hjarnar, ganz ähnlich mit Karna. Auch Siegfrieds Geburt nach der Thidrekssaga ähnelt der Karnas.

37.

Adolf Holtzmann

hat Leos Theorie adoptiert, weiter ausgeführt und in einzelnen Puncten abgeändert.[1])

Die Nibelungensage ist nach Holtzmann rein auf mythische Elemente zurückzuführen, d. h. wenigstens auf solche, welche vor der eigentlich germanischen Geschichte liegen müssen. Wir haben also ein Recht zu der Vermuthung, dass sie allgemein **indogermanisch** sei. Um so mehr wird diese Vermuthung gerechtfertigt sein bei der Sage von Siegfried, dem unbestrittenen Liebling der deutschen Sage, dessen Person von gar keiner geschichtlichen Anlehnung ergriffen worden ist, so dass zu schliessen ist, seine Gestalt sei in der Dichtung zu feststehend, also zu alt gewesen, um eine historische Anknüpfung zu gestatten. Bei ihm also muss sich am ehesten eine Parallele in anderen Mythologieen indogermanischer Völker nachweisen lassen.

Der innere Zusammenhang zwischen germanischer und indischer Mythologie kann nicht bestritten werden. Wahrscheinlich ist somit auch die Identität der beiderseitigen Heldensagen, mögen sie auch bis zur Unkenntlichkeit verändert sein. Leo hat auch schon die richtige Parallele zwischen der Siegfrieds- und Karna-Sage gezogen.

Das Mahabharata, welches den Karna mit entschiedener Misgunst behandelt, ist offenbar in einer parteiisch gefärbten Umarbeitung auf uns gekommen; Karna muss früher (und noch später) eine weit bedeutendere Figur gewesen sein, als er im Mahabharata ist. Die Parallelen zwischen ihm und Siegfried sind folgende.

---

1) Holtzmann, Untersuchungen S. 187—fin.

Beide werden, von ihrer Mutter auf dem Wasser ausgesetzt, in fremdem Lande gefunden und erzogen. — Karna ist der Sohn des Sonnengottes; dasselbe muss auch Siegfried sein, als Sohn des Sigmund, d. h. des Gottes der Sequaner,[2]) Segemon, und als Völsung; denn Völsung hängt zusammen mit dem keltischen Gotte Welis, welchen die Minerva Belisana voraussetzt und dessen Name als bei den Gothen bekannt durch den Namen Belisar erwiesen ist. — Karna ist der Halbbruder seines Todfeindes Ardshuna; vielleicht ist auch Siegfrieds Mutter zugleich die Hagens. Diss wird glaublich dadurch, dass Hjördis, Siegfrieds Mutter, sich mit Hjalprekr vermählt und dass beide später nicht mehr genannt werden, so dass eine Verwirrung der Sage in diesem Puncte anzunehmen ist; wahrscheinlich wird es dadurch, dass Siegfried und Hagen nach der Sage sich Stallbruderschaft schwören. — Karnas Panzer und Siegfrieds Hornhaut sind identisch. — Die Dienstbarkeit mit ihren Folgen ist bei Karna wie bei Siegfried vorhanden. — Wie Siegfried dem Gunther seine Gemahlin erwirbt, so Karna dem Duryodhana dessen Gattin Kanya. Da nun Kanya mit Brünhild identisch sein muss, diese aber zugleich mit Draupadi zusammenfällt, so sind gewiss in Brünhild zwei verschiedene Personen vereinigt, wofür die Unklarheit des ganzen Verhältnisses zwischen Siegfried und Brünhild spricht. Der Zusammenhang der Sage erfordert, dass Karna zum Lohne Duryodhanas Schwager werde. Es wird uns aber davon nichts überliefert. Duryodhana hat eine Schwester Duhsala, welche aber an König Jayadratha verheiratet ist und nie bedeutend hervortritt; da nun ihre Nennung, ohne dass sie zugleich eine nennenswerthe Rolle spielte, unsinnig und die Namenlosigkeit von Karnas Gattin nicht episch ist, so ist die Annahme berechtigt, dass Duhsala eigentlich Karnas Gattin ist, welche aber, als die Ehe mit einem Fuhrmannssohne ihrer unwürdig schien, dem Jayadratha beigegeben ward. — Karna unterwirft dem Duryodhana viele Könige; ebenso ist Siegfried in der Thidrekssaga König Isungs Bannerträger, und im Nibelungenliede standen gewiss an der Stelle des [nach Holtzmann unechten, s. u.] Sachsenkriegs früher andere Siege Siegfrieds für Gunther. — Die Tötung des Drachen und die Erwerbung des Horts scheinen im Mahabharata zu fehlen; allein die Tötung des Jarasandh, eines übermenschlichen Wesens, und die

---

2) [Nach Holtzmann sind ja Kelten und Germanen identisch.]

2. Die Nibelungensage. Die Siegfriedssage.

Plünderung seines reichen Schatzes, welche dem Bhima zugeschrieben sind, kommen ursprünglich — und dafür sind noch Zeugnisse vorhanden — vielmehr seinem Feinde Karna zu. — Karnas Tod erfolgt zwar in der Schlacht, aber, wie der Siegfrieds, durch einen hinterlistigen Schuss in den Rücken. Ein wesentlicher Unterschied zwischen Karnas und Siegfrieds Sage, der aber nicht einmal den Helden selbst berührt, ist der, dass Ardshuna und Duryodhana Vettern sind, welche sich um die Herrschaft streiten, wovon die Nibelungensage nicht weiss. Es machen aber der Streit zwischen Wolfdietrich und seinen Brüdern, zu dessen Zeit Siegfried nach der Sage lebte, sowie der von Hartnit (= Ortnit, Otnit) mit Isung geführte Streit wahrscheinlich, dass Siegfried einst der richtigeren Form der Sage nach in einem solchen Kampfe mitkämpfte.[3]) In Hartnids Namen (= „streitfest") könnte man sogar den Yudhishthiras widerfinden wollen (= „kriegfest"). Ferner finden sich in der Ortnitsage alle Elemente der Siegfriedssage: eine gefahrvolle Brautwerbung, eine Tarnhaut und die Unverwundbarkeit des Helden (in Wolfdietrichs Sct. Georgen-Hemd und Ortnits Brünne), auch ein Drachenkampf; wichtig ist besonders, dass Alberich in der Ortnitsage von Bedeutung ist.

Im indischen Epos sind Karna und Duhsala zurückgetreten, im deutschen der Kampf der beiden Geschlechter; in Folge davon fielen im deutschen Epos die Gegner Yudhishthira und Duryodhana, sowie in Brünhild zwei ursprünglich verschiedene Frauen zusammen.

38.

Wollen wir die durchgesprochenen Theorieen über den Siegfriedmythus beurtheilen und, soweit es bei der unbestimmten Weite, welche mythologische Fragen in ihrer Beantwortung immer zulassen müssen, möglich ist, Resultate aus ihnen zu gewinnen suchen, so müssen wir zunächst untersuchen, ob und in wie weit diejenigen, welche dem Siegfriedmythus eine allgemeinere, indogermanische Bedeutung zugesprochen haben, diss mit Recht thaten. Die Parallelen, welche Leo und Holtzmann zwischen der Sage von Karna und der von Siegfried gezogen

---

[3]) Isungs Helden fallen durch Zauberei des Feindes; ebenso die tapferen Kuruinge durch die List der Panduinge.

haben, sind in der That frappant. Es wird auch nicht unrichtig
sein, eine ziemlich weitgehende Parallelisirung, ja Identification,
beider Personen zuzulassen. Es ist aber zugleich zu bedenken,
dass beide Heroen, Siegfried und Karna, einem fertigen mytho-
logischen Systeme angehören, das in beiden Mythologieen ein
verschiedenes ist, dass also viele der Vergleichungspuncte mög-
licherweise zufällig sein und wegfallen können. Weiterhin ist
zu bedenken, dass auch unter den Vergleichungspuncten, welche
die Personen beider Heroen betreffen, mancher insofern zu-
fällig mag genannt werden können, als nicht nur der Person
Siegfrieds mehrere andere der deutschen Sage sehr ähnlich, d. h.
wohl mit ihr identisch sind, sondern auch der Parallelen zu
Siegfrieds Geschichte z. B. in der griechischen Mythologie gar
manche sind und daher möglicherweise auch in der indischen
Sage mehrere Personen dem allgemeinen Gehalt ihres Wesens,
ihrer mythischen Bedeutung nach mit Siegfried gleich gesetzt
werden könnten. Haben sich doch die indogermanischen Völker
zu einer Zeit getrennt, da ihre Mythologie noch wesentlich in
einem sehr schwankenden, plastischer, sicher begrenzter, streng
gesonderter und insbesondere systematisch geordneter Figuren
entbehrenden Zustande sich befand, wie sich derselbe etwa noch
in den indischen Veden, kaum mehr in den deutschen Volks-
sagen und Märchen ältesten Charakters, zeigt. Daher müssen
wir uns wohl darauf beschränken, vorderhand die Möglichkeit,
ja Wahrscheinlichkeit der Identität beider Heldengestalten, Karnas
und Siegfrieds, zuzugeben, im Uebrigen aber abzuwarten, bis
eine eigentlich mythische, d. h. dem Standpunct der den Indo-
germanen gemeinsamen Naturmythologie angemessene Deutung
beider Figuren, insbesondere Karnas, der so wie er im Maha-
bharata gezeichnet ist vorerst eine solche noch nicht erfahren
hat, gefunden ist;[1]) erst dann wird diese ganze Frage spruchreif
und einer alsdann vielleicht immer noch nicht unzweifelhaft
sicheren Beantwortung fähig sein.

Gehen wir zu den bisher gegebenen Erklärungen der
Nibelungensage über, so ist die älteste unter denselben die von

---

1) Wir sehen hier von mehreren kleinlichen Vergleichungspuncten, welche
Leo und Holtzmann gefunden haben, ab; eine Menge von solchen, welche
nur der ausgeführten, detaillierten Sage angehören, z. B. der Geschlechter-
kampf und was mit demselben zusammenhängt, können der gemeinsamen
indogermanischen Mythologie, welche (s. o.) Naturmythen und nur solche
bietet, noch gar nicht angehören.

2. Die Nibelungensage. Die Siegfriedssage.

P. E. Müller. Allein wir werden ihr gegenüber Lachmann Recht geben müssen, wenn er sagt:[2] „Seine Deutung mag als allegorische Phantasie poetisches Verdienst haben, die historische Begründung mangelt ihr." W. Müller hat ganz treffend gegen dieselbe geltend gemacht, dass sehr selten ein Mythus eine allegorische oder abstrakt-philosophische Idee enthalte, dass die Facta, welche ein Mythus erzählt, nur insofern verwendet und erzählt werden, als sie die Charakteristik des betreffenden Helden oder Gottes bilden, dass aber dieser selbst nie rein eine abstrakte Idee darstelle, um deren willen die Sage und ihre Personen erfunden worden wären, sondern dass der Gott als solcher stets zuvor schon als der, welcher er ist, im menschlichen Bewustsein gelebt habe. Auch in der Heldensage dürfen wir eine ähnliche Allegorie, wie die P. E. Müllers, nicht suchen; denn die griechische Heldensage beweist uns, dass die Helden nicht Verkörperungen einer Idee waren, sondern vielmehr sei's Vermenschlichungen von Göttern, sei's ältere Darstellungen eines mythischen Gedankens, aus einer Zeit stammend, die noch keine scharf bestimmten Göttergestalten kannte.[3] Von den übrigen Theorieen mag die Lachmanns zuletzt berührt werden.

Unvereinbar scheinen auf den ersten Blick die Ansichten W. Müllers und diejenigen, welche Siegfried als einen Gewittergott betrachten. Denn während die gesammte Siegfriedssage bei Müller ihre Erklärung findet, bleiben für die, welche die Siegfriedssage als einen Gewittermythus betrachten, eine Menge Figuren der Sage, insbesondere die Nibelungen, aus dem Mythus selbst nicht erklärbare, unorganische Zusätze. Daher Kochs Bestreben, die Sage zu zerreissen, hervorgegangen offenbar aus der Wichtigkeit dieser Zusätze, die als solche nicht wohl begreiflich sind. Uns scheint es übrigens sehr bedenklich, eine schön geordnete Sage, für die noch dazu Andere Deutungen in ihrer Gesammtheit gesucht, vielleicht auch gefunden haben, so zu zerreissen, dass wohl die einzelnen Momente der Sage mythische Erklärung finden und die Möglichkeit der Verbindung dieser ursprünglich disparat gedachten Momente gezeigt, für die vereinigte Sage aber, deren Vereinigung doch auch nach Kochs Theorie wohl in die Zeit lebendigen mythischen Denkens fallen muss, gar keinerlei mythologische Deutung gegeben wird.

---

2) Anmerkungen S. 346.
3) Letztere Auffassung z. B. bei Schwartz, Schlangengottheiten.

Koch selbst hat uns den Weg gezeigt, auf welchem die verschiedenen Ansichten sich begegnen können. Er hat Siegfrieds Drachenkampf für einen Gewittermythus, seine Brautwerbung und seinen Tod für Jahresmythen gehalten. Damit hat er offenbar die Entstehung der beiden letzteren Sagenmomente in eine spätere Zeit gerückt als die des ersten. Denn die Jahresmythen sind anerkanntermaassen späteren Ursprungs als die Tagesmythen.[4]) Wie nun, wenn es gelänge, eine frühere Auffassung der Siegfriedssage als Tagesmythus, speciell als Gewittermythus, und daraus entstanden eine spätere als Jahresmythus nachzuweisen? und wenn vollends von den Momenten, welche Siegfrieds Brautwerbung und Tod bieten, die Hauptsachen schon in dem Mythus vom Drachentöter nachweisbar wären? Wir hätten damit eine Versöhnung der im Einzelnen und im Ganzen so überzeugenden W. Müllerischen Theorie und der durch die Vergleichung aller Mythologieen gesicherten neueren Auffassung der Sage gewonnen. Und wir hätten weiter das gewonnen, dass die Erweiterung der Sage eben verursacht wäre durch die Erweiterung des Tagesmythus zum Jahresmythus.

Die Ausführung, welche dem Drachenkampfe im Einzelnen von den Auslegern gegeben wird, berührt uns hier nicht; ob der Drache als Regen zur Erde niederfällt (Koch) oder seiner ursprünglichsten Bedeutung gemäss als Blitz (Schwartz), wie ferner das Drachengold aufgefasst werden mag, ist für unseren Zweck mehr oder minder gleichgiltig. Wichtig ist aber das eine schon kurz Berührte, aber von Koch Uebersehene, dass die Drachenkämpfe der verschiedenen Mythologieen oft mit der Befreiung einer von dem Drachen gefangen gehaltenen Jungfrau verbunden sind. Ist diese Jungfrau nicht deutlich in unserer Brünhild noch erhalten? Auch diese ist eingeschlossen und verwahrt, so dass nur ein Gott sie erlösen kann, und die Waberlohe, die ihre Burg (ein häufiges Bild für die hochgethürmten Wolkenmassen) umgibt, dürfen wir gewiss mit W. Schwartz für die feurige Gewitterwolke halten, welche der Gott durchdringt, indem er sie mit dem Blitze spaltet. Dadurch entlädt sich das Gewitter, sein Ausbruch ist der Beginn seines Endes, und mit diesem ist die von den Wolken bedeckte Sonnenjungfrau befreit.[5]) — Weiterhin hat die ursprüngliche Sage, wie oben

---

4) S. unter anderem Simrock, Deutsche Mythologie, Aufl. III, S. 4.
5) In der ursprünglichen Sage hängt jedenfalls (s. W. Müller) die Be-

2. Die Nibelungensage. Die Siegfriedssage. 143

angedeutet worden, auch den Tod Siegfrieds, als des im Blitze sich selbst verzehrenden Gewittergottes, schon in sich enthalten. So waren also in der Sage von dem Gewittergotte Drachentötung, Befreiung der Jungfrau (zugleich gewiss auch Verlobung mit derselben) und Tod des Gottes verbunden, somit alle drei Momente, in welche Koch die Sage zerrissen hat, schon implicite vorhanden.

Der Gewittermythus wurde sehr einfach zum Jahresmythus. Da der Gott, der im Gewitter segnend thätig sich zeigte, ein sommerlicher Gott, ein Gott der schönen Jahreszeit war, so war nur ein kleiner Schritt nöthig, um in dem von ihm vernichteten Gegner, dessen Identität mit dem Gotte vergessen ward oder längst vergessen war, in dem finsteren Gewitterdämon, der der sommerlichen Natur Verderben droht, eine überhaupt der schönen Jahreszeit entgegengesetzte, eine winterliche Naturmacht zu erblicken. Dass dieser Uebergang einmal gemacht worden, beweist die Thôrsage: wenn der Donnergott das einemal mit der Macht des Gewitters zu kämpfen hat, so sind es häufig auch andere, winterliche Dämonen, die Hrimthursen (Reifriesen), die er bekämpft. Dieselbe Wandlung hat auch der Siegfriedmythus erfahren. Der Drachenkampf wurde zur Ueberwindung der winterlichen Dämonen im Frühjahr, die befreite Jungfrau zur Sommersonne, zur Göttin der schönen Jahreszeit überhaupt, das erbeutete Gold entweder ebenfalls zu dem befreiten, neuglänzenden Gold der Sonne oder zu dem goldenen Erd- und Erntesegen, den der Frühling aus den winterlichen Banden löst. Bis dahin ist die Entwicklung des Mythus eine sichtlich leichte, die ohne viel Veränderung am Bestande der Sage vor sich gehen mochte; aber der Tod des Gottes! Die Gewittersage liess diesen zusammenfallen mit der Besiegung des Drachen. Wurde aus dieser die Erneuerung des Jahrs im Frühling, so konnte mit dieser der Tod des sommerlichen Gottes unmöglich zusammenfallen; dieser muste vielmehr in den Herbst, in den Wiederbeginn der schlimmen Jahreszeit gesetzt werden. Und durch wen erfolgte dieser Tod? Natürlich durch dieselben Mächte, denen der sommerliche Gott selbst den Tod gegeben hatte, durch die Mächte des Winters — und warum sollen diese nicht den Namen

---

freiung Brünhilds mit der Drachentötung unmittelbar zusammen, wie denn (s. o.) das Siegfriedslied das Alte bewahrt hat, wenn es die vom Drachen gefangen gehaltene Kriemhild von Siegfried befreit werden lässt.

der Nibelungen, der Nebeldämonen, geführt haben? So also kamen die Nibelungen in die Sage, so ist es erklärlich, warum wohl der Anfang der Sage bis zu Brünhilds Befreiung und Siegfrieds Brautwerbung in dem Mythus von dem Gewittergotte Erklärung findet, nicht aber der zweite Theil der Sage, die Sage von Siegfried und den Nibelungen: diese ist erst eine Zuthat, aber eine nothwendige, die durch die Verwandlung in einen Jahresmythus erfolgt ist.

Damit stehen wir vollständig auf dem Boden W. Müllers, dessen Theorie als die Deutung der Sage in ihrem zweiten Stadium, dem des Jahresmythus, eine wirklich befriedigende zu nennen ist. Nur hüten wir uns, mit Müller die Sage so bestimmt an einen Gott der germanischen Mythologie anzuknüpfen. Ohnehin, wenn diese Auffassung des Mythus, wie sie Müller bietet, nicht die älteste ist, so ist die Frage nach dem Gott, an den sich der Mythus in seinem zweiten Stadium geknüpft habe, ziemlich gleichgiltig. Der Gott, der den Drachen tötet, ist ein Himmelsgott überhaupt; und Züge des entwickelteren Siegfriedmythus passen auf mehrere der nordischen Götter, auf Odhinn und Freyr die Gewinnung der unwilligen Braut, auf Baldr der Tod des Helden. Erst die spätere, die nordische Mythologie in ihrer Isolierung hat scharf abgegrenzte Göttergestalten und Göttermythen geschaffen; die allgemein germanische und die specifisch deutsche kennt solche nicht. Und der Siegfriedmythus ist zum allermindesten nicht specifisch nordisch zu nennen.

Die Naturmythen werden allmählich immer mehr vermenschlicht und vergeistigt. Der sommerliche Gott wird ein Gott des Lebens überhaupt, die Gegner desselben Feinde des Lebens, Dämonen der Unterwelt, des Todes. Damit hängen andere Vermenschlichungen zusammen: der Drachenhort wird wirkliches Gold; die treibenden Motive des Ganzen werden mehr menschliche, ethische, der Gegensatz der beiden kämpfenden Principien ein ethischer.

So können wir auch der Lachmannischen Theorie gerecht werden. So sehr sie von den bisher angenommenen Theorieen verschieden ist, sie ist dennoch neben denselben keine Unmöglichkeit; ist doch der Uebergang vom Naturmythus in den ethischen Mythus in der germanischen Mythologie so oft noch an der einzelnen Sage selbst nachweisbar, und hat doch dieser Uebergang nicht selten die grösten Veränderungen der

2. Die Nibelungensage. Die Siegfriedssage.

Auffassung zur nothwendigen Folge gehabt. Hier trifft Max Riegers Bemerkung[6]) zu: „Ethische und physikalische Auffassung eines Mythus sind keine ausschliessenden Gegensätze. Was in den uns vorliegenden Quellen ethisch verstanden wird, konnte auf einer früheren Stufe physikalischen Sinn haben; die einfachere Gestalt der Sage, welche dieser fordert, kann der complicierteren, die uns überliefert ist, als Grundlage vorausgegangen sein." Wenn wir also bisher dem Siegfriedmythus physikalische Bedeutung zugesprochen und als erstes Stadium desselben den Mythus vom Gewittergott, als zweites den von W. Müller hergestellten Jahresmythus angenommen haben, so hindert uns nichts, ein drittes, ein ethisches Stadium anzunehmen. Diese Annahme wird aber gefordert durch die Darstellung unserer Quellen, nach welchen der Siegfriedmythus deutlich ein ethischer ist. Sollen wir aber eine ethische Deutung des Mythus suchen, welche die richtige wäre „für die letzte Periode, in der die Sage überhaupt noch mythisch verstanden ward, für die letzte Periode vor jener Vermenschung der Mörder Siegfrieds, die es möglich machte, sie für eins mit den von Attila vernichteten Burgundionen zu nehmen[7]): " so könnten wir kaum eine bessere finden als die Lachmanns, modificiert und zugleich befestigt durch Max Riegers Zusätze.[8])

Auf die Einzelheiten der verschiedenen Theorieen einzugehen, verbietet der Zweck, den diese Schrift verfolgt: genug, wenn die allgemeinen Grundsätze herausgestellt und als richtig anerkannt sind. Diese und damit die Resultate der vorliegenden Untersuchung sind die, dass der Siegfriedmythus vor seiner Verbindung mit der Burgundengeschichte, somit vor 440 etwa, den gewöhnlichen Gang der Entwicklung von einem Naturmythus zu einer ethischen Sage durchgemacht hat, indem er, zuerst ein einfacher Tagesmythus von der Besiegung des Gewitters durch den Gewittergott, alsdann ein Jahresmythus von der abwechselnden Ueberwindung des Winters durch den Sommer und des

---

6) Nibelungensage (S. 163).
7) Rieger, Nibelungensage 163.
8) Wilhelm Müller hat in Pfeiffers Germania XIV, S. 254 ff. Lachmanns Beweisführung (abgesehen von Einzelheiten, die meist dem historischen Theile der Sage angehören) wesentlich hinsichtlich ihrer Methode angegriffen. So wenig Müllers Einwände zurückzuweisen sind, so wird der Werth der Lachmannischen Erklärung als Hypothese durch dieselben nicht viel alteriert, ihre Unmöglichkeit nicht bewiesen.

Fischer, Nibelungenlied.

Sommers durch jenen, schliesslich zu der Sage von der Dienstbarkeit des Licht- und Lebensgottes unter den finstern Mächten der Unterwelt sich ausbildete.

3. Die Sage im Nibelungenliede.

39.

Im Folgenden soll in der Kürze dargestellt werden, inwieweit die Sage im Nibelungenliede noch echt erhalten, inwieweit sie verdunkelt ist. Nicht immer wird sich auf diese Frage eine Antwort finden lassen, und die Hauptpuncte sind noch Gegenstand des Streites. Natürlich darf bei dieser Untersuchung nicht hinausgegangen werden über die nächste gemeinsame Gestalt der Sage, welche der nordischen und der deutschen Darstellung unmittelbare Quelle war. Nur diese gemeinsame Gestalt wird herzustellen, nicht etwa ihr Sinn alsdann zu errathen sein. Ob nun in den einzelnen Differenzpuncten zwischen deutscher und nordischer Sage jene oder diese das Echtere bewahrt habe, soll Gegenstand der folgenden Untersuchung sein.

40.

Zunächst weniges über die Namen der Sage. Differenzen finden sich hier fast nur in Beziehung auf die Namen der Nibelungen und ihres Vaters, sowie ihrer Mutter und Schwester. Gunthers Name ist gemeinsam; der Giselhers entschieden erst durch Einmischung der burgundischen Geschichte eingedrungen; Guttormr ist deutlich der burgundische Godomar, somit mag Gernot an seiner Stelle richtiger sein. Ist aber Hagen der echten Sage nach Gunthers Bruder, wie im Norden, oder sein Vetter und Dienstmann, wie in der deutschen Sage? War er ursprünglich der Bruder Gunthers, wie kam die deutsche Sage dazu, ihn aus dieser Stellung zu entfernen? Wenn die Siegfriedssage (s. o.) erst nach Norden wanderte, nachdem die Identification von Nibelungen und Burgunden schon stattgefunden hatte, so war offenbar die Trilogie: Gunther, Gernot (Godomar), Giselher schon vorhanden, als die Sage in den Norden drang; dazu trug die jene drei Namen verbindende Allitteration, wie sie so echt episch ist, das Ihrige bei. Wenn es demnach wahrscheinlich ist, dass Hagen nicht zu den drei Brüdern gehörte, wie kam alsdann die nordische Sage dazu, ihn zu Gunthers Bruder zu machen? Koch hat dafür eine nicht unpassende Erklärung gegeben.¹) Giselher verschwand in der nordischen Sage, weil er in der Entwicklung der Sage nichts zu thun hat;²) an Hagen dagegen, dem treuen, trotzigen, wilden Vasallen Gunthers, fand der Norden ein besonderes Wohlgefallen. Ferner kannte der Norden eine so ausgebildete Lehensverfassung, wie sie das fränkische Reich schon im sechsten Jahrhundert hatte, gar nicht; im Norden gab es nur Edle, Freie und Knechte. Ein Knecht konnte Hagen unmöglich sein, und als Freier wäre er mit den Königen in zu geringer Verbindung gestanden; daher machte ihn die nordische Sage zum Edlen und zum Bruder der Könige.

Dass der Vater der Nibelungen nicht Dancrât, sondern Gibich ursprünglich hiess, beweist nicht nur die Uebereinstimmung aller Quellen ausser Biterolf, Nibelungen und Klage, welche allein den Dancrât nennen, sondern noch mehr die Nennung Gibicas in der lex Burgundionum, mag nun dieser Gibica historisch³) oder mythisch⁴) sein. Max Rieger hat darauf hingewiesen, dass ein freundlicher Elbenkönig im Harz noch jetzt Gibich heisst.⁵)

Dass Uote bloss ein ganz allgemeiner Name für eine Heldenmutter und daher hier nicht echt ist, s. Koch, Nib.-Sage 38. Aber auch der Name Grimild, den der Norden der Mutter der Nibelungen gibt, kommt, wie der Name Gudrun, nicht ihr, sondern ihrer Tochter, der Gattin Siegfrieds, zu.⁶)

Auf die geographischen Namen der Sage ist wenig Gewicht zu legen. Der Norden, eingedenk des deutschen Ursprungs der Sage, lässt, wie die deutsche Sage, in Deutschland, speciell am Rhein, die Nibelungen wohnen.

---

1) Nibelungensage S. 36 f.
2) Ohnehin war er eine geschichtliche Figur, die also in der Sage nichts Wesentliches thun konnte.
3) So Lachmann, Zarncke, Rieger.
4) So Müllenhoff, Nib.-Sage S. 154.
5) S. Rieger, Nib.-Sage 171.
6) S. Müllenhoff, Nib.-Sage S. 155 f., und daher § 27, not. 2. Durch Müllenhoffs Zusammenstellung von Gudrun und Gunnar ist auch Riegers Behauptung (S. 177) widerlegt, dass Gunther nur historisch sei.

41.

In **Siegfrieds** Schicksalen gehen die Traditionen mehr auseinander. Ganz abweichend sind die Sagen über seine Geburt. Dass hier die Nachrichten des Nibelungenliedes ganz euhemeristisch gefärbt und daher unecht sind, liegt auf der Hand. Darin aber hat das Nibelungenlied das Echte bewahrt, dass es Sigelind als seine Mutter nennt, nicht Hjördis, wie der Norden.¹) Von den zwei anderen Sagen über Siegfrieds Geburt scheint die der Thidrekssaga den Vorzug zu verdienen; denn nicht nur ist die eddische Darstellung alteriert durch das Bestreben, Siegfrieds Geburt an die Sage von den älteren Völsungen anzuknüpfen, sondern das Aussetzen des Kindes in einem Gefäss und zwar auf dem Wasser kommt bei Heroen öfters vor.²) Die ganze nordische Geschichte von Sigmund und den Hundingssöhnen geht die Siegfriedssage gar nichts an, sondern ist eine Zuthat der genealogisierenden nordischen Sage. Im engsten Zusammenhange mit Siegfrieds Geburt steht seine Erziehung, von welcher das Nibelungenlied nichts weiss. Dieselbe wäre, da jeder Held seinen Erzieher hat, als unwesentlich zu betrachten, wenn sie nicht an den Namen Regins, also eines der Besitzer des Horts, geknüpft wäre. Wenn der Hort, was nach Lachmanns und W. Müllers Ansicht ganz unumgänglich ist, von Uranfang an den Nibelungen gehört, denen er von den Asen und alsdann von Hreidhmarr diesen genommen wird, von dem er nachher, sei es auf welche Weise es wolle, an dessen Sohn Fafnir übergeht; so ist hier Alles in bester Ordnung, mag auch die Geschichte von den drei Asen ein nordischer Zusatz sein. Wenn nun aber Regin als Fafnis Bruder mit diesem sich um den Hort streitet, so scheint diss nicht echt zu sein³); dazu kommt, dass das Verhältnis Siegfrieds zu seinem Stiefvater Alf, Hjalpreks Sohn, verwirrt dargestellt ist; so wird es nicht allzugewagt sein, aus der Sage von Alf Siegfrieds Dienstbarkeit, die in den Ueberlieferungen ebenfalls verwirrt dargestellt ist⁴) und

---

1) S. Rieger, Nib.-Sage 183, und § 32, not. 29.
2) S. Koch, Nib.-Sage 30, not. 43. Ebenso wahrscheinlich als Kochs Vermuthung, dass die Nachricht der Thidrekssaga aus der Genovefasage stamme, kann eine umgekehrte Annahme genannt werden.
3) Oder mindestens in der Gesammtheit der Sage ungenügend begründet und unvermittelt dargestellt.
4) S. Rieger, Nib.-Sage 183 f.

für welche Lachmanns Erklärung nicht genügt⁵), herzuleiten, wie Rieger gethan hat.⁶) Alsdann ist der Gang der Sage, ganz klar und einfach gehalten, der, dass Siegfried schon als Kind von dem Elben- oder Nibelungenkönige in seine Gewalt gebracht und dem Regin zur Erziehung übergeben wurde, um durch dessen Anweisung den Nibelungen ihren Hort zurückzugewinnen, welchen nicht sie selbst, wohl aber ein Göttersohn, wie Siegfried, dem Riesen abnehmen konnte.

Dass die Tötung des Drachen mit dem Erwerb des Hortes zusammengehört, ist hinlänglich bewiesen; hierin hat also das Nibelungenlied das Echte verloren. Dass auch die Befreiung Kriemhilds, welche im Siegfriedsliede damit verbunden ist, ursprünglich dahin gehört, ist oben gesagt worden. Allein Kriemhild und Brünhild hatten in der Gestalt der Sage, wie sie der nordischen und deutschen Sage zu Grunde lag, jedenfalls schon ihre jetzigen Stellungen eingenommen; somit berührt uns diese Sache hier nicht.

Weitaus der wichtigste Theil des Siegfriedmythus in seiner jetzigen Form ist das Verhältnis Siegfrieds zu Brünhild und Kriemhild; aber eben dieser Theil der Sage ist so verdunkelt und so verschieden dargestellt, wie kein anderer. Der Norden weiss von den drei Kampfspielen und von dem nächtlichen Ringen nichts, die deutsche Sage nichts von dem keuschen Beilager und der Waberlohe. Mag W. Müller mit seiner Vertauschung von Brünhild und Kriemhild das Richtige getroffen haben oder nicht, darin wird er Recht haben, dass die drei Spiele mit der Waberlohe zusammengehören, deren Durchdringung neben der Drachentötung und Granis Fang als das dritte derselben dasteht. Dass das nächtliche Ringen und das keusche Beilager ursprünglich dasselbe waren, das Mittel, durch welches Siegfried dem Gunther Brünhilds Hand gewann, ist klar. Welche von beiden Darstellungen echter ist, ist schwer zu entscheiden; doch findet der Kampf um die Minne eine Parallele in der nordischen Sage von Odhinn und Rindhr. Der Gang der Sage

---

5) Lachmann leitet sie von der Erwerbung des Horts ab, durch welchen Siegfried in der Nibelungen Gewalt gekommen sei; Rieger wendet (S. 184) richtig ein, dass alsdann auch Fafnir in ihrer Gewalt sein müste.

6) Hjalprekr = Chilpericus, „Hilfreich", daneben kommt die Form Halfrek vor, welche = Elben-König (statt Alf auch Half) = Alberich ist. Hjalprekr bezeichnet die freundliche Seite der Elben.

in ihrer letzten Gestaltung vor der Trennung von deutscher und nordischer Sage ist also dieser: Siegfried erwirbt nach Fafnis Tötung die Brünhild durch Bestehung der zwei weiteren Muthproben, Granis Fang und das Durchreiten der Waberlohe. Er verlässt sie oder muss sie verlassen, um Gunther zu dienen. Ihm muss er sie erwerben und thut diss, entweder indem er unter der widerwärtigen Gestalt Gunthers zu ihr kommt und die Widerstrebende bezwingt[7]), oder indem er (wohl unter seiner eigenen Gestalt) zu ihr kommt, sie aber nicht beschläft.[8])

Das Nibelungenlied weiss nichts mehr von Siegfrieds früherem Verhältnis zu Brünhild. Zarncke, in seinem Streben, die deutsche Sage zu isoliren, hat sogar behauptet,[9]) dass es nicht einmal von der Bekanntschaft mit ihr wisse, auch nicht die dem Liede zu Grunde liegende Gestaltung der Sage. Zarncke will diss so beweisen. Siegfried hat sich (Str. 375) dem Gunther angeboten, die Rolle eines Vasallen spielen zu wollen; er tritt daher hinter Hagen und Dancwart vollständig zurück. Die Wahrheit, dass Siegfried ein reicher Fürst sei, sagt Gunther seiner Gemahlin erst bei der Hochzeit (Str. 577). Brünhild kann daher den Siegfried, den sie für den Boten hält, der (in Av. VIII) die tausend Vasallen geholt habe, nicht auszeichnen (Str. 480: *Sivride mit dem gruoze von den andern si dô schiet*), vielmehr grüsst sie ihn entweder gar nicht oder doch geringschätziger als die Anderen. Von dem früheren Verhältnis Siegfrieds zu ihr blickt im Nibelungenliede nichts mehr durch. Auch kennt Brünhild den Siegfried gar nicht vor Gunthers Ankunft; sondern es erkennt ihn nur eine ihrer Frauen (Str. 394), was wohl denkbar war, da Nibelungenland und Niederland in der Nähe von Isenstein gedacht wurden. Brünhild selbst braucht

---

7) In diesem Falle wird es wohl (s. auch Rieger, Nib.-Sage S. 194) allein consequent sein, anzunehmen, dass Siegfried ihre Minne wirklich geniesst; denn thut er diss nicht, so ist sie nicht bezwungen; das Beisein Gunthers im N. L. ist entschieden verfehlt und wirkt nur lächerlich (s. Holtzmann, Unters. 144).

8) Man ist versucht, W. Müllers Deutung hiernach so zu ändern: Im Frühling kommt Siegfried zu Brünhild — Kriemhild, muss sie aber verlassen und zwar im Herbst; im Winter verlangt ihn die finstere Göttin, aber umsonst. So ist die Reihenfolge der Ereignisse in der Sage gewahrt. Dass S. im Frühling, nachdem er die Braut schon erlöst, noch den Joten dienen muss, ist schief; warum nicht im Winter?

9) Beiträge No. IX, Seite 227—234.

ihn nicht als einen mächtigen König und grossen Helden zu kennen. — An dieser ganzen Darstellung Zarnckes ist nichts richtig, als die Erklärung von Str. 480, 4. Brünhild glaubt auf die Aeusserung ihrer Dienstfrau hin, dass einer von den vier Recken aussehe, wie Siegfried, er wolle sich um ihre Minne bewerben (Str. 395: *unt ist der starke Sivrit komen in ditze land durh willen miner minne, ez gât im an den lip*); diss könnte sie nicht glauben, wüste sie nicht, dass Siegfried ein bedeutender Held ist; ohnehin sagt sie selbst: *der starke Sivrit*; braucht sie ihn also nach dieser Stelle nicht zu kennen, so weiss sie doch von ihm. Und wie kommt es, dass sie ihn nicht grüsst, wie er mit den tausend Vasallen kommt? Sie wollte ihn doch grüssen, als er mit Gunther kam (schon diss deutet auf ihre hohe Meinung von ihm). Sie grüsst ihn offenbar nur deswegen nicht mehr, weil sie erfahren hat, dass er nichts von ihr wolle. Ihr früheres Verhältnis zu ihm blickt also noch durch. Richtig ist, aber auch wohl unbestritten, dass der Dichter des Nibelungenliedes von diesem Verhältnis nichts weiss; aber die genannten Züge beweisen, dass er dasselbe in der Vorlage, nach der er arbeitete, angedeutet fand, es aber nicht zu erklären wuste. Diss zeigt sich auch darin, dass die im Nibelungenliede gegebene Motivierung des Hasses der Brünhild gegen Siegfried und Kriemhild eine künstliche ist, welche offenbar an die Stelle ihrer Eifersucht gegen Kriemhild treten sollte, als diese nicht mehr verstanden wurde.

42.

Es erübrigt noch, Weniges über die Nibelungen und ihre Thaten und Schicksale zu sagen. Dass sie die ersten wie die letzten Besitzer des nach ihnen benannten Hortes sind, dass somit im Nibelungenliede, nicht der Sage gemäss, dieselben Personen zerrissen sind in die „Nibelungen" Schilbung und Nibelung, von denen Siegfried den Hort gewinnt, und in die Nibelungen-Burgunden, die ihn seiner Witwe rauben, ist durch die Vergleichung der nordischen Sage, welche in dem mythischen Theile der Sage durchschnittlich echter ist als die deutsche, sowie durch Lachmanns und W. Müllers Analyse der Sage genügend bewiesen. Aber die Verwirrung ist hier doppelt. Schilbung und Nibelung sind offenbar die ersten Hortbesitzer; zugleich aber vertreten sie, zusammen mit dem Drachen, Alberich

I. Die Entstehung des Nibelungenliedes.

und dem (oder den zwölf) Riesen, die Stelle von Fafnir und Regin. — In der Sage von Siegfrieds Ermordung hat die deutsche Sage den echten Namen des Mörders bewahrt; Hagen ist stets der eigentliche Gegner und Todfeind Siegfrieds. — Dass die Darstellung des Untergangs der Burgunden in der nordischen Sage die echtere ist, haben wir oben gesehen. — Ein Unterschied in der Sage findet in diesem Theile auch zwischen C und der vulgata statt, indem C statt der Str. 1849, worin B berichtet, dass Kriemhild ihr Kind habe kommen lassen, um durch dasselbe den Streit zu entzünden, eine ganz anders lautende hat. Die Erzählung von B ist allerdings nicht gut an ihrer Stelle[1], aber sie ist sagenmässig begründet. Nicht nur findet sie sich in der Thidrekssaga und dem Anhange zum Heldenbuche[1], sondern sie hat auch ihre ungefähre Analogie in der nordischen Sage, wenn Gudrun dem Atli zur Strafe für den Mord ihrer Anverwandten seine und ihre Söhne Erp und Eitill als Atreusmahl vorsetzt, mag dieser Zug historisch[2] oder mythisch sein. Die vulgata hat somit an jener Stelle die echtere Lesart, die in C entweder, wie Bartsch annimmt, wegen alter Assonanzen, oder auch wegen ihres grässlichen Inhalts, geändert worden ist.[3]

---

[1] S. § 16, not. 10 (Seite 76 f.).
[2] Wie Müllenhoff, Nib.-Sage S. 175, will.
[3] Zu dem §§ 40—42 Ausgeführten fügt W. Müller (Ueber die Lieder von den Nibelungen S. 18—30) noch mehreres theils Unbedeutendere theils ganz auf der Hand Liegende, das daher hier unberücksichtigt geblieben ist.

Dritter Abschnitt.

Die historischen Verhältnisse und Vorläufer des Nibelungenliedes.

43.

Es wird uns im Folgenden die Frage beschäftigen, welches die Verhältnisse gewesen seien, unter denen und durch welche bedingt das Nibelungenlied in der uns erhaltenen Form, beziehungsweise das Original der beiden uns erhaltenen Bearbeitungen, das um 1170—1180 anzusetzen sein wird, entstanden ist und so entstanden ist, wie wir es haben. In dieses Gebiet fallen alsdann natürlich auch frühere Darstellungen der Nibelungensage, wenn etwa die Annahme solcher sich als nothwendig erweisen sollte. Durch die Ergebnisse dieser Untersuchung wird sich, zusammengenommen mit denen der Handschriftenfrage, auch die etwaige Zeit der Entstehung ergeben und damit ein Schluss auf den Verfasser des Gedichtes, wenn er noch zu finden sein sollte, ermöglicht werden.

44.

Unter den Neueren hat zuerst

Adolf Holtzmann

eigenthümliche und ganz originelle Ansichten über diesen Punct der Nibelungenfrage aufgestellt.[1]) Um dieselben kennen zu lernen, müssen wir von Holtzmanns Ansicht über die **epische Poesie überhaupt** ausgehen.

---

1) Untersuchungen B, Seite 60—187.

Ein gebildetes Volk — und das waren die Arier jedenfalls schon ehe ihnen die Schrift bekannt wurde — kann nicht sein ohne ein gewisses System von Kenntnissen, Erinnerungen, Vorschriften und Lehrmeinungen, ohne Gesetze von einer gewissen Dauer, ohne Geschichte und geschichtliche Erzählungen, ohne Kunstthätigkeit und ohne Religion und religiöse Lehren und Vorschriften. Jedes Volk muss also zu jeder Zeit eine Summe von Ansichten, Kenntnissen, Erinnerungen, Gesetzen und Religionslehren besessen haben, die als heiliges Gut von einem Geschlecht auf das andere vererbt wurden. Vor der Einführung der Schrift muste diss durch das Gedächtnis und die mündliche Tradition allein geschehen. Das Epos war nicht allein eine Sammlung nur von vereinzelten Erinnerungen, sondern eine vollständige, zusammenhängende Sagengeschichte des Volks von der Göttergeschichte bis auf die jeweilige Gegenwart herab, und ist in diesem Sinne alt, und ebenso, wie die Sprache', allen Ariern gemeinsam. Die Erhaltung desselben, weil es das heiligste Eigenthum des Volkes war, konnte nicht dem Zufall überlassen bleiben; ein eigener Stand muste sich dem Dienste des Epos widmen. Das Verhältnis desselben zu dem Priesterstande konnte ein verschiedenes sein. Dieser konnte sich die heilige Litteratur vorbehalten und die weltliche den Sängern überlassen, oder es konnten die Sänger von den Priestern abhängig sein, oder letztere übernahmen selbst das ganze Epos im weitesten Sinne. Jedenfalls musten die Sänger, wie diss in Indien auch wirklich nachweislich ist, sich theilen in solche, welche sich die Uebersicht über das ganze Epos bewahrten, und in solche, welche die einzelnen Theile desselben auswendig lernten und recitierten, die Rhapsoden.²) Letztere bildeten Schulen unter der Aufsicht und Leitung je eines der Ersteren.

Vor dem Aufkommen der Schrift trennten sich die Völker und die Sagen, und durch geographische und historische Verhältnisse wurden die letzteren alteriert.

Auch das deutsche Volk besass eine vollständige Sagengeschichte. Schon Tacitus berichtet von einer solchen; denn die *carmina antiqua, quod unum apud illos memoriae et annalium genus est,* durch welche *origo gentis conditoresque* gefeiert

---

2) Die Uebersicht des ganzen Epos nennt der Inder samâsas (= Ὅμηρος), die Ausführung der einzelnen Theile vyâsas.

wurden (Germania cap. 2), waren gewiss keine blossen Volkslieder, sondern vielmehr eine vollständige Sagengeschichte. Eine solche setzen die Genealogieen der Angelsachsen, der nordischen Skalden, der Franken voraus, ebenso die Nachricht des Jordanes, dass noch zu seiner Zeit die Gothen Lieder über ihre früheren Wanderungen und Heldenthaten besassen. Die gothische Geschichte des Jordanes selbst ist ein Auszug aus dem gothischen Epos, ebenso sind die langobardische Geschichte des Paulus, die dänische des Saxo, die fränkische Chronik Hunibalds Auszüge des alten Epos[3]), von dem Edda und Beowulf Fragmente sind, jene speciell nicht aus Volksliedern bestehend, sondern vielmehr aus Aufzeichnungen der Hauptpuncte der Sage zur Erleichterung für die Skalden.[4])

Hatten die alten Deutschen ein zusammenhängendes Epos, so müssen sie für dasselbe auch einen besonderen Sängerstand besessen haben. Diss beweist schon der Name des Heldengesangs *scófleod*, *scáfsang*, von *scôf poeta*, gegenüber dem Liebesliedchen, dem *winileod*. Im Norden und bei den Angelsachsen, bei Friesen und Sachsen finden wir Sänger, die von ihrer Kunst leben. Solche hatten die alten Deutschen also wirklich, analog den keltischen Barden. Dass Priester und Sänger verwandt waren, beweist das Wort *skald*, welches hochdeutsche Glossen mit *sacer* übersetzen, sowie die Germanisierung des Wortes *episcopus* in *bis-scôf*.

Von diesem Sängerstande gepflegt, bestand das Epos bis zur Einführung des Christenthums. Dieses suchte die alte Poesie möglichst zu unterdrücken oder gar zu vernichten. Aber das Volk hielt zäh an ihr fest. Da jedoch kein eigener Sängerstand mehr das Epos pflegte, so verwilderte es mehr und mehr und sank zum Bänkelsängerliede herab. Die heidnischen Gedanken wurden unverständlich, dem Epos war die Seele geraubt; um noch verständlich zu sein, muste es sich in christliches und zeitgenössisches Gewand kleiden.

Der Erste, welcher die erhaltenen Gesänge aufzeichnen liess, war Karl der Grosse[5]); er mag sich dazu seines

---

3) [S. dagegen die berechtigte Entgegnung Müllenhoffs, Zur Gesch. der N. N. S. 945].
4) Ebenso im indischen Epos.
5) Nach Holtzmann ist ein Stück aus dieser Sammlung das alte Hildebrandslied.

Gelehrten Angilbert bedient haben.⁶) Stücke aus Karls Sammlung waren gewiss die schriftlich aufgezeichneten deutschen Gedichte, welche im neunten Jahrhundert erwähnt werden. Bischof Piligrim von Passau, der von 970—991⁷) Bischof war, scheint ein grosses Interesse an der deutschen Heldensage genommen zu haben. Er war es auch, dem wir die erste Aufzeichnung unserer Sage in deutscher Sprache zu danken haben. Als Bischof von Oberungarn, als ein Mann, der überhaupt viel auf die Bekehrung der Ungarn verwandte und sich in häufiger Berührung mit ihnen befand, konnte er ein Interesse daran haben, die Geschichte dieses Volks und, da dasselbe im ganzen Mittelalter für identisch mit Hunen und Avaren gehalten wurde, auch die Geschichte dieser aufzeichnen zu lassen. Mit der Geschichte der Hunen, die schon damals ganz sagenhaft gefärbt war, muste zugleich die Hereinziehung eines Theils der deutschen Heldensage, desjenigen, der sich mit Dietrich beschäftigt, gegeben sein. Die Aufzeichnung geschah im Auftrage des Bischofs durch seinen Schreiber Konrad, dessen Quellen wohl nicht allein die mündlichen Erzählungen, die Piligrim sammelte, sondern auch frühere Aufzeichnungen desselben Materials waren, zwischen den Jahren 970 [richtiger 971] und 984. Diese Aufzeichnung Konrads geschah in deutschen Versen und zwar in unstrophisch gehaltenen Langzeilen. Sie ist aber für uns wichtig, weil sie offenbar das Buch ist, dessen ersten Theil unsere Nibelungensage bildete; und zwar werden wir annehmen dürfen, dass unser Nibelungenlied nichts Anderes ist als eine Ueberarbeitung oder besser Uebersetzung (aus dem Althochdeutschen in das Mittelhochdeutsche) des ersten Theils von Konrads Epos. Konrad war kein unbedeutender Dichter. Seine Person lässt sich nicht mehr feststellen; classische Bildung scheint er nicht besessen zu haben; möglich, dass er mit dem Kürenberger, dem Verfasser der fünfzehn in der Nibelungenweise gehaltenen Strophen, identisch ist. Er hat nicht nur zuerst, so viel wir wissen, ein deutsches Gedicht über die Nibelungensage verfasst, sondern er hat auch für die Umbildung der Sage sehr viel gethan. Er hat die Volkssage, die zu seiner Zeit etwa so lauten mochte wie die Darstellung

---

6) Cf. Alcuin. epp. 144: vereor, ne Homerus irascatur contra chartam prohibentem spectacula et diabolica figmenta, quæ omnes sanctae scripturæ prohibent; Angilbert führte den Beinamen Homerus (vgl. Wackernagel, D. Litt. Gesch. S. 51.).

7) [Nach Dümmler von 971—991.]

3. Die historischen Verhältnisse u. Vorläufer des Nibelungenliedes.

der Thidrekssaga, veredelt, indem er an die Stelle der heidnischen Motive der Sage, durch deren Verlöschen die Person Kriemhilds zu einem Gegenstande des Abscheus werden muste, die christlich-menschlichen der Treue und Liebe zu setzen wuste, welche besonders in der Klage, die ebenfalls auf seinem Gedicht beruht, hervortreten, weil er hier frei schaffen konnte und nicht an einen so und so überlieferten sagenhaften Stoff gebunden war. Allein er hat die Sage nicht allein veredelt und sozusagen modernisiert, er hat auch dieselbe in ihrer Gestalt selbst freischaffend verändert. Von ihm erst rührt die Identificierung von Nibelungen und Burgunden, die des sagenhaften und geschichtlichen Attila her.

Allein das Gedicht von den Nibelungen, wie es in Konrads Werke enthalten war, ist nicht in dieser echten Gestalt die Vorlage unseres Nibelungenliedes, d. h. der Bearbeitung C, gewesen. Vielmehr liegen zwischen beiden mehrere Bearbeitungen von Konrads Gedicht, aus welchen allen der Dichter von C geschöpft hat. Der erste Umarbeiter, der etwa gegen 1150 gelebt und geschrieben haben mag, hat mehrere Interpolationen in das Werk Konrads sich erlaubt, die theils aus historischen theils aus ästhetischen Gründen dem Letzteren nicht eigen gewesen sein können. Vielleicht ist mit demselben Bearbeiter identisch der erste Dichter des Biterolf, eines Werkes, das uns in umgearbeiteter Form vorliegen muss und dessen erste Gestalt kaum später fallen kann als um 1150—60. Eine weitere Bearbeitung eines Theils von Konrads Gedicht liegt vor in der Klage, deren Verfasser, nach W. Grimms und Lachmanns Forschungen[8]) identisch mit dem Umarbeiter des Biterolf, wahrscheinlich Rudolf von Hohenems ist. Die vierte Bearbeitung ist unser Nibelungenlied nach der Gestalt des Textes, wie sie in C überliefert ist.

Holtzmann hat für diese Theorie von der Entstehung des Nibelungenlieds umfassende Beweise beigebracht.[9])

Die Handschriften des Nibelungenliedes, die Sprache, der Versbau und die Reime desselben, weisen auf den Anfang des

---

8) [W. Grimm, Heldensage S. 150—153; Lachmann, Anmerk. 287; dagegen s. Zarncke, Beitr. No. VIII, Seite 226.]

9) [Die analytische Art, in welcher Holtzmann seine Ergebnisse, in seinem ganzen Werke zerstreut, dargelegt hat, machte eine Zusammenstellung derselben nothwendig; das Folgende kann sich ganz an den Gang der Holtzmannischen Untersuchung binden.]

dreizehnten oder wohl eher das Ende des zwölften Jahrhunderts als Entstehungszeit der Redaction *C* hin, d. h. nach Holtzmann der ältesten Gestalt unseres Nibelungenliedes. Aber diese älteste Gestalt und ebenso manchmal auch die anderen Handschriften des Nibelungenliedes enthalten in Reimen, Versbau und Sprache viele Spuren von Alterthümlichem.

Die Reime zeigen im allgemeinen die Strenge der Zeit um das Ende des zwölften Jahrhunderts. Allein *C* besonders, mitunter auch die vulgata oder diese allein gegenüber von *C*, haben noch Spuren der freieren, bis auf Heinrich von Veldecke gestatteten Reime.[10] Diese freieren Reime beweisen entweder eine frühere Abfassung des Liedes oder aber, dass dasselbe Umarbeitung eines älteren Liedes ist. Das Letztere ist natürlicher, da bei der ersten Annahme unbegreiflich wäre, warum der alterthümlichen Reime nicht noch mehrere sind. Einer noch viel älteren Zeit als der von Veldecke gehören die klingenden Reime an, welche zwei Hebungen tragen, was im dreizehnten Jahrhundert nie der Fall ist, wohl aber bei Otfrid ganz regelmässig; ebenso die dreisilbigen Reime. Diese alterthümlichen Reime sind ungleich über das ganze Gedicht vertheilt, sie finden sich in grösseren Abschnitten namentlich des ersten Theils gar nicht, in anderen namentlich des zweiten sind sie ziemlich häufig. Wahrscheinlich ist demnach, dass das Nibelungenlied theilweise die Umarbeitung eines älteren Werkes ist, theilweise aber neu Hinzugedichtetes enthält. Jenes ältere Werk muss aber beträchtlich älter sein und kann kaum noch in das zwölfte Jahrhundert fallen, da es in den Reimen dem neunten viel näher steht als dem dreizehnten.[11]

Die Binnenreime beweisen diss ebenfalls, da viele derselben, die zugleich nicht zufällig sein können, sehr frei und alterthüm-

---

[10] Str. 717, 1. 2 *degen* : *leben*, *B* nicht; 421, 5. 6 *bewarn* : *gesworn*; 2056, 3. 4 *gesworn* : *varn*, beides fehlt in *B*; 423, 5. 6 *sint* : *künegin* (fehlt *B*); 654, 1. 2 *Sigemunt* : *zehant* (*B* nicht); 760, 1. 2 *stât* : *muot* (*B* nicht); 1851, 3. 4 *man* : *tuon* (*B* *sun* : *tuon*, Hm. vermuthet *goman* : *tuon*; *g*. wäre ein sehr altes Wort) u. a. m. [Die stärksten dieser Fälle beruhen auf Schreibfehlern und sind von allen Editoren, so auch von Holtzmann in seinen Ausgaben, beseitigt worden.]

[11] Für die Ansicht, dass das Nibelungenlied in seiner jetzigen Gestalt eine Umarbeitung sei, sprechen auch die Klage und der Biterolf, in welchen ähnliche Reime sich finden, welche sich aber beide selbst als Umarbeitungen älterer Werke bezeichnen.

3. Die historischen Verhältnisse u. Vorläufer des Nibelungenliedes. 159

lich sind.¹²) Auch das Reimen tonloser oder tieftoniger Silben ist eigenthümlich und spricht für höheres Alter.¹³) — Wie in den zuletzt genannten Reimen hauptsächlich die Hebungsfähigkeit von Silben, die im dreizehnten Jahrhundert tonlos waren, es ist, was den Beweis für höheres Alter derselben abgibt, so führt überhaupt auch die Betrachtung des Versbaus auf dasselbe Ergebnis. Denn auch ausserhalb des Reims finden sich sehr häufig Fälle, wo Silben betont sind, die das spätere Mhd. tonlos sein lässt. Damit hängt die Nichtausfüllung der Senkungen zusammen, durch welche viermal gehobene Zeilen von nur vier Silben entstehen. Solche sind in der höfischen Poesie nur dann erlaubt, wenn jeder der vier Silben von Natur der Hochton oder doch Tiefton zukommt¹⁴); aber im zwölften Jahrhundert finden sich nicht selten, in der älteren Poesie ganz unbedenklich viersilbige Verse¹⁵), in denen nicht jeder Silbe grammatischer Ton zukommt. Solche Verse finden sich zuweilen noch in den Nibelungen, ebenso hintere Halbzeilen von drei Silben.¹⁶)

Die hinteren Halbzeilen sind für die Altersbestimmung des Nibelungenlieds von Werth, sofern in ihnen, besonders nach den Lesarten von C, nicht selten scheinbar klingende Reime vorkommen. Es finden sich nun mehrere Fälle von derartigen Halbzeilen, in welchen die Halbzeile nothwendig vier Hebungen haben muss¹⁷), und daraus folgt, dass die Halbzeilen mit klingendem

---

12) [Die unvollständige Aufzählung Holtzmanns hat Bartsch (Unters. 54—59) vervollständigt und im Einzelnen verbessert].

13) Z. B. *viénden : wünden*; *viénden : hánde*; *elléndèn : Gotelinde*; *wünder : helfénde* u. a. Holtzmann vermuthet hier in einigen Fällen ältere Formen.

14) Holtzmann führt an: Erec 8215 *swárz, wíz, weitín*; Iw. 915 *min hér Gâwein*.

15) Notker: *fuodermâze*; *sin bald ellin* [im Liede vom Eber]; Ludwigslied: *thiot francôno*; *sum scâhâre*; *sum fol lôses*; *sang lioth frôno*; Muspilli: *eigan wirdit*; *pû kiwinnit*; *harto wise*; Hildebrandslied: *œnon môtin*; *prût in bûre / barn unwahsan*.

16) Vordere Halbzeilen: 654, 2 *kusten Kriemhild*; 698, 3 *Sivrit (der) mîn sun*; hintere Halbzeilen: 732, 2 *C Prünhilt nie*; 2070, 3 *C der wîp unt mân*, u. a. m. [S. aber gegen diese Halbzeilen ohne Senkung Bartsch, Unters. 133 f.; die Herausgeber beseitigen sämmtlich die von Holtzmann beigebrachten Fälle.]

17) Str. 13, 1 *troumte Kriemhilde, 2 stárc schœn unt wilde*; Str. 1848 ᵈ, 1 *zen hérbergen âzèn*, u. a. m. [Soweit diese Fälle sich nur in C finden (wie z. B. 1848 ᵈ, 1), mögen wirklich fehlerhaft verlängerte Halbzeilen

Reime stets vier Hebungen haben müssen.[18]) Da sich aber viele
Fälle von solchen Halbzeilen finden, in denen nach den Lesarten
der Handschriften, welche eben mittelhochdeutsche Sprachformen
bieten, nur drei Hebungen gelesen werden können [19]), so muss
man in diesen Fällen auf althochdeutsche Formen mit vollerem
Klange zurückgehen; diese Halbzeilen also mindestens müssen
gedichtet sein zu einer Zeit, da die Sprache noch auf dem
Standpuncte des Althochdeutschen stand.[20])

Die hinteren Halbzeilen mit vier Hebungen beweisen über-
haupt ein höheres Alter des Nibelungenliedes, wenn man die
Entstehungsgeschichte des Nibelungenverses betrachtet. Derselbe
ist nicht, wie Lachmann und Wackernagel behaupten, gegen
1180 als Nachahmung des Alexandriners entstanden, sondern
nach J. Grimms richtiger Annahme aus dem alten epischen Verse
ohne absichtliche Veränderung geworden. Dieser hat acht
Hebungen mit der Cäsur nach der vierten, und seine beiden
Theile waren in der früheren Zeit durch Allitteration verbunden.
Ausser dem Bande, das die Allitteration zwischen den Vershälften
bildete, wurde aber noch ein anderes Mittel gebraucht, um die
Einheit des Verses nicht verloren gehen, ihn nicht in zwei Kurz-
zeilen zerfallen zu lassen. Dieses Mittel wurde überhaupt in
der epischen Poesie aller Zeiten angewendet und besteht darin,
dass der zweiten Hälfte des Verses ein minder gewichtiger
Schluss gegeben wird, als der ersten. So schliesst die erste
Hälfte des indischen Sloka mit drei langen Silben, deren zweite
die Senkung bildet, die zweite mit einem Creticus, so dass die
metrisch-rhythmische Geltung dieselbe ist, aber das Gewicht der
Silben ein verschiedenes.[21]) Ebenso finden sich in der alt-

---

vorliegen (s. Bartsch, Unters. 160—163); aber es lassen sich alle Fälle be-
seitigen, alle diese Zeilen mit 3 Hebungen lesen, 1) durch schwebende Be-
tonung, 2) durch zweisilbigen Auftact, überhaupt durch Belastung der ersten
Hebung.]

18) [S. dagegen Bartsch, Unters. 163 und § 13, not. 60 (Seite 55).]

19) Z. B. 14, 2 nur *báz der guóten* u. a.

20) Also wäre zu ändern 14, 2 *báz déro guótin*; 2133, 1 *mit minémo
schildé*; 2280, 2 *úz einémo gádemé*, 1362, 2 *C* von *mánigémo lánde* u. a.
[Dieser Schluss fällt dadurch, dass zweite Halbzeilen mit 4 Hebungen nir-
gends nothwendig sind, ja ihre Annahme verfehlt ist; s. not. 17. 18.]

21) [Auch der griechische Hexameter liesse sich anführen, sofern dessen
zweite Hälfte ursprünglich katalektisch zu denken ist:

1) $-\smile\smile \quad -\smile\smile \mid -\smile\smile \parallel$
2) $-\smile\smile \quad -\smile\smile \mid -\smile \wedge \mid$

3. Die historischen Verhältnisse u. Vorläufer des Nibelungenliedes. 161

deutschen allitterierenden Poesie nicht selten Langzeilen, deren Hälften dadurch unterschieden sind, dass die erste mit zwei durch eine Senkung getrennten, die zweite mit zwei unmittelbar einander folgenden Hebungen schliesst, so dass beide zwar vier Hebungen haben, die zweite aber schwächer ausklingt.[22]) **Das Nibelungenlied hat noch solche Verse.** Aber allmählich verlor der Schluss des ersten Halbverses seine Senkung; damit nun der zweite noch immer von dem ersten verschieden sei, wurde ihm die letzte Senkung genommen. Diss geschah schon frühe; in angelsächsischen und altnordischen Dichtungen sind zweite Halbverse von drei Hebungen nicht selten; auch das Hildebrandslied hat schon solche.[23]) — Durch Noten lässt sich diese Entwicklung etwa so darstellen:

I. (Sloka): ♩ ♩ ♩[24]) | ♩ ♩ ♩ |

II. (Althochdeutsch etc.; noch im N. L.): ♩ ♪ ♩ | ♩. ♩

III. (Schon ahd., im N. L. gewöhnlich): ♩. ♩ | ♩ ♩ ♪

Dass nun das Nibelungenlied noch Verse von der Form II enthält, während die Form III schon in den ältesten Denkmälern sich findet, beweist genügend sein hohes Alter.[25])

Diese Entwicklung ward gestört durch das Aufkommen des Reims. Dieser verlangte selbstverständlich metrische Gleichheit des Schlusses in beiden Kurzzeilen. Daneben aber muss der alte, ungereimte Langvers fortbestanden haben; als auch dieser gereimt wurde, reimte nicht Halbzeile auf Halbzeile, sondern Langzeile auf Langzeile. Es ist daraus zu schliessen, dass der Reim hier erst eindrang, als Langzeilen von nur sieben Hebungen schon die überwiegende Mehrzahl bildeten.

Auch die **Sprache** des Nibelungenliedes bestätigt sein höheres Alter. Im allgemeinen ist dieselbe die von 1200;

---

22) [Ist diese Unterscheidung, die sich doch nicht immer findet, nicht eher Zufall?] Ein Beispiel dafür: *dár ist líp áno tót, / lioht áno finstri* (= / ᴗ / / ᴗ / | / / ᴗ / ⌣).

23) Z. B. *Hádubránt gimáltá | Hiltibrántes sunu; dáz er kótes willén | kérnó tuo.*

24) [Mit ♩ wird doch wohl die unbetonte Länge besser bezeichnet, als mit dem von Holtzmann gewählten Zeichen ♪, das in der Musik etwas anderes bedeutet.]

25) [Dieser Schluss, wenn überhaupt genügend sicher, fällt weg, da das N. L. stets 3 Hebungen in der zweiten Halbzeile hat; s. o. S. 55.]

mehrfach vorkommende französische Ausdrücke verbieten, das Gedicht allzuweit über 1200 oder 1190 hinaufzurücken. Aber es finden sich vielfach Ausdrücke, Worte und Constructionen, die auf eine weit ältere Zeit der Entstehung hinweisen. Unter den Worten ist besonders zu erwähnen die alte Form des Zahlworts „neun" *niwan*[26], da schon im Gothischen und Ahd. das Wort einsilbig ist. Dass *niwan* (*niwen*) als Zahl gemeint ist, beweisen andere Stellen. Die Form *niwen* würde also ein sehr hohes Alter des Nibelungenlieds anzeigen. Aber *niwan* ist gewiss nicht das Zahlwort. Denn Blödel greift, während die Hunen sonst immer nur mit Uebermacht einen Angriff wagen, die 9000 Knechte der Burgunden mit nur 2000 an und erschlägt sie alle. Diss ist sehr auffallend; ebenso fällt sehr auf, dass bei dem Zug in das Hunenland, der doch kein Kriegszug sein soll, auf 1000 Ritter 9000 Knechte kommen. Ferner beträgt im Sachsenkrieg (196) das burgundische Gefolge nur 1000 Knechte, über welchen, wie über dem Gesinde bei der Hunenfahrt, zwölf Ritter stehen. Wenn dort zwölf über tausend stehen, so können hier nicht zwölf über neuntausend stehen. Höchst wahrscheinlich ist nun, dass der Sachsenkrieg ein späterer Zusatz ist; sein Dichter benutzte die Angaben des älteren Gedichts; er lässt 195 den Volker die Fahne führen, was dieser 1535 thut; ebenso wird er auch die 1000 Knechte mit den zwölf Rittern aus der Hunenfahrt entlehnt haben. Wenn der Dichter des Sachsenkrieges 196, 1 sagt *si fuorten doch niht mére niwan tûsent man*, so ist gewiss dieses *niwan tûsent* „nur tausend" genommen aus dem *niwan tûsent* 1873, 2. Das letztere kann aber unmöglich *nisi, praeter* bedeuten, das verbietet der Sinn; „neun" kann es nach dem oben Gesagten auch nicht bedeuten. Es kann nichts anderes bedeuten[27]) als „wahrlich" oder etwas Aehnliches. Nun hat Otfrid ein ähnliches *niwâne* in diesem Sinne etwa; IV 29, 27: *niwâne deih dir gelbo, dia dunichun span si selbo*; I 23, 64: *niwâne deih dir gelbo, druhtin ist iz selbo*, „Wähne nicht, dass ich dir lüge, das Gewand spann sie selbst", — „der Herr ist es selbst." Wenn hier *deih dir gelbo* ausgelassen wird, so ist *niwâne* eine ganz passende Betheuerung und Aufforderung zum Glauben an etwas Wunderbares. Es hiesse also die Stelle 1873, 2

---

26) Str. 1873, 2: *niwan tûsent knehte die lágen tôt erslagen*.
27) Nach einer Parallelstelle bei Dietmar von Eist: *min trût du solt dih glouben anderre wîbe, wan hell die solt du miden*.

3. Die historischen Verhältnisse u. Vorläufer des Nibelungenliedes. 163

so: „Denke nur! 1000 Knechte waren gefallen und Dancwart stand allein." Dieses *niwâne*, *niwan* verstand der Dichter des Sachsenkriegs als *niwan* = *nisi*, der, welcher den Hunenzug erzählt, als *niun* = „neun". Diss beweist also, dass die Bearbeitung von 1190 nicht die erste war, die das alte Gedicht erfuhr, sondern dass ihr eine mit Interpolation verbundene vorhergegangen sein muss. Zugleich beweist die Interjection *niwan* das hohe Alter der Vorlage.[28])

Unter den syntaktischen Eigenthümlichkeiten hebt Holtzmann hervor die Verwendung des Adverbs *wætlich* mit dem Conjunctiv als schwache Negation und zwar nach einem nicht negativen Vordersatze.[29]) Ganz ähnlich ist es, wenn statt *wætlich* das Verbum *wænen* in einem Conjunctivsatze steht, der negative Bedeutung haben soll, aber keine Negation enthält. Beide Fälle weisen wohl auf eine ältere Formel hin. Was zu Grunde liegt, dürfte eine Zusammensetzung mit dem Worte *wan* „Mangel" sein; dazu gehört wohl gothisch *váinei ὄφελον*, utinam; ein Wort mit der Bedeutung von *multum abest ut* würde überall vortrefflich passen. *Wan* = „Mangel" findet sich nur in den

---

28) [Die übrigen Alterthümlichkeiten in Wörtern und Constructionen mögen hier unerwähnt bleiben; Bartsch hat dieselben widerum angeführt, nach ihm aber weisen sie nicht weiter zurück als bis etwa zur Mitte des 12. Jahrhunderts. Allein dieses *niwâne* würde viel weiter zurückweisen. Daher soll der Schluss Holtzmanns aus 1873, 2 hier besprochen werden. Dass 9000 Knechte durch 2000 fallen, die auch ganz wohl Ritter sein können (denn ein Ritter darf im Epos wohl mehr als nur 4—5 Knechte erschlagen), ist von keiner Beweiskraft; der Dichter rechnete nicht wie ein Stratege. Dass aber beim Sachsenkrieg auf 12 Ritter 1000 Knechte kommen, bei der Hunenfahrt auf 12 Ritter 9000 Knechte, ist eine wohlbegründete Verschiedenheit. Zur Führung auf dem relativ friedlichen Marsche nach Hunenland brauchte man weniger Führer als zur Anführung der Gemeinen im Sachsenkrieg. — Dass aber 9 Knechte auf einen Ritter zu viel seien, ist subjective Anschauung; s. übrigens Hagens Worte 1411, 3. 4 *welt ir iuch bewarn, sô solt ir zuo den Hiunen vil gewærlîche varn*. — Dass *niwen*, wofür *niwan* einfach ein Schreibfehler ist, nicht gar zu alt ist, beweist die Analogie von *friunt* und *frivrent*, welches letztere noch die Bearbeiter des N. L. kennen; auch von *friunt* behauptet Holtzmann fälschlich, dass es nur einsilbig vorkomme (S. 70). — Dass der Sachsenkrieg in den Personen, die dabei betheiligt sind, und in ihren Stellungen (Volker als Fähndrich, Dancwart als Vorgesetzter des Gesindes) mit der Hunenfahrt viele Aehnlichkeit hat, beweist nicht, dass jener nach den Angaben dieser verfertigt sei.]

29) Denn nach einem negativen Vordersatze ist *wætlich* c. conj. nichts Seltenes; hier könnte *w.* fehlen, der conj. aber ist durch den negativen Vordersatz schon gegeben; anders, wenn letzterer positiv ist.

11*

ältesten deutschen Denkmälern; *ei* — *ut* in *váin-ei*, adh. *î*, findet sich nur noch sehr frühe; natürlich also war, dass ein aus beiden componiertes *wan-i*, *wen-î*, *wan ist i* o. ä. sich in späterer Zeit an ein ähnlich klingendes Wort wie *wænen* oder *wætlich* anlehnte.[30])

Der aus dem Bisherigen gezogene Schluss, dass in dem um 1190 verfassten Nibelungenliede ein Werk von beträchtlich höherem Alter benützt, vielleicht nur übersetzt ist, so jedoch, dass **eine** Stelle auf Interpolation hinweist, wird zunächst bestätigt durch einige **äussere Zeugnisse**.

Dass das Gedicht in der Gestalt, wie es *C* bietet, um 1205 schon bekannt war, beweist die [§ 13, not. 123 angeführte] Stelle des Parcival über den Koch Rumolt[31]), und eine andere (121) desselben Gedichtes, welche auf die erste folgt:

ir sprecht, ir tæt als riet ein koch
den küenen Nibelungen,
die sich unbetwungen
ûzhuoben, dâ man an in rach,
daz Sivride dâ vor geschach.

Denn der Ausdruck „*die küenen Nibelunge*" ist im Nibelungenliede nicht selten, *sich ûzheben* aber ist ein um 1200 ungeläufiger Ausdruck, der, dem ganzen Zusammenhange nach, gewiss aus Nib. 1462, 1 stammt, wo die Worte lauten: *die snellen Burgonden sich ûzhuoben*. Da nun Wolfram nur auf ein seinen Zeitgenossen leicht verständliches Gedicht anspielen konnte, so werden die beiden Stellen nicht aus dem älteren Gedicht, sondern aus seiner in *C* vorliegenden Umarbeitung stammen, die also vor 1205 vorhanden war. Auch Parc. 206, 29: *der kezzel ist uns undertân*, kann aus dem Nibelungenliede stammen, wo Str. 720, 1—3 lauten:

Rûmolt der kuchenmeister wil wol berihte sît
die sînen **undertânen**, *vil manegen kezzel wît,*
hävene unde pfannen. Hei waz man der dâ vant![32])

---

30) [Dieser Schluss, kühn wie er ist, ist nicht nöthig. Das Auffallende an jenem *wætlich* oder *wæn* (*ich*) ist nur, dass die Negation im Vordersatze fehlt; ähnliche Analogiebildungen, bei denen **logisch** genommen die Hauptsache fehlt, sind nicht selten.]

31) [Als Holtzmann seine Untersuchungen schrieb, kannte er *a* noch nicht, also auch nicht die Str. 1408 ᵇ; er schloss aber auf das Vorhandensein einer ähnlichen Strophe in *C* aus dem Zusammenhang und aus der Parcivalstelle.]

32) [Die Herausgeber ziehen *vil manegen* etc., zu *hei waz man* etc., machen also die Beziehung Holtzmanns unmöglich].

Aber auf die **ältere** Form des Gedichtes allein lässt sich beziehen eine Stelle des Metellus von Tegernsee (um 1160):

— — — *quos orientis habet regio,*
flumine nobilis Erlafia,
carmine Teutonibus celebri
inclita Rogerri comitis
robore seu Tetrici veteris.

Rogerius und Tetricus sind offenbar Rüdiger und Dietrich; der Fluss Erlafia mündet bei Bechelâren. Der gelehrte Mönch bezieht sich gewiss nicht auf Volkslieder, sondern *carmen Teutonibus celebre* kann nur ein schriftliches deutsches Gedicht heissen; dieses aber war wohl kein anderes als die ältere Gestalt des Nibelungenliedes.[33])

Ein weiteres Zeugnis für diese ist eine Erzählung von Saxo Grammaticus. Er erzählt, wie (etwa um 1131) ein sächsischer Sänger den Herzog Knut Lavard von Schleswig durch Recitation von Versen über Kriemhilds Verrath umsonst vor den Nachstellungen des Dänen Magnus zu warnen gesucht habe: *speciosissimi carminis contextu notissimam Grimildae erga fratres perfidiam de industria adorsus famosae fraudis exemplo similium ei metum ingenerare studebat.* Jedenfalls also hatte um 1130 die Sage schon die Gestalt, die sie im Nibelungenliede hat;[34]) die Nachricht würde also ganz wohl auf die ältere Grundlage desselben passen. Es ist die Annahme, dass das von dem Sänger Vorgetragene nur ein kurzes Volkslied gewesen sein könne, ganz falsch. Denn Knut war *Saxonici et ritus et nominis amantissimus*; Kriemhilds Rache wird als *notissima perfidia, famosa fraus* bezeichnet, somit war die Geschichte wohl dem Knut bekannt, es konnte also das Vortragen einiger Strophen genügen. *Carmen speciosissimum* kann nicht ein Volkslied, sondern nur ein grösseres, schriftlich vorhandenes und verbreitetes Werk sein; auch ist der Sänger bei Saxo kein *rusticus*, sondern ein *arte cantor*. Wahrscheinlich ist also, dass die Verse, die derselbe 1131 sang, aus dem älteren Gedichte genommen waren, das unserem Nibelungenliede zu Grunde liegt. Somit ist dieses schon am Anfange des zwölften Jahrhunderts durch äussere

---

33) Denn die Vorlage des Biterolf erwähnt Bechelâren nie mit besonderer Vorliebe, war auch schwerlich je besonders verbreitet.

34) [Die Stelle ist schon oben bei Besprechung der Sage angeführt worden; s. S. 106 (§ 28, not. 7).]

Zeugnisse nachweislich, muss aber nach inneren Kennzeichen noch beträchtlich älter gewesen sein.

Ein weiteres Zeugnis für die ältere Gestalt des Nibelungenlieds ist die **Klage**, sofern sich dieselbe ausdrücklich auf ein deutsches[35]) Buch beruft, in welchem ihr und des Nibelungenlieds Inhalt enthalten gewesen. Dieses Buch kann natürlich nicht das deutsche Nibelungenlied sein, weil dieses etwa gleich alt mit der Klage ist und von deren Inhalt nichts enthält. Wohl aber kann es sich fragen, ob nicht die ältere Grundlage des Nibelungenliedes damit gemeint sei. Die Gegner dieser Ansicht, Lachmann, W. Grimm und E. Sommer, führen dagegen an, dass nicht nur im Einzelnen verschiedne Abweichungen zwischen Klage und Nibelungenlied stattfinden, sondern dass auch die ganze Grundansicht von der Sage in beiden eine verschiedene sei. Allein die Widersprüche im Einzelnen lösen sich von selbst auf oder sind nicht der Rede werth; die Gesammtanschauung hingegen ist dieselbe, zumal wenn man den Text von C zur Vergleichung benutzt. Die Rache Kriemhilds tritt in beiden Gedichten hervor; der Hort ist auch in der Klage keineswegs das über alle seine Besitzer Fluch bringende Gold, sondern er verursacht das Verderben der Nibelungen nur insofern, als sie durch seinen Raub Kriemhilds Rachegier noch gesteigert haben. Auch Kriemhilds Treue als Motiv der Rache ist dem Nibelungenliede nicht fremd und tritt besonders in C deutlich hervor. Dass sie nur Hagen morden wollte, ist in C besonders hervorgehoben, fehlt aber auch in der vulgata nicht. Auch in untergeordneten Dingen stimmen beide Gedichte überein. Sind nun die vermeintlichen Widersprüche nicht vorhanden, so findet sich vielmehr die auffallendste Uebereinstimmung bis auf den wörtlichen Ausdruck hinaus. Wenn die vulgata mehrfach ändert, so sind diese Aenderungen, weil sie die nach der Klage volksmässige Auffassung enthalten (Kl. 278—284), als aus dem Volksgesang geflossen zu betrachten, was die gleichfalls aus diesem geschöpfte Thidrekssaga bestätigt. — Es ist somit erwiesen, dass die Quelle der Sage und des Nibelungenlieds dasselbe Gedicht ist. Die Einzelvergleichung der beiden jüngeren Gedichte gestattet zugleich Schlüsse auf den Inhalt der gemeinsamen Vorlage.

Wichtig ist nun, was dieselbe Klage über **Piligrim von**

---

35) [Diss ist eben der Streitpunct, ob das (deutsche) Buch, aus dem die Klage geschöpft, mit Konrads Aufzeichnung der Sage (s. u.) identisch ist.]

3. Die historischen Verhältnisse u. Vorläufer des Nibelungenliedes. 167

Passau und seinen Schreiber Konrad zu berichten weiss: Piligrim, welchen ja Nibelungen und Klage zum Oheim der Burgundenfürsten machen, habe sich durch den *videlære* Swemmelin, der ihm die Trauerkunde brachte, die ganze Geschichte erzählen lassen; dazu habe er von Jedermann, der etwas über die Sache zu erzählen gewust, Erkundigungen eingezogen, und

hiez - · schriben ditze mære,
wie es ergangen wære,
in latinischen buchstaben.

— — — — — — —
— — — — — — —

daz mære briefen (prüefen CJh) dô began
sin schrîbære meister Kuonrât.
getihtet man ez sît hât
dicke in tiuscher zungen,
daz die alten mit den jungen
erkennent wol daz mære.

Dazu kommen noch einige andere Stellen, wo von dem alten Gedichte die Rede ist, besonders Kl. 10 ff. *ditze alte mære bat ein tihtære an ein buoch schriben. desn kund ez niht beliben, ez ensî ouch noch dâvon bekant* etc.; *C* weicht hier neben Anderem darin ab, dass sie (nebst *Da*) nach *tihtære* das Wort *wîlen*, nach *schriben* das Wort *latîne* hat. Das letztere ist offenbar nur eine Randglosse des Abschreibers, die Stelle weist also keineswegs auf lateinische Abfassung hin. [Auch darin sind *CDa* und *AB* verschieden, dass statt des *tihtære*, der nach *AB* das Märe zu schreiben aufträgt, in *CDa* ein *schrîbære* dasselbe schreibt; sollte nicht der *schrîbære* in *CDa* am Ende aus dem Schreiber Konrad erst entstanden sein?] Ebenso wenig bedeuten die Worte *mit latinischen buochstaben* so viel als „in lateinischer Sprache", sondern sie bedeuten nur, dass das Werk mit derselben Schrift geschrieben wurde, mit der lateinische Texte geschrieben zu werden pflegten. Es kann somit die Nachricht über Piligrim und Konrad unbedenklich auf das alte Gedicht, das dem Nibelungenlied und der Klage zu Grunde liegt, bezogen werden.

Dass die Klage diese Nachricht, wie überhaupt die Person Piligrims, durch einen argen Anachronismus mit dem Burgunden-Untergange von 437 in Verbindung bringt, beweist nicht gegen diese Annahme. Lachmann glaubt, dass Piligrim erst durch einen Volksdichter um 1190 in die Sage gekommen sei. Allein

diss ist nicht denkbar. Der Volksgesang konnte unmöglich den
Bischof des zehnten Jahrhunderts mit der Sage in Verbindung
bringen; denn bald nach seinem Tode war diss nicht möglich,
weil man sich seiner noch erinnern muste, in späterer Zeit aber
hat er gewiss im Volksmunde nicht gelebt, denn selbst die
Historiker nennen ihn fast nie. Die gewaltsame Einmischung
seiner Person kann nur von einem Manne herrühren, der ihn
kannte. Hiezu stimmt die Nachricht der Klage ganz wohl.
Wenn Piligrim seinen Schreiber Konrad mit Abfassung eines
Gedichts über die Nibelungensage beauftragte, so hatte dieser
alle Veranlassung, seinem Herrn und Gönner in seinem Werke
ein Denkmal zu setzen. Diss geschah nun aber nicht so, dass
er von dem historischen Piligrim alles das ausgesagt hätte,
was dem Bischof in dem Nibelungenliede zugeschrieben ist;
vielmehr er erzählte alles das nur von einem älteren Piligrim,
als dessen Abbild dann der jüngere erscheinen sollte. Nannte
sich nun der Verfasser selbst am Anfang oder Ende des Buchs
einen Schreiber Piligrims von Passau, so konnte ein Späterer,
wie der Dichter der Klage, der von dem historischen Bischof
gewiss nichts wuste, sehr leicht die Sache so darstellen, dass
Konrad nach den Berichten Swemmelins die Sage aufgezeichnet
habe. Auch kann Konrad selbst diese Vermischung beabsichtigt
haben, durch welche Piligrim, der dadurch als Zeitgenosse
Dietrichs erschien, noch altehrwürdiger werden muste. Auf eine
andere Weise lässt sich die Einmischung Piligrims nicht erklären,
es ist also aller Grund vorhanden, das Zeugnis der Klage für
vollkommen bewährt zu halten.

Ueber den Umfang und Inhalt des Konradischen Gedichts
gibt uns die Metropolis Salzburgensis des Hund von Sulzenmoos
(1582) Aufschluss, wenn sie sagt: (*Piligrimus*) *autor fuit cuidam
sui sæculi versificatori Germanico, ut in rhythmis gesta Avarorum
et Hunorum Austriam supra Anasum tunc tenentium et omnem
viciniam late deprædantium celebraret, et quomodo hæ barbaræ
gentes ab Ottone Magno profligatæ sint.* Diese Nachricht, die
Hund aus einer Handschrift dieses Gedichtes, die er selbst ge-
sehen, geschöpft hat, ist an sich ganz glaublich. Denn Piligrim
hatte vielfache Berührung mit den Ungarn, konnte also leicht
auf den Gedanken kommen, ihre Geschichte zu verfassen. Da
aber Ungarn, Hunen und Avaren im ganzen Mittelalter als
identisch gedacht wurden, so war nichts natürlicher, als dass in
diese Geschichte auch die schon längst sagenhaft gefärbte

Attilas aufgenommen wurde. Dass ein Buch existierte, welches beide verband, beweist Simon Keza, der die Geschichte von Attila, Detreh, Cremild und Chaba, Attilas Sohn (= Hagen?) in verworrener Weise mit der ungarischen Geschichte verbindet. Das Buch Konrads enthielt also den Inhalt der Nibelungen (ohne die späteren Zusätze), den der Klage und die ungarische Geschichte bis zur Schlacht auf dem Lechfelde. Hiezu stimmt der Schluss des Nibelungenliedes, wo der Dichter erklärt, schliessen und die folgenden Ereignisse nicht berühren zu wollen.[36]) Ebenso zeigt der Schluss der Klage, wo von Dietrichs und der Seinigen weiterer Geschichte nicht die Rede ist, sondern der Dichter nur erklärt, dass es über Etzels Tod verschiedene unsichere Nachrichten gebe, deutlich die Absicht des Dichters, dem es nur darum zu thun ist, die Geschichte der Hunen selbst fortzusetzen.[37])

Von dem letzten Theile des Gedichtes sind vielleicht ein Ueberrest die vier Zeilen bei Lazius:

doch palt hat jm verkürczt sein starckes leben
dschlacht, wie er war von Khayser Haynrich vertriben
und mit sampt den Hungern an jn gelan,
war geschlagen so offt der Hewnisch man.[38])

Lazius kannte einen Codex, der ausser dem Nibelungenliede nach den Lesarten der vulgata noch andere Gedichte enthielt. Vielleicht war eines davon eine Umarbeitung von Konrads zweitem Theile.

Zunächst sind Heimat und Alter dieses älteren Gedichtes festzustellen. Sprache, Versbau und Reime wiesen auf eine dem neunten Jahrhundert mehr als dem zwölften oder dreizehnten nahe stehende Zeit hin. Dazu passt die Entstehung zwischen 970 und 990.

Der Verfasser lebte sicher an der Donau, in Passau oder abwärts; denn viel vertrauter als mit der Gegend von Worms, die er allerdings auch ziemlich gut kennt, ist er mit den Donaugegenden von Baiern bis Ofen. Auffallend nun ist, dass das

---

36) [Im Gegentheil! Die Worte 2316, 1: *ihne kan iu (iuch) niht bescheiden waz sider dâ geschach* können nur heissen „Ich weiss nicht" etc.; denselben Sinn muss also auch 2316, 5 *C* haben: *ihne sage iu nu niht mêre* etc.]

37) [Warum erzählt er dann die Burgunden- und Siegfriedssage so genau, wie Holtzmann meint?]

38) Lachmann, Ausg. VIII.

I. Die Entstehung des Nibelungenliedes.

Nibelungenlied nur Orte nennt, die zu Piligrims Sprengel gehörten und schon zu Piligrims Zeit bekannt waren. Nur Wien konnte um 990 noch nicht als eine reiche Handelsstadt genannt werden; aber seine Nennung im Liede ist entschieden unecht und stört den Fortgang der Handlung,[39]) sie hindert also nicht, das alte Gedicht in das zehnte Jahrhundert zu setzen.

In das neunte Jahrhundert weisen dagegen alle andern, wirklich echten geographischen u. a. Angaben des Nibelungenlieds. Das Land von Passau bis zur Enns ist noch nicht österreichisch, sondern bairisch; erst 1156 wurde dasselbe an Oesterreich förmlich abgetreten. Erst unterhalb Melk beginnt Osterland, eine hunische Mark, wozu ein Dichter um 1200 dasselbe unmöglich machen konnte. Aber zu Konrads Zeit reichte die ungarische Herrschaft bis an die Enns. Melk ist im Nibelungenlied eine Burg, was es seit 984 nicht mehr war, in welchem Jahre es erobert und bald darauf in ein Kloster verwandelt ward; Konrads Werk fällt also noch vor 984.[40]) Auch historische Bezüge des Nibelungenliedes weisen in das zehnte Jahrhundert. Die Petschenegen (*die wilden Pescenære* N. L. 1280, 2) bildeten im zehnten Jahrhundert die ungarische Grenzwache gegen Deutschland. Sie verschwinden im elften; im zwölften war wohl ihr Name verschollen[41]); das Nibelungenlied aber schildert sie offenbar nach Autopsie des Dichters. — Der Markgraf Gêre ist

---

39) [Doch kaum richtig. Dass in der ersten Stelle, wo Wien erwähnt ist, Rüdiger sowohl in Wien als in Bechelâren Reisegewand bekommt, spricht nicht gegen 1102—1104. Dass 1094—1099 in ganz guter Ordnung auf einander folgen, s. Fischer, Nib.-Lied oder Nib.-Lieder? S. 100—102. — Dass aber die Festlichkeiten in Wien neben denen in Tuln kein Pleonasmus sind. beweist Zarncke Beitr. 198 f., wonach Tuln noch im 18. Jahrhundert der Ort für die festliche Einholung der Braut eines österreichischen Fürsten war.]

40) [Ein seltsamer Schluss! Wenn zu Konrads Lebzeiten Melk noch eine ungrische Burg war, wie ist dann der Schluss gerechtfertigt, er habe nach dessen Verwandlung in ein Kloster dasselbe nicht mehr eine hunische Burg nennen können, in einem Gedichte, das sich doch mit so ganz alten Dingen abgibt! — Anders ist es, wenn der gelehrte Dichter des Biterolf, der Konrads Werk nach Holtzmann benutzte, aus Melk Mautern macht; denn ein Dichter um 1150 kannte Melk als Burg nicht mehr. — Ueber die Willkürlichkeit des Holtzmannischen Datums s. Dümmler, Piligrim etc. S. 91; Zarncke, Beitr. 153 f.]

41) [S. dagegen Dümmler, Piligrim etc. S. 191, und Müllenhoff, Nibelungensage S. 165, woraus erhellt, dass auch ein Dichter des 12. und 13. Jahrhunderts noch ganz wohl selbständig die Petschenegen nennen konnte.]

gewiss entstanden aus dem historischen Markgrafen Gero von Ostsachsen, der sich in Ottos I. Slavenkriegen auszeichnete und 965 starb. — Das Kloster Lorsch war zu der Zeit der Ottonen glänzend, Brun, Ottos des Grossen Bruder, war Abt von Lorsch; das Kloster konnte also in jener Zeit besonders leicht als eine berühmte Abtei genannt werden. — Auch die Feindseligkeit des Dichters des Nibelungenliedes gegen die Baiern spricht für Konrads Autorschaft; denn Piligrim lebte in bitterer Fehde mit dem Baiernherzog Heinrich.

Wenn demnach mit Sicherheit die Entstehung des Nibelungenliedes in die Jahre 971—984 zu verlegen ist, so wäre dadurch zugleich der unglückliche Zwiespalt aufgehoben, welcher darin liegt, dass die Blüthe der deutschen Poesie nach der herkömmlichen Anschauung stets in die Zeiten der politischen Ohnmacht Deutschlands fällt.[42]) Denn die Entstehung des grösten nationalen Epos fällt alsdann zusammen mit der Zeit des höchsten Glanzes des deutschen Reichs unter den Ottonen und bis zur Regierung Heinrichs IV. hin.[42]) Gewiss stand in jener Zeit das Nibelungenlied nicht allein da als Zeugnis des deutschen Geistes.

Was können wir aber ausser der Notiz, dass der Dichter des älteren Gedichtes Konrad hiess und Schreiber bei Piligrim war, über denselben noch erfahren? Der eigentliche Schreiber Piligrims, der dessen lateinische Schriften und Urkunden schrieb, war er wohl nicht; er müste denn die seltene Enthaltsamkeit besessen haben, seine lateinische Gelehrsamkeit gar nicht durchblicken zu lassen. Auch hätte er, wäre er lateinisch gebildet gewesen, nicht sagen können, dass er über Attilas Tod nichts wisse; denn Jordanes und Marcellinus enthalten die Nachrichten über Attilas Tod. Die historischen Namen Helche (= $Κρέκα$) und Blödel (= Bleda) können nur (indirect) aus Priscus stammen, da sie vor Konrad nicht erscheinen, vielmehr Attilas Gemahlin noch im Waltharius mit sagenhaftem Namen Ospirin heisst;[43]) nicht als ob etwa Konrad selbst den Priscus gelesen hätte, sondern die Nachrichten, die Piligrim von allen Seiten einzog,[44]) mochten auch zum Theil von Griechen am ungarischen Hofe stammen.[45])

---

42) [Vgl. M. Thausing, die Nibelungen in der Geschichte etc., S. 437 ff.
43) [S. dagegen Müllenhoff, Nib.-Sage 170—172.]
44) S. Klage 1734 f.
45) Vgl. dazu die *Kriechen* in Etzels Heer, N. L. 1279 und Klage 180.

Es fragt sich nun, ob Konrad vielleicht mit einem uns sonst woher bekannten Namen sich identificieren lässt.

Ein Konrad, der mit Altmann, Ezzo und Gunther von Bamberg eine Pilgerfahrt unternahm, steht in Berührung mit deutscher Dichtung; er wurde später Prälat von Göttweih, also gerade in der im Nibelungenliede besonders hervortretenden Gegend. Aber er fällt in eine viel zu späte Zeit; jene Pilgerfahrt fand im Jahr 1065 statt. Keineswegs unmöglich ist aber, dass Konrad mit dem Kürenberger identisch wäre. Der Versbau und die Reime desselben sind ganz dieselben, wie im Nibelungenliede. Lachmann hat entschieden Unrecht, wenn er den Kürenberger nicht vor 1170 setzen will; denn trotzdem, dass die Handschrift, welche seine fünfzehn Strophen enthält, aus dem vierzehnten Jahrhundert stammt, so sind doch Alterthümlichkeiten darin stehen geblieben, welche sich nur mit Stellen des Hildebrandsliedes und der Psalmen-Uebersetzung Notkers vergleichen lassen.[46])
Dass der Kürenberger im Breisgau zu Hause sein müsse, ist eine Behauptung, die durch nichts zu erweisen ist. Denn es findet sich ein Kürenberg bei Linz mehrfach erwähnt. Es erscheint ein *Magenes de Chürenbery* als *ministerialis Pataviensis* erwähnt; auch war der Name Konrad in der Familie gebräuchlich. — Die Vermuthung, dass Konrad mit dem Kürenberger identisch sei, ist demnach nicht unmöglich, doch unsicher. Leicht möglich ist auch, dass Konrad in der mit besonderer Liebe hervorgehobenen Gestalt Volkers von Alzey, die der Sage nicht angehört, sich selbst schildern wollte. Auch auf den Kürenberger passt die Schilderung des lebensfrohen, jungen Spielmanns recht wohl.

Das alte Gedicht erscheint im Nibelungenlied schon mit Zusätzen versehen, wie der Sachsenkrieg beweist. Um diese auszuscheiden, gibt es zwei Kennzeichen: was in der Klage fehlt, ist verdächtig; wenn es zugleich in Reim, Versbau und Sprache nichts Alterthümliches hat, ist es sicher unecht. Einigermaassen kann zur Ausscheidung auch der Biterolf dienlich sein, der zwischen 1100 und 1150 verfasst sein mag[47]), um 1200

---

46) *Ich stuont mir* lässt sich nur mit *ik mi wêt* und *du bist dir* im Hildebrandsliede, *nû var dû sam mir* nur mit einer Stelle einer dem 11. Jahrhundert angehörigen Abschrift von Notkers Psalmen vergleichen.

47) Nicht vor 1100; denn es kommt ein förmliches Turnier darin vor, dergleichen vor 1100 unbekannt waren; nicht nach 1150, denn es finden sich alterthümliche Reime und Ausdrücke.

3. Die historischen Verhältnisse u. Vorläufer des Nibelungenliedes. 173

aber seine jetzige Gestalt erhielt. Unter den Quellen des Biterolf befand sich gewiss auch Konrads Werk, da derselbe auffallende Uebereinstimmungen mit Nibelungen und Klage zeigt.[48]) Sein Verfasser kannte den Sachsenkrieg schon, denn er erwähnt Liudeger und Liudegast und gibt dem Siegfried das Zeichen der Krone (wie Nib. 214). Vielleicht war er selbst derjenige, der den Sachsenkrieg zudichtete.[49])

Der Eingang und Kriemhilds Traum gehörten gewiss Konrads Gedichte an; die Klage enthält Beziehungen darauf, auch finden sich Alterthümlichkeiten in Reim und Versbau. Aber die Jugendgeschichte Siegfrieds ist zugesetzt; sie zeigt spätere Rittersitte und enthält französische Ausdrücke.

Siegfrieds Empfang in Worms, Str. 75—88, ist im Biterolf nachgeahmt, also echt.

Ebenso bezeugt derselbe Hagens Erzählung von der Erwerbung des Schatzes durch Siegfried, Str. 88—100, als ursprünglich.

Das Folgende ist aber stark interpoliert. Der Sachsenkrieg ist nach dem oben Gesagten unecht, ebenso dann natürlich die Siegesbotschaft, deren Erzählung, sowie die des Festes, höfischsentimental gehalten ist. Dann aber muss in Konrads Gedicht das erste Auftreten Kriemhilds vor Siegfried anders motiviert gewesen sein. Es war offenbar mit Siegfrieds erster Ankunft in Worms in Verbindung gesetzt. Diss wird auch bewiesen durch das wunderliche Durcheinander in Siegfrieds Benehmen in Str. 103—126[50]), und durch andere Unebenheiten, wie die, dass Giselhers Aufforderung an Siegfried, da zu bleiben, weil man ihm die Frauen des Landes zeigen wolle (320), keinen Sinn mehr hat, wenn Siegfried die Kriemhild schon gesehen, ja zwölf Tage lang ihren Umgang genossen hat. Es folgte demnach in Konrads Gedichte auf einander der Inhalt von Str. 22; 72—100; 103—122, 3; 288; 125—126; 320; 280—284 (287); 291; 321.

Ferner ist als unecht anzusehen der nächtliche Kampf Siegfrieds und Brünhilds, welcher nicht allein das Gefühl verletzt,

---

48) Insbesondere heisst nur in diesen drei Gedichten Gunthers Vater Dancrát [s. o. S. 147].
49) Vgl. Bit. 10175 *Sahsen: von swerten wol gewahsen* mit Nib. 197 *die Sahsen — mit swerten wol gewahsen*.
50) [S. dagegen Fischer l. c. S. 34. 35, gegen dessen Beweisführung nicht leicht etwas einzuwenden seindürfte].

sondern zugleich weder durch Biterolf oder Klage bezeugt noch nothwendig, vielmehr mit Str. 763 f. unvereinbar ist.[51]) Allein dieser Zusatz ist nicht von einem Späteren willkürlich erfunden, vielmehr stammt derselbe, wie die Thidrekssaga beweist, aus dem Volksgesange. Wenn der nächtliche Kampf unecht ist, so sind in dem Zank der Königinnen einige auf ihn bezügliche Stellen zu ändern.

Weder der Biterolf, der doch Anlass dazu hatte, noch die Klage erwähnt Siegfrieds Drachenkampf und Unverwundbarkeit. Auch die dahin gehörigen Abschnitte des Nibelungenlieds sind also als unecht anzusehen. Str. 815 muste Gunther von Siegfrieds Unverwundbarkeit reden; 894 f. wird Siegfrieds Jagdanzug beschrieben, aber 921 schiesst ihn Hagen durch das Kreuz, das Kriemhild auf das Kriegsgewand genäht hatte.[52]) Kriemhild schliesst 953 nur daraus, dass Siegfrieds Schild nicht verhauen ist, auf Mord; erst 1051 fällt ihr ein, dass sie selbst die Verrätherin sei. Das alles beweist die Unechtheit von Str. 101; 818; 834, 3—848ᵇ; 1051.

Von Siegfrieds Tode an sind die Aenderungen und Zusätze nicht mehr bedeutend. Der Widerspruch, in dem Str. 1417 und 1861 zu der Erwähnung Volkers und Dancwarts im Sachsenkriege stehen, hört auf, ein Widerspruch innerhalb desselben Gedichts zu sein, wenn der Sachsenkrieg späterer Zusatz ist.

Was die Form von Konrads Gedicht betrifft, so war dasselbe jedenfalls in Nibelungenversen geschrieben; ob aber strophische Abtheilung vorhanden war, ist zweifelhaft, ja nicht einmal wahrscheinlich.[53]) Die Strophe ist eine durchaus lyrische, dem Epos fremde und schädliche Form; auch geht im Nibelungenliede, besonders in dessen besten Handschriften, oft der Satz über das Ende einer Strophe hinaus, und häufig ist der letzte Vers einer Strophe ein blosses Flickwerk, das seine Unursprünglichkeit verräth. Wahrscheinlich wandte erst der letzte Dichter die Strophe an, denn auch im Sachsenkrieg findet sich das Hinüberlaufen eines Satzes und finden sich Flickverse am Ende von Strophen.

Die Quellen Konrads waren hauptsächlich mündliche Mit-

---

51) [S. dagegen Fischer 75 f.; besonders ebenda S. 76, Z. 11—19.]
52) [S. dagegen Fischer 87 f.]
53) Gebrauchte Konrad die Strophe, so muss er fast mit dem Kürenberger eine Person sein; wenn nicht, so kann er es dennoch sein.

theilungen⁵⁴), daneben wohl auch in einzelnen Puncten schriftliche Aufzeichnungen, deren es aus dem Kreise der Heldensage schon gegen das Ende des neunten Jahrhunderts gab, welche wahrscheinlich mit Stücken aus der Sammlung Karls des Grossen identisch sind.

Aus dem **Volksgesang** schöpfte Konrad den grösten und wichtigsten Theil seines Gedichtes. Er behielt den alten epischen Vers bei; ohne Zweifel führte er auch den Reim ein. Noch häufig haben seine Verse die alte Allitteration, schon in den Namen und in einzelnen stehenden Wortverbindungen. Aber auch die regelmässigen drei Stäbe finden sich noch in manchen Versen des Nibelungenlieds.⁵⁵) Die Gestalt der Sage im Volksmunde war wohl zu Konrads Zeiten dieselbe, wie sie noch in der Thidrekssaga aufbewahrt ist. Dieselbe gibt an vielen Stellen noch das Vollere, Ursprünglichere dem Nibelungenliede gegenüber. Aus mehreren wörtlich übereinstimmenden Stellen scheint zu erhellen, dass ihr Verfasser Konrads Werk kannte. — In Manchem wich Konrad von der noch in der Thidrekssaga erhaltenen, durch den Bearbeiter der vulgata wider in das Nibelungenlied eingedrungenen Volkssage ab. So in dem Abschnitt über Brünhilds Bezwingung, in der Auffassung Kriemhilds, die mit dem Erlöschen der heidnischen Auffassung zu einem Scheusal herabsinken muste.⁵⁶) — Auch eine noch weiter gehende Umänderung der Sage rührt von Konrad her: die Gleichsetzung von Nibelungen und Burgunden, von Etzel (Atli) und Attila; denn noch im Waltharius sind Gunther und Hagen Franken, das fränkische Reich von dem burgundischen wohl unterschieden. Etzel aber ist der historische Hunenkönig nicht von Anfang an gewesen; er ist eine mythische Figur, die erst später mit der historischen Attilas gleich gesetzt wurde; auch diss ist Konrads Werk.⁵⁷)

Auch über die **jüngeren Dichter**, die Umarbeiter von Konrads Werk, stellt Holtzmann Vermuthungen auf. Ueber den

---

54) S. Klage 1734 f.
55) [Vgl. auch Fischer S. 8—12.]
56) [Und herabsank, zumal in der späteren vulgären Auffassung; s. Dressel, Char. Kr. S. 4.]
57) [Diese Ansicht Holtzmanns ist durch Müllenhoffs Forschungen, besonders durch die Nachrichten über Attilas Tod, die so eng mit der Nib.-Sage zusammenhängen, genügend widerlegt.]

des Sachsenkriegs und den des Biterolf lässt sich nichts Weiteres beibringen, als dass sie vielleicht identisch sind; mehr über den Dichter der Klage, der zugleich Umarbeiter des Biterolf ist. Wie oben bemerkt, vermuthet Holtzmann als Verfasser **Rudolf von Hohenems**. Seine Beweise sind folgende. Die Klage ist im Versbau so untadelhaft wie die anerkannten Gedichte Rudolfs; im Reim ist sie minder streng. Diss lässt sich erklären, wenn er die Klage längere Zeit vor seinen anderen Gedichten schrieb, ehe er durch Gottfrieds Darstellungsweise beeinflusst war. Die Klage müste also vor dem Gerhard gedichtet sein, der vor 1220 fällt. Dass er schon vor dem Gerhard Dichtungen geschrieben hatte, sagt er selbst:

ich hân dâher in minen tagen
leider dicke vil gelogen
unt die liute betrogen
mit trügelichen mæren.

Rudolfs erhaltene Werke sind alle geschichtlichen, ritterlichen oder kirchlichen Inhalts; jene Andeutung liesse sich wohl auf deutsche Heldendichtung beziehen.

Spricht somit nichts gegen Rudolf als den Verfasser der Klage, so sprechen mehrere Uebereinstimmungen[58]) in selteneren Ausdrücken für die Identität beider, um so mehr, als im Allgemeinen der Stil der Klage von dem der späteren Werke, der ganz von Gottfrieds Diction beherrscht ist, weit verschieden ist.[59])

---

58) Besonders die beiderseitige Benützung des Freidank [s. dagegen Franz Pfeiffer, „Ueber Freidank", in „Freie Forschung" S. 163—219].

59) [Nur in der Note mag hier W. Gärtners Theorie (1857) berührt werden, die keinen wissenschaftlichen Werth und nur deswegen Interesse hat, weil sie sich in ihrem Hauptpuncte an die Holtzmanns anschliesst. — Gärtner hält, wie Holtzmann, die Nachricht Hunds für wahr. Er fand in Göttweih in ganz späten Excerpten Bruchstücke eines erzählenden Gedichts über die Ungarnkämpfe des 10. Jahrhunderts. Diese hielt er für Stellen aus Konrads Werke, welche aber in einer Ueberarbeitung vorlägen. Er behauptete, dass diese Fragmente aus einer dem N. L. entsprechenden Bearbeitung seien, dass somit das ganze Gedicht Konrads 1060—70 von **Konrad von Göttweih** (S. Holtzmann, Unters. 133 und s. o. S. 172) bearbeitet worden sei. Die Göttweiher Fragmente, die Evangelien, Hartmann d. A. und das N. L. lägen der Sprache nach so nahe bei einander, dass sie sich nicht scheiden liessen. Auch die Kaiserchronik soll die im 10. Jahrhundert gedichtete, im 11. überarbeitete, in den Göttw. Fragm. zum Theil erhaltene Geschichte der Hunen benutzt haben. — Für die Unwissenschaftlichkeit des Werks beweist unter Anderem die Behauptung, dass die beiden Rüdiger historisch seien, dass die Mark 912 bis zur Leitha gereicht habe. — S. Lit. Ctr. Bl. 1656, 804 ff.]

45.

Holtzmanns Untersuchungen haben auch in diesem Puncte, wie in der Handschriftenfrage, manchfachen Anklang gefunden. Zwei der wesentlicheren Puncte jedoch waren es, welche von Anfang an eine fast allgemeine Opposition erregten: die lateinische Abfassung von Konrads Gedicht und der grössere Umfang desselben von der Hunensage bis zur Lechschlacht. Am schärfsten und präcisesten sind diese zwei Puncte von

Ernst Ludwig Dümmler

untersucht worden.[1])

Dümmler glaubt, dass das Gedicht Konrads vollständig erwiesen sei, weil es unmöglich wäre, die Einmischung Piligrims in die Sage sich anders zu denken.[2])

Aber es ist falsch, das Gedicht Konrads zu einem deutschen stempeln zu wollen, gegenüber dem Wortlaut der Klage, welche mit den *latinischen buochstaben* und dem *getihtet man ez sit hât dicke in tiuscher zungen* unverkennbar einen Gegensatz beabsichtigt. Metellus von Tegernsee und Saxo Grammaticus bezeugen allerdings, dass es schon am Anfange des zwölften Jahrhunderts deutsche Lieder von den Nibelungen gab; aber die Archaismen des Nibelungenlieds verlangen keineswegs eine Zurückdatierung bis in das zehnte Jahrhundert, und die Nachrichten des Metellus und Saxo lassen sich auch auf Volkslieder oder auf die deutschen Umdichtungen des lateinischen Texts beziehen, aus denen die Klage geschöpft hat.

Ebenso unhaltbar wie die Annahme eines deutschen Gedichts ist die, dass dasselbe die Geschichte der Ungarn bis zur Lechschlacht enthalten habe. Die historischen Zeugnisse dafür gehen zunächst von dem Markgrafen Rüdiger aus. Derselbe wurde in der Sage allmählich aus einem mythischen Wesen eine historische Persönlichkeit, ein wirklicher, aber seiner Lebenszeit nach unbestimmbarer Markgraf von Oesterreich. Daher melden zwei Schriftsteller aus dem Ende des zwölften Jahrhunderts, Leopold, der erste Babenberger, sei der erste Markgraf nach Rüdiger gewesen, worin über Rüdigers Zeit noch nichts liegt.

---

1) Im Anhang zu „Piligrim von Passau", 1854; S. 85—99.
2) [S. dagegen Zarncke, Beitr. 192, not. 27; doch wird Holtzmann Recht behalten müssen; sehr wichtig ist die Sache nicht.]

Erst Thomas Ebendorffer von Haselbach († 1464) lässt ihn 928 sterben und macht Leopold zu seinem directen Nachfolger; ebenso Vitus Arnpeckh. Von da an behauptete sich Rüdiger in der Geschichte. Johann Thurmayr (Aventin) nennt ihn in seiner zwischen 1512 und 1534 verfassten bairischen Chronik einen sehr streitbaren und in deutschen Liedern gefeierten Markgrafen, den Arnulf von Baiern über das Land unter der Enns wider die Ungarn gesetzt habe. Da Aventin als seine Quelle Metellus von Tegernsee nennt und da Arnpeckh Rüdiger unter Heinrich I. setzt, so ist Aventins Nachricht als Combination aus Metellus und Arnpeckh anzusehen; es ist diss noch nicht die kühnste Combination bei Aventin. Kaspar Bruschius, ein unzuverlässiger Schriftsteller, erwähnt an zwei Stellen seiner 1553 erschienenen Geschichte Lorchs und Passaus den Rüdiger. Einmal schreibt er Arnpeckh aus, das anderemal hat er folgende Nachricht: *Autor fuit (Pilegrinus) cuidam sui sæculi versificatori Germanico, ut is rhythmis gesta Avarorum et Hunorum, Austriam supra-Anasianam tum tenentium et omnem viciniam late deprædantium (quos Gigantes, nostrate lingua Reckhen et Riesen, vocari fecit) celebraret, et quomodo hæ barbaræ gentes ab Othone Magno profligatæ et victæ essent. — Dicitur natus fuisse Pilerginus ex familia Roderici seu Rudigeri de Præclara hodie Pechlarn, ejus qui Avaris et Hunis in Germaniam inducenti suppetias tulisse, in eodem et similibus poematibus legitur* (der letztere Satz nach Hund, welcher Bruschius fast wörtlich ausschreibt). — Der höchst unzuverlässige Lazius, der sich allerlei Fälschungen erlaubt hat, benutzte in seinem Buche *de gentium aliquot migrationibus* (1555) eine Pergamenthandschrift der Nibelungen, die er unter sehr verschiedenen wunderlichen Titeln citiert. Einmal sagt er, dass darin der Krieg Dietrichs mit den Hunen beschrieben sei, ein andermal lässt er darin Dietrichs Thaten besungen werden, ein drittesmal die Geschichte Attilas und Dietrichs. Auch Nachrichten des Keza bringt er als aus dem Nibelungenliede geschöpft bei. Rüdiger von Pechlarn ist ihm der Sohn des um 900 lebenden Markgrafen Arbo. Als Heinrich I. den Herzog Arnulf den Bösen von Baiern verjagte, unterstützte Rüdiger diesen als treuer Vasalle. Er zog sich dadurch des Kaisers Ungnade zu, wurde vertrieben und starb mit seinem Herrn bei den Ungarn in der Verbannung. Aus seinem Stamme soll Piligrim entsprossen sein. Lazius führt einige nicht zusammengehörige Verse aus dem Nibelungenlied an, sowie die schon erwähnten vier Verse, die in demselben sich gar nicht finden, in welchen, soweit sie verständlich sind, Rüdiger als ein zu den Ungarn vertriebener Gegner Heinrichs erscheint. Dietrich oder Tetricus ist nach Lazius Rüdigers Nachfolger in der Mark, und er beruft sich dafür auf Aventinus. Lazius fand offenbar bei Aventin die Einsetzung Rüdigers durch Arnulf; daraus erschloss er ihre Bundesgenossenschaft gegen Heinrich I. und Rüdigers Flucht nach Ungarn, woraus er es sich erklärte, dass Rüdiger in den Nibelungen als Verbannter bei Etzel wohnt. In diesem Sinne dichtete er jene vier Verse hinzu. Die Erwähnung des „Tetricus" kann nur aus Metellus stammen. Weil bei diesem Rogerius und Tetricus neben einander genannt sind, so hielt Lazius diesen für den Nachfolger des Ersteren. Die Verwandtschaft Piligrims mit Rüdiger stammt wohl aus den Nibelungen, die Lazius gröstentheils nicht verstand, so dass er von den Burgunden leicht auf Rüdiger gerathen konnte. Jedenfalls dürfen aus jenen vier Zeilen keine historischen Schlüsse gezogen werden.

Lazius beschuldigt seinen Vorgänger Bruschius, dass derselbe ihm seine Abhandlung über Lorch entwendet und mit einigen Zusätzen vermehrt unter eigenem Namen herausgegeben habe. Ist diss nicht wörtlich wahr, so ist doch wahrscheinlich, dass Bruschius Vieles stillschweigend aus Lazius entlehnt hat. Dazu gehört ohne Zweifel die angeführte Stelle bei Bruschius. Darauf weist hin, dass Piligrim Rüdigers Nachkomme genannt, dieser als Bundesgenosse Arnulfs bezeichnet und auf das Nibelungenlied Bezug genommen wird. Denn dieses ist offenbar mit den deutschen Rhythmen über die Thaten der Hunen gemeint. Lazius las in seiner Handschrift die Schlussworte der Klage, die er nur halb verstand, und bildete sich aus ihnen jene Nachricht. Da er unser Nibelungenlied für das unter Piligrim geschriebene hielt, so muste dieses ein deutsches Gedicht sein; da darin von *der guoten recken nôt* die Rede war (Klage 2150), so hielt er Recken und Hunen für identisch, und da er Rüdiger im Anschluss an Aventin in das zehnte Jahrhundert setzt, so fügte er einige Phantasieen aus eigenem Kopfe hinzu[3]),

---

[3] Dazu gehört besonders die Nachricht von der Lechschlacht als einer in dem Gedichte enthaltenen Begebenheit. [Dümmler (S. 194) scheint (nach Lachmann, Ausg. VIII) auf die Hs. *a* als Quelle hinweisen zu wollen, welche die Geschichte Kriemhilds unter Otto den Grossen setzen „solle"; allein diss

die ganz zu seinem erwähnten „Versuche in der Nibelungenstrophe"⁴) passen.

Hund von Sulzenmoos endlich benutzte das Werk des Bruschius und schrieb dasselbe gröstentheils wörtlich ab, so auch die Notiz über Piligrim und über das Gedicht von den Hunen. Er sagt, dass er dieses selbst auf Prünn an der Altmühl gesehen und 1575 an die Bibliothek Alberts von Baiern geschenkt habe. Offenbar war dieses von ihm besichtigte Buch eine Handschrift der Nibelungen und zwar die Handschrift *D*.⁵) Dieselbe war in einem für ihn gewiss dunkeln Deutsch geschrieben; da von den Hunen, von Rüdiger und Piligrim darin die Rede war, so zweifelte er nicht, das von Bruschius erwähnte Gedicht darin zu besitzen.⁶)

Wenn Holtzmann für die Echtheit von Hunds Nachricht anführt, dass auch bei Simon Keza Etzels Geschichte mit der ungarischen vermischt sei, so ist diss insofern unrichtig, als Keza den Zwischenraum eines halben Jahrhunderts zwischen beiden vollständig anerkennt.⁷)

Es muss mithin bei der Entstehungsfrage der Nibelungen von den späten, trüben Quellen des sechzehnten Jahrhunderts ganz abgesehen werden; aber die Nachrichten der Klage über Piligrim sind jedenfalls als historisch begründet zu betrachten.

46.

Auf einem anderen Wege hat

Friedrich Zarncke

Holtzmanns Annahme einer Aufzeichnung der Nibelungensage im zehnten Jahrhundert zu bekräftigen gesucht¹), aber auch er nimmt eine **lateinische** Aufzeichnung an.

---

ist falsch; die Prosaeinleitung in *a* setzt die Sache in's achte Jahrhundert und spricht von Otto nicht. S. Dümmler S. 196.]

4) S. Lachmann, Ausg. VIII.

5) [S. Zarncke, Ausg. XIX; Bartsch, Ausg. VII.]

6) Jedenfalls fällt die Annahme, dass Hunds Nachricht über das alte Gedicht historisch sei, dadurch, dass Hund zugleich den Piligrim als Nachkommen Rüdigers bezeichnet [wenn auch das *natus ex familia R.* diss nicht **bestimmt beweist**]. Beide Angaben sind historisch gleich werthlos.

7) [Die Frage ist für uns unwesentlich.]

1) Zarncke, Beiträge No. VI, S. 168—194.

3. Die historischen Verhältnisse u. Vorläufer des Nibelungenliedes.

Holtzmanns historisch-geographische Beweise für diese Annahme sind unrichtig. Denn einmal wurde schon um 950 die Ostmark wider deutsch, sodann konnte die Enns als Grenze zwischen Deutschland und Hunenland nicht bloss in einer der historischen Thatsache noch näher stehenden Zeit genannt werden. Denn sie war über 150 Jahre die Grenze zwischen Avaren und Baiern und wurde es mit dem 907 erfolgten Vordringen der Ungarn wider auf ein halbes Jahrhundert, konnte sich somit als Grenze zwischen den Deutschen und den Asiaten (die ja alle als Hunen bezeichnet werden) lange in der Erinnerung behaupten.

Dennoch lassen sich aus den östlichen Grenzbestimmungen des Nibelungenlieds, wenn man alle zusammennimmt, wohl Schlüsse auf eine Aufzeichnung im zehnten Jahrhundert ziehen. Das Nibelungenlied kennt im Osten folgende Grenzen:

1) an der Enns beginnt Etzels Gebiet mit Rüdigers Mark;
2) bei Melk hört diese auf und beginnt das Osterland;
3) bei Haimburg beginnt das eigentliche Hunenland.²)

Diese drei Grenzen haben miteinander nie existiert; es muss also hier eine Combination geschichtlicher Thatsachen zu Grunde liegen.

Zur karolingischen Zeit war der Wienerwald die Grenze zwischen *marca orientalis* und *Pannonia*. Eine Provincialgrenze zwischen Enns und Wienerwald hat nie existiert.

Das Nibelungenlied gibt uns genau die Grenze des Passauer Sprengels an, welcher von Pledelingen (nur in *C*) bis hinter Melk reicht. Die Stelle, wo das Nibelungenlied das Osterland beginnen lässt, war wirklich zwischen 950 und 983 etwa die Ostgrenze des Passauer Bisthums und damit die östliche Grenze der Mark unter Burchard und den Bischöfen Adalbert und Piligrim. Um 955 etwa wurde durch den Markgrafen Luitbold (Leopold) das Land zwischen Melk und dem Wienerwald zu der Mark und damit zu dem Passauer Sprengel hinzu erobert. Diss beweist eine Urkunde aus den Jahren 983—991, in welcher lauter Orte zwischen Melk und Wien dem Passauer Bisthum zugerechnet werden; somit war dieser Landstrich die neue Errungenschaft der Deutschen. Jene Grenze zwischen Melk und Mautern (*Mûtâren*) war also nie eine Provincialgrenze, wohl aber

---

2) [Vgl. für das Folgende Zarnckes Karte zu den „Beiträgen".]

kurze Zeit Reichsgrenze. Sie wird in der Geschichte nie erwähnt und muss aus urkundlichen Belegen mühsam erschlossen werden. Es ist also gar keine Möglichkeit vorhanden, dass in späteren als gleichzeitigen Werken dieselbe genannt werden konnte. Es muss also aus der Erwähnung derselben im Nibelungenliede, die durch den Biterolf bestätigt wird, die Abfassung eines Werks über die Nibelungensage um 980 gefolgert werden, nur dass dieselbe nicht vor 984 gesetzt zu werden braucht, wie Holtzmann glaubt.

Zugleich enthält das Nibelungenlied einen bedeutenden Widerspruch gegen die Geschichte. Der Verfasser um 980 konnte es nicht vergessen haben, dass, vielleicht noch zu seinen Lebzeiten, die Ungarngrenze die Enns war, ebenso war ihm dieser Fluss als alte Ostgrenze Deutschlands bekannt. Daher muste die hunische Landesgrenze an diesen Fluss gesetzt werden. Das Land zwischen Enns und Mautern war aber schon um 800 christlich, und der Verfasser konnte es sich nicht als heidnisch denken; daher das Unding einer hunischen und zugleich christlichen Mark, das Unding einer Provincialgrenze zwischen Melk und Mautern.

Eben dieses historische Unding scheint für den Dichter von 980 Quelle einer nochmaligen Confusion geworden zu sein. Zu der christlichen Mark gehörte auch der Traungau, der schon unter den Karolingern mit ihr vereinigt war. Bei dem Hereinbrechen der Ungarn im Jahre 907 wurde der Traungau nicht mit unterworfen. Nach der Wiedereroberung der Mark durch die Deutschen blieb wahrscheinlich der Traungau bei der Mark. — Diese Confusion zeigt sich noch im Nibelungenliede. Die Westgrenze der hunischen Mark ist hier die Enns, denn an dieser wird Kriemhild von Götelind empfangen; zugleich aber hört Baiern schon an der Traun auf, da hier (Str. 1242) ein kurz widerholender Bericht über die Reise durch Baiern gegeben wird. Diss ist die Folge davon, dass die christliche Mark an der Traun, die nie ungarisch war, begann, die ungarische Besitzung von 907—950 aber erst an der Enns.

Eine ganz ähnliche Accomodation an seine Zeitverhältnisse machte der letzte Dichter des Nibelungenlieds.

In der lateinischen Redaction des zehnten Jahrhunderts begann das eigentliche Hunenland bei Mautern; das Land westlich von Mautern (bezw. westlich vom Wienerwald, seit dieser Grenze gegen Ungarn war) hiess *Ostarrichi* s. *Osterlant*, ein Name, der zuerst 996 begegnet, doch so, dass man seine Gebräuchlichkeit erkennt. Was östlich davon lag, war dem Verfasser im zehnten Jahrhundert einfach und schlechtweg hunisch. Es lag aber seit 1043 die deutsch-ungarische Grenze östlich von Haimburg, und seit 1156 war die Mark ein Herzogthum mit der Hauptstadt Wien. Daher liess der letzte Dichter des Nibelungenliedes sein Hunenland erst unterhalb Haimburg beginnen, schuf aber damit ein noch grösseres historisches Unding als sein Vorgänger, einen Widerspruch, den ein Dichter wohl aus seiner Vorlage herübernehmen, aber nicht selbst erfinden konnte.

Es finden sich also in den geographischen Bestimmungen des Nibelungenlieds Spuren von zwei Redactionen[3]), einer aus dem Ende des zehnten und einer aus dem zwölften Jahrhundert.[4])

47.

Moriz Thausing

hat einen anderen Weg eingeschlagen[1]), um für das ältere deutsche Gedicht, das dem Nibelungenliede zu Grunde liegt, eine genaue Datierung zu finden. Ausgehend von der Beobachtung, dass die Sage stets ihren Charakter verändere je nach den Zeitverhältnissen, unter denen sie eben Pflege finde, fragt er, welches wohl die grossen Ereignisse seien, welche in Deutschland die Sage aus den patriarchalischen Verhältnissen, die sie im Norden noch habe, emporgehoben haben zu den welthistorischen, in denen wir sie im Nibelungenliede sehen.[2]) Diese historischen Ereignisse findet Thausing in den **Ungarnkriegen Heinrichs III.**, dessen Grösse bereits von seinen Zeitgenossen hinlänglich gewürdigt wurde.

Für diese These bringt Thausing mehrere Parallelen zwischen dem Nibelungenlied und den Ereignissen der Ungarnkriege Heinrichs III. bei.

---

3) Abgesehen von einer, die im 5. Jahrhundert anzusetzen ist, weil im N. L. die Burgunden noch zu beiden Seiten des Rheins erscheinen.
4) Die letztgenannte wird mit unserem N. L. identisch sein.
1) „Die Nibelungen in der Geschichte und Dichtung", in Pfeiffers Germania VI, S. 435—456.
2) [Allein Attila war (s. o.) von Anfang an auch in der Sage nur der historische Hunenkönig.]

Dass die Nibelungen die Donau hinabziehen, kam gewiss
erst in die Sage, nachdem die grossen Schaaren der historischen
Ungarnstreiter diesen Weg gemacht hatten; es war ein junger
Burgundenkönig, der diese führte, und bei einer Waffenthat
werden die Burgunden vor allen genannt. — Aus der Hand-
schrift *a* wissen wir, dass *Etzelenburc* — Gran ist[3]), wo der
heilige Stephan seinen politischen und geistlichen Hauptsitz
hatte. — Etzels Fest findet an Pfingsten statt; an Pfingsten
(26 Mai) 1045 fand das einzige unblutige Fest statt, zu welchem
Heinrich III. nach Stuhlweissenburg kam. — Wenn aber *s einen
sunewenden der grôze mort geschach*, so erinnert das deutlich
an die sehr bedeutende Schlacht von Menfö vom 4 auf den
5 Juli 1044, die einzige Schlacht jener Ungarnkriege, deren
Datum wir besitzen.[4]) —

Der feige Charakter der Hunen im Nibelungenliede passt
weder auf die Hunen Attilas, noch auf die Ungarn der Lech-
schlacht, wohl aber vollständig auf die Ungarn des elften Jahr-
hunderts, die in ihrem Verfall noch alle Schwächen und Laster
der Halbcultur an sich tragen und weder Heiden noch Christen
sind. — Wenige Deutsche leisteten oft vielen Ungarn siegreichen
Widerstand. So wollte 1044 König Ovo Heinrichs kleines Heer
in sein Land einziehen lassen, um es da zu verderben; allein
Heinrich hielt Ovos Gesandten lange auf, und so gewann er
den Kampf. Aehnlich ist es, wenn Gunther auf Hagens Rath
die Boten Etzels aufhält. — Der Graf der Ostmark spielt im
Nibelungenliede wie in der Geschichte die Vermittlerrolle;
Adalbert von Babenberg führte 1041 den entthronten Peter von
Ungarn an Heinrichs Hof; er schloss 1051 den Reichsfrieden mit
Andreas, welcher 1060 seine gefährdete Familie zu ihm nach
Melk flüchtete. Es ist jedoch im Nibelungenliede die Stellung
des Markgrafen verschoben, indem die Mark hunisch ist, als was
sie dem unterrichteten Dichter wohl erscheinen konnte; denn
die Grenze schritt damals nach Osten vor. Uebrigens reicht
die Mark offenbar von Wien (Haimburg) bis zur Enns, wie die
historische Mark vor 1043. — Dass dem Nibelungdichter die
Ostmark in zwei Theile zerfällt, von denen bloss der östliche
Osterlant heisst, weist ebenfalls auf das elfte Jahrhundert hin.

---

3) [S. aber Zarncke, Ausg. 407 (sub „Gran").]

4) [Leider passt der Vergleich in der Hauptsache nicht: die Schlacht
bei Menfö war für die Deutschen siegreich.]

3. Die historischen Verhältnisse u. Vorläufer des Nibelungenliedes.

Die Provincialgrenze bei Mautern hat nie existiert, wohl aber gab es von 1043—1050 eine besondere neuere Mark zwischen Fischament, Thaya und March nördlich, zwischen Fischa und Leitha südlich von der Donau.[5] — Pechlarn spielt in der Geschichte eine ähnliche Rolle, wie im Nibelungenliede; Heinrich III. hielt sich 1043 auf seinem Ungarnzuge daselbst auf. — 1045 entgieng Heinrich mit Noth einer Lebensgefahr, indem der Söller eines Hauses einstürzte und u. a. auch Bischof Bruno von Würzburg umkam, dem zuvor auf der Donau ein Gespenst seinen Tod prophezeit hatte. Diss erinnert an die Meerweiber und den Kaplan des Nibelungenliedes.[6] — Auch das viele Gold der Nibelungensage findet sich in den Ungarnkriegen Heinrichs III. wider.[7] — Eine Parallele zu dem Saalbrande des Nibelungenlieds, der den anderen Darstellungen der Sage fehlt, bietet z. B. die Beschiessung Haimburgs durch Brandgeschosse von Seiten der Ungarn. — Von der Ueberlegenheit der Deutschen über die Ungarn ist ein Beispiel die Schlacht an den Klausen zwischen Bela und dem in Heinrichs Schutze stehenden Andreas. Für das Ueberleben Gunthers und Hagens bietet sich eine Parallele in der nemlichen Schlacht, indem Wilhelm von Thüringen und Boto von Baiern sich nach Vernichtung des ganzen Heeres allein kämpfend auf einem Hügel hielten, bis die Ungarn unverrichteter Sache abzogen. Volkslieder, welche in jener Zeit über solche Helden, wie z. B. über Aribo, Botos Ahn gesungen wurden, mochten auf den Dichter des Nibelungenlieds mit einwirken.[8]

Dem allem nach kann dass Nibelungenlied nicht vor die Ungarnkriege Heinrichs des Dritten gerückt werden. Andererseits ergibt sich ein *terminus ad quem* aus der Stelle des Metellus von Tegernsee, da man die Erzählung Saxos eher als Fiction

---

5) [Trotzdem war Zarncke berechtigt, aus der im Nibelungenliede vorhandenen Provincialgrenze bei Mautern auf eine Abfassung im 10. Jahrhundert zu schliessen; denn nicht nur gibt das N. L. diese Grenze als Grenze des Passauer Sprengels, sondern die Westgrenze der neueren Mark fällt keineswegs mit der von Mautern zusammen.]

6) [Aber der Ausgang ist ein verschiedener, wie oben not. 4.]

7) [Doch hat das Nibelungengold entschieden mythischen Charakter.]

8) [Auch die 4 Verse bei Lazius lässt Thausing echt sein und aus dem Volksgesang in das N. L. eindringen; der *hewnisch man* sei der Empörer Konrad von Baiern, Kaiser Heinrich natürlich Heinrich III. Die Ansicht, dass Lazius die Zeilen gefertigt habe, scheint doch mehr plausibel.]

betrachten mag. Sichere Grenzen sind also 1050 und 1150. Diese können verengert werden, wenn man, was ganz berechtigt ist, das Nibelungenlied erst nach der vollständigen Beendigung der Ungarnkriege setzt und Saxos Nachricht als echt anerkennt⁹); dadurch ergibt sich ein Spielraum von 1070—1130. Da aber die Einwirkung der Heldenzeit auf Volk, Sage und Dichter kaum eine unmittelbare sein kann und da Saxos Nachricht doch sehr zweifelhaft ist, so wird das Nibelungenlied bald nach 1100 entstanden zu denken sein, angeregt durch die grosse Bewegung der Ungarnkriege, wie die romanische und die romanisierende deutsche Poesie durch die der Kreuzzüge.

48.

Kritik und Resultate.

Was Holtzmann über das alte Gedicht von den Nibelungen gesagt hat, dürfen wir der Hauptsache nach acceptieren, dass nemlich eine erste Aufzeichnung des Stoffes auf Veranlassung Piligrims von Passau durch dessen Schreiber Konrad in dem letzten Viertel des zehnten Jahrhunderts erfolgt sei. Die Angabe der Klage darüber ist an sich unverdächtig, ihr widerspricht nichts, ja sie bietet, wie Zarncke nachgewiesen hat, eine treffliche Erklärung für die Verworrenheit der Grenzbestimmungen des Hunenlands im Nibelungenliede. Da ausserdem Piligrim und Gero, letzterer wenigstens wahrscheinlich, in das Gedicht verflochten sind, so bestätigt diss eine Abfassung im zehnten Jahrhundert, da beide Männer jedenfalls nicht berühmt genug waren, um später noch Eingang in die Sage finden zu können.

Aber die Ansichten Holtzmanns über die **Beschaffenheit** dieses Gedichts aus dem zehnten Jahrhundert sind ebenso verfehlt, als die Annahme einer Aufzeichnung im zehnten Jahrhundert gesichert ist.

Dass es überhaupt ein **Gedicht** gewesen, was Konrad schrieb, nicht Prosa, wie Thausing und Pfeiffer glauben, ist nicht bewiesen; doch ist diese Frage von untergeordneter Natur.

---

9) [Saxos Nachricht, auch wenn sie historisch ist, ist keine Instanz; es konnte noch andere Aufzeichnungen geben.]

Dagegen ist eine Cardinalfrage die, ob das Werk wirklich, wie Holtzmann will, deutsch verfasst gewesen sei. Zu den Gründen, welche Dümmler dagegen beibringt, könnte noch der hinzugefügt werden, dass wir aus dem zehnten Jahrhundert kein deutsches Epos kennen, wohl aber ein lateinisches, den Waltharius; doch ist dieser Beweis ungenügend. Aber die Annahme eines deutschen Werks aus dem zehnten Jahrhundert ist auch durch gar nichts wünschenswerth gemacht oder gar gefordert. Die von Holtzmann angenommenen Verschiedenheiten in Versbau, Reim und Sprache weisen, soweit sie wirklich vorhanden sind, nicht über das zwölfte Jahrhundert zurück[1].) Die Nachricht des Saxo Grammaticus beweist nichts, da sie sich auch auf ein anderes deutsches Gedicht aus späterer Zeit beziehen kann; ebenso wenig bezieht sich die Stelle bei Metellus nothwendig auf eine ältere Gestalt des Nibelungenliedes.[2]) Ist somit kein Grund vorhanden, ein deutsches Gedicht Konrads anzunehmen, spricht vielmehr alles für ein lateinisches, so fallen auch die Untersuchungen über die Strophe und ihre Anwendung oder Nichtanwendung durch Konrad als werthlos weg.

Was den Inhalt des Konradischen Werks betrifft, so hat Dümmler wohl vollständig genügend nachgewiesen, dass der Nachricht des Bruschius und Hund keine historische Glaubwürdigkeit beizumessen ist. Die Ausscheidungen im Einzelnen des Gedichts sind ziemlich schlecht begründet. In den Noten 50, 51, 52 zu § 44 sind die Stellen aus Fischers „Nibelungenlied oder Nibelungenlieder?" citiert, welche nach unserer Meinung die stärksten Anstände Holtzmanns befriedigend gehoben haben; die übrigen Ausscheidungen sind schwach genug begründet.

Damit fiele für uns der Dichter des Sachsenkriegs als unnöthig weg. Was die Identification des Verfassers der Klage mit dem Umarbeiter des Biterolfs betrifft, so hat dieselbe für die Nibelungenfrage keine Bedeutung; ebenso wenig die Ansicht, dass Rudolf von Ems Verfasser beider sei, welche ohnehin schwach begründet ist und dadurch zweifelhaft oder vielmehr unmöglich wird, dass, wie die Handschriftenfrage beweist, das

---

1) Ueber *niwan* und *nœtlich* s. schon oben, § 44, not. 28. 30. S. im Ganzen die Notizen Bartschs. Ueber Holtzmanns Ableitung des Nibelungenverses s. u. Pfeiffer.
2) Wohl aber kann sie, wenn aus anderen Gründen das N. L. vor 1160 gesetzt wird, darauf bezogen werden; so Bartsch, Unters. 303.

Original der beiden Bearbeitungen der Klage um 1180 fallen muss, so dass Rudolf, der nach 1250 starb, auch wenn er die Klage mit nur 20 Jahren gedichtet hätte — ein für ein solches Gedicht doch gewiss zu junges Alter —, über 90 Jahre alt geworden sein müste.

Was Holtzmann über das Epos und seine Fortpflanzung sagt, geht die Nibelungenfrage direct nichts an; wohl aber die Behauptung, dass Konrad zuerst Nibelungen und Burgunden identificiert habe. Die Herbeiziehung des Waltharius beweist nichts; dass dieser die Nibelungen Franken nennt, mag daher rühren, dass sich der Verfasser einen Burgunden nicht in Worms denken konnte. Im Uebrigen s. Müllenhoff, Nibelungensage (§ 27).

Was Zarnckes Ausführungen betrifft, so scheinen uns seine Beweise ganz treffend zu sein, und seine Resultate stimmen mit den sonst vorhandenen überein.

Thausing endlich hat allerdings mit Recht bemerkt, dass eine Wiederaufnahme des Nibelungenstoffs gerade nach den Ungarnkriegen Heinrichs III. am besten zu begreifen sei. Wir müssen vorderhand dahingestellt sein lassen, ob seine ungefähre Datierung des Nibelungenlieds, aus dem das unsere geschöpft hat, richtig sei, weil wir noch nicht entscheiden können, ob nicht gerade unser Nibelungenlied in eine ziemlich höhere Zeit hinaufreicht, als um 1170 wohin wir die Vorlage der beiden Textbearbeitungen setzten. Nur einen schon von Zarncke berührten Punct können wir schon hier berühren: unser Nibelungenlied muss jedenfalls nach 1130 verfasst sein, denn im Liede tritt (Str. 2008; 2009; in C auch 1968) Irnfrit von Thüringen als Landgraf auf, wozu die Herren von Thüringen im Jahre 1130 zuerst feierlich erklärt wurden. Da nun nach Thausings Annahme die ältere Vorlage des Nibelungenlieds nach 1100 anzusetzen ist, so wird dieselbe, wenn das Nibelungenlied selbst nicht lange nach 1130 fällt, mit diesem in eins zusammenfallen.

Die Specialvergleichung der Ungarnkriege Heinrichs III. mit den Begebenheiten des Nibelungenlieds ist zwar in einzelnen Puncten frappant, beweist aber jedenfalls nichts direct; sie mag ein wirkliches, genetisches Verhältnis zwischen Ungarnkriegen und Nibelungenlied darstellen, aber diss wird nur dann anzunehmen sein, wenn die übrigen sichergestellten Zeitverhältnisse dazu stimmen (was allerdings der Fall ist).

Ein Punct in Thausings Untersuchung ist jedenfalls verfehlt: die Annahme, dass erst die Ungarnkriege des elften Jahr-

3. Die historischen Verhältnisse u. Vorläufer des Nibelungenliedes.

hunderts die Nibelungensage in ihre welthistorischen Verhältnisse emporgehoben hätten. Denn nicht nur ist für uns bewiesen, dass Attila von Anfang an auch in der Sage der welthistorische Hunenkönig war; die Anregung der Sage durch die Ungarnkriege ist schwer zu begreifen, wenn nicht schon vor diesen die Sage von einem Vernichtungskampfe zwischen Burgunden und Hunen berichtete. War diss aber der Fall, so war damit die Sage schon von Anfang an in welthistorischen Verhältnissen gestanden, und nur das lebendige, der Gegenwart entlehnte Colorit, einzelne grosse Züge des Vernichtungskampfes, sowie das ganze warme Interesse des Dichters an seiner Sage, besonders seine Meisterschaft in der Schilderung der letzten Mordscenen, dürfen wir als eine Erwerbung aus der nationalen Erhebung des elften Jahrhunderts betrachten.

Zweiter Theil.

Der Verfasser des Nibelungenliedes.

A. Die vorhandenen Theorieen.

49.

Nicht lange war das Nibelungenlied aufgefunden, so fragte man von verschiedenen Seiten nach dem Verfasser desselben. Das gröste deutsche Epos wollte man nicht herrenlos lassen. Man rieth daher auf verschiedene mittelalterliche Dichter als Verfasser, auf Heinrich von Ofterdingen, Wolfram von Eschenbach, Walther von der Vogelweide, Rudolf von Ems u. m. a.[1]) Aber man kam auf diesem Wege nicht weit. Wissenschaftliche Begründung hatte keine dieser Muthmassungen, welche alle auf den Verfasser des Liedes mehr gerathen als geschlossen haben. Der Grund aber, warum man darüber nicht hinauskam, war der, dass durch Lachmanns Theorie überhaupt der Gedanke an eine einheitliche Abfassung, einen wirklichen Verfasser des Gedichts für längere Zeit aus der wissenschaftlichen Welt verbannt war.

50.

Lachmanns Theorie haben wir oben bei Gelegenheit der Handschriftenfrage[1]) kurz berührt; hier soll eine etwas ausführlichere Darstellung derselben gegeben werden. Schon im Jahr 1816, als die Handschrift *A* durch die Myllerische Ausgabe nur für den ersten Theil des Liedes publiciert war, schrieb Lachmann seine grundlegende kleine Schrift „Ueber die ursprüngliche Gestalt des Gedichts von der Nibelungen Noth".[2]) Diese sucht die von Friedrich August Wolf für die homerischen Gedichte

---

1) S. die Zusammenstellung bei K. Vollmöller, Kürenberg und die Nibelungen S. 5 f.
1) S. § 5 (S. 8—11).
2) Berlin, bei Ferdinand Dümmler 1816.

angebahnte höhere Kritik, welche Lachmann selbst nach Abschluss seiner Nibelungenstudien für die Ilias im Einzelnen ausführte[3]), auch beim Nibelungenliede in Anwendung zu bringen, die Entstehung dieses aus einzelnen balladenartigen Volksliedern nachzuweisen. Das Werk ist für die Darstellung der Lachmannischen Theorie auch jetzt noch, da die Anmerkungen Lachmanns diese in einer weit mehr ins Einzelne ausgeführten Gestalt gegeben haben, von Wichtigkeit, weil es allein eine **systematische** Darstellung von Lachmanns Ansicht bietet, allein den Weg zeigt, auf welchem er zu derselben gelangt ist. Sein Inhalt ist, kurz dargestellt, folgender.

Ob das Gedicht in seiner jetzigen Gestalt ein künstliches oder ein Volkslied sei, soll dahingestellt bleiben. Manches deutet auf einen einzigen Verfasser, statt dessen freilich ebensowohl ein Ordner, Ueberarbeiter, Redactor angenommen werden kann. Die Sprache, die Reinheit und zugleich Armut der Reime, die schmucklosere Darstellung, die im ganzen Gedicht zerstreuten Andeutungen der Zukunft, alles das beweist die einheitliche Redaction des Ganzen, welches sich selbst als eins gibt. Der gesammte Charakter des Gedichts gibt somit für die Annahme mehrerer Verfasser keinen Anhalt, wohl aber die Untersuchung nach gewissen bestimmten kritischen Grundsätzen. — Lachmann geht bei dieser Untersuchung von dem zweiten Theile des Liedes aus.

Hier finden sich einige Namen erwähnt, die nicht in das Gedicht gehören[4]); es finden sich deutliche Anfänge von Liedern[5]),

---

[3]) Karl Lachmann, Betrachtungen über Homers Ilias. Mit Zusätzen von M. Haupt. 1847.

[4]) Lachmann will alle Stellen streichen, in welchen Piligrim erwähnt ist, s. auch seine Anm. S. 163; ebenso will er Volker erst da auftreten lassen, wo er bedeutender in die Handlung eingreife [natürlich weil er da nicht so leicht entfernt werden kann]; die Erwähnung des erst 1162 erbauten Wien will Lachmann ebenfalls ausmerzen [s. dagegen Holtzmann, Unters. 127; dass Wien erst 1162 erbaut worden sei, ist jedenfalls unrichtig].

[5]) So Str. 1053; 1363; 1582. „Wir sind gewohnt dergleichen Anfänge mitten in der Erzählung gerade für eine epische Manier zu halten; allein man muss gestehen, dass diese Ansicht nur aus den Homerischen Gesängen genommen ist, in denen gerade dasselbe neue Anheben und ein neues Einführen schon bekannter Personen am Anfang der einzelnen Lieder sehr gewöhnlich ist", Urspr. Gest. S. 25. [S. dagegen Fischer, Nib.-Lied oder Nib.-Lieder? S. 98.]

daneben Widersprüche zwischen verschiedenen Stellen.⁶) Wenn alles dieses auf die Entstehung aus einzelnen Liedern deutet, so wird dieser Schluss verstärkt durch die Vergleichung der Klage. Dieselbe spricht von einem Buch, aus welchem sie geschöpft habe; dieses Buch war aber nicht unser Nibelungenlied, welchem ja der ganze eigentliche Inhalt der Klage fehlt.⁷) Und nicht bloss der Inhalt derselben, sondern auch zwei wesentliche ethische Motive der Klage gehen dem Liede ab; das eine, dass nemlich die Katastrophe der Burgunden die Strafe für den Raub des Hortes gewesen sei, gehört allerdings der Erfindung des Verfassers der Klage selbst an, das andere dagegen, dass Kriemhilds Treue gegen Siegfried ihre Handlungsweise bestimmt habe, hat derselbe nach eigenem Geständnisse seiner schriftlichen Quelle entnommen.⁸) Umgekehrt fehlt der Klage die Grundanschauung des Nibelungenliedes, *wie liebe mit leide ze jungest lônen kan* (Nib. Str. 17, 3). Neben diesen Widersprüchen steht aber eine bemerkbare Uebereinstimmung mehrerer Ausdrücke und Gedanken in beiden Gedichten.⁹) Die Beziehungen der Klage auf einzelne Lieder des zweiten Theils werden erst von da an bestimmter und auf einzelne Puncte bezüglich, wo Etzel die Burgunden empfängt. Mit Hilfe der Klage lassen sich nun in diesem Theile des Nibelungenliedes Lieder ausscheiden, indem, was der Klage unbekannt erscheint, ein eigenes Lied gebildet haben muss, das aber, was sie kennt, auf Benutzung theils der im Nibelungenliede selbst enthaltenen theils — wo Einzelheiten in beiden Gedichten verschieden berichtet sind — verwandter Lieder von Seiten des Verfassers der Klage hindeutet.¹⁰) — Kennt aber diese weitaus den grösseren Theil von

---

6) So zwischen Str. 1575 und 1661. 1665. zwischen 1354 — 1359 und 1350—1396. 1725. 1726; auch Widerholungen, wie 1402 und 1452.]

7) [Ein keineswegs stichhaltiger Grund; wir werden unten sehen, dass Lachmann aus den allergeringsten Quisquilien, in denen vermöge der jedem Dichter zu vindicierenden Freiheit N. L. und Klage abweichen, Schlüsse zu ziehen sucht.]

8) Klage (Lm.) 285: *des buoches meister sprach daz ê : dem getriwen tuot untriwe wê* u. s. w.

9) [Das Lachmannische Verzeichnis ist von Holtzmann (Unters. 106 ff.) und noch mehr von Bartsch (Unters. 339 ff.) vervollständigt worden.]

10) [Ueber dieses Argument s. Fischer S. 114 f. Auch hier geht Lachmann kleinlich zu Werke, indem er vollständig bedeutungslose Differenzen benützt, um dem Verfasser der Klage die Benutzung von einigen „Liedern" unseres N. L. abzusprechen; s. Holtzmann, Unters. 103 ff.]

dem Inhalte der zweiten Hälfte des Nibelungenlieds, so hat sie von der ersten nur einen Auszug gekannt.[11])

Auch der erste Theil des Liedes, für dessen Composition die Klage kein Zeugnis ablegt, ist aus mehreren unabhängigen Liedern zusammengesetzt. Hier kommt der Kritik zu Hilfe neben dem Umstande, dass hier die alte Form strenger beibehalten ist, hauptsächlich die Handschrift *A*.[12]) *B* hat dieselbe überarbeitet und mit Zusätzen versehen, deren in den verschiedenen Theilen des Gedichts verschieden viele sind, so zwar, dass da, wo diese Zusätze minder zahlreich sind, sich dafür die Hand des Ordners in *A* selbst um so deutlicher zeigt.[13]) Ohne näher auf das Einzelne einzugehen, sucht Lachmann auch hier die einzelnen Lieder auszuscheiden.[14])

Was hier in den allgemeinsten Umrissen angedeutet war, das suchte Lachmann in seinen Anmerkungen zum Nibelungenliede[15]) im Einzelnen durchzuführen, ohne hier wiederum auf die allgemeinen Gesichtspuncte einzugehen. In diesen Anmerkungen und in der 1841 erschienenen zweiten Auflage seiner Ausgabe des Gedichts gab Lachmann die Resultate seiner Einzelkritik. Dieselbe besteht im Wesentlichen in der Zerlegung des Nibelungenliedes in einzelne Lieder und in der Ausscheidung einer grossen Anzahl von Strophen. Was die Herstellung der Einzellieder betrifft, welche Lachmann um 1190—1210 gedichtet sein lässt, so hat er deren zwanzig gefunden, die er alle mit ziemlich evidenter Sicherheit ausgeschieden und gereinigt zu haben

---

11) [Auch hier verkennt Lachmann, dass ein Dichter, der einen sagenmässigen Stoff behandelt, keineswegs so an denselben gebunden ist, dass er alle Einzelheiten, die er kennt, in seiner Dichtung anzubringen hätte und so anzubringen hätte, wie seine Vorlage dieselben geboten; Lachmann begeht den schon not. 7 und 10 berührten Fehler, die Sage als eine ihre Bearbeiter sklavenmässig beherrschende darzustellen, worüber s. Fischer S. 30 f. — Ueber Nibelungenlied und Klage überhaupt, mit Beziehung auf Lachmann, s. Holtzmann, Unters. 97 ff. und Bartsch, Unters. 334 ff.]

12) [S. den Anfang dieses §, S. 193.]

13) [Offenbar meint Lachmann nichts anderes als die Menge in *A* fehlender Strophen von Str. 324—666 und die Seltenheit dieser Differenz in den anderen Theilen des Gedichts; daher s. o. § 15, S. 73.]

14) [Die Einzelausführung dieser Untersuchung kann hier um so mehr wegbleiben, als sie mit den für Lachmanns Theorie und für die seiner Schule maassgebenden Resultaten der „Anmerkungen" nicht immer übereinstimmt.]

15) Zu den Nibelungen und zur Klage. Anmerkungen von Karl Lachmann. (Wörterbuch von Wilhelm Wackernagel). Berlin, Reimer 1836.

A. Die vorhandenen Theorieen.

glaubt; die meisten derselben sind vollständig erhalten. An eine Umarbeitung etwa der Reime durch denjenigen, welcher diese Lieder zusammenschweisste, ist nicht zu denken.[16]) Dem Alter nach stehen sich alle zwanzig Lieder ziemlich nahe (s. o.); doch sind in dieser Beziehung Unterschiede zu erkennen, deren sich in Beziehung auf den dichterischen Werth und die poetische Färbung der einzelnen Lieder nicht unerhebliche finden.[17]) Einige Lieder haben, schon ehe sie zu dem Ganzen vereinigt wurden, das uns vorliegt, Zusätze und Fortsetzungen erhalten; manche sind mit Bezug auf andere unserer Sammlung gedichtet, einige mögen auch einen Verfasser haben. Die Sammlung der Lieder und ihre Verbindung geschah um 1210; sie ist das Werk eines ziemlich ungeschickten Mannes, welcher neben der Zusammenstellung der Lieder sich auch noch Einschaltungen von verschiedenem Umfange gestattet hat, theils eben zum Zweck der Verbindung der einzelnen Lieder unter einander, der Ausgleichung von Unebenheiten und Widersprüchen, theils ohne diese Gründe, nur von dem Streben nach ausführlicherer und dem Geiste der neuen, höfischen Poesie mehr entsprechender Darstellung geleitet.[18])

---

16) Anmerkungen S. 5 oben. [Noch stärker Müllenhoff, Zur Gesch. der Nib. Not S. 901 f.: „Die einzelnen Lieder sind in ihrer Eigenthümlichkeit so wohl erhalten, dass zu dem Verdacht, die Lieder wie sie uns vorliegen möchten ihrer ursprünglichen Fassung ferner stehen als etwa ein Lied Walthers oder ein höfisches Märe oder sonst ein schriftlich überliefertes Werk, auch gar kein Grund vorhanden ist und er gerade zu thöricht heissen muss."]

17) Kennzeichen jüngeren Alters sind etwa folgende: breitere, minder springende Darstellungsweise, weicher, lyrischer Ton, Vorliebe für Schilderungen, insbesondere von Hoffesten u. dgl.; Binnenreime, drei Hebungen in der achten Halbzeile, Hinüberlaufen der Periode aus einer Strophe in die andere (obwohl die drei letzteren Eigenschaften bei Lachmann mehr Kriterien der Unechtheit sind). [Weiter ausgeführt sind diese Dinge bei Müllenhoff, l. c. S. 901—931 (No. II.); s. auch W. Müller, Ueber die Lieder von den Nibelungen, S. 36—50.]

18) [Seine Kriterien der Unechtheit hat Lachmann in seinen Anmerkungen zerstreut angedeutet; Müllenhoff hat sie zusammengestellt (S. 878 f.), und mit seinen Worten mögen sie hier Platz finden; bemerkt sei nur, dass Lachmann dieselben keineswegs consequent angewendet hat. Sie sind:

1) Zweisilbiger Auftact, wo sonst entschieden echte Strophen in einem Liede oder Abschnitt ihn nicht kennen.
2) Gereimte Cäsuren.
3) Uebergang der Construction aus einer Strophe in die andere.

II. Der Verfasser des Nibelungenliedes.

Von diesen Gesichtspuncten ausgehend, hat Lachmann seine zwanzig Lieder folgendermaassen ausgeschieden.

Das erste Lied[19]) umfasst die Strophen 13—16. 20—22. 45—47. 49. 51—60. 68. 71—87. 102—109. 118—121. 123. 124. 126. 127. 129 und erzählt in denselben Kriemhilds Traum, Siegfrieds Jugend und seinen Entschluss zur Brautwerbung, seine Ankunft in Worms, seinen Streit mit den Burgunden, dessen Beilegung und Siegfrieds Unterhaltung am Wormser Hofe.

Das zweite Lied[20]) erzählt in den Strophen 138—146. 151—158. 160. 162—169. 173—175. 178. 180—186. 188. 190. 191. 193. 194. 196. 198. 201—204. 206. 207. 209. 214—217. 219. 220. 222. 224. 226. 229. 235—237. 241—250. 257—259 den Sachsenkrieg und die Botschaft in Worms, sowie Siegfrieds von den Burgunden vereitelten Versuch zur Abreise.

Das dritte Lied[21]) beschreibt in den Strophen 264—268. 270—275. 277—290. 292—322 das Fest in Worms, die erste Begegnung zwischen Siegfried und Kriemhild, die Entlassung der Gefangenen; Siegfried, abermals willens abzureisen, bleibt abermals um Kriemhilds willen in Worms.

Das vierte Lied hat Zusätze verschiedenen Alters und zwei Fortsetzungen erhalten.[22]) Das Lied selbst gibt in Str. 325.

---

4) Verwirrung und Regellosigkeit im Gebrauch der Anrede, des ihrzen und duzen.

5) Nichtigkeit der vierten Zeile der Strophen.

6) Armseliges Zusammenbetteln der Ausdrücke aus den nächst vorhergehenden oder nächst folgenden Strophen.

7) Müssiges Anbringen der burgundischen Helden bloss in der Absicht damit sie nicht vergessen werden.

8) Wohlfeile Beschreibungen von Kleidern und Ritterfesten.

S. über diese Kriterien und ihre Anwendung durch Lachmann: Holtzmann, Kampf etc. S. 35—41; Fischer S. 13—20. — Ein weiteres Kriterium Lachmanns, aber ebenfalls inconsequent angewendet, hat Holtzmann (Kampf etc. 41) entdeckt: vier gleiche Reime in einer Strophe.]

19) Dasselbe kennzeichnet ein rascher und etwas herber Ton, kurze, lebhafte Weise; mehrere Stellen deuten auf eine Fortsetzung, die aber fehlt.

20) Drei Hebungen in der achten Halbzeile und zweisilbigen Auftact haben die echten Strophen nicht, ebenso wenig Constructionsübergänge.

21) Dieses in der Form sehr ausgebildete Lied (das aber drei Hebungen in der letzten Halbzeile gestattet) hat um so weniger Gehalt, es ist ein trauriges Beispiel entarteter Volkspoesie. Sein Verfasser kannte den Sachsenkrieg, vielleicht auch das zweite Lied; dagegen fehlt jede Vorausdeutung auf Siegfrieds Tod.

22) Kein Lied hat so viele Zusätze erhalten wie dieses. Das Lied selbst hat keinen Cäsurreim. Die Beziehungen auf die Zukunft reichen nicht weit.

A. Die vorhandenen Theorieen.

326. 328. 331—335. 365. 366. 368. 369. 371. 388. 389. 398. 401. 402. 404—407. 410. 411. 418. 425. 427—440. 442. 443 die Erzählung der Gewinnung Brünhilds. Die erste Fortsetzung, Str. 444—480. 481—494, erzählt, wie Brünhild ihre Mannen beruft, Siegfried die seinigen holt und wie alle zusammen von Island abfahren. Die zweite Fortsetzung, Str. 496—538. 540. 542—552. 554—563. 566—570, berichtet Siegfrieds Botschaft zu Worms, Brünhilds Empfang, Siegfrieds und Kriemhilds Verlobung. Im fünften Liede[23]), welches die Strophen 572—575. 581—585. 587—589. 592—604. 608—613. 616. 617. 619—622. 625—629 umfasst, wird erzählt, wie Brünhild, durch Gunthers Aufschlüsse über Siegfried nicht befriedigt, ihm ihre Minne versagt, aber von Siegfried bezwungen wird.

Das sechste Lied[24]), Str. 663—674. 676—689. 693. 694. 696—718. 721—726. 728. 730—733. 735—738. 740—742. 744— 770. 773—775. 777—801. 804. 805, erzählt die Einladung Siegfrieds und Kriemhilds nach Worms, den Zank der Königinnen, Siegfrieds und Gunthers Auseinandersetzung.

Das siebente Lied[25]) umfasst die Strophen 806. 808—810. 812. 813. 815—819. 820—836. 838—858 und erzählt Hagens Verrath an Siegfried und die Verabredung der Jagd.

Das achte Lied[26]) erzählt in den Strophen 859. 871—876. 881—891. 899—904. 906. 909. 910. 913—922. 924—930.

Die Verfasser der Zusätze beeifern sich, auf Siegfrieds frühere Bekanntschaft mit Brünhild zu deuten, ohne von derselben etwas Bestimmtes sagen zu können; der alte Dichter setzt dieselbe bloss voraus. Die Zusätze sind verschiedenen Alters; die älteren sind Str. 327. 330. 338—341. 358. 360. 367, 370. 386. 387. 392—395. 399. 408. 409. 412—417. 419. 420—424. 426. 441; die jüngeren: 329. 336. 337. 342—357. 359. 361—364. 372—385. 391. 396. 397. Die erste Fortsetzung setzt das Lied schon mit einigen der älteren Zusätze bereichert voraus. Sie besteht aus zwei Theilen, 444—480 und 481—494, deren zweiter keine Beziehung auf den ersten hat und ebensowohl auf den Schluss des vierten Lieds folgen könnte. Die zweite Fortsetzung, zum vierten oder einem anderen Liede ähnlichen Inhalts gedichtet, gehört weder einem der Verfasser der Zusätze noch auch dem der ersten Fortsetzung an; die Form ist in diesem subjectiv zugespitzten Liede ausgebildet, der Gehalt unbedeutend, wie beim dritten Liede.

23) Der Verfasser dieses Liedes hat überall Siegfrieds früheres Verhältnis zu Brünhild im Auge; diese lässt er von Siegfried nur bezwungen werden.
24) Steht mit dem vierten und fünften Liede im Widerspruch, insofern diese Siegfrieds Verlobung mit Brünhild voraussetzen.
25) Dessen Anfang fehlt.
26) Welches den Inhalt des siebenten im Allgemeinen voraussetzt.

932—943 die Jagd und Siegfrieds Ermordung, das **neunte**[27]) in Str. 944—948. 951, 1. 2. 952, 3. 4. 953—956. 958—962. 964—980. 993—996. 998. 1000—1002. 1004—1012 Klage, Begräbnis und Trauer um Siegfried.

Im **zehnten Liede**[28]), Str. 1013. 1015—1020. 1023—1030. 1032—1035. 1039. 1043. 1046. 1055. 1056. 1058—1061. 1065. 1066. 1068—1073. 1075—1079. 1081, wird von Kriemhilds Witwenschaft, von der Verbringung des Nibelungenhorts nach Burgund und dessen Versenkung in den Rhein gehandelt.

Das **elfte Lied**[29]) besteht aus Str. 1083. 1087. 1089—1093. 1100. 1101. 1103—1105. 1107—1110. 1114. 1115, 1. 2. 1116, 3. 4. 1117. 1120—1123. 1125. 1127. 1130—1134. 1138—1140. 1142—1146. 1148. 1152—1158. 1160—1167. 1169—1181. 1183—1185. 1189. 1191, 1. 2. 3ª. 1192, 3ᵇ. 4. 1193. 1195—1200. 1204—1209. 1220. 1222—1225, 1. 2. 1226, 3. 4. 1232; es erzählt Etzels Werbung um Kriemhild, ihre anfängliche Weigerung, dann Zustimmung und ihren Abschied von Worms. Das Lied hat eine Fortsetzung erhalten, welche in Str. 1242—1251. 1253—1260. 1262—1269. 1271 von Kriemhilds Reise bis an die Treisem berichtet.

Das **zwölfte Lied**[30]), bestehend aus Str. 1277—1280. 1282—1285. 1287. 1289. 1290. 1293. 1295. 1296. 1299—1302. 1305—1311. 1315—1322. 1325. 1326, berichtet über den Empfang Kriemhilds bei Etzel und ihr Leben am hunischen Hofe.

Das **dreizehnte Lied**[31]) umfasst die Strophen 1329, 1. 2. 1338, 3. 4. 1339. 1341. 1343. 1345. 1347. 1348. 1350—1357. 1361. 1364. 1369. 1370, 1. 2. 1373, 3. 4. 1378—1380. 1385—1387. 1390. 1397—1399. 1401. 1402. 1405—1407. 1409—1411. 1413. 1415—1417. 1419—1424. 1427. 1433. 1434. 1436—1438. 1443—1445

---

27) Möglicherweise von demselben Verfasser wie das achte. Weder Kriemhild noch sonst Jemand kennt den Mörder Siegfrieds.

28) Für dessen Trennung vom neunten Lachmann keinen Grund angegeben hat.

29) Aus diesem wie aus den folgenden hat Lachmann sämmtliche Strophen ausgeschieden, welche von Piligrim handeln. [S. den nächsten §.]

30) Der Anfang des Liedes ist verloren; vielleicht gehörten zu demselben Str. 1274. 1275. Von einer bösen Ahnung findet sich in dem ganzen Liede keine Spur.

31) Dieses Lied beruht ganz auf Kriemhilds Groll, im Gegensatz zum zwölften. Die Zusätze sind meist gross und geschickt gemacht. Von den Burgundenkönigen kennt das Lied nur Gunther und Gernot. Cäsurreime hat dasselbe nicht.

A. Die vorhandenen Theorieen. 201

und erzählt hier Kriemhilds Vorbereitungen zur Rache, die
Sendung nach und von Worms, die Vorbereitungen der Burgunden zum Feste.
Das vierzehnte Lied³²), Str. 1447—1453. 1456—1462.
1464—1467. 1471—1480. 1483—1485, 3ᵃ. 1486, 3ᵇ. ₄. 1487—1489.
1492—1494. 1496. 1497. 1500. 1502—1504. 1506. 1508—1513.
1527. 1530. 1567. 1571. 1573—1581, erzählt die Abfahrt der
Burgunden von Worms, die Abenteuer mit den Meerweibern,
dem Fährmanne und Eckewart, die Meldung in Bechelaren von
der Burgunden Ankunft.
Das fünfzehnte, sechszehnte und siebenzehnte
Lied sind in dem Werke des Ordners vollständig in einander
verwirrt.³³) Zusammen erzählen diese drei Lieder die Ereignisse
vom Empfange zu Bechelaren bis zur Schildwacht Hagens und
Volkers; und zwar weist Lachmann dem fünfzehnten Liede zu:
Str. 1582—1608. 1610—1614. 1616. 1617. 1621—1633. 1636—
1640. 1642—1652. 1656—1669; dem sechszehnten: Str. 1653—
1655. 1670—1674. 1688. 1690. 1704. 1708—1739; dem siebenzehnten: Str. 1675—1680. 1682—1687. 1742—1744. 1746—1786.
Eine Fortsetzung zum siebenzehnten Liede sind die Strophen
1787. 1790—1792. 1795. 1797—1807. 1809—1815. 1817—1823.
1826. 1829. 1831. 1833. 1835—1845. 1847—1857³⁴); dieselbe
erzählt den Kirchgang, den Buhurt, die Ermordung des ersten
Hunen durch Volker, Blödels Aufreizung durch Kriemhild, Ortliebs Verspottung von Seiten Hagens.
Das achtzehnte Lied³⁵) erzählt in Str. 1858—1891.
1894—1901. 1903—1916, wie aus dem Kampfe Blödels mit
Dankwart und aus der Ermordung Ortliebs durch Hagen sich
der allgemeine Kampf entspinnt. In einer zu diesem Liede gedichteten Fortsetzung³⁶), Str. 1917—1956, entfernen sich

---

32) Dasselbe stellt nur die Ahnungen und Vorzeichen des unseligen
Ausgangs dar. So gehört insbesondere die Baiernschlacht nicht hieher.
33) Der Hauptgrund, weshalb Lachmann diese Verwirrung angenommen
hat, ist der, dass nach der uns vorliegenden Anordnung der Erzählung die
Burgunden in Etzelnburg viel zu lange auf dem Hofe stehen.
34) Diese Fortsetzung fehlt in der Klage; sie ist von gebildeter Form
und unbedeutendem Inhalte.
35) Das „Dankwartslied"; nach „Urspr. Gestalt" etc. S. 101 wegen des
Zeugnisses der Klage vom Vorhergehenden getrennt.
36) Diese Fortsetzung ist vom achtzehnten Liede selbst zu trennen, weil
in ihr Dankwart auf einmal gänzlich vergessen ist.

Dietrich, Etzel und Kriemhild aus dem Gedränge, der Kampf geht weiter, die Toten werden aus dem Saale entfernt, Volker wehrt die Feinde ab.

Das neunzehnte Lied[37]) umfasst Str. 1957—1963. 1965—1970. 1972—2020. 2022, in welchen die Gegenreden Hagens, Volkers und Etzels, der Kampf und Tod Irings, der Schluss des Tages und des Kampfes enthalten sind.

Das zwanzigste Lied[38]) besteht aus den Strophen 2023—2043. 2045—2150. 2152—2161. 2163—2216. 2218—2227. 2229—2316, und berichtet von dem vergeblichen Versuch einer Sühne, von dem Saalbrand, von Rüdigers Tod, von der Vernichtung der Mannen Dietrichs und von dem Tode Gunthers, Hagens und Kriemhilds.

51.

Bei der gegebenen Darstellung von Lachmanns Theorie ist ein wesentlicher Punct desselben unberührt geblieben, weil derselbe einmal von Lachmann selbst gar nicht berührt worden ist und anderntheils eine abgesonderte Darstellung erfordert.

Noch ehe Holtzmann durch die Bekämpfung der Handschriftenfrage Lachmanns dessen Anschauung den Boden zu rauben versuchte, machte Jacob Grimm[1]) eine Entdeckung, welche der Kritik Lachmanns das Zutrauen der wissenschaftlichen Welt vielleicht noch in höherem Grade zu entziehen geeignet war als Holtzmanns ziemlich ungenügende Untersuchung über die Handschriften. Diese Entdeckung, die der Lachmannischen sogenannten Heptaden, steht im Zusammenhang mit Anderem ähnlicher Art und mag in diesem Zusammenhange hier ihre Stelle finden.

In der Anmerkung zu Nib. Str. 1235—1239 führt Lachmann Folgendes aus. Wie verschiedene mittelhochdeutsche Epen in Abschnitte von etwa dreissig Zeilen zerfallen, so scheint die

---

37) Das „Iringslied".

38) „*Der Nibelunge nôt*" ist eigentlich der Name dieses Liedes, das Lachmann in den Anmerkungen als eines gibt, während er es früher in mehrere Lieder getheilt hatte. Das Gedicht war vielleicht mehr für das Vorlesen als für den freien Vortrag bestimmt; es geniesst mehrere den anderen Liedern versagte Freiheiten: Strophen mit vier gleichen Reimen, Uebergang der Construction und Cäsurreime sind hier gestattet.

1) S. Göttingische gelehrte Anzeigen 1851, No. 175, S. 1747 f.

Klage[2]) in Abschnitte von je 28 Kurzzeilen getheilt gewesen zu sein; man erhält 153 solcher Abschnitte, wenn man die Zeilen 1747—1762 weglässt, in welchen von Piligrim die Rede ist. Auch für das Nibelungenlied macht ein grosser Anfangsbuchstab, welchen A 7 × 28 Zeilen vor dem Schlusse hat (Str. 2268) an einer Stelle, wo keine Sinnespause stattfindet, es wahrscheinlich, dass Absätze von 28 Langzeilen zu machen sind. 329 solcher Abschnitte ergeben sich, wenn man auch im Nibelungenliede die 52 Zeilen (d. h. dreizehn Strophen) ausscheidet, welche von Piligrim handeln.[3]) Somit ist anzunehmen, dass diese 32 + 52 Zeilen[4]) zugesetzt wurden erst bei der Vereinigung der Klage mit dem Nibelungenliede und zwar mit der Absicht, aus beiden ein Ganzes zu machen, dessen Zeilenzahl durch 28 theilbar sei.[5])

Diese Theorie hat Lachmann später aufgegeben; Vollmer machte die Entdeckung, dass Lachmann sich in der Klage um vier Kurzzeilen geirrt hatte, worauf Lachmann[6]) die Klage in 144 × 30 Zeilen theilte.[6])

Soweit geht das, was Lachmann selbst über die Siebenzahl geäussert hat. Wichtiger als diss ist J. Grimms Bemerkung, dass auch die Lachmannischen Lieder[7]) je eine mit 7 theilbare Strophenzahl, d. h. Abschnitte zu je 28 Zeilen, besitzen. Es leuchtet ein, dass eine solche Entdeckung um so mehr, als Lachmann von diesen Heptaden' nirgends geredet hatte, das Zutrauen in seine Kritik erschüttern muste; denn der Verdacht wurde dadurch nahe gelegt, dass bei der Ausscheidung der einzelnen Strophen, bei der Herstellung der einzelnen Lieder, ihn häufig die Rücksicht auf die Herstellung dieser Heptaden geleitet haben möchte.[8]) Nicht nur die Einzelkritik Lachmanns

---

2) Natürlich nach der Tradition in *A*.
3) Diese sind: Str. 1235—1239. 1252. 1270. 1367. 1368. 1435. 1568—1570.
4) [Unbegreiflich ist, dass Lachmann hier die Ungereimtheit nicht bemerkt hat, welche in der Annahme liegt, ein Interpolator habe zwei Gedichte in dieser Weise verbinden wollen, indem er die Zeilenzahl des einen nach Langzeilen, die des andern nach Kurzzeilen berechnet habe.]
5) S. Lachmanns Ausgabe von 1851, S. XII.
6) [Mit dieser Modification muste Lachmann folgerichtig die ganze Theorie von den 28 Zeilen, nach welchen der Vereiniger von Klage und Lied die beiden Gedichte geordnet habe, aufgeben, wovon er aber nirgends geredet hat.]
7) Abgesehen von dem nach Lachmann unvollständigen zwölften Liede, das aber, von Str. 1277 an gerechnet, 5 × 7 Strophen hat.
8) Zumal, da sich Lachmann von der Annahme von Heptaden auch sonst leiten liess; s. Fischer S. 23; Zarncke, Ausg. S. XLIII (not. ** zu S. XLII).

war durch Grimms Entdeckung verdächtig geworden; es muste
überhaupt fast unglaublich erscheinen, dass zwanzig Sänger von
Volksliedern — und seien es auch, da Lachmann für manche Lieder
die Möglichkeit eines und desselben Verfassers offen liess,
etliche weniger — lauter Lieder in Heptaden gedichtet hätten
und dass ein Sammler gerade solche Lieder und nur solche in
seine Sammlung aufgenommen haben sollte. Wer also Lach-
manns Kritik, wer überhaupt die Liedertheorie in der ihr von
ihm gegebenen Form halten wollte, muste für die Heptaden der
„echten" Lieder eine sachliche Erklärung beibringen. Diss hat
denn auch Moriz Haupt folgendermaassen versucht.⁹)

Die Nibelungenlieder werden ursprünglich nicht einfach vor-
getragen, sondern recitiert oder gesungen worden sein.¹⁰) Schon
ein Lied von 42 Strophen (und weniger hat keines der voll-
ständig erhaltenen Lachmannischen Lieder) muste aber, in
einem Tone fortgesungen, ermüden. Daher ist es natürlich,
dass man kleinere Abschnitte heraushob, innerhalb welcher dann
die Melodie oder auch nur die Begleitung wechselte. Eine in
der Dichtung mehrerer Völker¹¹) durchgeführte, sehr einfache
Theilung ist die in drei Theile, welche sich in der mittelhoch-
deutschen Poesie zeigt als die Eintheilung der Strophe in die
zwei Stollen und den Abgesang. Die Strophe ist nun
zwar in den Nibelungenliedern nicht dreitheilig, wohl aber jene
kleineren, durch den musicalischen Vortrag bedingten Strophen-
gruppen. Diese Dreitheilung pflegt aber keine Gleichheit
aller drei Theile zu sein; vielmehr, wie die griechische στροφή
und ἀντιστροφή, so sind die beiden Stollen unter sich gleich und
von dem Abgesang, welcher der griechischen ἐπῳδός entspricht,
verschieden. So ist es auch bei den Strophengruppen der
Nibelungenlieder. Und für eine solche Theilung in zwei gleiche
und eine von diesen verschiedene Grösse eignet sich unter den
Zahlen, welche überhaupt als weder zu klein noch zu gross in
Betracht kommen können, vortrefflich die Zahl 7, welche sich

---

9) Seine Erklärung ist zu finden bei Müllenhoff, Zur Gesch. der N. N. S. 885 f.
10) Die Beweise s. Müllenhoff a. a. O.
11) S. Müllenhoff a. a. O.; ausser der von ihm nach W. Wackernagels
Vorgang beigezogenen altfranzösischen Lyrik ist vor allem die ebenfalls von
M. erwähnte altgriechische Chorlyrik mit den τρία Στησιχόρου zu erwähnen,
deshalb, weil hier, wie bei den Lachmann-Hauptischen Heptaden, nicht die
Strophe selbst dreitheilig ist, sondern grössere Strophengruppen.

naturgemäss theilt in $(2+2)+3$.[12]) So entsprechen in einer Strophenheptade die vier ersten Strophen den beiden Stollen, die drei letzten dem Abgesang.

Dass diese Erklärung sehr geistreich und, wenn von anderen Gesichtspuncten aus Lachmanns Kritik sich bewährt, wirklich als die richtige anzusehen ist, wird nicht zweifelhaft sein. Keineswegs aber ist Müllenhoff im Rechte, wenn er behauptet[13]), durch die gegebene Erklärung der Heptaden seien diese bewiesen und Lachmanns Kritik wesentlich unterstützt. Denn vorher müssen die Gedichte, welche in Heptaden verfasst sein sollen, bewiesen sein, ehe die Heptaden als bewiesen gelten können.[14])

Haben so Lachmanns Anhänger versucht, die Heptaden zu sichern und Lachmann von einem Vorwurfe zu retten, welcher dem der Unredlichkeit ziemlich nahe kommen muste, so hat Heinrich Fischer in der bei Gelegenheit der Handschriftenfrage schon kurz berührten[15]) Schrift: „Nibelungenlied oder Nibelungenlieder?" Lachmann in dieser Richtung neu bekämpft. Er weist nach, dass Lachmann nicht etwa die Theilung des Nibelungenliedes (nach A) in Abschnitte zu 28 Langzeilen, wie er sie schon in der Ausgabe von 1826 angedeutet, habe fallen lassen, nachdem er die Heptaden der echten Lieder entdeckt, da ja die „Anmerkungen", welche die Kritik der echten Lieder, somit die Herstellung ihrer Heptaden, enthalten, ausdrücklich von der Theilbarkeit des ganzen Liedes in Heptaden reden. Dass die Heptaden der echten Lieder nicht zufällig, sondern von Lachmann beabsichtigt waren und von ihm nur verschwiegen wurden, weist Fischer an dem Wechsel in Lachmanns Ansichten über die Strophen 1274—1277 nach. Somit hat Lachmann gleichzeitig an die Theilbarkeit des ganzen Gedichts und der echten Lieder in Heptaden geglaubt. Aber nicht nur die echten Lieder haben Heptaden, auch die Dichter der Zusätze

---

12) Dasselbe Gesetz liegt dem Bau des Sonnetts zu Grunde:
Zeile 1. 2. 3. 4.   5. 6. 7. 8.   9. 10. 11.   12. 13. 14.
= Stollen   = Abgesang
$= 2\cdot 2 + 2\cdot 2$ Reimzeilen $= 3\cdot 2$ oder $2\cdot 3$ Reimzeilen.
13) Müllenhoff, a. a. O. 886.
14) Holtzmann hat freilich Haupts Erklärung nicht verstanden und in seiner Replik auf Müllenhoffs betreffende Schrift (Kampf um der Nibelunge Hort S. 25 f.) sich in ziemlich schaaler Weise über dieselbe lustig gemacht.
15) S. § 9 (S. 31 f.).

und Fortsetzungen zum vierten, der Fortsetzungen zum elften und siebenzehnten Liede haben in Heptaden gedichtet. Die Interpolatoren kennen das Gesetz nicht, wohl aber der Sammler, der so viel Strophen hinzudichtet, dass sein Werk 329 × 28 Zeilen enthält. Wider ein Anderer vereinigt diese 329 × 28 Langzeilen mit den 153 × 28 Kurzzeilen der Klage; statt jedoch über diese schöne Uebereinstimmung des Baus in beiden Gedichten sich zu freuen, verbindet er beide Gedichte noch enger mit einander, indem er Strophen in beide einschiebt, die sich alle mit demselben Gegenstande beschäftigen. Er will aber die Theilbarkeit durch 28 nicht verloren gehen lassen; somit setzt er 3 × 28 Zeilen ein, aber nicht etwa in das eine Gedicht 2 × 28, in das andere 1 × 28, sondern in das eine 52, in das andere 32, so dass beide Gedichte nicht mehr einzeln, sondern nur in ihrer Verbindung miteinander durch 28 theilbar sind."[10]

„ ,Dâ harret ouch geloube zuo', sagt der Dichter", so schliesst Fischer seine Darstellung der Lachmannischen Zahlentheorie; wir werden damit übereinstimmen dürfen, indem wir die Heptaden der echten Lieder für eine Möglichkeit (deren **Wirklichkeit** aber erst durch Erweisung der Wahrheit der Lachmannischen Kritik bewiesen werden muss) und für etwas sachlich Erklärbares, die andern Zahlenverhältnisse aber, die Lachmann entdeckt zu haben und mit denen er seine Theorie stützen zu können glaubte, für Unmöglichkeiten und Spielereien erklären.

52.

Karl Müllenhoff, den wir schon oben als unbedingten Anhänger der Lachmannischen Theorie kennen gelernt haben, hat diese, bei vollständiger Anerkennung der Lachmannischen Resultate im Einzelnen, weiterzuführen gesucht.[1]) Es lohnt sich, die Art, in der er diss versucht hat, kennen zu lernen.

Er beginnt seine Untersuchung mit einer Erörterung über die Pfleger und Pflegestätten des deutschen Nationalepos, der deutschen Heldensage. Die epische Poesie findet sich in ihren ersten Zeiten im nächsten Zusammenhange mit dem höfischen Heldenleben. In diesem muss sie auch im zwölften Jahrhundert gestanden haben; jedenfalls war sie damals noch nicht so tief

---

10) S. überdiss das not. 4 dieses § Bemerkte.
1) Zur Geschichte der Nibelunge Not, Seite 857—942.

gesunken, wie im vierzehnten bis sechszehnten Jahrhundert. Die gewöhnlich so genannte höfische oder ritterliche Poesie war nur eine neue Form höfischer Poesie, deren Entwicklung durch die Verbreitung französischer Stoffe und französischer Bildung bedingt war. Noch vor der Ausbildung derselben entstand unter den Händen fahrender, nicht ungebildeter Leute für die höfische Unterhaltung die Spielmannspoesie.²) Die Nibelungenstrophe selbst findet sich im ritterlichen Minnesang als *Kürenberges wise* im Gebrauch, daneben auch Variationen derselben.

Was die Pflegestätte des Volksepos, d. h. desjenigen, das sich nationalen Stoffen zuwandte, betrifft, so ist dieselbe jedenfalls in Schwaben und am Oberrhein nicht zu suchen, da sich diese Länder entschieden dem neuen höfischen Epos zuwandten. In einem näheren Verhältnis zur nationalen Poesie stehen die fränkischen und bairischen Dichter, voran Wolfram von Eschenbach. Die eigentliche Heimat unserer Volksepen ist aber Oesterreich, wo die neuhöfische Litteratur nie recht zur Geltung kam. In Oesterreich entstanden sind Biterolf, Klage, Kudrun, Alphart, Walther und Hildegunde, die Rabenschlacht; Ortnit und Wolfdietrich A gehören nach Oesterreich, nach Tirol oder in eine benachbarte Landschaft, Wolfdietrich B etwas nördlicher. Die südöstlichen Grenzgebiete Deutschlands also, von Anfang an für die Ausbildung der Heldensage von Bedeutung, haben die letzte Blüthe des nationalen Epos erzeugt, zu derselben Zeit, da im Westen die neuhöfische Poesie ihre höchste Ausbildung erlangte. Eben dahin, in das Land unter der Enns, ist auch die Entstehung der Nibelungenlieder zu verlegen; ja die meisten mögen am Hofe zu Wien entstanden sein. Die Sprache beweist diese Heimat der Lieder, ebenso wie sie ihre Entstehung in den höchsten Kreisen beweist. Die Sammlung und letzte Einrichtung geschah allerdings nicht in Oesterreich, nach Lachmann³) vielmehr in Thüringen, d. h. am Hofe zu Eisenach.

Zum Gebrauche der Fahrenden nun, welche sich den Vortrag solcher Gedichte zum Geschäfte machten, finden wir mehrfach Liederbücher aus mehreren getrennten Liedern zusammen-

---

2) Die Verworrenheit dieses Theils von Müllenhoffs Untersuchung, die auch Holtzmann bemerkte (Kampf etc. S. 27 ff.), hat uns zu ganz summarischer Darstellung veranlasst.
3) S. Lachmann, Anm. zu Str. 204, 4. 934, 2. 1272, 3. 1277, 1.

geschrieben. Dahin sind unsere Minnesingerhandschriften zu zählen, welche eben aus solchen Fahrenden-Büchern entstanden sind und deren Namen nicht die Dichter, sondern die Inhaber der verschiedenen Liederbücher bezeichnen, welche als Fahrende sich nur mit dem Vortrag und der Verbreitung der Lieder beschäftigten. Innerhalb der einzelnen Bücher finden sich daher Lieder von verschiedenen Verfassern zusammengestellt.

Sänger und Spielleute hatten die Schule der Geistlichen nicht verschmäht; Kunde des Lesens und Schreibens war jedenfalls häufig bei ihnen.[4]) Die Gedichte wurden von den Fahrenden selbst vorgelesen, und daraus, dass sie sich fortwährend im Gebrauch derselben erhielten, sind ihre Umgestaltungen und Veränderungen zu erklären.

Wie lässt das Gesagte sich auf das Nibelungenlied anwenden? Dem Verfasser der Klage lag eine Sammlung älterer, schon interpolierter, Lieder vor. Die eigentliche Nibelungen-Noth, d. h. Lachmanns zwanzigstes Lied, war gewiss von Anfang an aufgeschrieben und mehr für das Vorlesen als für den freien Vortrag bestimmt.[5]) Die Heptaden freilich beweisen, dass die **Verfasser** der Lieder noch an die Recitation nach alter Weise dachten; die Aufzeichnung einzelner Stücke konnte **anfangs** nur den Zweck haben, dem Gedächtnis zu Hilfe zu kommen. Solche Aufzeichnungen waren aber häufig und wurden dann auch zum Vorlesen benutzt. Um jedes aufgezeichnete Lied konnten sich leicht kleine zusammenhängende Cyklen bilden, welche alsdann ein Sammler nur zu vereinigen brauchte, um ein nach Art der höfischen Aventiuren fortlaufendes Gedicht herzustellen.

Die Einzeluntersuchung bestätigt eine solche Entstehung des Nibelungenliedes. Die ersten zehn Lieder bilden **drei Gruppen**, deren jede ein **Liederbuch** gebildet hat. Zur **ersten** Gruppe gehören die Lieder I—III, so zwar, dass sich II an I, III an II anschloss.[6])

Die **zweite** Gruppe besteht aus Lied IV und -V, von denen das letztere zum ersteren ähnlich hinzugedichtet wurde, wie II

---

4) Das Auftreten der vagierenden Kleriker, die im Zusammenhang mit den fahrenden Spielleuten stehen, fällt in das zwölfte Jahrhundert.

5) S. oben, § 50, not 39 (S. 202).

6) Somit ist I das älteste, III das jüngste Lied dieser Gruppe; der Verfasser von II kannte I; der von III hat II gekannt, aber die Interpolationen dieses Liedes nicht, in welchen Volker, Dankwart u. a. genannt sind.

zu I; ein Rhapsode, der IV und V kannte, schob IV^b (Forts.) ein.⁷) Die dritte Gruppe umfasst die Lieder VI—X; an das älteste dieser Lieder, VIII, schloss sich IX, daran X, welches mit IX **einen** Verfasser hat, daran VI und zur Verbindung dieses mit VIII zuletzt VII.⁸)

Aehnliche Erscheinungen wiederholen sich in den Liedern XI—XX.⁹) Die Untersuchung dieser¹⁰) muss lehren, ob der Ordner diesen zweiten Theil nicht vielleicht im Wesentlichen in seiner jetzigen Gestalt vorfand, so dass dieser Theil die eigentliche Grundlage des Gedichts und dessen **viertes** Liederbuch bilden würde.

53.

Anderer Art ist **Wilhelm Müllers** Liedertheorie.¹)

Gegenüber der unverkennbaren inneren poetischen Einheit des Nibelungenliedes stehen häufige, schwer zu hebende Widersprüche, auffallendes Vergessen solcher Personen, die eine Zeit lang mit Liebe geschildert waren, eine Menge von weitschweifigen und schlechten Strophen neben den kräftigsten und schönsten, endlich der verschiedene Ton in mehreren Partieen des Gedichts. Diss beweist, dass dasselbe sich aufgebaut hat auf einer Grundlage von früher einzeln gesungenen Liedern, dass ältere und jüngere Theile unterschieden werden müssen. Allein das Gedicht ist doch nicht eine blosse Sammlung von Liedern, an einen oder mehrere Ordner ist nicht zu denken. Vielmehr ist das Ganze aus früher vereinzelt gesungenen Liedern **zusammen- gesungen** worden durch das Wandern von einem Sänger zum anderen, durch Veränderungen und Zusätze.

Will man die einzelnen ursprünglichen Lieder herausfinden, so muss man sich an die natürlichen Abtheilungen und Abschnitte

---

7) Lied IV, eines der schönsten, das noch in den 80er Jahren entstanden sein könnte, hat mit I—III nichts zu schaffen, auch kennen diese hinwiederum das vierte nicht. Eine vage Möglichkeit wäre, dass es derselbe sei, der III andichtete und IV^b einschob. V ist edel und alterthümlich.

8) VII ist vollständig, ein Zwischenstück wie IV^b, aber vielleicht von demselben Verfasser mit V. — VII kennt II. — VIII hat vielleicht denselben Verfasser wie IV, ist aber jünger.

9) [Die Abhandlung Müllenhoffs (III) über den Ursprung der **Interpolationen** in Lied I—X ist hier ohne Werth.]

10) [Welche aber Müllenhoff nicht unternommen hat.]

1) **Wilhelm Müller**, Ueber die Lieder von den Nibelungen. Aus den Göttinger Studien 1845. Göttingen, Vandenhoeck u. Ruprecht, 1845.

der Sage halten, soweit diese entweder durch ausdrückliche Zeugnisse²) als einzeln gesungen constatiert sind oder, ohne solche Zeugnisse, sich zu abgeschlossenen Einzelgesängen ihrem Inhalte nach eignen. Solcher Abschnitte ergeben sich nach den beiden angegebenen Kriterien acht: 1) Siegfrieds Geburt und Erziehung; 2) Aufstiftung zum Drachenkampf durch Regin, Drachenkampf und Regins Ermordung³); 3) Erlösung Brünhilds und Verlobung mit ihr; 4) die Nibelungen und Kriemhild, Siegfrieds Vermählung; 5) Erwerbung Brünhilds für Gunther; 6) Zank der Königinnen und Siegfrieds Ermordung; 7) Versöhnung zwischen Kriemhild und den Burgunden, Vermählung mit Etzel; 8) Einladung und Untergang der Burgunden. — In diesen acht Liedern ist, abgesehen von den nordischen Anhängseln, die ganze Sage erschöpft; es sind eher zu viele als zu wenige Lieder angenommen. Die drei ersten können verbunden werden, ebenso die zwei letzten.⁴) Durch bestimmte Zeugnisse gesichert sind die Lieder II. VI. VIII.⁵) Im Nibelungenliede, zumal in den Lachmannischen Liedern, findet sich nur der Inhalt von IV—VIII, nicht der von I—III. Die Verfasser des Gedichts haben allem Anschein nach I nicht gekannt; sie kannten II und III, nahmen sie aber nicht auf. Das Lied vom Drachenkampfe war schon von dem über die Horterwerbung getrennt. Dem Liede IV entspricht Lachmanns erstes Lied, dem aber der Schluss, Siegfrieds Vermählung, fehlt. Lachmann II. III. finden sich sonst nicht wider. Dem fünften Liede entsprechen Lachmann IV. V⁶), dem sechsten

---

2) Müllert führt als solche an: den Marner, Hugo von Trimberg, Saxo Grammaticus, das Siegfriedslied, die drei föröischen und die zwei dänischen Volkslieder.

3) In Deutschland hat sich dieses Lied, wohl schon im zwölften Jahrhundert, in zwei gespalten, in eines vom Drachenkampf und eines von der Horterwerbung; beide sind im Siegfriedsliede wider zusammengesungen, doch so, dass man die frühere zeitweilige Trennung noch erkennt.

4) Auch die Thidrekssaga erzählt die drei ersten Lieder fortlaufend, während sie die anderen alle einzeln erzählt, d. h. jedesmal eine neue Erzählung einflicht, ehe sie von einem Liede zu einem anderen übergeht.

5) II: Marner von „Siegfrieds Wurm" und dem „Ymelunge Hort"; VI: Marner von „Siegfrieds Mord"; VIII: Marner *„wen Kriemhild verriet"*, Hugo von Trimberg *„Kriemhilde mort"*, Saxos *„speciosissimum carmen"* über *„Grimildæ erga fratres perfidia."* Die drei föröischen Volkslieder enthalten: 1) I. II, 2) III—VI, 3) VII. VIII; die zwei dänischen: 1) V. VI, 2) VIII.

6) [Müller sagt (S. 13, Z. 1. 2.): „Unser fünftes Lied würde Lachmanns fünftem und sechstem entsprechen"; was aber dem Sinne und Zusammen-

Lachmann VI—IX, dem siebenten Lachmann X—XII, dem achten Lachmann XIII—XX.

Weiterhin beschäftigt sich Müller mit den Veränderungen, die die Lieder durch die Zeit erfahren musten und erfahren haben. Die eine derselben bezieht sich auf die Form, die andere auf den Inhalt.

In formeller Beziehung nimmt Müller Entwicklung der vierzeiligen Strophe aus einer älteren zweizeiligen an; diese Entwicklung falle zusammen mit der durch den Einfluss der höfischen Poesie hervorgerufenen Veränderung des volksthümlichen, springenden, objectiven Tons in einen künstlichen, langsameren, subjectiven. In Beziehung auf den Inhalt findet sich die alte Sage im Nibelungenliede mehrfach alteriert[7]); insbesondere hat dasselbe mehrere Personen, welche entweder gar nicht hergehören oder doch nicht überall da am Platze sind, wo sie genannt werden.[8])

Durch die erwähnten Veränderungen wurde das epische Lied immer grösser an Umfang; eine ähnliche Erweiterung haben ausser dem Nibelungenlied auch andere Gesänge der deutschen Heldensage erfahren. Das Streben, kürzere Lieder zu erweitern, muss schon ziemlich frühe angefangen haben.[9]) Neben dem Fortsingen einzelner Lieder muste man im dreizehnten Jahrhundert jedenfalls bald anfangen, an das eine ein anderes und ein drittes zu fügen, so dass alle drei ein Ganzes bildeten. Dabei war Umdichtung nothwendig, welche freilich auch ohnediss anzunehmen wäre.

Die Grundlage des Nibelungenliedes — damit geht Müller zu der Entstehung desselben — über mögen etwa 4—5 Lieder sein. Das Lied von Kriemhilds Verrath hatte sich wohl vor seiner

---

lange nach nur ein Schreib- oder Druckfehler anstatt „viertem und fünftem" sein kann.]

7) [Ausser dem in unserer Abhandlung §§ 39—42 Erwähnten führt Müller noch verschiedenes Andere von geringerem Belang an.]

8) Piligrim, Gere, Sindolt und Hunolt gehören weg; Volker und Dancwart sind an ihrem Platze nur in der zweiten Hälfte des Gedichts, Rumolt nur da, wo er vom Zuge nach Hunenland abräth, Eckewart nur da, wo er auf der Mark schlafend gefunden wird und die Burgunden warnt, Uote nur da, wo sie Kriemhilds Traum deutet und da, wo sie die Brüder durch Erzählung ihres eigenen Traums warnt; Sigmund ist nach der sonstigen Sage längst tot.

9) [Wofür Müller den König Ruother anführt.]

Einfügung in das Ganze der Form schon genähert, die es als zweiter Theil des Nibelungenliedes hat. Lachmanns Eintheilung ist nicht ganz ungegründet; meist aber sind seine Abtheilungen keine ursprünglichen Lieder, sondern nur Abschnitte eines grösseren Ganzen.[10])

Hat die Ansicht vom Wachsen und Zusammensingen der Lieder Grund, so muss auch für einzelne grössere Partieen des Gedichts, namentlich für mehrere Lachmannische Lieder, ein Verfasser nachgewiesen werden können. So rührt denn der erste Theil des Gedichts, Lachmann I—VIII, von zwei Verfassern her, deren zweiter das Werk des ersten überarbeitete. Dem ersten Verfasser gehören Lachmanns erstes und viertes Lied an; er dichtete in alterthümlich schmuckloser Manier.[11]) Seine Dichtung zerfällt augenscheinlich in kleinere Abschnitte, die für sich gewissermaassen Ganze bilden, „Rhapsodieen"[12]); zwei Abschnitte fehlen, die Vermählung Siegfrieds und Gunthers, sowie Brünhilds Bändigung enthaltend. — Die Dichtung in Rhapsodieen war wohl diejenige Form des deutschen Nationalepos, in welcher es zuerst aus dem Bereich des im strengsten Sinne diesen Namen verdienenden Volksliedes heraustrat.

---

10) Gegen Lachmanns Lieder spricht: 1) dass sie meistens keine abgeschlossene Handlung haben; 2) dass die Anfänge in der Regel Einzelgesängen nicht gemäss sind; 3) dass sich mehrere Lieder auf einander beziehen und so die bestehende Reihenfolge voraussetzen, 4) dass Personen, die zum erstenmal eingeführt werden, sonst in der Regel näher charakterisiert werden, als in Lachmanns Liedern der Fall ist. Demnach müste jedenfalls bei der Annahme von Lachmanns Eintheilung eine grosse Veränderung der Lieder angenommen werden, und die Ausscheidung von Zusätzen würde nicht genügen.

11) Die Manier ist herb, der Ton der Volkspoesie noch näher stehend. Die Handlung schreitet rasch vorwärts; die Beiwörter sind einfach, kräftig, sich oft wiederholend; es finden sich alterthümlich formelhafte Verse mit 3 4 Beiwörtern, dagegen keine weiter ausgeführten Vergleichungen. In Reim und Ausdruck stimmen Lm. I und IV zusammen.

12) Solche sind: Str. 1 16. 20—60. 72—79. 80—103. 325—334. 371—439; für das erste Lied Lachmanns hat Müller diese Rhapsodieen genauer so hergestellt [wobei die eckige Klammer Strophen bedeutet, welche dem ersten Dichter nicht angehören, an deren Stelle aber früher andere von ähnlichem Inhalte gestanden zu haben scheinen]:

Rhaps. I: Str. [2. 4. 7.] 13—16.
Rhaps. II: Str. 20. 22. 45. 49. 51. 53. 54. 56—60.
Rhaps. III: Str. 72–74. 76 79.
Rhaps. IV: Str. 80. 82—87. [88, 1. 101, 2—4.] 102. 103.
Rhaps. V: Str. 105—107. 109. 118—121. 123. 124. 126. 127. 129.

Diese Mittelstufe des Epos entsprang naturgemäss zugleich mit der Kunstdichtung; sie war für den mündlichen Vortrag ganz besonders passend, gab Ruhepuncte und erleichterte das Behalten der Lieder, wich aber in der Folge einem anderen Eintheilungsprincip.

Dieses war die Eintheilung in „Aventiuren", welche nur die Abschnitte eines zusammenhängenden, wie die Ritterepen für's Lesen bestimmten, Gedichts andeuten sollen. Die Sprünge zwischen den Rhapsodieen schliesst diese Eintheilung aus; daher die Fülle von interpolierten Strophen im Nibelungenliede, die sich besonders am Anfang und Ende alter Rhapsodieen finden.[13])

Die Lachmannischen Lieder II. III. V—VIII sind ganz deutlich von einem andern Verfasser, der jünger als der erste ist und deshalb der zweite heisst.[14]) Die Begebenheiten dieses Theils hangen eng zusammen und setzen immer einander voraus.[15]) Vielleicht ist es eben dieser Dichter, welcher die Eintheilung in Aventiuren in das Gedicht eingeführt hat[16]); wenigstens hat sein Werk die kleinen Rhapsodieen nicht, auch hat es wenig spätere Zusätze erfahren. Der Stil dieses Dichters ist sichtlich weicher, höfischer, jünger als der des ersten.[17]) Dieser selbe

---

13) An einigen Stellen ist eine Rhapsodie in eine Aventiure verwandelt, wie Lm. I, Rh. 1; Lm. IV, Rh. 1. 2; am Schlusse finden sich bedeutende Zusätze. Aus den drei oder vier letzten Rhapsodieen von Lm. 1 sind 2 Aventiuren geworden.

14) Er sang die nicht sagengemässen Abschnitte, Lm. II. III, einen grossen Theil von VI. VII wahrscheinlich ohne eine ältere Grundlage, welche er für die mehr sagengemässen Stellen sicher hatte.

15) Siegfried ist hier immer aus Niederland, was er, ausser Str. 20 [N. B.!], beim ersten Verfasser nicht ist.

16) Die Abtheilung in Lieder, welche Lachmann gemacht hat, schliesst sich in dieser Partie mehr der überlieferten in Aventiuren an.

17) Der Ton ist oft weich, weniger kurz und schmucklos. Das Fortschreiten der Handlung ist langsamer, es finden sich keine Sprünge; die Manier ist breiter, der Stil geschmückt, dem höfischen sich nähernd; die Darstellung subjectiv, lobend oder tadelnd, ethisch gefärbt, mit allgemeinen Sentenzen verbrämt. Von alle dem hat der erste Dichter gar nichts. Bei dem zweiten Dichter treten die Charaktere deutlicher und bestimmter hervor; Gedanken und Gesinnungen werden erwähnt und gerne zu den Begebenheiten in Contrast gesetzt. Der Verfasser ist mit höfischem Wesen bekannt, schildert höfische Dinge mit Vorliebe, ist dem Frauencultus ergeben. Er hat einige specifische Wendungen und Ausdrücke. Die Form ist bei ihm viel ausgebildeter als bei dem ersten Dichter, der Satzbau manchfacher und gewandter, der Ausdruck geschmückter; es finden sich weniger althergebrachte epische

zweite Dichter hat Einiges von dem verfasst, was Lachmann Fortsetzungen oder Zusätze nennt. Die Zusätze in der Arbeit des ersten Dichters entsprechen im Allgemeinen dem Ton des zweiten sehr.[18]) Inwieweit dieser ausserdem das Werk seines Vorgängers verändert haben mag oder ob er es sonst unverändert gelassen, muss dahingestellt bleiben. Es finden sich aber auch Liederfortsetzungen, die nicht von dem zweiten Dichter herrühren können;[19]) ausserdem mehrere ganz müssige und schlechte Strophen.

Vom neunten Lied Lachmanns an bricht wider eine ältere Grundlage bald mehr bald minder deutlich hervor, bald fehlt sie ganz. Die Abweichungen in der Sage zeigen aber, dass dieselbe jedenfalls nicht von dem ersten Dichter des ersten Theils herrührt.[20]) Diese ältere Grundlage hatte allem Anschein nach wider kleine Rhapsodieen.[21]) Daneben findet sich im zweiten Theil des Gedichts widerum eine neuere Bearbeitung, in welcher wohl der zweite Verfasser des ersten Theils zu erkennen ist.[22]) Bisweilen liegt Aelteres und Neueres unvereint neben einander.

54.

Die Liedertheorie, sei es in der Form, welche ihr Lachmann, oder in der, welche ihr W. Müller gegeben hat, verdankt ihren Ursprung deutlich der von F. A. Wolf angeregten Unter-

---

Formeln. Der Constructionsübergang, den der erste Dichter nicht hat, ist vielleicht dem zweiten erlaubt. Die Reime beider Dichter zeigen auf den ersten Blick grosse Uebereinstimmung; doch sind bei dem ersten Verfasser die Reimworte voller und gewichtiger, indem er einsilbige Partikeln, überhaupt kleinere Wörter, im Reime meidet, was der zweite nicht thut.

18) So gehört 496—570 dem zweiten Verfasser an; die von Lachmann aus seinem vierten Liede ausgestossenen Strophen, in denen Hagen genannt ist, werden, wenn auch nicht alle, von demselben Verfasser stammen.

19) So Str. 451—480, eine Stelle ohne sagenhaften Gehalt, mit einem dem zweiten Dichter fremden Humor, noch jünger als dieser.

20) Diese Abweichungen in der Sage stimmen mit der Thidrekssaga überein, mit der sich von jetzt an überhaupt oft wörtliche Uebereinstimmung findet.

21) Z. B. Str. 944—954. 1056—1079. 1571—1581; besonders stark tritt die Eintheilung in Rhapsodieen hervor in Lm. XV—XVII; diss erklärt dort auch die Verwirrung der Reihenfolge.

22) So z. B. Str. 1242—1326. 1787—1835.

suchung über die homerischen Gesänge.¹) Auch in der Betrachtnng dieser zeigen dieselben drei Standpuncte vertreten, welche sich in der Nibelungenfrage geltend gemacht haben: der der Unitarier²), ihm entgegengesetzt derjenige der „Kleinliederjäger"³) und zwischen beiden derjenige, dessen Vertreter mehr eine Verschmelzung, ein allmähliches Zusammenwachsen aus grösseren Bestandtheilen annehmen.⁴) Es wäre aber verkehrt, deshalb, weil in der homerischen Frage eine dieser Anschauungen gegenwärtig so ziemlich die Oberhand gewonnen hat, diese Anschauung, die von dem Zusammenwachsen aus verschiedenen Bestandtheilen, eben deswegen in apriorischer Weise sofort auf die Nibelungenfrage zu übertragen. Denn bei aller Verwandtschaft beider Fragen ist doch die historische Stellung des Nibelungenliedes eine ganz andere als die der homerischen Gesänge. Die Stellung zu Anfang aller nationalen Litteratur, in einer Zeit, in der die litterarische Verwendung der Schrift gegründeten Zweifeln unterliegt, diese Stellung des homerischen Epos hat das Nibelungenlied nicht. Die bestimmten Notizen über den getrennten Vortrag der homerischen Gesänge durch die Rhapsoden, über eine Zeit, da diese Gedichte nur in der Form getrennter Abschnitte bestanden⁵), endlich der Angelpunct der homerischen Frage, die Peisistratidenrecension, — das sind alles Dinge, die auf das Nibelungenlied keine Anwendung finden, da sich von ähnlichen Zeugnissen für dasselbe keine Spur findet. Unrichtig wäre es aber, wegen des Mangels solcher Zeugnisse, welche freilich die Liedertheorie in der homerischen Frage sehr wesentlich

---

1) Diss hat ja Lachmann selbst (Urspr. Gestalt S. 3) unumwunden zugegeben.
2) Unter den Homerikern vor allem Nitzsch und Bäumlein.
3) Lachmann auf beiden Gebieten, neben ihm in der homerischen Frage insbesondere Köchly für die Jlias, La Roche für die Odyssee.
4) Dahin für die Nibelungen W. Müller, auch Müllenhoff mehr oder minder; in der homerischen Frage ist diese Anschauung vertreten und sehr verbreitet geworden durch G. Grote, Friedländer und Düntzer für die Ilias, durch A. Kirchhoff für die Odyssee. (Mit Müllers Theorie von den Nibelungenliedern liesse sich am genausten wohl die moderne Anschauung von der Entstehung des Pentateuch vergleichen.)
5) Selbst der strengste aller Unitarier, W. Bäumlein, gibt in seiner *commentatio de Homero eiusque carminibus* (seiner Ausgabe Homers, Leipzig, bei B. Tauchnitz, 1854, vorgedruckt), S. XII, § 7, zu: *Fuit igitur tempus, quo Iliadis et Odysseae solutae rhapsodiae in vulgus cognitae erant, ipsa poemata ignorabantur.*

unterstützt haben, nun sogleich dem Nibelungenliede die Entstehung aus Liedern abzusprechen. Es hängt hier alles von der genauen Betrachtung des Gedichts selbst ab.

Zu unterscheiden ist hier, wie Heinrich Fischer richtig bemerkt[6]), zwischen der Liedertheorie überhaupt und deren verschiedenen Gestaltungen. Ist die erstere unrichtig, so sind natürlich die letzteren es auch; erweisen sich diese als falsch, so wird die Ansicht von der Entstehung aus Liedern vielleicht erschüttert, aber immer noch möglich sein. Wir betrachten zuerst Lachmanns Theorie. Sie lässt sich kurz abfinden, da Heinrich Fischer in seinem „Nibelungenlied oder Nibelungenlieder?" eine gründliche Kritik derselben gegeben hat.

Ehe Fischer Lachmanns Kritik selbst untersucht, weist er (s. o. § 9) Vilmars Versuch, durch einen Nachweis alter Alliterationen Lachmanns Theorie zu stützen, zurück, weil derselbe erstens Lachmanns eigenen Sätzen widerspricht, nach welchen die zwanzig Lieder nicht vor 1190 gedichtet und in ihrer ursprünglichen metrischen Form auf uns gekommen sind, und weil zweitens das Gegentheil von dem, was Vilmar erhärten will, sich ergibt, sobald man einzelne Theile des Gedichts auf Alliterationen hin betrachtet.[7])

In der Prüfung von Lachmanns Theorie berücksichtigt Fischer zugleich die Einzelkritik Müllenhoffs.[8]) Er untersucht zunächst Lachmanns Kriterien, wie sie Müllenhoff herausgestellt hat[9]), und beweist in genauer Untersuchung[10]), dass die vier ersten derselben[11]) von Lachmann mit nichten consequent angewendet worden sind.[12]) Die vier letzten[13]) sind subjectiver

---

6) Nibelungenlied oder Nibelungenlieder? S. 141 ff.

7) Die Sache ist von unerheblichem Belang und schon § 9 etwas genauer erwähnt worden (S. 31).

8) Abgesehen von seiner Theorie von den Liederbüchern.

9) S. § 50, not. 18 (S. 197 f.).

10) Nachdem Holtzmann (Kampf etc. S. 35—40) eine unvollständigere Kritik dieser Dinge gegeben hatte.

11) D. h. zweisilbiger Auftact, Cäsurreim, Constructionsübergang und Regellosigkeit der Anrede.

12) Besonders die Nichtanwendung mehrerer Kriterien auf das zwanzigste Lied, das doch, weil zum Lesen bestimmt, mehr Strenge in diesen Puncten zeigen sollte, kommt hier in Betracht.

13) „Nichtigkeit der Schlusszeilen, armseliges Zusammenbetteln der Ausdrücke, müssiges Anbringen der burgundischen Helden, wohlfeile Beschreibungen."

Art und bei jeder einzelnen Stelle, wo sie Lachmann angewandt hat, zu prüfen. Die darauf folgende Kritik von Lachmanns Zahlenverhältnissen haben wir schon § 51 erwähnt. Den Haupttheil von Fischers Untersuchung bildet die Betrachtung von Lachmanns Kritik der einzelnen Lieder. Hievon einen ausführlichen Bericht zu geben, ist überflüssig und würde viel zu weit führen. Die drei Gründe, mit denen hier gegen Lachmann operiert wird, sind die, dass 1) die Lachmannischen Lieder keine Lieder sind, sondern sämmtlich Abschnitte eines grösseren Ganzen, indem sie auf einander voraus- und zurückdeuten[14]); 2) dass die Athetesen Lachmanns unbegründet sind, indem sie auf den erwähnten theils inconsequent angewandten theils rein subjectiven Kriterien beruhen; dass 3) Lachmann sich stets in einem Cirkel bewegt, indem er den einzelnen Liedern einen bestimmten Charakter zuspricht, der sich erst nach Auswerfung gewisser Strophen ergibt, und sodann um dieses Charakters willen die betreffenden Strophen athetiert.

Den folgenden Abschnitt in Fischers Werke, „die Liedertheorie", werden wir unten berühren; der letzte, „die Handschriftenfrage", ist schon § 9 erwähnt worden.

Fischer scheint uns in der That mit Erfolg bewiesen zu haben, dass Lachmanns Theorie ungegründet und unhaltbar ist. Schon durch die Umstossung der Autorität von *A* war diese Theorie heftig erschüttert. Der endgiltig geführte Beweis aber, dass die Anstösse, welche in dem Gedicht vorhanden sein sollten und welche Anlass der Liedertheorie wurden, nicht vorhanden oder doch unbedeutend genug sind, der Beweis, dass die ganze Kritik, welche zur Herstellung der Lieder führte, inconsequent und oft genug willkürlich war, dieser Beweis muss Lachmanns Theorie völlig vernichten. Wenn Lachmann oftmals mit feinem Geschmack schlechte Strophen herausgefühlt hat, wenn seine Lieder in der That im allgemeinen die schönsten Strophen enthalten, so ist das kein Beweis für seine Theorie. Die poetische Begabung des Dichters ist überhaupt, soweit sie sich auf die Darstellung selbst, nicht auf den Gegenstand bezieht, keine sehr hochstehende. Vieles Schöne mag der Dichter aus älteren Liedern entlehnt haben; dass es ihm selbst an Darstellungsgabe im Einzelnen fehlte, ist kaum bestritten. Auch eine gewisse Verschiedenheit des Tons in einzelnen Partieen des Gedichts mag

---

14) Das hat schon W. Müller bemerkt; s. § 53, not. 10 (S. 212).

vielleicht weniger auf der Verschiedenheit des Erzählten beruhen als auf der der Vorlagen, welche der Dichter benutzte. Jedenfalls ist es nicht möglich, mit Lachmann um dieser Verschiedenheiten willen anzunehmen, dass uns verschiedene Lieder in ihrer ursprünglichen Form vorliegen. Der Beweis, den Bartsch (s. o.) geführt hat, dass in allen wesentlichen Dingen der Form alle Theile des Gedichtes gleich sind, ist zu sicher, als dass man nicht das ganze Gedicht in der Form, wie es uns aus der Vergleichung der Handschriften sich ergibt, für das Werk eines Verfassers, d. h. eines solchen halten müsste, der nicht bloss vorhandene Stücke in ihrer vorhandenen Form zusammengesetzt und durch Strophen eigener Mache verbunden hat, sondern der alle Strophen, welche die Handschriftenuntersuchung als echt gelten lässt, verfasst, jedenfalls allen ihre Form gegeben hat, mag er nun an ältere Lieder, die er benutzte, sich auch vielleicht ziemlich wörtlich angeschlossen haben. Ein solcher ist aber nicht mehr ein Sammler und Ordner von Liedern, sondern er ist ein Dichter, wenn auch vielleicht ein solcher, der auf bedeutende Originalität keinen Anspruch machen darf. Von einer Liedertheorie kann so keine Rede mehr sein.

Damit haben wir bereits den Boden der speciell Lachmannischen Liedertheorie[15]) verlassen und unsere Untersuchung dreht sich um die Liedertheorie im Allgemeinen. W. Müller hat zu Anfang seines Schriftchens[16]) mehrere Gründe geltend gemacht, welche die Verschiedenheit der Verfasser beweisen sollen. Heinrich Fischer hat in dem Abschnitt „die Liedertheorie" diese Gründe berücksichtigt und zurückgewiesen. Zwei derselben, diejenigen, welche rein ästhetischer Natur sind, haben wir schon betrachtet. Einen weiteren Grund, das Vergessen früher hervorgehobener Personen, hat Fischer[17]) genügend besprochen: die betreffenden Personen verschwinden einfach, sobald sie nichts mehr zu thun haben.[18])

---

15) Mit dieser ist auch Müllenhoffs Theorie erledigt; diese hält sich ja in der Einzelkritik ganz auf dem Boden Lachmanns und operirt fast einzig mit den ästhetischen Gesichtspuncten, die wir berührt haben; die Theorie von den Liederbüchern geht uns nichts an; sie mag auf andere Gedichte Anwendung finden (wenn sie überhaupt einigermassen bewiesen ist), auf das Nibelungenlied findet sie keine; s. auch unten not. 25.

16) S. auch oben, § 53 zu Anfang.

17) L. c. S. 142.

18) Besonders auffallend ist dieses Argument aus dem Verschwinden

A. Die vorhandenen Theorieen.

Die Widersprüche, die sich im Gedichte finden sollten, hat Fischer auf sieben reduciert [19]); von diesen zieht er zwei als nichtssagend ab [20]); um die anderen zu entfernen, recurriert er auf *C*, welche vier derselben entfernt. [21]) Das Letztere können wir nicht thun, da wir eher anzunehmen geneigt werden, dass *C* mit Bewustsein diese Widersprüche entfernt habe. Aber wir werden nach dem Obengesagten annehmen dürfen [22]), dass diese Widersprüche aus den jeweiligen Vorlagen des Dichters stammen, die derselbe ein wenig allzutreu benutzte. [23])

Noch ein Grund könnte vielleicht für die Liedertheorie im Allgemeinen geltend gemacht werden: die **Anonymität des Verfassers**, der nicht nur selbst seinen Namen (im Zusammenhang mit dem vollständigen Zurücktreten des Dichters im ganzen Liede) verschwiegen hat, sondern auch von keiner anderen Seite überliefert ist. Es ist dieses Verschweigen des Dichternamens in der höfischen Epik freilich nicht Sitte, wohl aber finden wir es in den Dichtungen, welche nationale Stoffe behandelt haben. Man könnte allerdings von Lachmannischer Seite und vielleicht mit Recht einwenden, dass diss eine durch den Vorgang des Nibelungenlieds veranlasste Gewohnheit gewesen sei [24]); allein gerade diss spricht nicht eben zu Gunsten der Liedertheorie. Denn die Verfasser jener nationalen Dichtungen musten, wenn sie diese Eigenthümlichkeit des Verfassers unseres Gedichtes nachahmten, dasselbe doch offenbar als ein Ganzes, als das Werk eines Verfassers ansehen; wusten sie, dass das Gedicht ursprünglich aus vereinzelten Liedern bestand, so konnte ihnen unmöglich in den Sinn kommen, etwas nachzuahmen, was

---

einer Person bei Lachmann; denn ein Dichter, welcher eine Person, die doch nichts zu thun hat, überall wider nennen sollte, thäte gerade das, was Müllenhoff den Interpolatoren zuschreibt: müssiges Anbringen der Helden, nur damit sie nicht vergessen werden!

19) Str. 763, 3; 921 f.; 854, 3; 664, 3; 1457, 1 f.; 1661, 3; 1417.
20) Str. 763, 3 und 921 f.
21) *C* hat nur den Widerspruch Str. 1417.
22) Wenn wir nicht diese Widersprüche, die ohne grossen Belang sind, für zufällige Versehen des Dichters halten wollen; s. Fischer S. 88 und Bartsch, Unters. S. 376 f.
23) Diss ist auch Bartschs Ansicht; s. Unters S. 375.
24) Pfeiffer hat, freilich nicht in Lachmannischem Sinne, auf jene Sitte aufmerksam gemacht und sie eben als Nachahmung des Nibelungenlieds bezeichnet; „Der Dichter des Nibelungenliedes" sub fin.

aus einem Umstande zu erklären war, der in ihren eigenen Dichtungen ganz fehlte.²⁵)

Die Annahme also, dass die Sitte der Anonymität in den nationalen Epen aus dem Vorgange des Nibelungenliedes zu erklären sei, spricht entschieden für die Einheitlichkeit seiner Abfassung. Nehmen wir aber an, dass das Nibelungenlied hier einer schon vorhandenen Sitte folge, so ist die Anonymität des Verfassers sehr einfach erklärt, und es kann somit aus derselben in keiner Weise ein Schluss auf eine Mehrheit der Verfasser gezogen werden.²⁶)

So sehen wir, dass alle Gründe für die Liedertheorie fallen müssen; auf der anderen Seite streiten starke positive Gründe gegen dieselbe. Ausser den schon angeführten, der Umstossung der Autorität der Handschrift *A* und dem Nachweise von der Gleichheit der Formbehandlung im ganzen Gedichte, mag noch auf den Beweis aus der **ästhetischen Einheit** des Gedichts, wenn er auch von minderer Stärke ist, hingewiesen werden.²⁷)

Fällt die Berechtigung der Liedertheorie überhaupt, so ist damit auch W. Müllers Theorie hinfällig. In der Einzelkritik, wie z. B. in der Strophenathetese, steht Müller doch auf demselben Boden mit Lachmann; die Unterschiede zwischen der Dichtung des ersten und der des zweiten Dichters fallen in eine Kategorie von Gründen, die wir schon berücksichtigt und als beweisunkräftig dargestellt haben. Was Müller über die Einzellieder sagt, die sich aus der Betrachtung der Sage ergeben sollen, das beruht theilweise auf derselben Anschauung von der sklavischen

---

25) Diss beweist auch gegen Müllenhoff's Theorie von den Liederbüchern; diese hätten sich doch wohl in dem Kreise der Fahrenden, dem die Dichter jener jüngeren Epen angehören, etwas länger erhalten müssen; oder Müllenhoff wird doch nicht annehmen wollen, dass der Sammler der zwanzig Lieder sich nun zugleich alle erdenkliche Mühe gegeben habe, die Liederbücher, die er compilirt hatte, aus der Welt zu schaffen?

26) Ohnehin könnte die Anonymität des Verfassers, wäre sie auch nicht Gemeingut der nationalen Epik, einen Schluss auf Mehrheit der Verfasser, der von anderswoher stammte, verstärken, nicht aber für sich allein einen solchen möglich machen.

27) Es sei hier kurz auf den trefflichen Aufsatz von Ludwig Bauer, „Das Lied der Nibelungen, ein Kunstwerk" (Ludwig Bauers Schriften, nach seinem Tode in einer Auswahl herausgegeben von seinen Freunden; Stuttgart 1847), verwiesen, welcher in einer wohl manchmal ins Ueberschwängliche gerathenden Darlegung des Inhalts der Nibelungen deren poetische Einheit nachzuweisen bemüht ist.

Beherrschung der Dichter durch die Sage, wie sie bei Lachmann uns entgegentritt, als ob an die vorhandenen Abschnitte einer grösseren Sage ein Dichter sich nothwendig hätte binden müssen; andererseits ist diese Theilung der Sage in ihre Abschnitte von wenig Einfluss auf den Kern der Müllerischen Theorie geblieben.

55.

Sind wir nach dem Ausgeführten berechtigt, eine einheitliche Abfassung des Nibelungenliedes anzunehmen, so sind wir auch berechtigt, nach dem Namen oder doch der Person seines Verfassers zu fragen. Und zu dieser Frage hat die Forschung nicht nur das Recht, sondern auch die Pflicht, weil das Nibelungenlied ein bedeutendes Werk ist, dessen Verfasser zu erforschen nicht allein das Gefühl wohlthätig anregen, nicht allein die wissenschaftliche Akribie befriedigen, sondern auch, bei der singulären Stellung, die das Nibelungenlied (nebst der Kudrun) gegenüber der ritterlichen Dichtung als ein **nationales** Dichterwerk einnimmt, uns Aufklärungen geben muss über das Verhältniss, insbesondere das zeitliche, zwischen der nationalen und der romanisierenden Hofdichtung. Dass das Nibelungenlied keineswegs als ein Volksepos in **dem** Sinne aufzufassen ist, in welchem Lachmann es fasste, dürfte erwiesen sein. Vielmehr ist es — das haben auch Lachmanns Anhänger, freiwillig oder gezwungen, zugestanden — ebensogut ein Werk höfischer Dichtung, als die Werke Hartmanns, Wolframs und ihrer Nachfolger[1]); nur dass der **nationale Inhalt** desselben den Verfasser vor überfeiner Manieriertheit bewahrt und ihm den Sinn für **stoffliche Bedeutendheit** wach erhalten hat, den die ritterlichen Epiker und Lyriker so vielfach über dem romanisierenden Frauendienst des dreizehnten Jahrhunderts und dem fast übertriebenen Streben nach formaler Glätte und Reinheit verloren; wie umgekehrt zu der Formvollendung der romanisierenden Dichter die Unbeholfenheit des Dichters der Nibelungen, wie sie in manchen Dingen sich zeigt, in deutlichem Gegensatze steht.

---

[1] S. Zarncke, Nibelungenfrage, Anhang I; Beiträge 216 ff.; Pfeiffer, Freie Forschung S. 37. 51 f.; Müllenhoff, Zur Gesch. der N. N. I, insbesondere S. 893 f.

Durch diesen Gegensatz zwischen der Poesie des Nibelungenliedes und der der ritterlichen Epopöie wird nun auch die Frage nach der **Entstehungszeit** des Nibelungenliedes wichtig, welche natürlicherweise mit der Frage nach dem Verfasser zusammenfällt; denn durch die Beantwortung jener Frage erhalten wir Aufschluss über die Entwicklung des Geschmacks in jener Zeit, darüber, ob die nationale Richtung als verdrängt durch die sozusagen classische romanisierende betrachtet werden muss oder als gleichzeitig mit derselben; denn dass die nationale Richtung des Geschmacks aus einer Reaction gegen die romanisierende entstanden[2]), somit später als diese wäre, diese Annahme wird durch die Altersbestimmung der Handschriften unseres Liedes von vornherein unmöglich gemacht. — Zugleich wird dadurch, dass auch das Nibelungenlied als Erzeugnis höfischer Poesie zu betrachten ist, die Frage nach seiner **Heimat** wichtig, welche ebenfalls mit der nach dem Dichter zusammenfällt; denn alsdann können wir beurtheilen, welches Land, welcher Hof etwa es war, der, gegenüber der fremdländischen Richtung der meisten deutschen Höfe und Fürsten, die nationale Richtung gepflegt hat.[3])

56.

Es gibt nur **eine** Theorie über den Verfasser unseres Liedes, welche wirklich wissenschaftlichen Werth noch jetzt besitzt, die Theorie von **Pfeiffer** und **Bartsch**. Alle vorangegangenen dürfen als veraltet betrachtet werden. Es lohnt sich aber, von den früheren Ansichten über diesen Punct zwei zu betrachten, die eine, die von **Spaun**, weil sie sich auf die breite Basis eines eigenen Buches über diesen Gegenstand stützte und ausserdem in früheren Jahren mehrere Anhänger hatte, die andere, weil sie von einem Manne ausgesprochen wurde, der in der Geschichte der Nibelungenfrage epochemachend war, von **Holtzmann**.

---

2) Wie etwa im 18. Jahrhundert die Sturm- und Drang-Poesie reagierte gegen die alexandrinisierenden Anakreontiker des 17. und 18. Jahrhunderts; wie im 19. Jahrhundert die Befreiungskriege eine nationale Reaction hervorriefen, die gegen den idealen Kosmopolitismus der reinen Schönheit in die Schranken trat.
3) Ueber Zeit und Heimat s. erst bei der Kritik.

57.

Anton, Ritter von Spaun
hat¹) die Autorschaft des Nibelungenliedes einem Manne zugewiesen, der uns durch kein litterarisches Erzeugnis bekannt ist, sondern vielmehr in der Geschichte der deutschen Poesie des Mittelalters fast die dunkelste Rolle spielt, dem **Heinrich von Ofterdingen**. Der herrschenden Ansicht gegenüber, dass der Wartburgkrieg eine Fiction und die beiden verbündet darin gegen die anderen auftretenden Sänger, Heinrich von Ofterdingen und Klinsor von Ungerland, nur mythische Personen seien, will Spaun beiden historische Bedeutung zumessen. Er setzt sich Ofterdingens Leben dergestalt zusammen. Heinrich war aus der Familie derer von Ofterdingen oder Oftheringen im Traungau geboren etwa 1160, wahrscheinlich der Sohn Adelrams von Oftheringen. Er gehörte als ritterlicher Sänger zu der Umgebung der österreichischen Herzöge Leopolds VI., Friedrichs des Katholischen und Leopolds VII., von denen der letztgenannte am 28. Juli 1230 starb. Der Wartburgkrieg, bei welchem Heinrich gegen die übrigen Sänger, welche den Landgrafen Hermann von Thüringen erheben, seinen Herzog Leopold VII. preist, fällt noch vor die Abfassung des Parcival und Titurel. Dass Ofterdingen hier für Leopold von Oesterreich Partei nimmt, hängt mit der mehr nationalen Richtung des österreichischen Hofes zusammen. Der Gesichtskreis des Nibelungenliedes — dessen Einheit Spaun mit warmen Worten verficht²) — beweist, dass dieses aus Oesterreich stammt, dessen Gegenden darin mit einem sichtlichen localen Interesse behandelt sind; auch die historischen Erinnerungen des Nibelungenliedes weisen auf Oesterreich, ebenso alle Namen desselben, welche im zwölften und den folgenden Jahrhunderten häufig als österreichische Personennamen vorkommen. Die Sprache des Nibelungenliedes ist offenbar österreichisch; denn noch heute ist eine Menge von Ausdrücken des Nibelungenliedes im österreichischen Volksdialekt erhalten.³)

---

1) „Heinrich von Ofterdingen und das Nibelungenlied", Linz 1840.
2) Seite 43 ff.
3) [Spaun citiert eine grosse Zahl von allgemein mhd. Worten; wenn sich diese in Oesterreich besonders lange erhalten haben, so beweist das nichts.]

In mehreren Gegenden Oesterreichs haben sich noch Volksweisen erhalten, welche mit der Nibelungenstrophe offenbar identisch sind.[4]

Aus allen diesen Gründen schreibt Spaun nach A. W. Schlegels Vorgange dem Heinrich von Ofterdingen die Autorschaft des Nibelungenliedes zu, ebenso die des kleinen Rosengartens, des Biterolf und der Klage, welche in ihrem Gesichtskreise viele Aehnlichkeit mit dem Nibelungenliede zeigen sollen, insbesondere in dem Hasse ihres Verfassers gegen Baiern, welcher Hass von einem Oesterreicher bei den beständigen Fehden zwischen Baiern und Oesterreich wohl zu begreifen sei.

In mehreren glänzenden Festen der österreichischen Herzöge, wie dem Empfange Friedrichs I. zu Wien durch Leopold VI. (1189), der Verlobung Kaiser Ottos mit Beatrix, der Tochter Philipps von Staufen, in Würzburg, welcher Leopold VII. anwohnte (1209), findet Spaun die Gelegenheiten, bei denen der Dichter des Nibelungenliedes Stoff zur Schilderung seiner Feste gefunden habe.

58.

Adolf Holtzmann

hat (s. o.) eine umfassend begründete Theorie über den ursprünglichen Verfasser des Nibelungenliedes aufgestellt. Da er das Gedicht Konrads fälschlich für ein deutsches hielt, so war ihm natürlich Konrad der wahre Verfasser des Liedes, welchem gegenüber der Verfasser des uns erhaltenen Liedes, auch wenn

---

[4] [S. dagegen Zeune in Hagens Germ. IV, S. 147. Die Liedermelodieen Spauns haben nicht den Rhythmus der Nibelungenstrophe, welcher gegenüber den verschiedenen Rhythmen in den von Spaun überlieferten Liedern stets folgender ist:

A. Die vorhandenen Theorieen. 225

wir gemäss unserem bei der Handschriftenfrage gewonnenen Resultate über die beiden Bearbeitungen auf eine frühere Gestalt zurückgehen, nur als Umarbeiter dasteht. Nachdem wir nun oben uns dafür entschieden haben, dass das Werk Konrads ein lateinisches gewesen sei, ist er für uns nicht mehr der Verfasser unseres Gedichts, die Untersuchung über seine Person fällt somit ausserhalb des Rahmens unserer Frage. Einen Punct aber müssen wir kurz hervorheben. Holtzmann hat seinen Konrad mit dem Kürenberger verglichen und die Identität beider wahrscheinlich gefunden. Wenn Konrad lateinisch geschrieben hat, so fällt diese Parallele natürlich weg. Sie ist aber ohnehin fehlerhaft; wir haben gar kein Recht, den Kürenberger über das zwölfte Jahrhundert hinaufzurücken; Sprache und Reime verbieten das, und schon der ganze dichterische Charakter der Kürenbergischen Strophen macht es unmöglich. Ein Minnesinger von dieser Art im zehnten Jahrhundert!

Wichtiger ist für uns, was Holtzmann über die Person des letzten Redactors, d. h. für ihn des Verfassers von C, sagt. K. Roth hat auf Rudolf von Hohenems als Verfasser des Nibelungenliedes gerathen. Holtzmann will diese Ansicht nicht theilen, weil er Rudolf für den Verfasser der Klage hält und nicht glauben kann, dass derselbe Mann beide Gedichte verfasst habe; doch führt er Einiges an, was sich zur Unterstützung der Rothischen Ansicht beibringen liesse.[1])

Wahrscheinlicher erscheint Holtzmann die Vermuthung v. d. Hagens, dass Walther von der Vogelweide das Nibelungenlied gedichtet habe. Der Dichter war ohne Zweifel ein Oesterreicher, da das alte Gedicht in Oesterreich entstanden und ohne Zweifel daselbst auch am bekanntesten war; wahrscheinlicher wird diese Ansicht noch dadurch, dass der jüngere Dichter an zwei Stellen, die in Konrads Gedicht eingeschoben sind, Wien hervorhebt.[2]) Auch aus der Sprache lässt sich Manches für österreichischen Ursprung beibringen[3]); nur ist hier die Schwierigkeit vorhanden, dass österreichische Provincialismen, da schon Konrad in Oesterreich schrieb, ebenso gut von diesem

---

1) S. Holtzmann S. 164 f. [die Gründe sind sehr unerheblich].
2) [S. Seite 170; § 44, not. 39. Der Grund fällt natürlich für uns weg.]
3) Der Reim 2056, 1. 2 *gesworn : rarn* lässt sich entweder als archaistisch oder als österreichisch betrachten; auch Walther reimt *verworren : pfarren*, woraus Lachmann auf seine österreichische Heimat schliesst.

Fischer, Nibelungenlied. 15

herstammen können.⁴) — Wenn der Verfasser des Nibelungenliedes zu finden ist, so kann nur die **Form seiner Strophe** auf denselben führen. Es gibt aber um 1200 keinen Dichter, der sich der Nibelungenstrophe bedient hätte. **Walther von der Vogelweide** allein kennt die Strophe; es findet sich im Cod. Pal. unter seinen Gedichten ein Liedchen aus fünf Zeilen, von denen die erste, zweite, dritte und fünfte mit einander die Nibelungenstrophe bilden, während die vierte in der Form ‿/‿/‿/‿/‿/ vom Dichter eingeschoben wurde.⁵) Auch die sechs oder zehn Nibelungenverse, die Walther in seinem Leich anwendet, beweisen, dass er neben dem Nibelungen**vers**, den er oft anwendet, auch die Nibelungen**strophe** kannte.⁶) Doch genügt diss und die Uebereinstimmung in manchen anderen Dingen nicht, um Walther für den Autor des Nibelungenliedes halten zu dürfen, da dieser Annahme manches Andere entgegen steht. Holtzmann will daher eine eingehende Untersuchung über den Verfasser überhaupt nicht wagen, bis eine kritische Ausgabe von C existiere.

59.

Ausser den beiden bis jetzt kurz betrachteten Theorieen Spauns und Holtzmanns¹), welche schon oben als antiquirt bezeichnet wurden, betrachten wir nur noch eine gegenwärtig sehr ausgedehnter Anerkennung und Beistimmung sich erfreuende Theorie über den Verfasser unseres Liedes, die von

Franz Pfeiffer,

welcher **Bartsch**, sie mit mehreren wesentlichen kritischen Hilfsmitteln unterstützend, beigetreten ist.²)

Den Ausgangs- und Mittelpunct in Pfeiffers Untersuchung

---

4) [Diese Schwierigkeit fällt natürlich mit der Annahme eines lateinischen Werkes Konrads vollständig weg.]

5) [Gerade, dass Walther in diesem Liedchen eine weitere Zeile einschiebt, beweist dagegen, dass er der Verfasser unseres Liedes sein könne; dieses Einschiebsel ist offenbar gemacht, um nicht gegen das Verbot des Gebrauches fremder Weisen zu verstossen; s. Pfeiffer und Bartsch.]

6) [Die Zeilen des Leichs sind vielmehr gerade im Hildebrandstone gehalten, d. h. es finden sich nur 7 mal gehobene Langzeilen; der einzige Dichter, der wirklich die Nib.-Strophe anwendet, der Kürenberger, ist für Holtzmann zu alt.]

1) Von denen die Holtzmanns gar nicht als solche ausgeführt ist.

2) Pfeiffer, Freie Forschung 1—52; Bartsch, Unters. IV (352—363).

A. Die vorhandenen Theorieen. 227

bildet die metrische Form. Die Cardinalfrage hinsichtlich der metrischen Form des Nibelungenliedes bildet das bisher immer übersehene Dilemma: entweder ist die Nibelungenstrophe eine aus dem Geiste des Volkes selbst hervorgegangene, althergebrachte, zu gewisser Zeit allgemein übliche poetische Form für das Volksepos oder doch einzelne Theile desselben; oder ist sie das Werk bewuster vorgeschrittener Kunst, das Kunstwerk eines Einzelnen. Im letzteren Falle fragt es sich dann: Wer war ihr Urheber oder Erfinder?

In ältester Zeit kannten alle Völker nur eine Art der Poesie, die epische, und diese war unstrophisch. Im deutschen Epos herrschte die achtmal gehobene Langzeile, deren Hälften durch Allitteration, später durch den Reim (die vierfüssigen kurzzeiligen Reimpaare) verbunden waren. Diese Form blieb bis auf Opitz, der den Alexandriner in die deutsche Dichtung einführte, die vorherrschende Form deutscher Poesie.

Von einer strophischen Verbindung dagegen weiss die deutsche Poesie vor dem zwölften Jahrhundert nichts (die Leiche sind übrigens strophisch). Erst im Beginne dieses Jahrhunderts taucht dieselbe auf, und zwar in Begleitung der Lyrik. Die lyrische Volkspoesie vor jener Zeit war gewiss mehr episch als lyrisch [wie es unsere Volkslieder noch heute sind]. Erst die gewaltige sociale und sittengeschichtliche Umwälzung der Kreuzzüge brachte die Einzellyrik und mit ihr die strophische Form auf, wie Lyrik und Strophe auch in der Geschichte der griechischen Poesie in ihrer Entstehung zusammenfallen.

In Deutschland herrschte nun das Gesetz, dass derjenige, welcher einen neuen „Ton", eine neue Weise fand, im ausschliesslichen Besitze derselben blieb, dass seine Weise von Anderen zwar nachgeahmt, d. h. umgestaltet und erweitert, nicht aber unverändert angewandt werden durfte. Unter der ungeheuren Masse lyrischer Gedichte vom zwölften Jahrhundert bis gegen das Ende des dreizehnten ist die widerrechtliche Aneignung eines fremden Tons ohne Beispiel; ja die öftere Wiederholung desselben Tons durch einen Dichter galt als ein Zeichen von Unkunst.[3]) Noch die Meisterschulen des vierzehnten und der

---

3) So hat Walther v. d. V. unter zweihundert Sprüchen und Liedern 100 Weisen; Nithart sagt, dass er zum Lobe seiner Herrin 60 neue Weisen gesungen habe.

folgenden Jahrhunderte beobachteten das genannte Gesetz insofern, als Niemand Meister werden konnte, der nicht eine neue Weise erfunden hatte.

Die strophische Gliederung drang aus der Lyrik alsbald auch in die **Epik** ein, zunächst und vorzugsweise in den Gedichten, welche dem Kreise der **deutschen Heldensage** angehörten. **Auch in der Epik wird eine bestimmte Strophenform stets als das Eigenthum ihres Erfinders angesehen.**

Die älteste unter allen Strophenformen der Heldendichtung ist unstreitig die **Nibelungenstrophe**. Wackernagels Ansicht von ihrem Ursprung aus dem Alexandriner ist veraltet; auch die J. Grimms und Holtzmanns, dass sie aus der altepischen Langzeile entstanden sei, ist unrichtig. Denn der epische Vers zerfällt in zwei Hälften von je vier Hebungen, die **unter sich** durch den Reim verbunden sind, während der Nibelungenvers 4 + 3 Hebungen hat und hier die **Langzeilen** durch Reime verbunden sind.⁴) Wäre nun die Nibelungenstrophe als solche aus dem Volke hervorgegangen, so wäre sie gewiss als Gemeingut Aller betrachtet worden, so gut wie die epische Langzeile. Aber diss ist nicht der Fall. Im Gegentheil — es ist bis zur Mitte des dreizehnten Jahrhunderts kein Gedicht in dieser Strophe geschrieben. Erst nach 1250, als in allen Kreisen des Lebens sich die Begriffe von Mein und Dein zu verwirren begannen, gelangte die Nibelungenstrophe, aber nicht unversehrt, sondern in der Verkürzung zu dem sogenannten Hildebrandstone, zu allgemeiner Anwendung, und zwar in solchen Gedichten, welche auch sonst den Verfall der Kunst zu erkennen geben. Aber aus der früheren Zeit, auf die es hier allein ankommt, ist kein Beispiel der Entlehnung bekannt.⁵)

Ueberall also, in der Epik wie in der Lyrik, findet sich dieselbe Erscheinung. Daraus erhellt deutlich, dass die Nibelungenstrophe kein Nationaleigenthum, sondern **Erfindung und**

---

4) Das **sporadische** Vorkommen 7 mal gehobener Verse in der alten epischen Dichtung bestätigt nur die Regel.

5) Aus der Nib.-Str. zum Theil entstanden, aber sämmtlich von ihr verschieden sind die epischen Strophen dieser Zeit, die von **Walther und Hildegund, Kudrun, Rabenschlacht** (alt), **Titurel** (nach Wolframs und seines Bearbeiters Strophenbau). Zwei weitere, wohl aus den kurzen Reimpaaren entstandene Strophen sind die von **Salman und Morolt** (12. Jahrh.) und **König Tirol** (13. Jahrh.).

Eigenthum eines Einzelnen war und als solches von den Zeitgenossen anerkannt und geachtet wurde. Dass bei diesem Verhältnis von Spielleuten, die alle unabhängig und gleichzeitig auf die Strophe gekommen wären und sie in ihren Liedern angewandt hätten, von vornherein nicht die Rede sein kann, ist vollständig klar.

Wer war nun der Erfinder der Nibelungenstrophe? Unbestrittenermaassen ist der älteste deutsche Lyriker der Kürenberger. Seine Lebenszeit ist nicht genau bestimmbar, sie mag etwa in die Jahre 1120—1140 fallen, da er jedenfalls älter ist als Dietmar von Eist, der urkundlich von 1143—1171 nachgewiesen werden kann. Leider sind von Kürenbergs Liedern nur wenige auf uns gelangt, im Ganzen fünfzehn Strophen. Ihre Form ist durchweg die der Nibelungenstrophe. Da nun der Kürenberger der einzige Dichter ist, der dieselbe gebraucht, und diese Weise die einzige, die er anwendet [nicht richtig], so muss er auch ihr Erfinder sein. Zum Ueberfluss wird diss bestätigt durch eine seiner Strophen, worin er durch den Mund seiner Dame sagt, dass er *in Kürenberges wise* gesungen habe.⁶)

Wunderbarer Weise bildet diese Strophenform im südwestlichen Deutschland ebenso in der Lyrik wie in der Epik den vielfach variierten, aber nie unverändert entlehnten Grundton. Daher wird es kein Fehlgriff sein, den Kürenberger mit dem Dichter des Nibelungenliedes zu identificieren.

Zur Unterstützung dieser Ansicht dient noch eine Anzahl weiterer Momente⁷); gegen dieselbe scheint nur Eines zu sprechen, nemlich der beträchtliche Zwischenraum von 50—60 Jahren zwischen den Strophen des Kürenbergers und dem Nibelungenliede, der sich besonders in den dort ungenauen, hier genauen Reimen zu erkennen gibt. Dieses Hindernis muss zuerst aus dem Wege geräumt werden.

Dass das Nibelungenlied in seiner jetzigen Gestalt nicht vor 1190 entstanden sein kann, ist unbestritten. 1185—1190 dichtete Veldecke seine Aeneide, in welcher er zum erstenmale die vollständige Genauigkeit des Reims zum Princip erhob. Vor ihm waren ungenaue Reime etwas ganz Gewöhnliches

---

6) Beiläufig ist diss vor dem 14. Jahrhundert das einzige Beispiel der Benennung einer Weise nach ihrem Erfinder.
7) Dieselben s. u.

und bei allen Dichtern Häufiges. Wäre also das Nibelungenlied vor 1190 gedichtet, so müsste es mehr ungenaue Reime aufweisen, als die wenigen, sporadischen, die es enthält. Aber das Nibelungenlied hat ebenso genaue Reime wie die höfische Poesie vom Ende des zwölften bis zur Mitte des dreizehnten Jahrhunderts. — Dagegen finden sich bei dem Kürenberger ungenaue Reime noch in grosser Menge.

Diese Kluft zwischen Kürenbergs Strophen und dem Nibelungenliede ist jedoch sofort überbrückt, wenn nachgewiesen wird, dass das **Nibelungenlied in seiner jetzigen Gestalt die Umarbeitung eines älteren Gedichts ist.** Und den Beweis dafür hat Holtzmann in der That geführt. Einen Punct hat derselbe aber nicht genügend betont. Das Nibelungenlied kennt nur **stumpfe** Reime; es finden sich aber in demselben sehr häufig Reime auf zwei Silben mit langer Penultima, welche stumpf gebraucht sind, da sie zwei Hebungen bilden. Wie kommen nun diese Reime in das Nibelungenlied, während schon vor Veldecke solche Reime durchweg als klingende gelten? Hiefür ist nur **eine** Erklärung möglich.

Von Otfrid bis in das zwölfte Jahrhundert gab es nur einsilbige Reime. Der klingende Reim kam erst auf nach Verflüchtigung der Endsilben. Noch Kürenberg, Dietmar von Eist, der Spervogel gebrauchen *wünne : künde* u. ä. stumpf, wie Otfrid; Dietmar und der Spervogel zugleich auch schon klingend. Von Dietmar bis Veldecke ist der klingende Reim völlig durchgedrungen.[8]) In der strophischen Epik ist es ebenso wie bei den Lyrikern. Nur das Nibelungenlied, obwohl später als die Aeneis, macht davon eine Ausnahme. Daher setzte Lachmann, der Geschichte zum Trotz, alle die genannten Lyriker nach 1170, weil bei dieser Annahme das Vorhandensein von stumpf behandelten zweisilbigen Reimen um 1190 nicht auffallend sein konnte. Aber auch diese seine Auskunft war eine trügerische; denn in Salman und Morolt, einem echt volksthümlichen Gedichte, das seine unvollkommenen Reime in eine weit frühere Zeit weisen als die Aeneis, finden sich die zweisilbigen Reime stets klingend behandelt.

Für diese auffallende Erscheinung gibt es nur **eine** Er-

---

8) In diese Zeit fallen die Lyriker: Meinloh von Sevelingen; Burggraf von Regensburg; Friedrich von Hausen; Ulrich von Gutenburg; Rudolf von Fenis; Albrecht von Johannsdorf; Heinrich von Rugge.

A. Die vorhandenen Theorieen. 231

klärung, die nemlich, **dass das Nibelungenlied die Umarbeitung eines älteren Gedichtes sei.**⁹)

Beispiele von solchen Umarbeitungen bietet unsere ältere Litteraturgeschichte in Menge.¹⁰) Grossentheils fallen dieselben noch in das zwölfte Jahrhundert, und überall gibt sich das Bestreben kund, genaue Reime an die Stelle der älteren, ungenaueren zu setzen.

Aehnlich beim Nibelungenliede. Hier wurden die reinen Reime zwar durchgeführt, aber von jenen scheinbar klingenden diejenigen, welche wenigstens genau waren, beibehalten. Dabei liegt die Vermuthung nahe, dass sich die Umarbeitung nicht auf den Reim beschränkt, sondern auf das Ganze des Gedichts bezogen habe, welches im Sinne der erwachten höfischen Poesie umgearbeitet und, wie bei jenen anderen Umarbeitungen, mit Zusätzen versehen wurde.¹¹)

Ist damit der einzige Grund gegen die Identität des Kürenbergers mit dem Dichter des Nibelungenliedes gehoben, so unterstützen mehrere Momente die Annahme derselben.

Die Gedichte des Kürenbergers, einfach und schmucklos, sind zugleich nicht Liebeslieder gewöhnlichen Schlags, sondern romanzenartige Gedichte. Aehnliche Erscheinungen von lyrisch gefärbter Epik und epischer Lyrik gewähren die Anfänge der Lyrik bei anderen Völkern. Namentlich frappiert die Aehnlichkeit zwischen Stesichoros und dem Kürenberger. Einem Dichter, dessen lyrische Gedichte so ganz epische Färbung tragen, ist auch die Kraft zu einem grösseren erzählenden Gedichte zuzutrauen.

Die Vergleichung der Sprache ergibt, so wenig Vergleichungspuncte man auch bei einer Sammlung von fünfzehn Strophen gegenüber einem Gedichte von 2400 erwarten sollte, doch mancherlei Aehnliches, weit mehr, als sich zwischen verschiedenen Dichtern zu finden pflegt.¹²)

---

9) [Ein zwingender Beweis sind diese zweisilbigen Reime nicht; in den viermal gehobenen Reimpaaren z. B., die freilich nicht strophisch gebunden sind, gelten die klingenden Reime stets für zwei Hebungen. S. auch Bartsch, Unters. S. 7 und s. o. S. 42 f.]
10) S. Pfeiffer S. 23; Bartsch a. m. O.
11) [Damit könnten Holtzmanns Athetesen, welche oben (S. 143 f. 187) als unnöthig verworfen wurden, vertheidigt und gestützt werden.]
12) Das Bild des Falken, den die Geliebte erzieht; die in der höfischen Poesie verpönten Reime von — *lich* auf — *lich*: *einen leides manen*;

Insbesondere finden sich im Nibelungenliede Stellen[13]), wo
der lyrische Ton noch ebenso hörbar durch das Epos hindurchklingt, wie der epische Ton durch die Lyrik Kürenbergs.
Gleicherweise stehen die Notizen über Kürenberg und seine
Heimat im Einklang mit der Annahme der Identität. Dass das
Nibelungenlied an der Donau, in Oesterreich verfasst ist, ist erwiesen.[14]) Ebenda, westlich von Linz, ist auch der Kürenberger
zu Haus. Unter den von 1100—1160 urkundlich erscheinenden
Mitgliedern der Familie ist es wahrscheinlich der in einer Urkunde des Bischofs Reginmar von Passau erscheinende **Magenes
von Kürenberg**, der als Verfasser der 15 lyrischen Strophen
und des Nibelungenliedes zu betrachten ist. Denn gerade Reginmar von Passau (1121—1138) war, seinem unmittelbaren Vorgänger sehr unähnlich, ein mehr weltlich als geistlich gesinnter
Herr, der einen glänzenden Hofstaat hielt und insbesondere, wie
vor ihm schon andere Kirchenfürsten, wahrscheinlich die deutsche
Poesie begünstigte oder pflegte.[15]) Zur Entfaltung dieses bewegten
Lebens mochte beitragen, dass Passau in erster Linie zu den
Städten gehörte, über welche die Kreuzfahrer ihren Weg zu
nehmen pflegten.

In Passau hatte Magenes auch die beste Gelegenheit, das
Werk Konrads kennen zu lernen; denn gegen die Angabe
der Klage von dem lateinischen Buche Konrads ist nichts einzuwenden.[16]) Ebenso unzweifelhaft, als die Existenz dieses
lateinischen Buchs ist, dass es eine der Quellen Kürenbergs
war; denn anders lässt sich die Einführung Piligrims in das
Nibelungenlied nicht begreifen. Dazu kommt, dass die **Klage**
die Nibelungensage im Ganzen genau so kennt, wie dieselbe im
Nibelungenliede dargestellt ist. Daneben muss allerdings die

---

geleben = „erleben"; *einen trûregen muot gewinnen*; *daz lant rûmen* [s.
aber Bartsch, Unters. 362]; *sich eines dinges genieten* = „sich mit etwas
gerne beschäftigen"; *vil wol versûenen*; *einem ein dinc benëmen* von
Menschen gebraucht"; *eines künde gewinnen*; *eines varwe erblüet* (= „er
erröthet").

13) Z. B. Str. 239 f.; 291; besonders aber 280—282.

14) [S. darüber unten.]

15) S. die Notiz in dem Passauer Katalog von 1254: *item Attilam
versifice.*

16) Beispiele der Aufzeichnung deutscher Heldensage in lateinischer
Prosa: Jordanes, Paulus Diaconus, die *Vita Caroli Magni et Rolandi* des
Pseudoturpinus. [Will man Konrads Werk als ein poetisches ansehen,
so bietet sich aus der Zeit Konrads der Waltharius als Parallele; s. o.]

Klage auch dieses selbst in deutscher Sprache gekannt haben; darauf weisen die Worte: *getihtet man es sit hât dicke in tiuscher zungen*.

Die Einzelheiten des Verhältnisses zwischen Kürenberg und seinem lateinischen Original lassen sich nicht mehr ermitteln. So viel aber ist sicher, dass die ganze Art, der ganze Geist der Schilderung das Eigenthum des Dichters selbst ist, da sich in diesen Dingen überall das zwölfte Jahrhundert abspiegelt.

Dass auch die grossen politisch-historischen Ereignisse dem Liede als Grundlage nicht fehlten, hat Moriz Thausing bewiesen.

Daneben fehlte es dem Kürenberger auch nicht an den für jeden grossen Dichter nothwendigen Vorgängern. Denn dass es vor dem zwölften Jahrhundert keine grösseren Epen gegeben habe, ist eine grundlose Behauptung Lachmanns, welche widerlegt wird durch das lateinische Waltharilied, das deutlich auf einem deutschen Gedicht als seiner Grundlage ruht.

Viele einzelne Züge hat dasselbe mit dem Nibelungenliede gemein. Die gefährliche Flucht Walthers und Hildegunds vergleicht sich dem Zuge der Burgunden durch Baiern, die Nachtwache der Geliebten der Volkers und Hagens; in beiden Gedichten fällt die meisterhafte Schilderung der Einzelkämpfe auf; auch der Schluss des Waltharius: *hæc est Waltharii poesis* stimmt wörtlich überein mit dem der Nibelungen: *daz ist der Nibelunge liet*.[17]) Natürlich ist die Einzelausführung im Nibelungenliede von diesem Vorbilde ganz unabhängig.

Für freie Schöpfungen des Dichters sind auch die wundervollen Gestalten Rüdigers und Volkers zu halten. Holtzmann hat[18]) ganz richtig bemerkt, dass gewiss der Dichter in dem Letzteren nur sich selbst geschildert habe, und diese Vermuthung wird durch die Stellung Kürenbergs in der deutschen Litteraturgeschichte bestätigt. In der ältesten Zeit deutscher Dichtung waren die Dichter hochangesehen. Schon seit der karolingischen Zeit jedoch zogen sich die höheren Stände mehr und mehr von der Pflege der vaterländischen Poesie zurück. Die Geistlichen aber, von da an die einzigen Pfleger der Litteratur, wollten

---

17) [Str. 2316ᵇ ist eine Plusstrophe von *C*; da aber 2316 und 2316ᵇ in *C* dasselbe enthalten, wie 2316 in *AB*, so fragt sich noch immer, ob nicht der Schluss von *C* der echtere sein könne. Unwesentlich ist die Sache jedenfalls; auch die L. A. von *AB* lässt sich mit dem Schluss des W. vergleichen.]
18) S. Holtzmann, Untersuchungen Seite 135 und s. o. S. 172.

(wenigstens vorherrschend) nichts von der national deutschen Dichtung wissen, welche daher in den Händen des niederen Volkes blieb und um dessen willen von den höheren Ständen verachtet wurde. **Der Kürenberger ist der erste adliche Dichter**, der nach langer Zeit wider erstand; was war natürlicher, als dass er in dem ritterlichen Spielmann Volker, dessen Fidel sein Schwert ist, sich selbst schildern wollte?

Dass die Nibelungen auf **höfischem** Boden entstanden sind, musten ja selbst die Schüler Lachmanns, in erster Linie Müllenhoff, zugeben, und ein Blick auf diejenigen Gedichte, welche wirklich das Erzeugnis des niederen Volkes sind[19]), bestätigt es auf das Deutlichste.

Entsprechend dem in dem Nibelungenliede strenge beobachteten Zurücktreten der Person des Dichters hat uns dieser **seinen Namen verschwiegen**; und diss blieb, im Gegensatze zu den höfisch-ritterlichen Gedichten, deren Verfasser fast nie mit der Nennung ihres Namens zurückhielten, maassgebend für alle Gedichte aus dem nationalen Sagenkreise; ein Beweis dafür, welche Spuren der Vorgang des Nibelungendichters zurückgelassen hat [s. darüber oben S. 219 f.].

60.

Pfeiffers Theorie wurde vielfach mit Freuden aufgenommen. **Zarncke** versuchte, einige Einwände gegen dieselbe geltend zu machen, doch mit wenig Glück.[1]) **Moriz Thausing** hat[2]) die Theorie zu bekräftigen gesucht, zugleich aber anstatt des Magenes von Kürenberg, den Pfeiffer als Verfasser annahm, vielmehr den in den Jahren 1140—1147 erscheinenden **Konrad von Kürenberg** für den Verfasser gehalten, aus dessen Namen vielleicht der des Schreibers Konrad in der Klage zu erklären sei, weil urkundlich Konrad von Kürenberg in der Nähe von Passau vorkomme.[3])

---

19) So: Ruother, Salman und Morolt, Oswald, Orendel, Rosengarten, Ortnit, Wolfdietrich etc.

1) Liter. Centralblatt 1863, Spalte 37 f. Wir werden unten auf Zarnckes Einwände zurückkommen.

2) M. Thausing, Nibelungenstudien. Beiträge zur Frage nach dem Dichter des alten Liedes; Wien 1864.

3) S. Bartsch, Unters. 355.

A. Die vorhandenen Theorieen.   235

Umfassendere Unterstützungsgründe für Pfeiffers Theorie hat aber

Karl Bartsch

beigebracht.⁴) Schon das ganze Ergebnis der Handschriften-Untersuchung Bartschs bestätigt Pfeiffers Theorie. Denn wenn die erstere die Entstehung des Nibelungenliedes vor das Jahr 1150 verweist, so stimmt diese Zeit auf das beste mit der Theorie Pfeiffers überein. Auch dass in dem Nibelungenliede, wie es uns vorliegt, die Umarbeitung eines älteren Gedichtes enthalten sei, hat Bartsch zwingender bewiesen, als Pfeiffer. Auch im Einzelnen hat Bartsch Pfeiffers Theorie zu befestigen und besser zu begründen gesucht.

Das Gebot der Nichtentlehnung der Töne galt schon im zwölften Jahrhundert; die zwei ältesten Lyriker, Kürenberg und Dietmar von Eist, der Zeit nach nur wenig verschieden, haben verschiedene Töne. Dass der Kürenberger durchgängig [fast] dieselbe Form gebraucht, ist ein Beweis für sein hohes Alter. Seine Lieder tragen noch das Gewand des Epos an sich und bekunden damit eine Zeit, wo Epik und Lyrik sich noch nicht formell von einander unterschieden. Mehrere Strophen Kürenbergs sind ganz erzählend gehalten, und das Nibelungenlied enthält hinwiderum viel Lyrisches. So kann es nicht auffallen, wenn ein Dichter dieselbe Form für ein Epos wie für kleine lyrische Lieder anwandte.

Wäre die Nibelungenstrophe eine Volksweise, so wäre nicht begreiflich, wie andere Dichter sich scheuten, sie anzuwenden. Das einzige Gedicht, das vor der Mitte des dreizehnten Jahrhunderts schon neben dem Nibelungenlied und den Kürenbergischen Liedern in der Nibelungenstrophe verfasst ist, ist Alpharts Tod, welcher entschieden noch dem zwölften Jahrhundert angehört, wenn er uns auch in jüngerer Umarbeitung erhalten ist. Für die Identität des Dichters des Nibelungenliedes und des von Alpharts Tod sprechen noch einige Uebereinstimmungen im Einzelnen.

Die Zeit des Kürenbergers fällt jedenfalls etwas vor die Dietmars von Eist, also etwa nicht lange vor 1150. Auf diese Zeit weisen sämmtliche freieren Assonanzen seiner Lieder, weisen auch die Assonanzen des Nibelungenliedes.⁵) Von den Cäsur-

---
4) S. Bartsch, Unters. IV (S. 352—363).
5) [Ueber das Letztere s. jedoch Seite 86 f.]

Assonanzen kommt eine, *hemede : edele*, Nib. Str. 584, 1, in den Kürenbergischen Strophen als Endreim vor; es sind diese beiden Stellen die einzigen, an denen sich dieser Reim überhaupt findet.

Die Metrik des Kürenbergers ist ganz dieselbe wie die des Nibelungenliedes. Insbesondere liebt auch jener die Nichtausfüllung der Senkung zwischen zweiter und dritter Hebung der achten Halbzeile, während andere strophische Gedichte, deren letzte Halbzeile dieselbe Zahl von Hebungen hat, diese Form weit seltener haben.[6]) Auch sonst stimmt der metrische Gebrauch Kürenbergs mit dem des Nibelungenliedes überein.

Zu den Anklängen in der **Sprache** zwischen Kürenberg und Nibelungenlied, die Pfeiffer (und Thausing) gefunden hatte, fügt Bartsch noch einige weitere hinzu.[7])

Ist das Nibelungenlied vor 1150 entstanden, so lässt sich nicht nur die oben genannte Stelle des Metellus von Tegernsee auf dasselbe beziehen, sondern auch eine beim Spervogel (MF. 26, 2 ff.):

> *do gewan er Rüedegêres muot,*
> *der saz ze Bechelâre*
> *unt pflac der marke manegen tac:*
> *der wart von sîner frumekeit sô mâre.*

Dadurch, dass der Kürenberger als Verfasser des Nibelungenliedes nachgewiesen ist, wird auch der Schluss bestätigt, zu welchem einige Formen des Nibelungenliedes führten, dass die **Heimat dieses Liedes Oesterreich** sei.

B. Kritik und Resultate.

61.

Bevor die Theorieen über den Verfasser kritisch betrachtet werden können, muss Einiges über das **Alter** und die **Heimat** des Liedes vorausgeschickt werden.

---

6) 7—10 mal fehlt beim Kür. an jener Stelle die Senkung; bei Meinloh unter 74 Zeilen nur 26 mal; in den 90 Nib.-Strophen der Gudrun 42 mal; in Walther und Hildegund unter 37 Fällen 12 mal; im Ortnit, der noch meist in der 8. Halbzeile 4 Hebungen hat, fehlt diese Senkung in den 100 ersten Strophen 5 mal.

7) S. Bartsch, Unters. 362 f.; einige Wendungen finden sich zugleich in Alpharts Tod, was die Vermuthung bestätigt, dass auch dieser ein Werk Kürenbergs sei.

Hinsichtlich des Alters haben wir bei Betrachtung der Handschriftenfrage uns für Bartschs Ansicht entschieden, nach welcher die Abfassung derjenigen Gestaltung des Gedichtes, welche den Bearbeitern *B* und *C* vorlag, ungefähr in das Jahr 1170 zu setzen ist. Einen kleineren oder grösseren Spielraum hinsichtlich dieser Zeit kann man immerhin zugeben; nur wird es gewagt sein, dieselbe weit über 1170 rückwärts zu setzen; denn das würde die verhältnismässig kleine Zahl der freien Reime, welche aus den Abweichungen der Bearbeitungen erschlossen werden können, verbieten.[1] .

Es sind aber nach Holtzmann und Bartsch Spuren vorhanden, welche auf eine noch frühere Abfassung des Gedichtes schliessen lassen.

Die beiden Conjecturen Holtzmanns, welche das Nibelungenlied von Seiten seines Wortbestandes noch über das zwölfte Jahrhundert zurückweisen würden, haben wir oben verworfen[2]); was Holtzmann sonst noch an Alterthümlichkeiten des Wortbestandes gefunden hat, hat Bartsch alles aufgezeichnet. Das Vorkommen hinterer Halbzeilen zu vier Hebungen, welches Holtzmann annahm, ist oben zurückgewiesen worden[3]); die alterthümlichsten unter den Reimen, die er in seinen „Untersuchungen" noch annhm, hat er selbst in seinen Ausgaben als Schreibfehler einzelner Handschriften entfernt.[4])

Denjenigen Punct der Metrik, welchen Bartsch als beweisend für die Abfassung vor 1150 ansieht, das Reimen von dreisilbigen Wörtern zu ungenauen Reimen, haben wir oben als nicht genügend beweisend bezeichnet.[5]) Die sprachlichen Alterthümlichkeiten findet Bartsch mit der Abfassung um 1140—1150 vereinbar; da aber in solchen Dingen doch nie sicher wird entschieden werden können, ob etwas, das als in einer gewissen Zeit gebräuchlich nachgewiesen ist, es 20—30 Jahre nachher noch war oder nicht[6]), so werden auch diese Alterthümlichkeiten uns noch nicht nöthigen, das Nibelungenlied über das Jahr 1170 hinaufzurücken.

---

1) S. Seite 70 (§ 13, not. 119).
2) S. Seite 163 f. 167 (§ 44, not. 29. 30; § 48, not. 1.).
3) S. Seite 160 (§ 44, not. 19. 20.).
4) S. Seite 158 (§ 44, not. 10.).
5) S. Seite 86 f.
6) Mit Recht sagt Holtzmann (Unters. S. 83): „man kann mit Bestimmtheit behaupten, dass ein Wort in einer gewissen Zeit gebräuchlich war, aber nie mit Sicherheit, dass es nicht mehr gebräuchlich war."

Wir gelangen mithin in diesem Puncte noch zu keiner weiteren Bestimmung, als die ist, welche das Verhältnis der Handschriften uns ergab.

62.

Die Frage über die **Heimat** des Nibelungenliedes brauchte hier nicht besonders erörtert zu werden, wenn nicht, gegenüber wohl allen anderen Gelehrten (welche sämmtlich Oesterreich als seine Heimat ansehen) Zarncke eine ganz andere Theorie darüber aufgestellt hätte.[1]) Zarncke behauptet, dass „für Oesterreich auch nicht der Schatten eines Beweises vorhanden sei"[2]), glaubt vielmehr, dass das Lied in Tirol entstanden sei oder wenigstens in einem angrenzenden Gebiete. Seine Beweise dafür sind folgende.

Auffallender Weise ist bei der Frage nach der Heimat des Nibelungenliedes der Umstand nie erwogen worden, **dass fast alle Handschriften desselben aus Tirol oder doch aus der Gegend südöstlich vom Bodensee stammen.**[3]) Dieses Zusammensein auf einem so kleinen Raume und das Fehlen im übrigen Deutschland lassen doch wohl einen Schluss auf ihre höhere Bedeutung zu.

Noch mehr aber wird der Blick auf Südwest-Deutschland und vor Allem wider auf Tirol festgehalten, wenn man auch die **Handschriften der übrigen Gedichte aus dem Kreise unserer Heldensage** in Betrachtung zieht.[4]) Alle weisen für

---

1) Zarncke, Beiträge VIII (S. 211—227).
2) Zarncke, Ausg. VI.
3) *C* und *A* waren noch gegen 1800 in Hohenems; *B* gehörte, ehe sie Tschudi erwarb, den Grafen von Werdenberg; *J* war noch 1799 Eigenthum der Grafen von Mohr (in Tirol und Graubünden); von *J* ist *h* eine alte Copie; *d* stammt aus Ambras, ihre Vorlage, das „Heldenbuch an der Etsch", weist auf Tirol; in *a* findet sich das Wappen von Montfort gemalt; nur *D* ist mit Sicherheit nicht weiter als bis Prünn an der Altmühl verfolgbar. Von den Fragmenten stammen einige nachweislich aus Tirol, die meisten aus Südwestdeutschland.
4) Von der Klage gilt natürlich dasselbe, wie vom N. L.; Biterolf und Gudrun sind nur in der Nib.-Hs. *d* enthalten; Dietrichs Flucht weist entweder nach Ambras (Hs. *d*), nach Steiermark (Windhager Hs.) oder nach Heidelberg (über die Abkunft der Heid. Hs. ist nichts bekannt); von Alpharts Tod, von Walther und Hildegund wissen wir nichts Näheres. Von Waltharius, Ortnit und den Wolfdietrichen, sowie vom kleinen Rosengarten weisen die älteren Hss. in jene Gegend; es ist kein

die ältere Zeit fast ausschliesslich an den Bodensee, nach Tirol und den angrenzenden Gegenden der Schweiz und Steiermarks. Dieselben Gegenden nun, wo die hauptsächlichsten Handschriften gefunden sind, sind zugleich diejenigen, in denen der Hauptstock der **Dietrichssage** wurzeln muss. Freilich war diese Sage auch anderwärts verbreitet genug, aber gepflegt wurde sie sicher ganz besonders in jenen Gegenden. Zugleich ist der Erwähnung werth, dass **Piligrim von Passau** wahrscheinlich ein Tiroler war.

Das Nibelungenlied, wie die meisten, mindestens alle älteren Gedichte der Heldensage, war offenbar für **vornehme Kreise** bestimmt. Diss beweisen nicht nur die kostbaren Handschriften und ihre Fundorte, sondern noch mehr das Gedicht selbst, welches überall eine Kenntnis der ganzen Hof-Etikette und Interesse an Aeusserlichkeiten bekundet.

Kaum aber wird man sich solche nationale Epen in denselben Gegenden ausgebildet und beliebt denken dürfen, in denen die höfischen, romanisierenden Epen entstanden und tonangebend waren. Die Gedichte aus dem Kreise der deutschen Heldensage zeigen nicht nur eine Reihe von übereinstimmenden Eigenthümlichkeiten, sondern sie sind auch in jenen Kreisen augenscheinlich wenig bekannt geworden. Wir müssen also für sie eine von dem Verkehr der deutschen Höfe und Dichter **abgelegenere** Heimat annehmen. Diese wird weder der Rhein, noch Thüringen, noch Oesterreich sein; somit bietet sich keine Gegend mit grösserer Wahrscheinlichkeit, als jene in den südlichen Bergen Deutschlands, *in montanis*, welche von jeher, wie auch beinahe noch jetzt, eine isolierte Stellung einnahm.

Es wird aber gewöhnlich die Heimat des Liedes nicht in Tirol, sondern in **Oesterreich**, d. h. in den **Donaugegenden unterhalb Baierns**, gesucht.

Lachmann lässt in Oesterreich nur einen Theil des Gedichtes entstanden sein, den nemlich, welcher die Reise Kriemhilds und die der Burgunden enthält, weil sich hier eine locale Kenntnis der Donaugegenden verräth.

Seine Schule hat dieses Resultat auf das ganze Gedicht als wahrscheinlich ausgedehnt. Aber der genannte Grund Lachmanns

---

Grund zu zweifeln, dass alle (vom Waltharius weiss man es) dort entstanden sind. Ebenso **Sigenot**, **Ecke**, **Drachenkämpfe** und **Goldemar**. Dem **König Ruother**, allerdings nicht seiner Hs., ist Tirol als Heimat nicht abzusprechen [?]

ist nicht von durchschlagendem Gewichte. Denn der Dichter zeigt sich überall wohl zu Hause, wo er die Localitäten genauer schildert; wo er diss nicht thut, muss das nicht aus Localunkenntnis stammen. Dass die Geographie des Niederrheins unklar gelassen ist, ist kein Wunder: dieses ganze Land erscheint in der Sage als ein fabelhaftes, und überdiss konnte ein deutscher Dichter ganz wohl am Niederrhein gänzlich unbekannt sein. Alle Dichter fast ohne Ausnahme gehören zu den *varnden liuten*, und so musten ihnen die Hauptstrassen wenigstens Oberdeutschlands wohl bekannt sein.

Dagegen lässt Lachmann die **Zusammensetzung** seiner **Lieder am thüringischen Hofe zu Eisenach** vor sich gehen; es soll aber die erste Strophe des Gedichtes österreichischen Ursprungs sein und ebenso die „Ueberarbeitung" C.

Was spricht nun etwa für **Thüringen**?

Nach Lachmann das in *A* häufig erscheinende[5]) Wort *end* für *e*, die Form *her* für *er* und die Form *uns* statt *unser*, die noch heute plattdeutsch ist. Allein die beiden ersten Formen sind nicht speciell thüringisch[6]), sondern ebensogut oberdeutsch, die Form *uns* dagegen hat Lachmann selbst erst ohne alle Noth in den Text gesetzt.[7])

Die Sprache des Nibelungenliedes gewährt überhaupt sehr wenige Anknüpfungspuncte für Dialectfragen, da das Fehlen von klingenden Reimen viele Gelegenheiten dafür entzieht. Soweit wir aber die Sache beurtheilen können, entspricht sie vollständig der (schwäbischen) Schrift- und Hofsprache, die sich gegen 1200 gebildet hatte.[8]) Für die Anknüpfung an **Oesterreich** dagegen finden sich **gar keine Gründe**. Dagegen wollte man solche für einen grossen Theil der anderen Heldengedichte finden, namentlich in der Setzung von *ou* statt rein mhd. *û*, auch schon von *ei* statt *î*. Diese Abweichung kommt dem österreichischen

---

5) [S. Seite 16 f. (§ 6, not. 31).]

6) *end* begegnet im Mitteldeutschen gar nie, weist vielmehr eher auf Süddeutschland; *her* für *er* kommt ebenso wohl im Oberdeutschen vor, auch ist in *A* an den betreffenden 2 Stellen wahrscheinlich ein Schreibfehler vorhanden.

7) 934, 2 BC: *ez hât nu allez ende unser sorge unt unser leit*, A: *e. h. n. a. e. an uns, sorge unde leit*, Lachmann: *e. h. n. a. e. uns sorge unde leit*; 1580, 3 ist *uns* entstanden aus der Abbreviatur *unſ* = *unser*.

8) Das Wort *beic* ist nur in **Schwaben** nachzuweisen; die Form *end* = *ë-end* weist auf **Tirol oder Steiermark**.

Dialecte seit dem elften und zwölften Jahrhundert entschieden zu, ist aber nicht specifisch österreichisch, sondern vielmehr allgemein **bairisch**, spricht also nicht gegen die Abstammung jener Gedichte aus **Tirol**, da Tirol sowohl bairische als schwäbische Bevölkerung hatte.⁹) Dem Dichter des Biterolf ist seine steiermärkische Heimat nicht abzusprechen; die Eigenthümlichkeiten der Sprache, wegen welcher er mit dem der Klage identificiert worden ist¹⁰), erstrecken sich auf alle Gedichte dieses ganzen Kreises. Sie werden auch von **allen** Nibelungenhandschriften getheilt; Tirol ist also als Heimat auch der Ueberarbeitung in der vulgata zuzuweisen. Denn der Verfasser der vulgata ist, wie die Fehler *Waskenwalt* statt *Otenwalt*, *Zeizenmûre* statt *Treisenmûre* beweisen, **weder** am Rhein **noch** an der Donau bekannt¹¹); der von *C* dagegen weiss an beiden Orten Bescheid, ist also keinem von beiden zuzuweisen.

63.

Die Gründe Zarnckes, mit so viel Geschick dieselben auch vorgebracht sind, beweisen doch nicht zwingend.

Das Vorkommen der Handschriften des Nibelungenliedes und der anderen Gedichte der deutschen Heldensage ist doch nicht gerade auf Tirol und seine Umgegenden **beschränkt**; auch das **Ueberwiegen** der süddeutschen Fundorte kann nicht allzuviel beweisen. Wie viele Beispiele haben wir davon, dass Handschriften, besonders solche von grösserem Werthe, von ihrem Besitzer ausgeliehen und so an mehreren anderen Orten abgeschrieben und vervielfältigt wurden! Dabei mochte nicht selten — und auch davon liegen Beispiele vor — eine Handschrift an einem Orte liegen bleiben, vielleicht aus Zufall, vielleicht auch aus Absicht ihrem ersten Besitzer für immer entfremdet werden. Dem Schlusse, den Zarncke aus den Fundorten der Handschriften zieht, dass die südlichen Gegenden Schwabens und Baiern, durch ihre gebirgige Lage schon dem

---

9) Die Grenze zwischen beiden bildeten Lech und Etsch.
10) *e : ë, ö : uo, c : ch, g : b, m : n, Hagene : dëgene; kleit = klaget;* rührende Reime; *stên, gên;* pte. prs. auf *unde;* der Wechsel der Formen *handen* und *henden, suone* und *süene, mahte* und *mohte;* schwankende Declination der Eigennamen.
11) [S. aber Seite 92.]

grossen Weltverkehr ferne stehend, die Pflegstätten nationaler
Dichtung gewesen seien, lassen sich nicht allein die Behauptungen
Spauns, Müllenhoffs und Pfeiffers einfach gegenüberstellen, dass
der österreichische Hof es gewesen sei, der die nationale
Epik mit warmer Theilnahme gepflegt habe; es lässt sich auch,
und wohl nicht mit Unrecht, behaupten, dass Oesterreich, als
der Schauplatz oder wenigstens der Vorhof des grossen nationalen
Dramas der Ungarnkriege des elften Jahrhunderts, mindestens
ebenso gut zur Pflege nationaler Dichtung angethan gewesen
sei, als Tirol, der Durchzugspass der nicht eben in nationalem
Sinne unternommenen und ausgeführten Römerzüge und die
nächste Berührungsstätte zwischen italiänischem und deutschem
Wesen, das in dem Etschthale, einer alten und neuen Völker-
strasse, in einander überspielte. Ja, wenn wir oben mit Recht
das Nibelungenlied in der ältesten für uns nachweislichen
Gestalt etwa in das Jahr 1170 gesetzt haben, so ist diss eine
Zeit, wo die romanisierende Dichtung kaum im Entstehen be-
griffen war, welche nachher die Höfe des Rheinlands, Thüringens
und Oesterreichs[1]) beherrschte, wo also ganz wohl eine echt
nationale Richtung, angeregt durch die Ungarnkriege des ver-
gangenen Jahrhunderts, die ihre Spuren noch lange in gegen-
seitigem Nationalhass zurückliessen, am Hofe zu Wien tonangebend
sein konnte.

Ist nun von dieser sozusagen culturgeschichtlichen Seite gegen
die Entstehung des Gedichtes in Oesterreich gar nichts beizu-
bringen, so lässt sich von Seiten der Sprache des Nibelungen-
liedes, die ein sehr reines Mhd. ist, von unserem Standpunct
aus schon deswegen nicht viel beweisen, weil uns das Nibe-
lungenlied nur in Ueberarbeitungen enthalten ist, etwaige Pro-
vincialismen desselben also auch den Bearbeitern zukommen
könnten. Aber auch die Sprache der Bearbeitungen gibt nach
keiner Seite hin einen Ausschlag; die Meisten sehen sie als
österreichisch, Zarncke als schwäbisch (oder bairisch) an; die
Wahrheit wird darin liegen, dass sie keines von beiden ist,
sondern ein reines Mhd., wie es sich, sei's nun aus dem
Schwäbischen, Fränkischen oder Oesterreichischen, gegen 1200
hin als Schriftsprache der Gebildeten entwickelte.[2])

---

[1]) Gegen das letztere s. jedoch Müllenhoffs Ausführungen.
[2]) Interessant ist, was A. Zeune sagt („Ist Heinrich von Ofterdingen
Verfasser der Nibelungen-Noth", in Hagens Germ. IV, 141—147): „Was die

Die Untersuchung über die Heimat des Nibelungenliedes führt somit an sich zu keinem positiven Ergebnis; wir dürfen also im Folgenden die Untersuchung über den Verfasser ohne Rücksicht auf diese Frage aufnehmen.

64.

Die vor Pfeiffer versuchten Theorieen über den Verfasser des Nibelungenliedes dürfen wir als antiquiert und mit unserem aus der Handschriftenfrage gewonnenen Ergebnis unvereinbar kurz abhandeln.

Merkwürdig ist, warum, so lange man das Nibelungenlied um 1200 entstanden glaubte, so selten auf Wolfram von Eschenbach gerathen wurde. Wolfram ist von allen höfischen Dichtern derjenige, der auf inneren Gehalt der Dichtung und des Stoffes am meisten sieht, die äussere Form am meisten vernachlässigt: ebenso ist die Grösse des Nibelungenliedes gegründet nicht auf seine häufig unbeholfene Form[1]), sondern auf die Colossalität seines Stoffs. Wolfram war überdiss (s. Bartsch, Unters. 368) ein Kenner und Verehrer der deutschen Heldensage[2]), war es also nicht naheliegend, ihm die Autorschaft des Nibelungenliedes zuzuschreiben? — Natürlich scheitert diese Annahme von vornherein an unserer Zeitbestimmung; ist das Nibelungenlied spätestens um 1170—1180 (jedenfalls noch vor 1180) gedichtet, so müsste Wolfram, wenn wir ihn auch das Lied schon mit 20—30 Jahren dichten liessen, seinen Willehalm mit 60—80 Jahren, ja am wahrscheinlichsten mit über 70 Jahren gedichtet haben.

Nicht besser steht es mit der Theorie Spauns. Ganz abgesehen von der Frage, ob Ofterdingen eine historische oder eine mythische Person sei[3]), ob der Wartburgkrieg wahr oder erdichtet

---

Sprache unseres Liedes betrifft, welche Ritter v. Spaun [dessen Buch Zeune l. c. recensiert] ganz für Oesterreichisch erkennt, so hat dieselbe Braun ganz für Mainzisch erklärt, und Herr A. W. v Schlegel erzählte mir, dass ein Mädchen in Solothurn im Nib.-Liede, das er immer bei sich geführt, gelesen und alles für gut Schweizerisch gehalten habe. Wo ist nun das echte Schiboleth?"

1) Dahin auch die häufigen unreinen Reime Wolframs parallel denen des N L.

2) Spaun macht ihn (S. 22—24) unbegreiflicher Weise zu einem Gegner derselben, nur um Ofterdingen und Klinsor, denen Wolfram im Wartburgkriege feindlich gegenübertritt, als historische Personen halten zu können.

3) Das Letztere ist denn doch das Recipierte.

sei, ist Ofterdingen jedenfalls für den Dichter des Nibelungenliedes zu jung. Spaun setzt seine Geburt um 1160, und weiter zurückzugehen, verbietet schon Spauns Datierung des Wartburgkrieges, welcher jedenfalls in Leopolds VII. Zeit fallen muss (also nach 1198), wenn er überhaupt historisch ist. Spaun aber will selbst Heinrich von Ofterdingen als jungen Mann dabei auftreten lassen. Entweder also hat Ofterdingen das Nibelungenlied gedichtet: dann müsste er bei dem Wartburgkriege über 60 Jahre alt gewesen sein; oder war er bei dem letzteren nicht über 40—50 Jahre alt, so müsste er das Nibelungenlied mit 10—12 Jahren gedichtet haben!

Auch was Holtzmann beigebracht, freilich selbst als sehr problematisch bezeichnet hat, ist unmöglich. Denn Rudolf von Ems und Walther sind beide viel zu jung, als dass sie schon um 1170 gedichtet haben könnten.

65.

Pfeiffers Theorie ist demnach die einzige, die uns noch übrig bleibt; und sie ist auch eine entschieden befriedigende, in sich selbst an keinem Widerspruche leidende. Von zwei Seiten sind Einwände gegen dieselbe erhoben worden, von Zarncke im „Literarischen Centralblatt" 1863, Spalte 37 f., von Julius Zupitza in einem Programm von Oppeln, „Ueber Franz Pfeiffers Versuch, den Kürnberger als den Dichter der Nibelungen zu erweisen", 1867. Zupitzas Schrift hat eine eingehende Erwiderung gefunden durch Bartsch in Pfeiffers Germania XIII, 241—244. — Die Betrachtung der Einwände Zarnckes und Zupitzas wird uns zugleich Gelegenheit geben, die Hauptpuncte der Frage und Theorie selbst ins Auge zu fassen.

Zarncke stellt Pfeiffers Theorie „nicht als unhaltbar, sondern nur als eine Reihe nicht unmöglicher Möglichkeiten" hin. Sieben Puncte findet Zarncke von Pfeiffer nicht bewiesen.

1) „Hat Pfeiffer nicht bewiesen, dass das Nibelungenlied eine Umarbeitung sei." — Holtzmanns und Pfeiffers Gründe dafür waren allerdings nicht die stärksten, allein Bartsch scheint uns denn doch diese Umarbeitung unwiderleglich bewiesen zu haben.[1]) Daher fällt dieser Einwand Zarnckes für uns weg.

---

[1]) S. auch Bartsch in Pf. Germ. XIII, 229, wo er mit Recht Zarncke vorhält, dass derselbe nach dem Erscheinen von Bartschs „Untersuchungen" seine Einwände von 1863 unverändert geltend gemacht habe.

2) „Hat Pfeiffer nicht bewiesen, dass das Nibelungenlied in Oesterreich entstanden sei." — Diese Frage haben wir oben selbst als nicht sicher zu entscheiden bezeichnet; sie wird daher erst beantwortet werden können, wenn über den Verfasser etwas entschieden sein wird.

3) „Hat Pfeiffer nicht bewiesen, dass in der ersten Hälfte des zwölften Jahrhunderts dieselbe Pedanterie in Beziehung auf die Töne geherrscht habe, wie später." — Pfeiffer hat seinen Dichter in die Jahre 1120—1140, Bartsch in die Jahre 1140—1150 versetzt; nehmen wir das Letztere an, so ist die Entstehung des Nibelungenliedes in eine Zeit gerückt, wo wir neben und gleich nach dem Kürenberger schon Dietmar von Eist in einem anderen Tone dichten sehen. — Und ist nicht *a priori* wahrscheinlich, dass in der Zeit, wo die kunstreiche Strophenform erst aufkam, das Eigenthum eines Dichters, sein Anrecht auf eine Strophenform, die noch dazu in jener Zeit häufig die einzige war, die derselbe Dichter anwandte, die noch dazu zugleich eine besondere, vom Dichter selbst zu erfindende, Melodie hatte, noch strenger gewahrt worden sei, als später? Auch dieser Einwand Zarnckes darf fallen.

4) „Hat Pfeiffer nicht bewiesen, dass die Sitte der Nichtentlehnung auch in der Epik geherrscht habe." — Nun, Pfeiffer hat dafür genug Beispiele aus früher Zeit angeführt; wenn wir den Alphart ebenfalls dem Dichter des Nibelungenliedes zuschreiben[2]), so können wir Zarnckes Einwurf als völlig unberechtigt zurückweisen.

5) „Hat Pfeiffer nicht bewiesen, dass diese Sitte auch bei dem Uebergang von der Lyrik in das Epos geherrscht habe." — Wir werden sagen müssen (s. Punct 3), in der ersten Zeit, wo die Strophenform, bisher nur lyrisch, auch für das Epos verwendet wurde, werde sie gewiss noch mehr als Erfindung, als Eigenthum des Dichters betrachtet und geachtet worden sein.

Meint aber Zarncke diesen Einwurf so, dass es nicht zu beweisen sei, dass ein Dichter zum Behuf epischer Dichtung eine von einem anderen für lyrische Gedichte benutzte Strophe nicht habe entlehnen dürfen, so wird zuzugestehen sein, dass diss nicht bewiesen ist, dass es überhaupt schwer beweisbar ist; doch darf darauf hingewiesen werden, dass in der That ausser der

---

2) S. oben § 60, not. 7. S. übrigens den Nachtrag.

Nibelungenstrophe sich keine epische Strophe in der Lyrik verwendet findet oder umgekehrt.

6) „Hat Pfeiffer nicht bewiesen, dass die *Kürenberges wise* die Nibelungenstrophe sei; denn die Ueberschrift der Pariser Handschrift, welche die fünfzehn Strophen dem Kürenberger zuschreibt, ist gewiss nicht echt, sondern wohl aus der Nennung von *Kürenberges wise* in einer dieser Strophen entstanden." — Ueber diesen Punct s. u. bei Zupitza.

7) „Hat Pfeiffer nicht bewiesen, dass Kürenberg, ähnlich wie Stesichoros zugleich Lyriker und Epiker, der Begründer des höfischen Gesanges gewesen sei." — Das ist nun eben der wesentliche Inhalt der Pfeifferischen Untersuchung. Dass Kürenberg der erste Lyriker und zugleich der erste höfische Dichter ist, den wir kennen, steht einmal fest; so lange Zarncke keinen Vorgänger des Kürenbergers nachweisen kann, wird auch gelten müssen, dass er für uns der Begründer der höfischen Poesie ist.

Will Zarncke etwa darin eine Schwierigkeit finden, dass ein Dichter dieselbe Form für Epik und Lyrik verwendet haben soll, während doch innerhalb der höfischen Lyrik selbst derselbe Dichter sich so vieler und verschiedener Strophenformen bedient habe, so ist zu entgegnen: die erste Zeit strophischer Dichtung hatte noch nicht den Reichthum an metrischen Gebilden erzeugt, noch nicht die Beweglichkeit in der Handhabung solcher gewonnen, welche die Lyrik eines Walther schon im höchsten Grade entwickelt zeigt. Kürenberg hat mit einer leichten Modification immer einen und denselben Ton. So mochte in jener Zeit ein Dichter füglich dazu kommen, eine von ihm in lyrischer Dichtung verwendete Form auch auf das Epos zu übertragen. Und davon abgesehen, — auch unsere grossen Dichter des achtzehnten Jahrhunderts, denen der Weisen genug zu Gebote standen, haben dieselben Formen, die sie für epische Dichtung benutzten, auch in der Lyrik mehrfach verwendet; und was sie gethan, sollte einem Dichter des zwölften Jahrhunders abzusprechen sein?

So erledigen sich, wie uns scheint, alle Einwände Zarnckes ganz einfach. Ebenso die Einwände Zupitzas.

Zupitza ist Lachmannianer.[3]) Da er also das Nibelungenlied für eine Sammlung von Volksliedern, seine Strophe für eine Volksweise halten muss, so gibt er zwar vollständig zu, dass schon im zwölften Jahrhundert die Entlehnung eines Tons

---

3) S. z. B. Pfeiffers Germania XIII, 455. 456.

unerlaubt gewesen sei, will aber von diesem Gesetze die Nibelungenstrophe ausgenommen wissen „aus irgend einem Grunde, der uns nicht zu kümmern braucht". Als Beweis dafür, dass die Nibelungenstrophe jenem Gesetze nicht unterworfen gewesen, führt Zupitza den Alphart und den Ortnit an, welche beide in der Nibelungenstrophe verfasst sind und von denen der letztere um 1220—1230, der erstere aber, nur in einer späten Umarbeitung erhalten, noch im zwölften Jahrhundert geschrieben sein soll. Bartsch hat in seiner oben genannten Recension von Zupitzas Schriftchen auf diesen Einwand mit Recht Folgendes erwidert.

Für die Behauptung, dass die Nibelungenstrophe von dem Gesetze der Nichtentlehnung ausgenommen gewesen sei, ist es zunächst nothwendig, den Grund dieser Ausnahme zu finden; das hat aber Zupitza nicht gethan. Ueberhaupt ist es eine leere Behauptung der Lachmannischen Schule, dass die Nibelungenstrophe im zwölften Jahrhundert die herrschende Form des epischen Volksliedes gewesen sei. Denn diese Behauptung, die sich auf gar nichts gründet, als auf die Liedertheorie Lachmanns, ist in keiner Weise zu belegen. Der Alphart gehört allerdings in seiner ursprünglichen Gestalt dem zwölften Jahrhundert an; allein er ist uns nur in einer späten Umarbeitung erhalten, und so gut als Lachmann die Klage als Umarbeitung eines strophischen Gedichtes betrachtet[4]), ebenso gut kann der Alphart als Umarbeitung eines ursprünglich in anderer Form abgefassten Gedichtes betrachtet werden. Aber wenn der Alphart (was Bartsch glaubt) in derselben Form mit dem Nibelungenliede verfasst war, so beweist diss nichts weiter als die Identität der Verfasser, welche durch nichts widerlegt, ja durch einige trotz der beiderseitigen Umarbeitung noch erhaltene Aehnlichkeiten nahe gelegt wird. Der Ortnit beweist nichts; denn mag er auch um 1220—1230 schon verfasst sein, so würde damit die Zeit, in welcher die Entlehnung von Weisen begonnen, um etwa 20 Jahre rückwärts geschoben, aber nicht bewiesen, dass, was um 1230 galt, auch um 1190 oder früher gegolten habe.

Ein zweiter Einwand Zupitzas ist der, dass die Kürenbergischen Strophen nicht von einem, sondern von drei Verfassern herrühren. Diss gründet sich darauf, dass in mehreren der 15 Strophen eine (nach Zupitza mehrere) Dame redend eingeführt

---

[4]) Worin Bartsch nicht mit Lachmann übereinstimmt; s. Bartsch, Unters. 334 ff.

wird. Allein, erwidert Bartsch mit Recht, dieses Einführen einer anderen Person als redender ist bei der epischen Art der älteren Liederdichtung in den Gedichten der Lyriker des zwölften Jahrhunderts nicht selten, damit also die Einheit des Verfassers der 15 Strophen nicht widerlegt.

Ferner behauptet Zupitza, dass gar keine Nöthigung vorhanden sei, aus dem Titel der Pariser Handschrift auf den Kürenberger als Verfasser zu schliessen; vielmehr habe der Schreiber jener Handschrift diesen Namen nur aus der Nennung der Kürenbergsweise in einer der Strophen entnommen. Letzteres, entgegnet Bartsch, ist möglich, aber nicht nothwendig, ja es ist gezwungen. Die betreffende Strophe lautet:

Ich stuont mir nehtint spâte an einer zinne (n):
dô hôrte ich einen ritter vil wol singen
in Kürenberges wîse al ûz der menegin.
er muoz mir diu lant râmen, ald ich geniete mich sin.

Dass die Dame, die hier spricht, eine *unzuht* begehe, indem sie ihres Geliebten Namen nennt, wie Zupitza meint, ist falsch; denn der Dichter spricht ja durch den Mund eines Anderen, legt die Strophe in den Mund seiner Geliebten; und seinen eigenen Namen in einer einem Anderen in den Mund gelegten Rede zu nennen, galt nie für unschicklich. Auch ist die einzig richtige Auffassung der Strophe die, dass die Dame mit *Kürenberges wîse* wirklich die ihres Geliebten meint. „Die Frau steht", sagt Bartsch, „bei später Nachtzeit an der Zinne und hört einen Ritter singen; der Ritter ist, wie aus der vierten Zeile sich ergibt, der Mann, den sie liebt. Sie kann ihn nicht sehen, aber sie erkennt ihn an der Weise, die er singt, und diese Weise ist Kürenbergs Weise; die einzig natürliche Auffassung der Stelle ist also: der Ritter, den sie singen hört, muss der Kürenberger sein, die Liebende erkennt ihn an der von ihm gesungenen Weise. Welchen Sinn hätte sonst überhaupt hier die Nennung einer bestimmten Weise, wenn es nicht die Weise des geliebten Ritters ist, die sie nicht zum ersten Male heute vernimmt, die sie im Dunkel der Nacht ihn aus der Menge heraus erkennen lässt! Es wäre sonst wahrlich die Situation wenig geeignet für die liebende Frau, ihre litterarischen und musikalischen Kenntnisse anzubringen." Ist aber der Ritter, den die Dame meint, wirklich der Kürenberger, so ist aller Grund vorhanden, die in 13 unter den 15 Strophen erhaltene, in 2 nur durch Einfügung einer

Halbzeile modificierte Strophenform unter der Kürenbergsweise zu verstehen.

Der Gegner der Pfeifferischen Hypothese, sagt Bartsch, hat also, um diese zu widerlegen, nachzuweisen,
1) dass die Nibelungenstrophe im zwölften Jahrhundert die herrschende Form des Volksliedes gewesen,
2) warum sie gerade von dem Gesetze der Nichtentlehnung ausgenommen gewesen,
3) wie die auffallende Aehnlichkeit in Einzeldingen zwischen den Kürenbergischen Strophen und dem Nibelungenliede zu erklären,
4) dass Bartschs Theorie, nach welcher das Nibelungenlied aus einer um die Mitte des zwölften Jahrhunderts entstandenen Gestalt umgearbeitet ist, falsch, und
5) dass das Nibelungenlied nicht in Oesterreich entstanden sei.

Ist diss alles nicht nachzuweisen, so sind die Gründe für die Identität des Kürenbergers mit dem Verfasser des Nibelungenliedes zu stark, als dass nicht Pfeiffers Theorie als höchst wahrscheinlich anzunehmen wäre.

66.

Wollen wir in der Kürze den Versuch machen, die Beweise, welche Bartsch seinen Gegnern zugeschoben hat, zu führen, so wird sich zeigen, dass sich dieselben nicht führen lassen, dass somit Pfeiffers Theorie mindestens nicht widerlegbar ist.

Punct 1) und 2) fallen zusammen: wenn die Nibelungenstrophe eine Volksweise war, so war es wohl unbedingt Jedermann erlaubt, von ihr Gebrauch zu machen.

Aber war sie das? Man kann dafür anführen, dass nicht nur die vielen Variationen der epischen Strophen grossentheils auf die Nibelungenstrophe zurückgehen, welcher somit eine grosse Bekanntheit im zwölften und dreizehnten Jahrhundert zuzuschreiben ist, sondern dass die einfachste aller dieser Variationen, der Hildebrandston, im dreizehnten Jahrhundert und später wirklich als Volksweise auftritt. Allein sicher ist daraus nicht zu schliessen, dass schon die Nibelungenstrophe dem Volksgesang entstamme. Denn es lässt sich die Bekanntheit der Strophe einfach ableiten aus dem bedeutenden Gehalte des Liedes, dessen Verbreitung die grosse Zahl seiner Handschriften schon in früher Zeit beweist. Pfeiffers und Bartschs Beweisführung, dass, wenn die Nibelungenstrophe eine Volksweise gewesen wäre, sie gewiss mehrfach unveränderte∙ Anwendung gefunden hätte, ist um so stichhaltiger, als die Verfasser der Gedichte, in welchen die Strophe modificiert erscheint, mit nichten lauter Heroen der Dichtkunst sind. So glauben wir, dass der Beweis für den volksthümlichen Ursprung der Strophe nicht zu erbringen ist. — Punct 3) vollends spricht gewiss deutlich für Pfeiffers Theorie und bildet die positive Ergänzung zu der negativen Beweisführung aus dem Nichtentlehnungsgesetze, falls die letztere nicht stichhaltig erscheinen sollte. — 4) Bartschs Handschriftentheorie zu widerlegen ist bis jetzt Niemand gelungen, ebensowenig 5) einen nichtösterreichischen Ursprung des Liedes zu erweisen.

Mit dem Angeführten sind, so scheint uns, alle Gründe gegen Pfeiffers Theorie aufgehoben. Wir haben dagegen alle Ursache, diese Theorie als eine mit allen bis jetzt gewonnenen Resultaten trefflich übereinstimmende vollkommen zu adoptieren. Schon die Annahme, dass das Nibelungenlied in der Gestalt, die den Bearbeitern *AB* und *C* vorlag, um 1170 entstanden sein muss, weist dasselbe in eine Zeit, die der des Kürenberges nahe steht. Wenn Pfeiffer Magenes, Bartsch Konrad von Kürenberg als Verfasser nennt, so glauben wir, dass es unwesentlich ist, ob ein bestimmter anderweitig bekannter Kürenberger als Verfasser angenommen oder ob diese Frage offen gelassen wird; sichere Beweise fehlen ja hier gänzlich.

Es erhebt sich nun die Frage: ist jene von Bartsch angenommene erste Umarbeitung um 1170 nothwendig, oder kann das Nibelungenlied selbst in dieser Zeit entstanden sein? Es wird die Beantwortung dieser Frage keine sichere sein, weil nicht zu erweisen ist, ob Magenes von Kürenberg oder Konrad oder keiner von beiden als Verfasser des Nibelungenliedes anzusehen ist. Nähmen wir das Erstere an, so würden wir über Bartschs Annahme nicht hinwegkommen können; nehmen wir das Letztere an oder überhaupt die Abfassung der lyrischen Strophen um 1140—1150, so wird dieselbe immer noch möglich, aber nicht nothwendig geboten und der Einfachheit der Lösung wegen eher zu verwerfen sein; denn der Dichter, der um oder vor 1150 lyrische Gedichte sang, kann gar wohl um 1170 (vielleicht dürfen wir das Nibelungenlied etwas früher setzen) im Mannesalter ein grosses Epos verfasst haben. Sicher wird die Sache nicht zu entscheiden sein.

67.

Resultate.

In gedrängter Uebersicht sind die Resultate dieser letzten Untersuchung folgende:

1) Der Verfasser der 15 unter dem Namen des Kürenbergers auf uns gekommenen Strophen und der des Nibelungenliedes sind identisch; denn es ist kein Grund zu finden, warum die Nibelungenstrophe von dem schon im zwölften Jahrhundert allgemein giltigen Gesetze der Nichtentlehnung der Töne eine Ausnahme gemacht haben sollte.

2) Ob der Dichter Magenes oder Konrad von Kürenberg oder keiner der historisch bezeugten Kürenberger ist, lässt sich nicht nachweisen.

3) Im ersteren Falle ist eine um 1170 gefertigte erste Umarbeitung des Gedichtes anzunehmen, im zweiten Falle ist diese Annahme nicht nothwendig; das Letztere ist wohl zu bevorzugen.

4) Der Dichter benutzte zu seinem Werke das im zehnten Jahrhundert lateinisch verfasste Buch des Schreibers Konrad.

5) Der Wohnsitz des Dichters ist wohl der Kürenberg oberhalb Wilhering, westlich von Linz; das Gedicht ist also in Oesterreich entstanden, wo die nationale Sage, ehe die romanisierende Richtung gegen das Ende des zwölften Jahrhunderts eindrang, Pflege gefunden hat, angeregt durch die Ungarnkriege des elften Jahrhunderts.

6) Die Zeit der Abfassung des Nibelungenliedes sind, wenn Magenes der Verfasser ist, die Jahre 1120—1140, wenn Konrad der Verfasser ist, die Jahre 1140—1150, vielleicht 1160—1170; jene früheste Datierung hat am wenigsten Wahrscheinlichkeit für sich.

SCHLUSS.

Gesammt-Resultate.

68.

Zum Schlusse dieser Abhandlung mögen hier die Hauptpuncte unserer Resultate zusammengestellt werden.

Die Siegfriedssage, eine altgermanische Göttersage, jedenfalls in der letzten Zeit, da sie noch mythisch verstanden wurde, ein ethischer Mythus, wurde bald nach 437, jedenfalls vor 453, mit der historischen Burgundengeschichte von dem Untergange Gunthers durch Attila verbunden, und der ganze Mythus hat seit 538 etwa diejenige Gestaltung in den Hauptsachen erhalten, in der er uns im Nibelungenliede vorliegt. Bald nach 538, wohl noch vor 600, wanderte die Sage in den Norden und fand dort selbständige Pflege und Ausbildung. In der zweiten Hälfte des zehnten Jahrhunderts wurde die Sage durch Konrad, den Schreiber Piligrims von Passau (971—991), in lateinischer Sprache schriftlich fixiert; ob in metrischer oder prosaischer Form, lässt sich nicht errathen. In Deutschland wurde das Interesse wider neu erweckt durch die nationale Erhebung in den Ungarnkriegen Heinrichs III. Um die Mitte des zwölften Jahrhunderts ungefähr bearbeitete der Verfasser der Kürenbergischen Strophen, mit Benutzung des Werkes Konrads, die Sage in einem grossen Gedichte. Dieses wurde vielleicht um 1170 einer Umarbeitung zum Zwecke der formalen Glättung unterworfen; jedenfalls aber hat das Gedicht selbst oder diese erste Umarbeitung um 1190—1200 zwei von einander unabhängige Umarbeitungen zu demselben Zwecke erfahren, welche uns in den beiden Bearbeitungen des Nibelungenliedes vorliegen. Die eine dieser Umarbeitungen, die sogenannte vulgata, entstand, wie auch das Gedicht Kürenbergs selbst, in Oesterreich; wo die Heimat der anderen zu suchen ist, kann nicht sicher ermittelt werden. Das Nibelungenlied ist, in der ältesten Form, wie sie ihm der von Kürenberg gab, in adlichem Kreise und für adliche Kreise verfasst; es wurde aber bald, mit dem Ueberwuchern der romanisierenden Richtung an den deutschen Höfen, zum Eigenthum des Volkes, und welches Ansehen es schon zu Ende des zwölften Jahrhunderts sowie im ganzen dreizehnten im Volke genoss, beweisen die zahlreichen Gedichte, die in jenem Jahrhundert aus populären Kreisen mit Benutzung der metrischen Form des Nibelungenliedes hervorgegangen sind.

Verzeichnis

der in der vorliegenden Schrift angegebenen und benutzten Werke; zugleich ein Index für die wichtigsten Werke über die Nibelungenfrage.

(Die unter die letztere Rubrik nicht gehörigen Werke in Klammern.)

Karl Lachmann, Ueber die ursprüngliche Gestalt des Gedichtes von der Nibelungen Noth; Berlin 1816.
Wilhelm Grimm, Die deutsche Heldensage; Göttingen 1829.
Karl Lachmann, Zu den Nibelungen und zur Klage; Berlin 1836.
Anton von Spaun, Heinrich von Ofterdingen und das Nibelungenlied; Linz 1840.
Wilhelm Müller, Versuch einer mythologischen Erklärung der Nibelungensage; Berlin 1841.
(August Zeune, Ist Heinrich von Ofterdingen Verfasser der Nibelungen-Noth, in Hagens Germania IV; 1841.)
Wilhelm Müller, Siegfried und Freyr; in Haupts Zeitschrift für deutsches Alterthum III, 1843.
Derselbe, Ueber die Lieder von den Nibelungen; Göttingen 1845.
Ludwig Bauer, Das Lied der Nibelungen, ein Kunstwerk; in desselben Schriften, nach seinem Tode herausgegeben; Stuttgart 1847.
H. Leo, Die altaische Grundlage des Nibelungenliedes; in J. W. Wolfs Zeitschrift für deutsche Mythologie und Sittenkunde; 1853.
Adolf Holtzmann, Untersuchungen über das Nibelungenlied; Stuttgart 1854.
Karl Müllenhoff, Zur Geschichte der Nibelunge Not; Decemberheft der Allg. Monatsschr. f. W. und L. 1854. (Ist auch getrennt gedruckt [Braunschweig 1855], aber in der vorliegenden Abhandlung liegen die Seitenzahlen der Allgemeinen Monatsschr. zu Grunde.)
E. L. Dümmler, Piligrim von Passau und das Erzbisthum Lorch; Leipzig 1854.
Friedrich Zarncke, Zur Nibelungenfrage; Leipzig 1854.
Max Rieger, Zur Kritik der Nibelunge; Giessen 1855.
Adolf Holtzmann, Kampf um der Nibelunge Hort gegen Lachmanns Nachtreter; Stuttgart 1855.
Karl Müllenhoff, Zur Geschichte der Nibelungensage; in Haupts Zeitschrift für deutsches Alterthum X, 1855.

Friedrich Zarncke, Beiträge zur Erklärung und Geschichte des Nibelungenliedes; in den Ber. der Sächs. Ges. der Wiss., 1856.
Eduard Dressel, Ueber den Charakter Kriemhildens in dem Nibelungenliede und der Nibelungennoth (Programm); Coburg 1857.
Max Rieger. Die Nibelungensage; in Pfeiffers Germania III, 1858.
(W. Schwartz, Die altgriechischen Schlangengottheiten; Progr.; Berlin 1858.)
(Wilhelm Mannhardt, Germanische Mythen; Berlin 1858.)
Heinrich Fischer, Nibelungenlied oder Nibelungenlieder? Hannover 1859.
Moriz Thausing, Die Nibelungen in der Geschichte und Dichtung; in Pfeiffers Germania VI, 1861.
Franz Pfeiffer, Der Dichter des Nibelungenliedes (1862); in dess. „Freie Forschung"; 1867.
Eduard Pasch, Die Nibelungenhandschriften *A* und *C*; in der Preussischen Gymnasialzeitung, 1864.
Karl Bartsch, Untersuchungen über das Nibelungenlied; Wien 1865.
Julius Zupitza, Ueber Franz Pfeiffers Versuch, den Kürnberger als den Dichter der Nibelungen zu erweisen; Programm; Oppeln 1867.
Karl Bartsch, Ueber Zarnckes dritte Auflage des Nibelungenliedes: in Pfeiffers Germania XIII, 1868.
Derselbe über: J. Zupitza, „Über Franz Pfeiffers Versuch etc.", ebenda 1868.
Wilhelm Müller, Ueber Lachmanns Kritik der Sage von den Nibelungen; in Pfeiffers Germania XIV, 1869.
(Karl Simrock, Handbuch der deutschen Mythologie; Aufl. 3; Bonn 1869.)
Ernst Koch, Die Nibelungensage nach ihren ältesten Ueberlieferungen erzählt und kritisch untersucht; Grimma 1872.
Karl Vollmöller, Kürenberg und die Nibelungen. Eine gekrönte Preisschrift. Nebst einem Anhang: Der von Kürenberc. Herausgegeben von Karl Simrock; Stuttgart 1874.
Wilhelm Scherer, Der Kürenberger; in Haupts (Müllenhoffs und Steinmeyers) Zeitschrift für deutsches Alterthum, Neue Folge, Band V (XVII), 1874.

Ausgaben:

Karl Lachmann, Der Nibelunge Noth und die Klage; Ausg. 3, Berlin 1851.
Karl Bartsch, Der Nibelunge Not, erster Theil; Leipzig 1870.
Friedrich Zarncke, Das Nibelungenlied; Aufl. 4; Leipzig 1871.

Bemerkung: Die Strophenzählung des Nibelungenliedes ist die Lachmanns; die auf eine Strophe bei Lachmann folgende, welche in Lachmanns Text fehlt, ist mit ..... ᵇ, die nächstfolgende mit ..... ᶜ, u. s. f. bezeichnet worden.

Nachträge und Berichtigungen.

Seite 14, Zeile 8 und 2 v. u. lies „666" statt „667" und Zeile 8 v. u. „etwa 340" statt „360".
Seite 27, Zeile 11 v. u. lies „1856" statt „1855".
Seite 75, Zeile 4 v. u. lies „dieses" statt „diese".
Seite 76, Zeile 2 v. u. lies „truoc" statt „trouc".
Seite 105, Zeile 9 v. o. lies „Wergeld" statt „Wehrgeld".
Seite 132, Zeile 8 v. u. lies „Hrûngnir" statt „Grûngnir".
Seite 144, Zeile 2 v. u. lies „Sage" statt „Lage".
Seite 165, Zeile 6 v. o. lies „Rogerii" statt „Rogerri".
Seite 178, Zeile 22 v. o. lies „Pilegrinus" statt „Pileryinus".

Zu Seite 86 f. Excurs.

Wenn Herr Professor Dr. Bartsch für die dreisilbigen Reime ein höheres Alter in Anspruch nimmt, als für die zweisilbigen, aber stumpf behandelten, d. h. wenn er Reime wie insbesondere den allerungenauesten dieser Art, *Hágenè : ménegè*, nur vor 1150 annehmen will (Unters. 356 f.), so hat er dabei vor allem das historisch nachweisliche Vorkommen solcher Reime im Auge gehabt. Wir haben S. 86 f. versucht, von anderen mehr apriorischen Gesichtspuncten den von ihm daraus gezogenen Beweis anzufechten; und es soll hier das noch etwas genauer geschehen, als es der Context oben erlaubte.

Zunächst sind unter diesen dreisilbigen Reimen einige auszuscheiden, welche für den Schluss auf eine Entstehung vor 1150 nicht in Betracht kommen. Dahin gehören jedenfalls die genauen, wie *Hágenè : ságenè* u. ä., da diese (s. Bartsch, Unters. 2 f.) im

13. Jahrhundert klingend vorkommen, somit ihre Verwendung zum stumpfen Reime nicht alterthümlicher sein kann als die stumpfe Behandlung aller genauen zweisilbigen Reime. Einfache Ungenauigkeit und zwar consonantische (wie *Hágenè* : *sámenè*) hat die Kaiserchronik und Ruother (Unters. 357); vocalische (wie *Hágenè* : *dégenè*) hat noch Wernhers Maria aus dem Jahre 1172 (s. ebendaselbst). Doppelte Ungenauigkeit (wie *Hágenè* : *gádemè*) haben widerum die Kaiserchronik und Ruother (Unters. 356), und aus denselben Gedichten ist auch der dreifach ungenaue Reim *Hágenè* : *ménegè* belegt (Unters. 357). Es gehen somit die Reime von der Form *Hágenè* : *ságenè* und *Hágenè* : *dégenè* jedenfalls ab. Mit den letzteren werden wir die einfach und zwar consonantisch ungenauen gleichstellen dürfen, da allen Analogieen zu Folge vocalische Ungleichheit schwerer wiegen wird als consonantische. So bleiben nur noch die doppelt und dreifach ungenauen Reime übrig, welche mit einander durch vier (oder wenn man Str. 1942 die Lesart der einen *J* und Str. 1889 die der einen *D* annehmen will) sechs Stellen der Nibelungen vertreten sind: Str. 1896, 1. 2. 2248, 1. 2. 2250, 1. 2. (1889, 1. 2. 1942, 1. 2.); 1916, 1. 2.

Man könnte versucht sein, diese Zahl von Stellen als eine verhältnismässig kleine (denn die genauen und einfach ungenauen Reime finden sich zusammen an 52 Stellen) für beweiskräftig zu halten. Doch wird diese Erklärung, auch abgesehen davon, dass es besser sein wird, hier mit Zahlen nicht zu rechnen, abgeschnitten dadurch, dass alle diese grösseren Ungenauigkeiten sich in dem letzten Fünftel des Gedichts finden, was man leicht aus dem Nachlassen der Ueberarbeiter ableiten könnte. Eher könnte man sich, um Bartschs Schluss zu entkräften, auf die Kaiserchronik und noch mehr auf den Ruother berufen, insofern erstere wohl nach 1147 zu setzen ist (s. Koberstein — Bartsch I, S. 156), dieser aber (s. ebenda S. 157) wahrscheinlich den Kreuzzug von 1147—1149 voraussetzt. Wir hätten also jedenfalls in dem Letzteren ein Werk, das zum mindesten nur wenig vor 1150 verfasst sein kann. Aus denselben beiden Werken belegt aber Bartsch auch (Unters. 357) die beiden anderen ältesten Reime des N. L., *vorderôst* : *trôst* (worüber aber s. Zarncke, Ausgabe S. CXIII***) und *Gérnôt* : *tuot*.

Doch diese historischen Betrachtungen möchten wir lieber in den Hintergrund stellen. Was wir ihnen entnehmen möchten, ist höchstens, dass Reime, den ältesten des N. L. entsprechend, um 1150 sich jedenfalls finden und dass es gewagt sein dürfte, um solcher Reime willen eine neue Bearbeitung um 1170 anzunehmen. Denn beide Zahlen, jedenfalls die von 1150, liessen sich wohl einander noch so weit nähern, dass ein allzugrosser Zeitunterschied nicht mehr vorhanden wäre.

Wichtiger ist wohl die schon oben S. 86 angestellte Betrachtung, dass an sich, ihrem Wesen nach, diese Reime kaum viel auffallender und freier erscheinen dürften, als andere Reimbindungen späterer Zeit.

Diese dreisilbigen Reime sind offenbar principiell den zweisilbigen gleichzusetzen. Was somit an ihnen besonders alterthümlich ist, das ist nur die mehrfache Ungenauigkeit des Reims in Reimen wie *Hágenè : gádemè, Hágenè : ménegè*. Allein der erstere von beiden Reimen ist gewiss nicht schwerer als zweisilbige Reime wie *bringen : vinden*, *gimme : minne* oder gar mit ganz unähnlichen Lauten *lichnâmin : lâgin* u. ä., welche (s. Pfeiffer, Freie Forschung S. 45 f. und Bartsch, Unters. 356) noch nach 1170 vorkommen. Denn der Unterschied von *n* und *m* ist ja kein so bedeutender, dass ein Reim *gn : dm* nothwendig volle zwei Jahrzehnte älter sein müste als einer von der Form *ng : nd*; vollends *m : g* oder *z : f* (Pfeiffer l. c. S. 45) sind doch viel ferner liegende Klänge und ihre Bindung im Reime muss dass Ohr mehr verletzen, als ein Reim, in dem doch Media auf Media, Liquida auf Liquida reimt. Bartsch selbst nennt (Unters. S. 5) Reime wie *wagene : geladene* nur „etwas genauer" als *Hagene : gademe*.

So würde uns noch der Reim *Hágenè : ménegè* bleiben, welcher allerdings sehr frei ist. Doch kommen wir darauf zurück, dass (s. S. 86) die letzte Silbe wenigstens gleichen Klang hat und deshalb die Ungleichheit der vorhergehenden minder ins Gewicht fällt. Wir haben hier gleichsam das Gegenstück zu Reimen wie *bette : wecken, geweine : scheiden* beim Kürenberger; denn hier ist die Penultima in Beziehung auf den Vocal gleich, die Ultima dagegen verschieden. Denken wir nun daran, dass die Nibelungen von klingendem Reim noch nichts wissen, dass somit die eigentliche Reimsilbe, d. h. die, deren Reinheit am meisten gefordert werden muss, doch wohl die letzte ist, so wird uns, wenn ein Dichter um oder vor 1150 in fünfzehn Strophen zwei bis dreimal (denn MF. 8, 2 hat die Hs. wenigstens *zinne : singen*, was auch Simrock bei Vollmöller, Kürenberg und die Nibelungen, S. 45 angenommen hat) eine Ungenauigkeit in der letzten Silbe sich erlaubt hat (*e : en*), zugleich aber jedesmal eine solche in der vorletzten (*tt : ck, n : d, nn : ng*), der einmalige Gebrauch eines in der letzten Silbe reinen Reims wie *Hagene : menege* um 1170 nicht als Unmöglichkeit erscheinen können. Wir werden also um dieser einen Stelle willen nicht eine Annahme für nothwendig halten, welche, wie die Bartschs, durch nichts unmöglich gemacht, aber auch sonst durch nichts gestützt ist, als durch die beiden oben berührten Reime *vorderôst : trôst* und *Gernôt : tuot* deren Beweiskraft keine zweifellose ist.

Zu Seite 244—250. Anhang.

Die vorliegende Abhandlung war schon zum grösten Theile gedruckt, als mir zwei neu erschienene Abhandlungen bekannt wurden, welche beide die Pfeiffer-Bartschische Theorie von der Identität des Kürenbergers mit dem Verfasser des Nibelungenliedes bekämpfen.

Es sind diss: **Kürenberg und die Nibelungen**. Eine gekrönte Preisschrift von Dr. **Karl Vollmöller**. Nebst einem Anhang: Der von Kürenberc. Herausgegeben von **Karl Simrock**. Stuttgart, Meyer und Zeller's Verlag, 1874; und **Wilhelm Scherers** Abhandlung „**Der Kürenberger**" in Haupts Zeitschrift, Neue Folge, Band V (XVII), Seite 561—581. — Beider Argumente vermochten mich nicht ganz zu überzeugen, und so finde hier eine Besprechung derselben Raum.

Es sind hier (s. Scherer S. 561) vier Puncte zu unterscheiden: 1) war die Entstehung fremder Strophen in der Lyrik des 12. Jahrhunderts, 2) war sie in der Epik jener Zeit gestattet; 3) zeigen die Nibelungen und Kürenbergs Lieder gewisse Aehnlichkeitsmomente oder nicht; 4) ist die *Kürenberges wise* die Nibelungenstrophe? Unter diese vier Puncte lässt sich in der That die ganze Streitfrage subsumieren. Denn wenn Scherer S. 562 Pfeiffers Theorie schon im Voraus unwahrscheinlich zu machen sucht durch allgemein historische Einwände sowie durch die Bemerkung, dass von allen anderen Gedichten, welche eine Umarbeitung erfahren haben, das Original wenigstens bruchstückweise erhalten, bei den Nibelungen aber „auch nicht der Schatten eines altertümlichen Fragmentes in ungenauen Reimen zu Tage gekommen" sei: so werden wir das Erstere füglich ganz übergehen dürfen, das Zweite aber halten wir durch Bartschs Untersuchungen, die denn doch die Umarbeitungen im N. L. evident nachgewiesen haben, für beseitigt; doch s. u. Wenn weiterhin S. 562 f. Scherer die Gefühlswelt des N. L. von der Kürenbergs so sehr verschieden glaubt, so sei erstens darauf verwiesen, dass Nib. 292, 2 *si trunc gên einander des senenden minne nôt* nur in *A* steht; zweitens aber bitte ich jeden Unbefangenen, Scherer S. 562, L. 3. 2 v. u. mit S. 581, Z. 3—5 v. o. zu vergleichen; denn beide Stellen widersprechen sich geradezu. S. 562 heisst es: „Nib. Str. 294 verkettet Natur- und Liebesgefühl", und das ist neben dem „conventionellen Frauendienst" als Zeichen späterer Zeit bezeichnet; S. 581 heisst es: „Das Gedicht [MF. 3, 17—25] ist — durch diese Combination von Natur und Liebe volkstümlicher als irgend eines der dem Kürenberger zugeschriebenen Sammlung." Wenn volksthümlicher, so doch wohl auch altertümlicher; denn der conventionelle Frauendienst der Nibelungen ist nach Scherer Zeichen jüngerer Zeit, und S. 581 sucht er eben das hohe Alter jenes Liedchens zu ererweisen. Man sieht, wohin solch überfeines Aesthetisieren führen kann und muss.

Gehen wir zu den vier Hauptpuncten in Scherers und Vollmöllers Kritik über.

Was den ersten Punct, die Entlehnung oder Nichtentlehnung in der Lyrik, anlangt, so haben sich Scherer wie Vollmöller der von Wilmanns, Walther S. 30, beigebrachten Beispiele für die Entlehnung von Strophen bedient.

Vollmöller hat freilich S. 11—13 noch einige weitere Beispiele hinzugefügt, aber ohne Glück. Denn MF. 3, 17—25 hat nicht denselben Ton wie MF. 7, 1—9. 10—18 (die beiden Kürenbergstrophen mit einer zwischen zweite und dritte Langzeile eingeschobenen Zeile), sondern MF. 3, 21 lautet: *diu kleinen vogellin* — ◡/◡/◡/, MF. 7, 5 aber *die site wil ich minnen*, 7, 14 *verliuse ich dine minne*, beide — ◡/◡/◡/\; also das eine drei-, das andere viermal gehoben; und das ist denn doch ein Unterschied. (Auch Scherer hat S. 570. 580 beide Strophenformen fälschlicherweise für gleich gehalten.) Die Conjectur aber, die Vollmöller S. 12 versucht, um MF. 3, 17—25 in das Gewand der Nibelungenstrophe zu hüllen, hat keinerlei Nothwendigkeit, also auch keine Berechtigung. Auch MF. 3, 7—11; 3, 12—16 ist mit der Moroltstrophe insofern nicht ganz gleich, als diese im 3. und 5. Vers stumpf, jene Liedchen aber beide klingend (mit zwei Hebungen) reimen: *Sálmans mán* : *lében gán* (Pfeiffer, Freie Forschung S. 15), dagegen *dárbén* : *armén, vlízén* : *verwízén*. So klein dieser Unterschied ist, so genügt er doch, um die Instanz dieses Beispiels zurückzuweisen. Jedenfalls aber hätte MF. 16, 15 — 17, 6 nicht beigezogen und mit der Strophe von Walther und Hildegund gleich gesetzt werden sollen; jene Strophe hat in der vierten Kurzzeile vier Hebungen (vielleicht auch schon in der zweiten), diese dagegen in der zweiten und vierten nur drei. Die Art, wie Vollmöller S. 13 den Unterschied in der 4., vielleicht auch 2., Kurzzeile wegschaffen will, ist ganz mislungen. Denn erstlich ist noch keineswegs erwiesen, ja, wie ich glaube, durch Bartsch gründlich widerlegt, dass die Nib.-Str. früher viermal gehobene Reimkurzzeilen gehabt habe (s. Bartsch, Unters. S. 163 und s. o. S. 55 [§ 13, not. 60]); zum zweiten aber, geben wir für einen Augenblick Simrocks Ansicht zu, so ist die Strophe von Walther und Hildegund doch jedenfalls aus der Nib.-Str. mit 7 Hebungen in den drei ersten Langzeilen entstanden; für sie kommt also eine etwaige ältere 8 mal gehobene Form des Nibelungenverses gar nicht in Betracht.

Was die Beispiele bei Wilmanns betrifft, so glaube ich, dass nur das von Reinmar d. A. (MF. 177, 10—39) und Walther v. d. V. (No. 68 bei Wilmanns) bestehen bleiben muss. Hier haben wir in der That ein Beispiel einer Entlehnung einer kunstreichen Strophe, auf die nicht wohl zwei Dichter unabhängig von einander gekommen sein werden. S. jedoch Pfeiffer, Freie Forschung S. 41, wo der Beweis versucht ist, dass das Lied *junger man, wis hôhes muotes* nicht Walthern, sondern Reinmarn zugehöre, in einer Weise, die man nicht ohne weiteres wird verwerfen können. Jedenfalls aber nur ein Beispiel gegenüber so vielen lyrischen Gedichten, die keine Strophenentlehnung zeigen. Denn die andern Beispiele bei Wilmanns erledigen sich eben dadurch, dass ganz sicher die betreffenden Dichter unabhängig von einander auf die ihnen gemeinsamen Strophenformen gekommen sind. Diss ist anzunehmen, wenn diese Strophenformen sehr einfach sind. Ein ähnlicher Fall ist es, wenn eine von Mehreren gebrauchte Strophe fremdländischen Ursprungs ist; denn der Dichter, der eine ausländische Form benutzt, ist selbst nicht mehr Original, hat also auf Wahrung seines Eigenthums keinen Anspruch. Unter diese beiden Kategorieen fallen denn auch wirklich die Strophen bei Wilmanns; abgesehen von den Strophen Heinrichs von Morungen und Reinmars (MF. 137, 17 und 203, 10), welche ganz und gar verschieden sind. Scherer vermuthet S. 564, dass statt MF. 137, 17 vielmehr 137, 10 stehen sollte, setzt aber selbst hinzu, dass auch diese Strophe von 203, 10 verschieden sei. Betrachten wir die andern, wirklich gleichen Strophenformen.

Albrecht von Johannsdorf und Reinmar haben dieselbe Strophe (MF. 93, 5. 193, 2) von dieser Form:

$$\begin{array}{l}4\ a\\3\smile b\\4\ a\\3\smile b\\4\ c\\4\ c\\3\smile b;\end{array}$$

wir werden alles Recht haben, statt $3\smile$ hier 4 zu setzen, indem alsdann die Zeile genau der 4 mal gehobenen epischen Reimzeile entspricht. Also einer allgemein gebrauchten Form, der althergebrachten des Epos (s. Pfeiffer, Freie Forschung S. 8); nur die Reime sind frei gestellt, aber in ziemlich einfacher Anordnung. Dass $a\ b\ a\ b$ überschlagende Reime sind, kann nichts Auffallendes, nichts Individuelles sein, da die älteste Lyrik sie schon kennt, wenn wir vom Kürenberger absehen. Nur der Abgesang ccb hat etwas Freieres an sich; aber dass auf die gesammte Strophenform nicht zwei Dichter von einander unabhängig hätten kommen können, das wäre zu gewagt zu behaupten.

Engelhart von Adelnburc, Reinmar und Hartmann von Aue haben (MF. 148, 25. 191, 34. 211, 20) folgende Strophe:

$$\begin{array}{l}4\ a\\4\ b\\4\ a\\4\ b\\4\ c\\4\ d\\4\ c;\end{array}$$

also wiederum die viermal gehobene, ganz gewöhnliche Reimzeile mit vier Zeilen von überschlagenden Reimen und zwei Abgesangszeilen, die auf einander reimen und deren zweite durch eine Waise (4 d) von derselben metrischen Form verlängert ist. Diese Form ist gewiss ebenso einfach als die erste.

Vollends ganz einfach ist die dritte Form, bei Dietmar von Eist, Heinrich von Veldecke und Heinrich von Rugge (MF. 35, 16 (nicht 36, 16, wie Wilmanns hat) 65, 13. 67, 9. 103, 3):

Anhang.

    4 *a*
    4 *b*
    4 *a*
    4 *b*
    4 *c*
    4 *d*
    4 *c*
    4 *d*;

nochmals die viermal gehobene Zeile mit regelmässig überschlagenden Reimen, also eine Form, auf welche solche Dichter, die nicht eben eine künstliche Form wollten, verfallen musten.

  So haben wir unter den mehreren Dichtern eigenen Formen drei sehr einfache gefunden, auf welche Jedermann verfallen konnte. Es lohnt sich wohl, diesen gegenüber ein entsprechendes Schema der Nib.-Str. zu geben: 4 *a*
             3 *b*
             4 *c*
             3 *b*
             4 *d*
             3 *e*
             4 *f*
             4 *e*;

das ist nun doch ein weit weniger einfaches Maass! Nehmen wir hinzu, dass die Waisen (4 *a*, 4 *c*, 4 *d*, 4 *f*) der Regel nach zwischen dritter und vierter Hebung keine Senkung haben, also scheinbar klingend sind, dass dasselbe bei den Zeilen 3 *b* gestattet, bei den Zeilen 3 *e*, 4 *e* aber (wenigstens bei Kürenberg und in den Nibelungen, also in den ältesten Gedichten dieser Form) verboten ist: so sieht man deutlich, dass die Nib.-Str. eine Form ist, welche nicht Mehrere unabhängig von einander erfinden konnten. Also muss sie entweder in den verschiedenen Gedichten, die sie haben, entlehnt oder aber müssen die Verfasser dieser Gedichte einer sein. Beispiele wirklicher Entlehnung haben wir aber ausser dem einen Walthers und Reinmars, das nicht zweifellos ist (s. o.), keine gefunden.

  Ein fremdes und zwar romanisches Maass haben Rudolf von Fenis (s. Koberstein-Bartsch I, S. 222), Bligger von Steinach und Hartwic von Rute (MF. 81, 30. 118, 19. 116, 1):

    5 ⌣ *a*
    5 *b*
    5 ⌣ *a*
    5, *b*
    5 *b*
    5 ⌣ *a*
    5 *b*

Dass, wer ein solches ausländisches Maass benutzt, kein Eigenthumsrecht auf dasselbe haben kann, ist oben bemerkt worden.

  Aber auch von einem rein principiellen Gesichtspuncte aus hat man versucht (Wilmanns, Walther S. 29 f.; Vollmöller S. 10 f.), die Möglichkeit von Strophenentlehnungen zu erweisen. Man hat gesagt, dass nur die Melodie Eigenthum des Dichters gewesen sei, die Strophenform aber, vorausgesetzt, dass eine andere Melodie damit verbunden worden, als Gemeingut gegolten habe. Die Entgegnung hierauf ist einfach: Wie kommt es alsdann, dass unter der Unmasse lyrischer Strophen, die uns erhalten ist, von einer Strophenentlehnung — wir werden sagen, so gut wie kein Beispiel, unsere Gegner werden zugeben, sehr wenige — sich finden? Das beweist denn doch, dass das Gesetz der Nichtentlehnung gerade für die metrische Form galt (natürlich für die Melodie ebenso).

Gehen wir zu dem zweiten Puncte über, dem Eigenthumsgesetz in der Epik. Hier kann es sich natürlich nur um die Nibelungenstrophe selbst handeln. Pfeiffer hat gesagt (Freie Forschung S. 13. 43—45), dass vor 1250, zu der Zeit als man noch auf Wahrung des litterarischen Eigenthums hielt, ausser den Nibelungen kein Epos in der Nib.-Str. gehalten sei. Diss sucht man durch Alphart und Ortnit, Scherer auch durch die Wolfdietriche A, B, C zu widerlegen (Scherer S. 565, Vollmöller S. 14—16). Ich will die Datierung des Ortnit um 1225/1226, die der Wolfdietriche zwischen 1220 und 1240 zugeben. So viel steht fest, ist aber merkwürdigerweise von beiden Parteien nicht beachtet worden: falle die Abfassung des Ortnit und der Wolfdietriche wann sie wolle, diese Gedichte fallen jedenfalls in eine Zeit, da die Reinheit der Strophe schon ganz bedeutend verletzt wurde, können also für das Entlehnungsverbot überhaupt nicht in Betracht kommen. Denn (s. Jänicke im Deutschen Heldenbuch III, S. XXIII f. LXIII) Ortnit und die Wolfsdietriche haben die achte Halbzeile mit drei und vier Hebungen, häufiger sogar mit nur dreien. Wenn auch Jänicke (l. c. S. XXIII) nicht ganz Recht haben mag, wenn er sagt, dass in Ortnit und Wolfdietrich A kaum ein Zwölftel aller Strophen vier Hebungen habe (ich selbst habe im Ortnit etwa 120 Strophen mit sicheren vier, etwa 270 mit sicheren drei Hebungen und ungefähr 210 mit zweifelhaftem Rhythmus gefunden, aller Wahrscheinlichkeit nach etwa 400 dreimal gegen etwa 200 viermal gehobenen Schlusszeilen), so ist doch das sicher, was er eben dort sagt, dass „die Verkürzung der achten Halbzeile nicht mehr eine Ausnahme von der Regel, sondern durch den Gebrauch vollkomen legitimiert" sei. Also zeigen alle diese Gedichte eine metrische Verwilderung, welche verbietet, aus ihnen für oder gegen die Strophenentlehnung einen Schluss zu ziehen, da diese Verwilderung auf eine Zeit hinweist, der die Strophenform überhaupt nichts mehr galt. (Vgl. auch Heldenbuch III, S. XIV oben.) Und sollte aus anderweitigen Gründen die Zeit zwischen 1220 und 1230 nicht als eine Zeit der Formverwilderung angesehen werden: so werden wir sagen, Ortnit und die Wolfdietriche stammen aus den niedrigen Kreisen der Fahrenden, während die Kürenberglieder wie die Nibelungen aus ritterlichen Kreisen stammen, in welchen der für Sinn

die Form rein und fein ausgebildet und so auch das Entlehnungsverbot
bekannt und befolgt war; oder — fallen die Gedichte in spätere Zeit.
Anders steht es freilich mit Alpharts Tod. Auch Bartsch gibt
a. m. O. seine Entstehung im zwölften Jahrhundert zu; und ich will
mich nicht auf Pfeiffers Ausführung gegen diese frühe Datierung
des Gedichtes berufen (s. Pfeiffer, Freie Forschung S. 44 f.). Eher
möchte man wider die Benutzung des Alphart als Moment gegen
Pfeiffer das einwenden, dass wir mit diesem Gedichte doch ziemlich
im Dunkeln stehen. Es ist allerdings das Verhältniss dreimal und
viermal gehobener Schlusszeilen ein ganz anderes als im Ortnit (s. o.);
ich habe im Alphart 50—60 dreimal gehobene, etwa 300 sicher
viermal gehobene und etwa 90 zweifelhafte Schlusszeilen gezählt;
im Ganzen werden der viermal gehobenen etwa 400 sein, also $^5/_6$
—$^6/_7$. Dass die späte Ueberarbeitung noch so viele alte Halbzeilen
erhalten hat, deutet doch gewiss auf eine Entstehung zur Zeit der
reinen Strophenbehandlung hin. Aber immerhin, ein sicheres Resultat, das selbst Grundlage sicherer Schlüsse werden könnte, wird sich
für den Alphart nicht gewinnen lassen. Schon Pfeiffer hat (S. 45)
geäussert: „Wäre — das *alte liet* in der Nibelungenstrophe gedichtet gewesen, so würden wir ein zweites Epos des Kürenbergers
zu verzeichnen haben." Dass es wirklich in der Nib.-Str. verfasst
gewesen, macht die grosse Zahl viermal gehobener Schlusszeilen im
Alphart sehr wahrscheinlich. Daher hat Bartsch auch gesucht, die
Autorschaft Kürenbergs wahrscheinlich zu machen (Unters. 362).
Vollmöller ficht diss an, S. 14 f. 24. Die Gleichheit zweier Stellen
genügt allerdings nicht, um die Identität des Verfassers zu erweisen.
Doch hat Vollmöller übersehen, dass es etwas Anderes ist, ob zwei
(Laug- oder Kurz-) Zeilen in zwei Gedichten fast (oder ganz) wörtlich gleich lauten, wie Alphart Str. 404, 4 : *vriuntschaft unde suone
sol im gar versaget sin*, mit Nib. Str. 2027, 4 : *vride unde suone
sol iu vil gar versaget sin* und Alphart Str. 59, 2. 64, 4 : *er muoz
mir diu lant rûmen* mit MF. 8, 7, wozu im letzteren Falle noch
die beiderseitige schwebende Betonung *diu lant* kommt; oder ob die
betr. Ausdrücke auch sonst einzeln nachgewiesen werden können.
Das Erstere hat Bartsch gemeint, das Letztere gewiss nie bezweifelt.
— Indessen mag man der Identität der Dichter gegenüberstellen,
dass unter den sicher viermal gehobenen Strophen des Alphart nur
54 den gewöhnlichen kretischen Rhythmus Kürenbergs und des N.L.
haben (∪—∪—∪—), wozu unter den zweifelhaften wohl noch 9 weitere
kommen; sowie, dass die Behandlung der achten Halbzeile den von
Bartsch für die Nibelungen gefundenen Gesetzen nicht immer entspricht. Allein man mag das auf die Umarbeitung schieben; hätten
wir von den Nibelungen nur *C*, so würde sich der kretische Rhythmus in weniger als der Hälfte der Strophen finden. — Wir werden
schliessen dürfen, dass der aus dem Alphart abgeleitete Einwand
gegen Pfeiffer nicht abzuweisen, aber auch nicht für sicher zu achten
ist, da Gewissheit nach keiner Seite hin sich zeigt.

Jedenfalls, glaube ich, wird das Beweismoment des Alphart hinlänglich aufgewogen durch die von Bartsch (Unters. 354) angestellte Betrachtung: „Wäre sie [die Nib.-Str.] das [eine alte Volksweise, also allseitiger Benutzung offen stehend] gewesen, so würden andere Dichter sich nicht gescheut haben, sie anzuwenden, so würden namentlich epische Dichtungen, wie Walther und Hildegunde, Kudrun, Rabenschlacht nicht alle die Strophe mit kleinen Modificationen umgebildet haben."

„Alle übrigen Thatsachen bestätigen die Identität des Nibelungendichters und des Kürenbergers", sagt Bartsch .a. a. O. weiter. Zu diesen Thatsachen gehören nun die positiven Aehnlichkeiten zwischen Kürenberg und den Nibelungen, welche das negative Moment des Entlehnungsverbots ergänzen und theils subsidiärer, theils aber auch recht wesentlicher Natur sind. Auch diese aber sind von Vollmöller und Scherer (wie zum Theil auch schon von Zupitza; s. o. S. 247 f.) angefochten worden. Wir können folgende vier Puncte unterscheiden. 1) Kürenbergstrophen und Nibelungen sind jedes das Werk eines Dichters; 2) die Entstehungszeit beider ist, wenn nicht gleich (s. o. Nachtrag zu S. 86 f.), so doch nicht viel verschieden; weiter als 20 Jahre sind beide kaum auseinander zu rücken; 3) beide haben metrisch gleiche Strophenbehandlung und 4) beide zeigen in ihrem Sprachschatz viel Gleiches.

Dass die Nibelungen das Werk eines Dichters sind, brauche ich hier nicht mehr auseinanderzusetzen, um so mehr, als weder Vollmöller noch Scherer das Argument der Liedertheorie wirklich verwerthet haben, wenn auch dieser seinen Lachmannischen Standpunct mehrmals deutlich herausgekehrt und jener S. 6 f. in nicht ganz klarer Weise davon geredet hat, dass „ein Volksepos keinen Verfasser in dem Sinne habe, in welchem wir das Wort jetzt zu nehmen gewohnt sind". S. 7, not. 1 gibt Vollmöller selbst die Einheit des Verfassers zu. Von der Einheit des Dichters der Kürenbergstrophen wird unten bei der vierten Hauptfrage („Ist die *Kürenberges wise* die Nibelungenstrophe?") die Rede sein.

Wenn Vollmöller — um auf das Alter des N. L. zu kommen — S. 43 sagt: „Auf die Umarbeitungen einzugehen, welche nach Pfeiffers und Bartschs Annahme die Nibelungen erfahren haben sollen, ist nicht nöthig", so hat er damit denselben Fehler begangen, den Bartsch in Pf. Germ. XIII 229 mit Recht der Kritik Zarnckes zum Vorwurfe gemacht (s. o. S. 244 f., § 65, not. 1): die Nichtberücksichtigung eines wesentlichen — und, setzen wir hinzu, eines ganz feststehenden — Beweismomentes für die Kürenbergertheorie. Auch Scherer will S. 566 f. Bartschs Beweise für die ältere Gestalt der Nibelungen umstossen; aber es ist ihm diss nicht gelungen. Er sagt: „Wenn Bartsch .den ersten Langvers einer beliebigen Strophe des Nibelungenliedes aus der Recension A und den welcher darauf reimen soll aus der Recension B nimmt und dann ein ungenauer Reim herauskommt, — wenn es also möglich ist, durch Vermischung zweier Recensionen ungenaue Reime herzustellen, so folgt daraus doch wohl nicht, dass diese ungenauen Reime würklich gewesen sein müssen." Man wird mir erlassen, auf diesen Satz, der doch nichts weiter ist als eine leicht hingeworfene recht Lachmannische Verurtheilung und Entstellung einer wohl begründeten, durch die schärfsten Untersuchungen festgestellten Theorie, überhaupt weiter einzugehen. Wenn Scherer weiter die Beweiskraft der Reime *Uòten* : *guoten* oder *Hágené* : *ménegé* für nichtig erklärt, so ist, abgesehen von dem im Nachtrage zu S. 86 f. Gesagten, zu entgegnen: diese Reime sind bei Bartsch für die Thatsache der Umarbeitung überhaupt ein wenig wesentliches Motiv (s. auch oben S. 86—89); fällt also ihre Beweiskraft (obwohl diss Scherer nicht bewiesen), so fällt damit Bartschs Umarbeitungstheorie noch keineswegs. Diese setzt das N. L. jedenfalls um 1170, und die Kürenbergstrophen fallen um 1150; beide sind also nicht soweit auseinanderliegend, dass die Identität des Verfassers irgendwie auch nur unwahrscheinlich würde; s. übrigens oben S. 250.

Gegen die metrischen Uebereinstimmungen zwischen Kür. und N. L. hat Scherer S. 567 f. gehandelt; denn was Vollmöller S. 34, not. 1 sagt, ist doch kein Beweis, auch nicht als solcher gemeint, abgesehen davon, dass es gar nicht unanfechtbar ist. Scherer will a. a. O. die Betonung *liebé mit leidé, zierten ánderiu wíp* als unrichtig darstellen und Lachmanns Betonung *liebe mit leidé, zierten ánderiu wíp* aufrecht erhalten. Ich will davon schweigen, dass Bartsch auch in seinen metrischen Gesetzen mit grosser Sicherheit verfahren ist und sie meiner Ansicht nach bewiesen hat (vgl. auch Zarncke, Ausgabe S. CI, Bem.). Das aber ist zu bemerken, dass, wenn wir je jenes Betonungsgesetz Bartschs fallen liessen, es dann auch für Kürenberg fällt, so dass zwischen seinen Strophen und dem N. L. hierin jedenfalls kein Unterschied ist. Und besonders ist zu bemerken, dass der kretische Rhythmus der Schlusszeile, also gerade die Hauptsache, immer noch in Kür. und N. L. überwiegt und zwar bei Kürenberg weitaus. — Etwas Anderes wäre es allerdings, wollten wir Simrocks „Herstellung der s. g. Kürenbergschen Lieder" (bei Vollmöller S. 45—48) adoptieren. Denn Simrock nimmt zweite und vierte Halbzeilen mit vier Hebungen (doch ohne jede Noth) an; er liest ferner *vil lieber vriunt, mín vil liep, dés geházzé, só sprách dáz wíp, nie vró wérden síl, mir wart nie wíp als liep* (wie er die letztgenannte Halbzeile gelesen haben will, kann ich nicht sicher errathen). Aber diese Lesarten widersprechen schon der allgemeinen Ansicht von dem Wesen des Nib -Verses, daher sie auch MF. (ausser *nie vró werden sít*) nicht hat; auch lassen sich alle diese Stellen weit leichter und besser, zum Theil der Hs. gemässer, so lesen, dass sie mit Bartschs Gesetzen übereinstimmen. Statt weiterer Ausführung verweise ich auf den hier gewiss ganz unparteiischen Haupt in MF. S. 230 f. und auf Bartsch, Unters. S. 358 f., sowie auf die Recension der Vollmöllerischen Schrift im Lit. Centralblatt 1874 No. 20. Auch Vollmöller hat S. 40 f. nach Simrock in metrischen Dingen eine Verschiedenheit zwischen Nibelungen und Kürenbergstrophen gefunden, die nemlich, dass diese sechsmal scheinbar klingende Reime haben, das N.L. dagegen in mehr als 150 mal so vielen Strophen nur 12 beiden Bearbeitungen gemeinsame zeige. Diss weise darauf hin, dass die scheinbar klingenden Reime „in noch früherer Zeit das Gesetz der ursprünglichen Nibelungenstrophe für die beiden ersten Langzeilen gebildet haben". Ein geistreicher, aber nicht zwingender Schluss; denn es handelt sich hier nicht um ein Gesetz, sondern um eine Freiheit, die allmählich aufgehört hat. Dass die erwähnten Zahlen eine Verschiedenheit zwischen Kür. und N.-L. bilden, ist nicht zu leugnen; aber ihr steht die entschiedene Uebereinstimmung im Bau der achten Halbzeile gegenüber. Die ungenauen klingenden Reime sind gewiss von den Bearbeitern beseitigt worden.

Vollmöller hat S. 16—37 seiner Schrift auf die Entkräftung des Beweises verwendet, den bei Pfeiffer, Thausing und Bartsch die Uebereinstimmungen im Wortgebrauch zwischen Kür. und N.L. bilden. Er hat dabei übersehen, dass das Hauptgewicht hier auf die verhältnismässig grosse Zahl dieser übereinstimmenden Wendungen fällt, deren es mit dem Bilde des Falken 20 sind (in 15 Strophen oder 62 Zeilen), und dass kein Mensch beabsichtigt hat, die betr. Wendungen anderen Gedichten ganz abzusprechen. Weiter hat er, was schon oben zum Alphart bemerkt wurde, übersehen, dass auch die wörtliche Uebereinstimmung ein Moment bildet. Aber auch im Einzelnen hat er genügende Parallelen aus anderen Werken nicht immer beigebracht. Gehen wir daher etwas ins Einzelne! Das Bild des Falken mag billich fallen. Nur ist S. 18 zu tadeln, dass von einem „Liede" über Kriemhilds Traum die Rede ist, und ebenso dass von Alliteration in demselben gesprochen wird. Denn ausser den ganz zufälligen Allitterationen in Nib. Str. 13—19, deren sich aus anderen Theilen des N.L. ebenso viele beibringen liessen (s. o. S. 31, not. 2), findet sich dort nur das *wie liebe mit leide ze jungest lônen kan* (in einer von Lachmann athetierten Strophe!), und Vollmöller selbst hat (s. u.) S. 30 f. die Häufigkeit der Antithese *liebe —leit* nachgewiesen. Doch thut diss nichts zur Sache.

Ebenso mögen die Reime *lîch : lîch*, die Ausdrücke *einen leides manen, geleben* = „erleben" fallen.

Zu *einen trûrigen muot gewinnen* sagt V. selbst: „ist allerdings in dieser Weise bis jetzt nicht weiter nachzuweisen". Eine „stringente Kraft" (S. 23) hat auch solchen Dingen Niemand beigelegt.

Daz lant rûmen, was besonders den Alphart angeht, ist schon besprochen.

Sich eines dinges genieten hat (was V. leugnet) in Kür. und N. L. dieselbe Bedeutung „sich ersättigen an"; auch hat V. eine Stelle, wo ein persönlicher Genetiv in dieser Wendung stünde, nicht nachgewiesen.

Vil wol versüenen ist mit diesem adverbiellen Zusatze von V.

nicht nachgewiesen. Zu bemerken ist auch, dass es Nib. 626, 2 und MF. 9, 19 beidemal unmittelbar vor der Cäsur steht.
Einem ein dinc benemen und *eines künde gewinnen* mag fallen. *Erblüejen* mit dem Subst. *varwe* ist von V. nur Titurel 109, 4 nachgewiesen, wo aber *erbl.* transitiv und *varwe* Object ist.
Gelich mit der Bedeutung der Identität und mit einem sinnlichen Begriffe verbunden, wie es in den beiden Stellen Nib. 1723, 2 f. und MF. 8, 32 so eigenthümlich und individuell gebraucht ist, findet sich sonst nirgends.
Megetîn, liebe — leit, hôher muot, teilen mit (samet) einem, können preisgegeben werden.
Zu *daz (isen — gewant bringen* könnte, wäre es nicht vielleicht zu unbedeutend, bemerkt werden, dass es MF. 9, 29 f. Nib. 395, 1 (1965, 4) imperativisch steht.
Die Anrede *ritter edele* mag wegfallen. Doch s. Bartsch, Unters. 358, Z. 10—12 v. o.

Wir haben gefunden, dass eine grosse Anzahl von Wendungen dem Kür. und dem N. L. gemeinsam sind, von denen gegen die Hälfte sonst nicht genau ebenso nachzuweisen ist. Vor allem ist es die Zahl dieser Parallelen, sodann auch die wörtliche Uebereinstimmung einiger Wendungen in zwei Denkmälern, deren eines nur 15 Strophen umfasst, was den Schluss als berechtigt erscheinen lässt, dass wir hier den Sprachgebrauch eines Dichters vor uns haben, der sich einmal in gewissen Wendungen gefallen mochte. Wenn also Vollmöller S. 34 sagt, dass „manche Ausdrücke eben überhaupt seltener gebraucht werden als andere", so werden wir solche Ausdrücke in unserem Falle mit Fug als Eigenthum eines Dichters in Anspruch nehmen dürfen. Dass es Niemandem sonst möglich gewesen, sie zu brauchen, hat Niemand behauptet; daher ist, was V. S. 35 —37 an gemeinsamem Sprachgebrauch unter anderen Dichtern noch beigebracht hat, ganz unnütz, weil es den Gegner nicht trifft.

Eine Hauptfrage ist aber endlich die vierte, ob Nibelungenstrophe und *Kürenberges wîse* dasselbe sei; insofern besonders Scherer an dieselbe Erörterungen geknüpft hat, welche, wenn sie richtig sind, der Pfeifferischen Theorie den Boden rauben müssten.

Dass die Kürenbergsweise die Nibelungenstrophe sei, gibt Scherer 569 f. unumwunden zu, während Vollmöller es S. 39 f. nach Zupitzas Vorgang mit unzureichenden Gründen bekämpft. Der Grund, welchen Scherer beibringt, genügt, um die Identität beider Weisen zu sichern: daraus, dass MF. 8, 1—8 die Dame in dem Metrum der Nib.-Str. davon redet, dass ein Ritter in *Kürenberges wîse* vor ihren Fenstern gesungen, folgt mit sehr grosser Wahrscheinlichkeit, dass auch die Weise, in der sie davon redet, die Kürenbergsweise sei.

Wenn Scherer weiter S. 569 f. eine systematische Entstehungsgeschichte der Nibelungenstrophe gibt, so kann gegen dieselbe hier nichts eingewendet werden; es ist das Ganze aber für unsere Frage von gar keinem Belang.

Wichtiger ist, was Scherer S. 571 vorbringt. Der Name des Kürenbergers ist ihm in der Hs. gefolgert aus MF. 8, 5; wie denn diese Ansicht bei allen Gegnern Pfeiffers wiederkehrt. Die Analogiebeweise, welche Vollmöller S. 37—39 dafür vorbringt, beweisen nur die Möglichkeit, d. h. das sonstige Vorkommen der falschen Nennung eines Autors, aber nicht die Wirklichkeit oder Nothwendigkeit derselben im gegebenen Falle. Weiterhin bringt Vollmöller, um die Unmöglichkeit zu beweisen, dass Kürenberg derselbe mit dem *ritter* im MF. 8, 3 sei, das Argument Zupitzas wider bei, das schon von Bartsch widerlegt ist (s. o. S. 248): damit würde die Dame, die in MF. 8, 1—8 redet, eine *unzuht* begehen. Im Uebrigen sagt V. nichts weiter, als dass die Autorschaft Kürenbergs nicht nothwendig sei.

Scherers Gründe gegen dieselbe S. 571 ff. sind scheinbarer. Er sagt, aus der schlechthinigen Benennung *Kürenberges wise* folge, dass Kürenberg sich nur einer Strophenform bedient habe. Der Schluss ist nicht zwingend. Die Nib.-Str. mochte eben die bekannteste Weise Kürenbergs sein, und ähnliche Brachylogieen kommen, wo nicht in *terminis technicis* geredet werden soll, häufig genug vor, wie ein flüchtiger Blick noch für unsere Zeit sofort lehren kann. Dass die Nib.-Str. diejenige Form ist, welche der anderen Kür.-Weise zu Grunde liegt, dass sie die primäre Form der secundären gegenüber darstellt, ist ja ganz unbezweifelt.

Wichtiger ist S. 572: „Nehmen wir einmal an, wir hätten in der neueren Zeit eine ähnliche Verbindung zwischen Musik und Dichtkunst, wie sie im Mittelalter bestand. Nehmen wir ferner an, die Melodie des Liedes 'Freut euch des Lebens', die wie man weiss von Hans Georg Nägeli herrührt, sei unter dem Namen 'die Nägelische Melodie' ganz allgemein bekannt. Und nun läge uns ein Gedicht vor, worin eine Dame redend eingeführt wäre und uns erzählte: 'Gestern Abend hörte ich einen Herrn sehr schön singen in der Nägelischen Melodie'. Würden wir daraus schliessen, dass der Herr, den die Dame singen hörte, Nägeli geheissen habe? Vielmehr wir würden das Gegentheil daraus schliessen: jener Sänger hat nicht Nägeli geheissen. Und so hat jener Ritter, der Verfasser von MF. 9, 29 nicht Kürenberg geheissen."

Ein sehr bestechender Schluss; aber er ist nicht stichhaltig. Vor allem liegt eine *petitio principii* in den Worten „ganz allgemein bekannt". Woher wissen wir, dass die Nib.-Str. unter dem Namen *Kürenberges wise*, der uns doch nur hier begegnet, ganz allgemein bekannt gewesen ist? Und so lange wir das nicht wissen, ist nicht die andere Erklärung ebenso möglich: dass die Weise nur deshalb mit dem Namen des Erfinders bezeichnet sei, weil er zugleich der Sänger des betreffenden Liedes gewesen? Und nicht bloss ebenso möglich, sondern fast allein möglich. Denn, was Scherer zur Vergleichung beibringt, ist pure Prosa, und Bartsch hatte ganz Recht (s. o. S. 248), im Namen der Poesie seine Auffassung zu postuliren und der gegnerischen Auffassung entgegen zu halten, dass „die

Situation wenig geeignet sei, litterarische und musikalische Kenntnisse anzubringen." Nach Bartschs Deutung hat die betreffende Zeile eine schöne, zart andeutende, prägnant geheimnisvolle Färbung; und alle Poesie schwindet mit Scherers Auffassung. — Was dieser weiterhin sagt (S. 573): Bartschs Erklärung sei nur dann nothwendig, „wenn es unmöglich war dass ein beliebiger Ritter ohne litterarische Prätensionen sich der Kürenbergsweise bediente", das ist theils durch das eben Gesagte, theils durch den Ausdruck *Kürenberges wise* beseitigt. Uebrigens konnten es auch andere, handgreiflichere Rücksichten als die litterarischer Prätensionen sein, was einen ständchenbringenden Ritter bewog, Anderer Weise nicht anzuwenden.

Weiterhin sucht Scherer (S. 573—578) die Kürenberglieder verschiedenen Autoren, bezw. Autorinnen zuzuschreiben, wie schon Zupitza, der freilich keine Begründung dafür gegeben hatte, wenigstens keine genügende. Sein Beweis ist hergenommen von einer angeblichen „unausfüllbaren Kluft", welche zwischen der männlichen und weiblichen Empfindung gähnen soll. Ich habe, als ich das gelesen hatte, die Kürenbergstrophen wiederholt darauf hin angesehen und gestehe, von dieser Kluft nichts bemerkt zu haben. Die Strophen sind ohne Ausnahme mit einer so frischen sinnlichen Kraft und einer gewissen Derbheit an manchen Stellen gedichtet, dass sich ein Unterschied kaum finden lässt. Es sei, um zu beweisen, dass jene Kluft zwischen dem rohen Manne und dem sehnsüchtigen Weibe nicht existiert, verwiesen auf die derb leidenschaftliche Zeile MF. 8, 7. 8, sowie auf 9, 21—28, wo der Mann in ganz weichem Tone spricht. Am meisten spricht aber gegen Scherer MF. 8, 9—16, wo die Dame sagt: *jô etwas ich nicht ein bêr (eber) wilde*. Deshalb hat Scherer auch vorsichtigerweise diese Strophe entfernt (S. 576), weil sie das „Princip" der Anordnung schädige, in welcher die Frauenstrophen den Männerstrophen vorangehen. Als ob dieses „Princip" nicht den Schreiber zum Urheber haben könnte! Schreibt doch Scherer diesem auch die Namengebung aller 15 Strophen zu!

Wir sehen, es ist für eine Mehrheit von Verfassern kein Beweis zu erbringen. Vielmehr gibt uns Scherers eigene Ausführung (S. 574 f.) über die epische, romanartige Zusammenstellung lyrischer Strophen bei anderen Dichtern das Recht, diss auch bei Kürenberg anzunehmen. Gerade die ältere Lyrik des 12. Jahrhunderts führt ja öfters das Weib redend ein (s. auch oben S. 248) und steht damit eben dem Volksliede noch sehr nahe, welches diese Sitte in einem solchen Maasse hat, dass es überflüssig ist davon zu reden. Dass „naive Künstler, von der Gelegenheit ergriffen, vom Augenblick befangen, inneres Leben ohne Wahl gestaltend, unmöglich Gefühle besingen können, die sie niemals gehabt haben": dieses Argument Scherers (S. 577) scheitert schon daran, dass eben ein solcher Unterschied in der Gefühlswelt zwischen den Kürenbergischen Mannes- und Frauenstrophen nicht existiert. Uebrigens steht Kürenberg wohl so hoch, dass man ihm jene Fähigkeit der Versetzung in ein fremdes

Gefühl zutrauen kann, der das Volkslied selbst mit nichten entbehrt. Scherer S. 578—581 zu betrachten, ist nach dem Gesagten nicht mehr nöthig. Zum Schlusse kommen noch die Heptaden zur Sprache (denn ohne MF. 8, 9—16 hat Kürenberg vierzehn Strophen), hier aber auf Liederbücher mit Seiten zu 28 Zeilen umgedeutet.

Mein Resultat ist also: Pfeiffers Theorie ist nicht, wie Pfeiffer selbst es meinte, eine absolut gesicherte Nothwendigkeit; sie lässt sich „nicht über die Wahrscheinlichkeit hinaus erheben", wie Bartsch in seinem Koberstein I, 199 selbst sagt; aber ihre Wahrscheinlichkeit ist eine grosse, und die Gründe ihrer Gegner sind nicht stichhaltig genug, um eine durch mehrere Wahrscheinlichkeitsbeweise gestützte Theorie umzustürzen.

Zum Schlusse: Wer war Kürenberg? Woher stammte er? Vollmöller hat S. 41 f. mit grossem Fleisse eine Menge von Kürenbergen aufgezählt, die aber zum Theil Kürenburg heissen. Dass der Name (= „Mühlberg") häufig sein muss, ist ja natürlich. Von Vollmöllers Kürenbergen gehen sogleich alle die ab, die nicht als Rittersitze (cf. MF. 8, 3) nachweislich sind; so bleiben ohnehin wenige übrig. Für den österreichischen Ursprung des Dichters spricht in den Liedern selbst nichts, aber auch nichts dagegen. Ich könnte anführen, dass Müllenhoffs Forschungen über die Heimat des deutschen Volksepos und die wenigen Spuren in der Sprache, die Bartsch (Unters. S. 180 ff.) angeführt hat (doch s. o. S. 242), das Nibelungenlied mit grosser Wahrscheinlichkeit nach Oesterreich verweisen. Doch ich will die Identität des Verfassers bei Seite lassen und nur das anführen (worauf aufmerksam gemacht worden zu sein, ich Herrn Professor Dr. Bartsch verdanke), dass die Hs. die Kürenberglieder unmittelbar neben die des Oesterreichers Dietmar von Eist (s. MF. S. 245) stellt. So hätten wir die Wahl zwischen dem Kürenberg in Oberösterreich (bei Linz) und dem in Unterösterreich (südlich von Melk); was Haupt MF. S. 229, Z. 6—4 v. u. sagt, lässt vielleicht das oberösterreichische Kürenberg als das wahrscheinlichere erscheinen.

Inhalts-Verzeichnis.

	Seite
Erster Theil: Die Entstehung des Nibelungenliedes	1
Erster Abschnitt: Die Handschriftenfrage	3
A. Einleitung	—
§ 1. Wichtigkeit der Handschriftenfrage	—
2. Schwierigkeit der Handschriftenfrage	4
3. Aufzählung der Handschriften	5
B. Die vorhandenen Theorieen	7
§ 4. Einleitung	—
5. Lachmann	8
6. Holtzmann	12
7. Die Lachmannianer	25
8. Zarncke	27
9. Fischer	31
10. Die Späteren (Uebersicht)	32
11. Pasch	34
12. Pfeiffer	39
13. Bartsch	40
14. Nachbemerkung	72
C. Kritik und Resultate	73
§ 15. Lachmann	—
16. Holtzmann (und Zarncke)	—
17. Die Lachmannianer	78
18. Zarncke (einzelne Momente)	79
19. Pasch	80
20. Bartsch	84
21. Resultate	93
Zweiter Abschnitt: Die Nibelungensage	95
1. Der historische Theil der Sage	—
§ 23. Einleitung	—
24. Lachmann	96
25. Wilhelm Grimm	99
26. Giesebrecht	100
27. Müllenhoff	101
28. W. Müller, Rieger, Koch	104
29. Resultate	106
2. Die Siegfriedssage	112
§ 30. Euhemeristische und mythologische Deutung	—
31. Lachmann	113
32. Wilhelm Müller	115
33. Neuere Ansichten	130

	Seite
§ 34. Vergleichend-mythologische Deutungen	134
35. P. E. Müller	—
36. Leo	135
37. Holtzmann	137
38. Kritik und Resultate	139
3. Die Sage im Nibelungenliede	146
§ 39. Einleitung	—
40. Namen	—
41. Siegfriedssage	148
42. Nibelungen- und Burgundensage	151

Dritter Abschnitt: Die historischen Verhältnisse und Vorläufer des Nibelungenliedes ... 153

§ 43. Einleitung	—
44. Holtzmann	—
45. Dümmler	177
46. Zarncke	180
47. Thausing	183
48. Kritik und Resultate	186

Zweiter Theil: Der Verfasser des Nibelungenliedes ... 191

A. Die vorhandenen Theorieen ... 193

§ 49. Einleitung	—
50. Lachmann	—
51. Die Heptaden	202
52. Müllenhoff	206
53. W. Müller	209
54. Kritik der Liedertheorieen	214
55. Die Einheit des Liedes	221
56. Die älteren Unitarier	222
57. Spaun	223
58. Holtzmann	224
59. Pfeiffer	226
60. (Thausing und) Bartsch	234

B. Kritik und Resultate ... 236

§ 61. Alter des Nibelungenliedes	—
62. Zarncke (über die Heimat des Nibelungenliedes) } Vorbem.	238
63. Kritik Zarnckes	241
64. Die Theorieen vor Pfeiffer	243
65. Pfeiffers Theorie; Einwände dagegen	244
66. Unwiderleglichkeit dieser Theorie und Modificierungen derselben	249
67. Resultate	251

Schluss: § 69. Gesammt-Resultate	252
Verzeichnis der angegebenen Werke	254
Nachträge und Berichtigungen	255
Anhang zu S. 244—250	257